Bernd Naumann

*Der Auschwitz-Prozess*

Bericht über die Strafsache gegen Mulka u. a.
vor dem Schwurgericht Frankfurt am Main 1963-1965



EVROPA

Bernd Naumann

# Der Auschwitz-Prozess

Bericht über die Strafsache gegen Mulka u. a.
vor dem Schwurgericht Frankfurt am Main 1963-1965

Aktualisierte Neuausgabe mit einem
Vorwort von Werner Renz

Mit einem Nachwort von Marcel Atze
und einem Text von Hannah Arendt

Europäische Verlagsanstalt

Bibliografische Information der Deutschen Bibliothek
Die Deutsche Nationalbibliothek verzeichnet diese Publikation in der Deutschen Nationalbibliografie; detaillierte bibliografische Daten sind im Internet über http://dnb.d-nb.de abrufbar.

Aktualisierte Neuausgabe CEP Europäische Verlagsanstalt, Hamburg 2013 / 2020

vom Autor bearbeitete und gekürzte Fassung

Übersetzung von Eike Geisel mit freundlicher Genehmigung von Edition Tiamat
Signet: Dorothee Wallner nach Caspar Neher »Europa« (1945)



Printed in Germany

ISBN 978-3-86393-049-3
Auch als e-book erhältlich, ISBN 978-3-86393-502-3

www.europaeische-verlagsanstalt.de

Werner Renz

# Vorwort

Im Konzentrations- und Vernichtungslager Auschwitz-Birkenau und seinen 40 Nebenlagern verrichteten in der Zeit von Mai 1940 bis Januar 1945 circa 8000 SS-Männer und rund 200 SS-Aufseherinnen und »Nachrichtenhelferinnen« (SS-Gefolge) ihren »Frontdienst« für »Führer, Volk und Vaterland«. Anfang 1942 wurde Auschwitz-Birkenau zum Todeslager ausgebaut, ab Frühjahr 1942 rollten Sonderzüge der Deutschen Reichsbahn mit Juden aus ganz Europa nach Auschwitz. Die vom Reichssicherheitshauptamt der SS in Berlin organisierten Transporte waren Züge in den Tod. Alte, Kranke, Mütter mit Kindern wurden von der Ankunftsrampe weg direkt ins Gas verbracht, »arbeitsfähige« Männer und Frauen zur Vernichtung durch Arbeit ins Lager eingewiesen.
Mit Beginn der Massenmorde in Auschwitz förderte jeder SS-Angehörige durch seine Tätigkeit die im Todeslager verübte Haupttat: die fabrikmäßige Vernichtung von Menschen.
Etwa zehn Prozent des SS-Personals von Auschwitz wurden strafrechtlich zur Verantwortung gezogen. In der Volksrepublik Polen hatten sich rund 670 Angeklagte zu verantworten, vor alliierten Militärgerichten waren es ein paar Dutzend. Die meisten der vor amerikanische, britische und französische Tribunale gestellten vormaligen SS-Angehörigen wurden überwiegend für Taten belangt, die sie in anderen Konzentrationslagern (Dachau, Mauthausen, Bergen-Belsen, Natzweiler) begangen hatten.
Vor bundesdeutschen Gerichten standen etwa 60 Auschwitz-Täter, davon 43 SS-Angehörige und 15 Funktionshäftlinge. Neun einstige SS-Männer und fünf ehemalige Häftlinge wurden als Mörder zu lebenslangem Zuchthaus verurteilt. Die übrigen Angeklagten kamen als »Gehilfen« mit zeitigen Zuchthausstrafen davon, wurden freigesprochen oder die Verfahren endeten mit Einstellung. Zwei Urteile erlangten keine Rechtskraft.
Als Ende der 1950er Jahre erstmals systematische Ermittlungen gegen Auschwitz-Personal durch die Staatsanwaltschaft bei dem Landgericht Frankfurt am Main durchgeführt wurden, konnten über 1000 Namen von SS-Leuten, vorwiegend auf der Grundlage von amerikanischen »Kriegsverbrecherlisten«, ermittelt werden, die verdächtig waren, in Auschwitz Tötungsverbrechen begangen zu haben. Die Frankfurter Strafverfolger hatten in der Regel nur Nachnamen, Dienstrang und

Dienststellung. Geburtsdaten und Angaben über den Wohnort fehlten nahezu vollständig.[1]

Als die Frankfurter Staatsanwaltschaft nach zweijährigen Ermittlungen Mitte 1961 gegen 24 Beschuldigte Antrag auf Eröffnung der gerichtlichen Voruntersuchung stellte, trennte sie gegen weitere 839 Beschuldigte das Verfahren ab und leitete gegen die meisten eine neue Untersuchungssache ein.

Die seit Mitte 1959 unternommenen Anstrengungen der Frankfurter Anklagebehörde, sogenannte Komplexverfahren gegen Auschwitz-Personal durchzuführen, endeten mit einem wenig zufriedenstellenden Resultat.

Im 1. Frankfurter Auschwitz-Prozess (1963–1965) standen 22 Angeklagte vor Gericht, von denen zwei im Verlauf des Verfahrens wegen Verhandlungsunfähigkeit ausschieden. Im 2. Frankfurter Auschwitz-Prozess (1965–1966) hatten sich drei vormalige SS-Angehörige zu verantworten. Wilhelm Burger, der Leiter der Abteilung Verwaltung in Auschwitz, wurde zu acht Jahren Zuchthaus verurteilt, der Angehörige der Lagergestapo, Josef Erber, zu lebenslangem Zuchthaus, der Sanitätsdienstgrad Gerhard Neubert, der an Selektionen im Häftlingskrankenbau des I.G. Farben-eigenen Konzentrationslagers Buna/Monowitz beteiligt gewesen war, zu dreieinhalb Jahren Zuchthaus. In den Jahren 1967–1968 folgte ein Verfahren gegen zwei Funktionshäftlinge (Josef Windeck und Bernhard Bonitz), die wegen eigenmächtiger Tötungen zu lebenslangem Zuchthaus verurteilt wurden. Von 1973 bis 1976 fand ein Prozess gegen zwei niedere SS-Chargen (Alois Frey und Willi Sawatzki) statt, die freigesprochen wurden. In den Jahren 1977 bis 1981 hatte sich sodann ein SS-Mann (Josef Schmidt) zu verantworten, der wegen Mordes in einem Fall (begangen im Nebenlager Lagischa) zu acht Jahren Jugendstrafe verurteilt wurde. Eine in der Volksrepublik Polen verbüßte Strafe von sieben Jahren wurde auf die verhängte Jugendstrafe angerechnet. Der Angeklagte verließ den Gerichtssaal, wie er ihn betreten hatte: als freier Mann.

Neben den genannten fünf Frankfurter Auschwitz-Prozessen ist noch das Verfahren (1970–1971) gegen Bruno Karl Beger, Hans Helmut Fleischhacker und Wolf-Dietrich Wolff zu nennen. Beger und Fleischhacker hatten im Auftrag der SS-Wissenschaftsorganisation »Ahnenerbe« circa 100 Häftlinge in Auschwitz ausgewählt und in das Konzentrationslager

1 Vgl. die Beschuldigtenliste vom 18. Januar 1960 mit 599 Namen. Unter den angeführten SS-Männern und -Frauen finden sich auch wenige Funktionshäftlinge (StA Frankfurt am Main, 4 Ks 2/63, Bd. 23, Bl. 3741–3806).

Natzweiler (Elsass) verbringen lassen, wo sie getötet wurden. Die Skelette der Opfer sollten Teil einer Sammlung werden, die das Anatomische Institut der 1941 gegründeten »Reichsuniversität« Straßburg aufbaute. Der Mitangeklagte Wolff war persönlicher Referent des »Ahnenerbe«-Geschäftsführers gewesen und hatte die Tötungsaktion mitgeplant. Beger wurde zu drei Jahren Zuchthaus verurteilt, das Verfahren gegen Wolff eingestellt, Fleischhacker freigesprochen.

Bewertet man den Ausgang der genannten NS-Prozesse und führt man sich vor Augen, dass viele Ermittlungsverfahren gegen durchaus tatnahe Täter eingestellt wurden, fällt das Fazit nicht gerade positiv aus. Zwar wurde Auschwitz durch die bundesdeutsche Strafjustiz umfassend aufgeklärt, nur wenige am Vernichtungsgeschehen Beteiligte wurden aber belangt. Die geringe Zahl von rund 40 SS-Angehörigen von Auschwitz, die vor bundesdeutsche Gerichte gestellt wurde, ist eine erschreckende Bilanz.[2]

Als Hannah Arendt 1966 ihr Vorwort zur amerikanischen Ausgabe von Bernd Naumanns Prozessbericht schrieb, fand sie anerkennende Worte für den Angeklagten Franz Lucas. Mit dem ihr eigenen Gespür schien sie zu erkennen, dass es um den vormaligen SS-Arzt, der nach langem Leugnen am Ende der Beweisaufnahme Selektionen auf der Rampe von Birkenau eingestanden hatte, gar nicht so schlecht stand. Wie von Arendt erahnt, hob der Bundesgerichtshof in seinem Revisionsurteil vom Februar 1969 den Richterspruch gegen Lucas auf. Alle anderen Urteile des Frankfurter Schwurgerichts hatten hingegen Bestand. In der Neuverhandlung sprach das Landgericht Frankfurt/Main im Oktober 1970 den Angeklagten Lucas frei. Seine Einlassung, im subjektiven, irrtümlich angenommenen Notstand (Putativnotstand) den Befehl zur Mitwirkung an den Selektionen ausgeführt zu haben, war ihm zweifelsfrei nicht zu widerlegen.

Ende 1970, ungefähr fünf Jahre nach der Urteilsverkündung im 1. Auschwitz-Prozess, waren von den 17 verurteilten Angeklagten bereits elf auf freiem Fuß. Nur die fünf zu lebenslangem Zuchthaus verurteilten SS-Leute Wilhelm Boger, Franz Hofmann, Oswald Kaduk, Josef Klehr und Stefan Baretzki sowie der Funktionshäftling Emil Bednarek saßen noch in Strafhaft. Bis auf Hofmann, der als Schutzhaftlagerführer eine wichtige Funktionsstellung im Vernichtungslager innehatte, waren die übrigen Angeklagten untere Chargen, die meist eigenmächtig gemordet hatten. Die Hauptverantwortlichen für den von Hannah Arendt

2 Für die DDR sieht die Bilanz noch schlechter aus; siehe Henry Leide, NS-Verbrecher und Staatssicherheit. Die geheime Vergangenheitspolitik der DDR, Göttingen 2005.

sogenannten Verwaltungsmassenmord, die auf Befehl ihrer verbrecherischen Staatsführung den Holocaust exekutiert hatten, waren längst freie Männer oder aber niemals belangt worden.

Wie der Jurist Jürgen Baumann mit kritischem Blick auf die sogenannte Gehilfenrechtsprechung der bundesdeutschen Gerichte gegen NS-Verbrecher feststellte, waren die Deutschen der Strafjustiz ein Volk von Gehilfen, die einem als Haupttäter qualifizierten Verbrecher, Adolf Hitler, vorgeblich nur gefolgt waren.[3]

Bilanziert man die justizielle Aufarbeitung der NS-Vergangenheit durch die Justiz der Bundesrepublik Deutschland, ist Baumanns Feststellung uneingeschränkt zuzustimmen. Weniger als 200 Angeklagte in NS-Prozessen wurden wegen Mordes zu lebenslangem Zuchthaus verurteilt. »Mörder unter uns« gab es weder für die Justiz noch für die meisten Bundesbürger.

Die Erkenntnis Arendts, Politik und Justiz hätten das deutsche Verbrechen an der Menschheit in seiner Präzedenzlosigkeit niemals begriffen und mit einem gänzlich untauglichen Instrumentarium, dem zur Tatzeit geltenden Individualstrafrecht, die Massenverbrechen geahndet, ist unbestritten. Noch 1966 forderte Karl Jaspers[4] den Gesetzgeber auf, tatbestandsgemäße Sondernormen zu schaffen, die die angemessene Ahndung der Verbrechen des untergegangenen Unrechtsstaats gewährleisten. Statt eine offen ausgewiesene rückwirkende Bestrafung der NS-Täter[5] zu ermöglichen, entschieden sich Politik und Justiz für eine halbherzige und unzureichende Handhabung des Problems und sprachen damit aller Gerechtigkeit Hohn. Die sogenannte Bewältigung der NS-Vergangenheit durch das Strafrecht ist misslungen, weil der »Gesetzgeber [...] die erforderliche rechtspolitische Weichenstellung verweigert«[6] hat. Die selektive Ahndung der NS-Verbrechen mit untauglichem Instrumentarium dürfte, einmal vorausgesetzt, ein »öffentliches Interesse an der Verfolgung« (§ 153 StPO) habe überhaupt bestanden, das Normvertrauen der Deutschen schwerlich gestärkt haben. Die von vielen beschworene

3 Siehe Jürgen Baumann, »Beihilfe bei eigenhändiger Tatbestandserfüllung«, in: Neue juristische Wochenschrift, Jg. 16 (1963), H. 13, S. 561.

4 Karl Jaspers, Wohin treibt die Bundesrepublik? Tatsachen, Gefahren, Chancen, München 1966, S. 62.

5 Gerhard Werle, Thomas Wandres, Auschwitz vor Gericht. Völkermord und bundesdeutsche Strafjustiz, mit einer Dokumentation des Auschwitz-Urteils, München 1995, S. 39.

6 Gerhard Werle, »Der Holocaust als Gegenstand der bundesdeutschen Strafjustiz«, in: Neue Juristische Wochenschrift, Jg. 45 (1992), H. 40, S. 2535.

»Bewährung der Rechtsordnung« dürften die NS-Prozesse mit ihren zumeist milden Strafen kaum bezweckt haben.

Dennoch ist mit Blick auf die öffentliche Wirksamkeit einiger großer NS-Prozesse das Fazit nicht gar so verheerend. Die von Opferzeugen in schmerzvoller Wiedererinnerung geschilderten Verbrechen führten denjenigen Deutschen, die nicht geschichtsvergessen im Wirtschaftswunderland die Vergangenheit ruhen ließen, eindrücklich das Vernichtungsgeschehen in Lagern, Ghettos und an Erschießungsgruben vor Augen. Die Zeugnisse der Überlebenden, dokumentiert in zahllosen Vernehmungsprotokollen und in Aussagen vor Gericht, geschildert in sorgfältigen und kenntnisreichen Berichten wie die von Bernd Naumann, stellen einen Quellenbestand dar, aus dem die Holocaust-Forschung grundlegende Erkenntnisse gewinnen kann.

Die Täter, meist ungeschoren geblieben oder durch milde Strafen salviert, sollen aber nicht ungenannt bleiben. An sie und ihre Verbrechen zu erinnern, ist neben dem gebotenen Opfergedenken dringliche Aufgabe.[7]

2012 verstarb der letzte der Angeklagten. Während die Auschwitz-Verbrecher überwiegend mit niederen Strafen davon kamen und oftmals noch vor der Rechtskraft ihrer Urteile aus der Untersuchungshaft freigelassen wurden, haben ihre Opfer das Todeslager in ihrem Leben nach dem Überleben nie wirklich verlassen. Zeitlebens gezeichnet und versehrt mussten sie erfahren, dass die Verbrechen weitgehend ungesühnt blieben.

7 Siehe Ernst Klee, Auschwitz. Täter, Gehilfen, Opfer und was aus ihnen wurde. Ein Personenlexikon, Frankfurt am Main: S. Fischer Verlag 2013.

# Daten zu den Angeklagten des 1. Frankfurter Auschwitz-Prozesses

Richard Baer

* 9. September 1911, Floß/Oberpfalz, † 17. Juni 1963, Frankfurt am Main; SS-Sturmbannführer; Kommandant von Auschwitz I (Stammlager) in der Zeit von Mitte Mai 1944 bis zur Evakuierung des Lagers im Januar 1945; Untersuchungshaft ab Dezember 1960; im Untersuchungsgefängnis in Frankfurt am Main verstorben.

Stefan Baretzki

* 24. März 1919, Czernowitz/Bukowina, † 21. Juni 1988, Bad Nauheim; SS-Rottenführer, Blockführer in Birkenau ab Frühjahr 1942 bis Januar 1945; Selbstmord im Konitzky-Stift (Bad Nauheim), in das Baretzki wegen schwerer Erkrankung aus der Strafhaft eingeliefert worden war.

Emil Bednarek

* 20. Juli 1907, Königshütte/Oberschlesien, † 27. Februar 2001, Waldsassen; Häftling in Auschwitz ab Juli 1940 (Häftlings-Nr. 1325), Blockältester und Kapo der Strafkompanie; nach Gnadenentscheidung am 1. Dezember 1975 aus der Strafhaft entlassen; Umwandlung der lebenslangen Freiheitsstrafe in eine zeitige von 20 Jahren.

Heinrich Bischoff

* 16. Juli 1904, Essen-Überruhr, † 26. Oktober 1964, Essen; SS-Unterscharführer; Blockführer in der Zeit von 1942 bis 1945; Untersuchungshaft vom 21. Juli 1959 bis 27. November 1959, Haftverschonung; Verfahren wegen Krankheit im März 1964 abgetrennt.

Wilhelm Boger

* 19. Dezember 1906, Stuttgart, † 3. April 1977, Bietigheim; SS-Oberscharführer; Angehöriger der Politischen Abteilung in der Zeit von 1943 bis 1945; Untersuchungshaft ab 8. Oktober 1958; in Strafhaft gestorben.

Arthur Breitwieser

* 31. Juli 1910, Lemberg/Galizien, † 20. Dezember 1978, Bonn; SS-Unterscharführer; Mitglied der Lagerverwaltung und Chef der Häftlingsbekleidungskammer von Mai 1940 bis Januar 1945; Untersuchungshaft vom 9. bis 22. Juni 1961.

Pery Broad

* 25. April 1921, Rio de Janeiro/Brasilien, † 28. November 1993, Düsseldorf; SS-Rottenführer; Angehöriger der Politischen Abteilung in der Zeit von 1942 bis Januar 1945; Untersuchungshaft vom 30. April 1959 bis 23. Dezember 1960 und vom 6. November 1964 bis 21. Februar 1966; Haftbefehl durch Beschluss der 3. Strafkammer des Landgerichts Frankfurt am Main vom 21. Februar 1966 aufgehoben, am selben Tag Entlassung aus der Untersuchungshaft.

Victor Capesius

* 7. Februar 1907, Reußmarkt/Siebenbürgen, † 20. März 1985, Göppingen; SS-Sturmbannführer; Leiter der SS-Apotheke in der Zeit von Ende 1943 bis Ende 1944; Untersuchungshaft ab 4. Dezember 1959; im Januar 1968 aus der U-Haft entlassen.

Klaus Dylewski

* 11. Mai 1916, Finkenwalde/Kreis Stettin, † 1. April 2012, Hilden; SS-Oberscharführer; Ermittlungsbeamter der Politischen Abteilung in der Zeit von 1941 bis 1944; Untersuchungshaft vom 24. April bis 23. Mai 1959, vom 16. Dezember 1960 bis 22. März 1961 sowie ab 5. Oktober 1964; 1968 aus der Untersuchungshaft entlassen.

Willy Frank

* 9. Februar 1903, Regensburg, † 9. Juni 1989, München; SS-Hauptsturmführer; Leiter der SS-Zahnstation in der Zeit von März 1943 bis August 1944; Untersuchungshaft ab 5. Oktober 1964; 1970 aus der Strafhaft entlassen.

Emil Hantl

* 14. Dezember 1902, Mährisch-Lotschnau, † 18. August 1984, Plochingen; SS-Unterscharführer; Sanitätsdienstgrad in der Zeit von 1943 bis 1944; Untersuchungshaft ab 26. Mai 1961; am 19. August 1965 nach der Urteilsverkündung auf freien Fuß gesetzt.

Karl Höcker

* 11. Dezember 1911, Engershausen/Kreis Lübbecke, † 30. Januar 2000, Lübbekke; SS-Obersturmführer; Adjutant des Lagerkommandanten Richard Baer in der Zeit von Mai 1944 bis Januar 1945; 1970 bedingt aus der Strafhaft entlassen.

Franz Hofmann

* 5. April 1906, Hof an der Saale, † 14. August 1973, Straubing; SS-Hauptsturmführer; Schutzhaftlagerführer in Auschwitz I (Stammlager) in der Zeit von Dezember 1942 bis Mai 1944; Untersuchungshaft ab 16. April 1959, Strafhaft ab 28. Mai 1962 (Verfahren vor dem Landgericht Hechingen); in Strafhaft verstorben.

Oswald Kaduk

* 26. August 1906, Königshütte/Oberschlesien, † 31. Mai 1997, Langelsheim-Lautenthal; SS-Hauptscharführer; Block- und Rapportführer in der Zeit von 1942 bis Januar 1945; Untersuchungshaft ab 21. Juli 1959; Strafunterbrechung ab 7. September 1989, Entlassung am 6. November 1990, Reststrafe für die Dauer von fünf Jahren zur Bewährung ausgesetzt, mit Beschluss des Landgerichts Marburg vom 20. Februar 1996 Strafrest erlassen.

Josef Klehr

* 17. Oktober 1904, Langenau/Oberschlesien, † 23. August 1988, Leiferde; SS-Oberscharführer; Sanitätsdienstgrad und Leiter der sogenannten Desinfektoren in der Zeit von 1941 bis 1944; Untersuchungshaft ab 17. September 1960; Strafvollstreckung am 25. Januar 1988 wegen Vollzugsuntauglichkeit unterbrochen, durch Beschluss des Landgerichts Marburg vom 10. Juni 1988 Vollstreckung des Strafrests zur Bewährung ausgesetzt.

Franz Lucas

* 15. September 1911, Osnabrück, † 7. Dezember 1994, Elmshorn; SS-Obersturmführer; Lager- und Truppenarzt in der Zeit von Frühjahr bis Sommer 1944; Untersuchungshaft ab 24. März 1965; Haftbefehl des Oberlandesgerichts Frankfurt am Main vom 23. März 1965 durch Beschluss des Landgerichts Frankfurt am Main vom 26. März 1968 aufgehoben, im März 1968 aus der Untersuchungshaft entlassen, 1970 vom Landgericht Frankfurt am Main freigesprochen.

Robert Mulka

* 12. April 1895, Hamburg, † 26. April 1969, Hamburg; SS-Hauptsturmführer; Kompanieführer des Wachsturmbanns von Anfang 1942 bis April 1942, Adjutant und Stabsführer von April 1942 bis März 1943; Untersuchungshaft vom 8. November 1960 bis 6. März 1961, vom 29. Mai bis 13. Dezember 1961, vom 21. Februar bis 23. Oktober 1964 und vom 3. Dezember 1964 bis 6. Januar 1966; am 6. Januar 1966 wegen Haftunfähigkeit aus der U-Haft entlassen, am 23. März 1967 erneut in U-Haft, am 20. Februar 1968 entlassen.

Gerhard Neubert

* 12. Juni 1909, Johanngeorgenstadt/Erzgebirge, † 5. Dezember 1993, Diepholz; SS-Unterscharführer; Sanitätsdienstgrad in der Zeit von 1943 bis Ende 1944; Untersuchungshaft ab 4. Januar 1966; im 2. Frankfurter Auschwitz-Prozess (14. Dezember 1965 – 16. September 1966) zu 3 ½ Jahren Zuchthaus verurteilt.

Hans Nierzwicki

* 18. Januar 1905, Dirschau/Westpreußen, † 15. Mai 1967, Nagold; SS-Hauptscharführer; Sanitätsdienstgrad in der Zeit von 1942 bis 1944; Verfahren Anfang Dezember 1963 wegen Verhandlungsunfähigkeit des Angeklagten abgetrennt und gemäß § 205 StPO vorläufig eingestellt, das Verfahren wurde nicht wieder aufgenommen.

Willi Schatz

* 1. Februar 1905, Hannover, † 17. Februar 1985, Hannover; SS-Untersturmführer; SS-Zahnarzt in der Zeit von Frühjahr bis Herbst 1944; keine Untersuchungshaft.

Herbert Scherpe

* 20. Mai 1907, Gleiwitz/Oberschlesien, † 23. Dezember 1997, Mannheim; SS-Oberscharführer; Sanitätsdienstgrad in der Zeit von 1942 bis 1943; Untersuchungshaft ab 15. August 1961; am 19. August 1965 nach der Urteilsverkündung auf freien Fuß gesetzt; ab 7. April 1967 in U-Haft (neues Ermittlungsverfahren der Staatsanwaltschaft Frankfurt am Main), am 1. Oktober 1967 entlassen, Ermittlungsverfahren eingestellt.

Bruno Schlage

* 11. Februar 1903, Truttenau/Ostpreußen, † 9. Februar 1977, Minden; SS-Oberscharführer; Arrestaufseher in Block 11 des Stammlagers in der Zeit von Ende 1941 bis zur Auflösung des Lagers; Untersuchungshaft ab 13. April 1964; 1969 Strafaufschub.

Johann Schoberth

* 17. Dezember 1922, Aufseß/Franken, † 8. August 1988, Hollfeld/Franken; SS-Unterscharführer; Mitglied der Politischen Abteilung in der Zeit von Mitte 1943 bis Mitte 1944; Haftbefehl des Amtsgerichts Frankfurt am Main vom 11. April 1960 nicht vollstreckt; Haftverschonung durch Beschluss des Landgerichts Frankfurt am Main vom 20. Juni 1960.

Hans Stark

* 14. Juni 1921, Darmstadt, † 29. März 1991, Darmstadt; SS-Oberscharführer; Mitglied der Politischen Abteilung in der Zeit von Juni bis Dezember 1941 und von März bis November 1942; Untersuchungshaft vom 23. April 1959 bis 7. Oktober 1963 und vom 15. Mai 1964 bis 21. Februar 1966: erneute Verhaftung am 20. April 1966, Haftverschonung am 16. August 1968.

## Literatur


Datenbank »Die Verfolgung von NS-Verbrechen durch westdeutsche Justizbehörden seit 1945 – Inventarisierung und Teilverfilmung der Verfahrensakten« (Andreas Eichmüller, Edith Raim, Institut für Zeitgeschichte, München).

Gross, Raphael/Renz, Werner (Hrsg.): Der Frankfurter Auschwitz-Prozess (1963–1965). Kommentierte Quellenedition. Mit Abhandlungen von Sybille Steinbacher und Devin O. Pendas sowie mit historischen Anmerkungen von Werner Renz und juristischen Erläuterungen von Johannes Schmidt. 2 Bde, Frankfurt am Main, New York: Campus Verlag, 2013.

Klee, Ernst: Auschwitz. Täter, Gehilfen, Opfer und was aus ihnen wurde. Ein Personenlexikon, Frankfurt am Main: S. Fischer Verlag, 2013.

Lasik, Aleksander: »Die Verfolgung, Verurteilung und Bestrafung der Mitglieder der SS-Truppe des KL Auschwitz. Verfahren, Fragen zu Schuld und Verantwortung«, in: Hefte von Auschwitz, Nr. 21 (2000), S. 221–298.

Lasik, Aleksander: »Die SS-Besatzung des KL Auschwitz«, in: Wacław Długoborski, Franciszek Piper (Hrsg.): Auschwitz 1940–1945. Studien zur Geschichte des Konzentrations- und Vernichtungslagers Auschwitz, 5 Bde. Aus dem Polnischen von Jochen August, Bd. I: Aufbau und Struktur des Lagers, Oswiecim: Verlag des Staatlichen Museums Auschwitz-Birkenau, 1999, S. 321–384.

Pendas, Devin O.: Der Auschwitz-Prozess. Völkermord vor Gericht. Aus dem Amerikanischen von Klaus Binder, München: Siedler Verlag, 2013.

# Inhalt

# Anmerkung zum Prozeß

»... Auschwitz. Das war weit ab, das lag da hinten in Polen.«
Rudolf Höß

Das »Strafverfahren gegen Mulka und andere«, in der Öffentlichkeit Auschwitz-Prozeß genannt, war die umfangreichste Schwurgerichtsverhandlung der deutschen Justizgeschichte. Zwanzig Monate lang suchten Richter und Geschworene nach der Wahrheit. Sie blieb ihnen verschlossen, jedenfalls die ganze Wahrheit. Wo aber der Vorhang sich hob, den Blick freigab auf die Tragödie des Menschen, auf seine äußerste, kaum begreifbare Erniedrigung, stieg die Ahnung auf, daß dieser Prozeß sich von anderen Strafprozessen unterscheide.
Gewiß, das Frankfurter Schwurgericht war keine Versammlung von Racheengeln, sondern die kraft Gesetzes bestellte Institution, die nach Tatbeständen zu forschen und zu strafen hatte, innerhalb der gesetzlichen Grenzen. Der Prozeß und das Urteil waren nicht Ausdruck des Willens, historische Schuld zu begleichen oder eine moralische Lektion zu erteilen; es sollte nicht der Weg gewiesen werden, den die Menschheit fortan zu gehen habe. Der Vorsitzende machte in der mündlichen Urteilsbegründung deutlich, daß Richter und Geschworene keinen »Auschwitz-Prozeß« führten und nicht zu Gericht saßen über die deutsche Vergangenheit. Die im Laufe der Verhandlung sicherlich leichter gewordene Einsicht in die politische, rechtliche und psychologische Situation in der nationalsozialistischen Zeit konnte das Schwurgericht nicht bewegen, »den ihm vom Gesetz vorgeschriebenen Weg zu verlassen und sich auf Gebiete zu begeben, die ihm verschlossen sind«. Es suchte allein nach Schuld im Sinne des Strafgesetzbuches. Dies war der Sieg des Rechts über das Unrecht von Auschwitz, selbst wenn er Resignation im Gefolge haben mochte.
Aber das Strafverfahren »gegen Mulka und andere« hat dennoch als »Auschwitz-Prozeß« seine ethische, seine gesellschaftspädagogische Bedeutung. Er wird ein wichtiger Beitrag bleiben zur Geschichte unserer Zeit. Auschwitz liegt nach diesem Verfahren nicht irgendwo »da hinten in Polen«. Der Ort ist uns nahe gerückt. Er wird jetzt ganz bewußt mit dem millionenfachen Mord verbunden, den dort Menschen an Menschen begingen. Schonungslos hat der Prozeß diese Verbrechen vor aller Augen ausgebreitet; das ist seine Legitimation.
Die Akten der Strafsache 4 Ks 2/63 sind geschlossen, die Urteile gesprochen. In den Berichten dieses Buches wird deutlich, daß die verbrecherische Wirklichkeit, die Schuld von Auschwitz, und der Versuch später Sühne nicht kommensurabel sind. Weder

die Planer, die Gehilfen, die Mörder noch die Ermordeten können in einem ordentlichen Gericht des Rechtsstaates das Tribunal letzter Gerechtigkeit finden.
Die Betonung der hier vorgelegten überarbeiteten Fassung liegt nicht auf der Wiedergabe aller prozessualen Einzelheiten, es sollen vielmehr — rein dokumentarisch — die Taten und die Verhaltensmuster der Angeklagten, ihre psychischen Anlagen und ambivalenten Haltungen hervorgehoben werden. Das Buch stützt sich im wesentlichen auf meine Berichterstattung in der *Frankfurter Allgemeinen Zeitung* über diesen Prozeß. Die Berichte halten sich dabei streng an den Fortgang der Handlung. Nicht alle Zeugen konnten erwähnt, nicht der gesamte Ablauf des Verfahrens dargestellt werden, dazu war der Prozeß zu umfangreich. Dasselbe gilt für die Plädoyers, von denen einige über zweihundert Schreibmaschinenseiten umfaßten, und für die mündliche Beweisführung des Gerichts, die zwei volle Verhandlungstage in Anspruch nahm. Noch aus den Stücken der Geschehnisse aber, die nun dem Dunkel der Vergessenheit entrissen sind, fügt sich das ganze Bild.

Bernd Naumann

Frankfurt am Main, im Dezember 1967

# Das Lager

Welche Stätte unermeßlichen Leides Auschwitz war, der Tatort millionenfachen Mordens, das wird den Aussagen der Zeugen dieses Prozesses zu entnehmen sein. Eine knappe Darstellung der Lager-Geschichte muß versuchen, der versunkenen Todesfabrik Konturen zu geben.

Im Mai 1940 wird begonnen, das Lager einzurichten, sechzig Kilometer westlich von Krakau; Gewohnheitsverbrecher sollen eine Lagerhierarchie aufbauen. Am 14. Juni 1940 trifft der erste Transport polnischer Häftlinge ein. Zwölf Monate später beschließt Hitler die »Endlösung der Judenfrage«, Auschwitz wird die Zentralstelle für den geplanten Massenmord. Himmler befiehlt den Ausbau des Lagers. Die von Stacheldraht umgebene Barackenstadt Birkenau entsteht, ein riesiges Gefängnis für hunderttausend Häftlinge, fortan Auschwitz II genannt gegenüber dem Stammlager Auschwitz I.

Am 3. September 1941, also über vier Monate vor der berüchtigten Wannsee-Konferenz, auf der Himmler Einzelheiten zur »Endlösung« vorträgt, werden in Auschwitz I etwa sechshundert Häftlinge zur Probe vergast. Das gleiche Schicksal erleiden im Januar 1942 oberschlesische Juden in einem zur provisorischen Gaskammer hergerichteten Bauernhaus des geschleiften Dorfes Birkenau, an dessen Stelle das Lager entstand. Zu dieser Zeit beginnt das »Endlösungsprogramm« Eichmanns schreckliche Wirklichkeit zu werden, in rascher Folge erreichen Transporte mit Gefangenen, vornehmlich jüdischen Glaubens, das Vernichtungslager.

Am 4. Mai 1942 wird im Konzentrationslager Auschwitz zum erstenmal »selektiert«, die ausgesuchten Personen werden vergast. Schon eine Woche später sollen die 1500 Männer, Frauen und Kinder eines ganzen Transportes, ohne das Lager je betreten zu haben, direkt nach der Ankunft durch Gas ermordet worden sein. Die Vernichtung der Juden Europas und der Angehörigen anderer »minderwertiger« Völker hat begonnen.

Die Leichen werden in großen Gruben verbrannt, da das »Alte Krematorium« für diese Zwecke nicht ausreicht. Der beschleunigte Bau von vier großen Gaskammern und Krematorien wird angeordnet, am 28. Juni 1943 kann Sturmbannführer Bischoff, der Leiter der Zentralbauleitung der Waffen-SS in Auschwitz, melden, daß nach Fertigstellung des letzten Krematoriums die Verbrennungskapazität pro Tag 4756 Leichen umfasse. Wesentlich mehr Menschen können täglich ermordet werden: jede der beiden größeren Gaskammern faßt bis zu 3000 Personen. Die Verbrennung der Toten unter freiem Himmel wird also fortgesetzt, als zusätzlicher Brennstoff dient das abgeschöpfte Menschenfett. Der Gestank des verbrannten Fleisches legt sich kilometerweit über das Land. Dunkle, fette Rauchschwaden treiben durch den weiten Himmel.

Gemordet wird in Auschwitz auf mancherlei Art. Die Häftlinge werden mit Phenoleinspritzungen getötet; willkürlich und nach summarischen Todesurteilen erschossen; zu Tode gequält und geschlagen; bei sogenannten medizinischen Versuchen umgebracht. Die mörderischen Arbeitsbedingungen, die jeder Beschreibung spottenden hygienischen Verhältnisse, die unzureichende Ernährung, die völlige Entwürdigung des Menschen tun ein übriges: Entkräftung, Krankheit und Verzweiflung raffen Zehntausende dahin. Die Lebenserwartung eines nach Auschwitz Eingelieferten beträgt nur wenige Wochen.

Zum allgemeinen Lagerkomplex gehören mehrere Außenlager, Arbeitslager, vor allem Monowitz (Auschwitz III), wo der IG-Farben-Konzern ein Buna-Werk errichtet hat, das aber die Gummiproduktion nie aufnimmt. Insgesamt werden etwa dreißig Werke der Rüstungsindustrie rund um Auschwitz angelegt und mit Häftlingen beschickt, die dort Sklavenarbeit zu verrichten haben. Auch in diesen Lagern, also unter den Augen der zivilen Verantwortlichen dieser Rüstungsbetriebe sind Schwache und Kranke für den Gastod selektiert worden.

Im Herbst 1944 kündet sich das Ende von Auschwitz an. Einem Häftlings-Sonderkommando, das im Krematorium IV zu arbeiten hat, gelingt es, dieses Krematorium zu zerstören. Der Aufstand wird blutig niedergeschlagen, fast alle Häftlinge werden erschossen, einigen gelingt die Flucht. Nach dieser Tat bleiben die Krematorien nur noch wenige Wochen in Betrieb, in den ersten Novembertagen werden auf Befehl von oben die Vergasungen eingestellt, die Mordmaschine wird angehalten. Man sprengt die Gaskammern, vernichtet Dokumente. Am 17. Januar 1945 beginnt die Evakuierung des Lagers, am 27. des gleichen Monats rücken sowjetische Truppen im »KL Auschwitz« ein. Fünftausend Kranke fühlen sich gerettet.

Fünftausend von über vierhunderttausend registrierten Häftlingen — zwei Drittel Männer, ein Drittel Frauen —, die nach Auschwitz eingeliefert worden waren. 261000 starben im Lager oder wurden ermordet, die Zahl derer, die auf den »Evakuierungsmärschen« umkamen, ist nicht bekannt. Nicht bekannt ist auch die Zahl der Menschen, die ohne Registrierung ermordet, die direkt von der Eisenbahnrampe ins Gas geführt wurden. Der Lagerkommandant Höß gibt ihre Zahl am 15. April 1946 vor dem Internationalen Militärgerichtshof in Nürnberg mit 2,5

Millionen an, doch schränkt er ein, er habe diese Angabe von Eichmann. In seinen Memoiren schreibt er, daß er die Zahl für viel zu hoch halte. Eichmann selbst, der sie gekannt haben sollte, schweigt zu dieser Frage in Jerusalem. Der im Auschwitz-Prozeß angeklagte Pery Broad hat in einem unmittelbar nach Kriegsende verfaßten Bericht von zwei bis drei Millionen Toten gesprochen. Die Schätzungen der Historiker schwanken zwischen einer Million und vier Millionen.

# Die Strafsache gegen Mulka und andere

Am 1. März 1958 beschwert sich der Häftling Adolf Rögner in der Strafanstalt Bruchsal über die Beschlagnahmung für ihn bestimmter Medikamente. Einem Schreiben an die zuständige Staatsanwaltschaft Stuttgart fügt er eine Anzeige gegen einen Wilhelm Boger bei, der im Konzentrationslager Auschwitz gewütet habe, und merkt an: »Ich kenne eine Reihe von Verbrechen, welche ich selbst gesehen habe. Ich bezeichne ihn als ein menschliches Scheusal.«

Am 17. März fordert der Gerichtsassessor Dr. Koch die Kriminalpolizei Stuttgart auf, unauffällige Vorermittlungen anzustellen. Die Stuttgarter lehnen ab, die Anzeige gegen Boger schicken sie zurück, man möge die gewünschten Ermittlungen vom für den Wohnort Bogers, Hemmingen (Kreis Leonberg), zuständigen Kriminalkommissariat vornehmen lassen. Adolf Rögner ist die Zeit inzwischen zu lang geworden, er ist ohne Bescheid geblieben, wie seine Anzeige behandelt werde, und so schreibt er am 17. April an das Internationale Auschwitz-Komitee in Wien, zu Händen des Generalsekretärs Hermann Langbein, daß er gegen Boger wegen in Auschwitz begangener Verbrechen Anzeige erstattet habe. Am 9. Mai benachrichtigt Langbein die Staatsanwaltschaft Stuttgart, das Komitee sei in der Lage, für ein Verfahren gegen Boger Beweismaterial zur Verfügung zu stellen.

Die Staatsanwaltschaft bleibt skeptisch, um so mehr, als die Landespolizeidirektion Nordwürttemberg am 2. September mitteilt, die Akte Boger beim Landeskriminalamt und Landesamt für Verfassungsschutz Baden-Württemberg sei in krimineller und politischer Hinsicht ohne Vorgänge; zehn Tage später äußert sie Zweifel daran, ob die Voraussetzungen zum Erlaß eines Haftbefehls »schon jetzt« vorlägen.

Am 21. September 1958 teilt Langbein dem zuständigen Oberstaatsanwalt mit, nach fünfmonatigem Schriftverkehr sei noch immer kein Ergebnis festzustellen; er habe Zweifel an der Initiative der Anklagebehörde; am 1. Oktober benennt Langbein elf weitere Zeugen gegen Boger.

Der Stein kommt nun ins Rollen. Am 2. Oktober 1958 wird der Haftbefehl B 11 Gs 3781 / 58 gegen Wilhelm Boger erlassen, der »dringend verdächtig ist, im April 1943 aus Mordlust einen Menschen getötet zu haben. Untersuchungshaft wird verhängt, weil er fluchtverdächtig ist.«

Am 8. Oktober 1958 wird der Beschuldigte um 14 Uhr an seinem

Arbeitsplatz in Zuffenhausen verhaftet. Bei seiner ersten Einvernahme, einen Tag später in Stuttgart, erklärt er: »Ich habe niemand im Lager erschossen.«
Gegen Ende jenes Jahres beginnt in Ludwigsburg bei Stuttgart die »Zentrale Stelle der Landesjustizverwaltungen zur Verfolgung nationalsozialistischer Gewaltverbrechen« zu arbeiten, und Langbein zeigt dort weitere ehemalige Mitglieder der Politischen Abteilung in Auschwitz an, der auch Boger angehörte. Die Ermittlungsakten wachsen.
Inzwischen legt sich auch eine dritte Schlinge um mutmaßliche Täter. Ein ehemaliger Bürger aus Breslau, Emil Wulkan, sucht in einer Wiedergutmachungssache, die in Wiesbaden auf gar zu langer Bank zu liegen scheint, Hilfe bei einer Frankfurter Tageszeitung. Zufällig bemerkt ein Journalist in der Wohnung Wulkans ein Päckchen angekohlter Dokumente. Sie waren im April 1945 aus den Ruinen der Breslauer Lessing-Loge aufgelesen und Wulkan übergeben worden, der sie aufbewahrte. Die Papiere sind Erschießungsakten aus dem Konzentrationslager Auschwitz. Sie werden dem Hessischen Generalstaatsanwalt Fritz Bauer vorgelegt, und kurz darauf beginnen zwei Staatsanwälte und zwei Kriminalbeamte mit ersten Ermittlungen.
In Ludwigsburg stößt man wenig später, am 27. Februar 1959, auf den Namen Dr. Capesius, dann in rascher Folge, bis zum April des gleichen Jahres, auf Hofmann (zunächst im Zusammenhang mit Verbrechen, die in Dachau begangen wurden), auf Stark, Dylewski und Broad. Im gleichen Monat wird die Adresse Kaduks bekannt, eines berüchtigten Rapportführers von Auschwitz. Er wohnt in West-Berlin, unter seinem richtigen Namen, niemand sucht ihn. Ein ehemaliger Häftling hatte ihn aufgespürt und seine Anschrift an das Auschwitz-Komitee weitergegeben.
Drei Staatsanwaltschaften ermitteln nun im Komplex Auschwitz: in Stuttgart, in Ludwigsburg, in Frankfurt. Die Frage der Zuständigkeit klärt der Bundesgerichtshof, nachdem Generalstaatsanwalt Fritz Bauer die Breslauer Papiere nach Karlsruhe geschickt hat. Am 17. April 1959 nennt der Bundesgerichtshof Frankfurt zuständig; Paragraph 13 a des Gerichtsverfassungsgesetzes gab die Handhabe: seit 1953 kann eine Staatsanwaltschaft auch mit der Verfolgung von Taten beauftragt werden, die nicht in ihrem Zuständigkeitsbereich begangen wurden.
Wie der Frankfurter Oberstaatsanwalt Dr. Großmann sagt, konzentrieren sich die Ermittlungen in nahezu tausend Spuren sehr bald auf »wenige unerträgliche Fälle«, und als der erste Auschwitz-Prozeß am 20. Dezember 1963 nach jahrelanger Vorbereitung beginnt, hat die Staatsanwaltschaft über zwanzig ehemalige SS-Leute aus Auschwitz und einen Häftling wegen

Mordes und Beihilfe zum Mord, wegen Massenmordes und Beihilfe zum Massenmord angeklagt.
Der prominenteste Angeklagte fehlt: Richard Baer, letzter Kommandant des Vernichtungslagers, der am 20. Dezember 1960 im Sachsenwald bei Hamburg, wo er als Waldarbeiter arbeitete, festgenommen worden war; er starb im Juni 1963 an Kreislaufschwäche. Ein weiterer Angeklagter, Hans Nierzwicki, erscheint gleichfalls nicht vor Gericht. Eine Tbc-Erkrankung forderte die Abtrennung seines Verfahrens. Er starb am 15. Mai 1967 in Nagold (Württemberg).
So stellen sich am 20. Dezember des Jahres 1963, nicht gerade freiwillig, noch zweiundzwanzig Personen ihren Richtern (in Klammern die Zeit ihrer Untersuchungshaft):

| | |
|---|---|
| 1. Robert Karl Ludwig Mulka | (8. November 1960 – 6. März 1961, 29. Mai 1961 – 13. Dezember 1961, 22. Februar 1964 bis 23. Oktober 1964 und ab 3. Dezember 1964) |
| 2. Karl Höcker | (ab 25. März 1965) |
| 3. Friedrich Wilhelm Boger | (ab 8. Oktober 1958) |
| 4. Hans Stark | (23. April 1959 – 23. Oktober 1963 und ab 15. Mai 1964) |
| 5. Klaus Hubert Hermann Dylewski | (24. April 1959 – 15. Mai 1959, 16. Dezember 1960 – 23. März 1961 und ab 5. Oktober 1964) |
| 6. Pery Broad | (30. April 1959 – 23. Dezember 1960 und ab 6. November 1964) |
| 7. Johann Schoberth | |
| 8. Bruno Schlage | (ab 13. April 1964) |
| 9. Franz Johann Hofmann | (wegen in Dachau begangener Verbrechen am 19. Dezember 1961 zu lebenslangem Zuchthaus verurteilt) |
| 10. Oswald Kaduk | (ab 21. Juli 1959) |
| 11. Stefan Baretzki | (ab 12. April 1960) |
| 12. Heinrich Bischoff | (wegen Krankheit nicht mehr im Verfahren ab 13. März 1964, gestorben am 26. Oktober 1964) |
| 13. Johann Arthur Breitwieser | (9. Juni 1961 – 22. Juni 1961) |
| 14. Dr. Franz Bernhard Lucas | (ab 24. März 1965) |
| 15. Dr. Willi Frank | (ab 5. Oktober 1964) |
| 16. Dr. Willi Ludwig Schatz | |
| 17. Dr. Victor Capesius | (ab 4. Dezember 1959) |
| 18. Josef Klehr | (ab 17. September 1960) |
| 19. Herbert Scherpe | (ab 15. August 1961) |

| | |
|---|---|
| 20. Emil Hantl | (ab 26. Mai 1961) |
| 21. Gerhard Neubert | (wegen Krankheit nicht mehr im Verfahren ab 23. Juli 1964, im zweiten Frankfurter Auschwitz-Prozeß (Strafsache 4 Ks 3/63) wieder angeklagt und wegen Beihilfe zum Mord in fünfunddreißig Fällen zu drei Jahren und sechs Monaten Zuchthaus verurteilt; das Urteil ist noch nicht rechtskräftig) |
| 22. Emil Bednarek | (ab 25. November 1960) |

# Die Lebensläufe der Angeklagten

*Robert Mulka*

geboren am 12. April 1895 in Hamburg; Sohn eines Postassistenten. Nach dem Besuch von Volks- und Realschule, die er mit dem Einjährigen verläßt, geht er in eine kaufmännische Lehre. Im August 1914 wird der Kriegsfreiwillige eingezogen, in Frankreich, in Rußland und in der Türkei steht er als Pionier an der Front, bei Kriegsende ist er Leutnant. Er schließt sich der Baltischen Landwehr an, um »das Vordringen des Bolschewismus in den Westen zu verhindern«. 1920 Rückkehr nach Hamburg. Er arbeitet in einer Agenturfirma, wird im gleichen Jahr vom Landgericht Hamburg zu acht Monaten Gefängnis und zwei Jahren Ehrverlust verurteilt. Nach Auffassung des Gerichts führte er bei den Einsätzen im Baltikum erbeutete Rubel nicht ab; Mulka bestreitet heute diesen Sachverhalt. 1931 gründet er eine selbständige Import- und Export-Agentur. Mulka, der sich vor Gericht als überzeugt national denkender Deutscher deutet, nimmt als Reserveoffizier an einigen Übungen teil, wird zum Oberleutnant befördert. Dann wird seine Vorstrafe, die er verschwiegen hat, bekannt und das Reserveoffizierskorps stößt ihn aus. Die Tatsache, daß er ein Gesuch um Aufnahme in die NSDAP gestellt hat, übergeht er bei der Vernehmung zur Person, hingegen nicht, daß er unter dem Gefühl litt, nichts zur Kriegsführung habe beitragen können. Aus diesem Grund sei er der Waffen-SS beigetreten. Man habe ihn Anfang 1942 nach Auschwitz kommandiert, wo, wie es geheißen habe, ein Gefangenenlager mit großer Landwirtschaft zu betreuen gewesen sei. »Herr Vorsitzender, ich wußte 1942 noch nicht, was Auschwitz war. Daß es ein Konzentrationslager war, hörte ich erst, als ich mich bei dem damaligen Lagerkommandanten Höß meldete.« Im Mai übernahm er die Geschäfte des Adjutanten des Lagerkommandanten Höß. Wegen einer kritischen Äußerung über eine Rede von Goebbels, wird er im März 1943 verhaftet, jedoch wenig später wieder freigelassen. Das eingeleitete Verfahren wird eingestellt, Mulka nach Hamburg beurlaubt. Nach Beginn der Bombenangriffe stellt er sich dem »Höheren SS- und Polizeiführer Nordsee« zur Verfügung. »Mit einer Freiwilligenkompanie habe ich vielen Hunderten Menschen das Leben gerettet.« Anfang 1944 wird er zu einer SS-Pionierschule bei Prag versetzt, wegen Krankheit abermals nach Hamburg beurlaubt, wo er das Kriegsende erlebt. Am 8. Juni 1945 wird er interniert und bis zum 28. März 1948 in den Lagern Iserbrook, Neumünster, Eselheide bei Paderborn sowie in den Kriegsverbrecherlagern

Fischbek und Neuengamme in Haft gehalten. Er will damals immer wieder darauf hingewiesen haben, daß er »durch das Schicksal gezwungen war, auch in Auschwitz Dienst zu tun«. Die Spruchkammer Hamburg-Bergedorf verurteilt ihn später zunächst zu eineinhalb Jahren Gefängnis, »wegen Kenntnis der Vorgänge in Auschwitz«, wie es Mulka formuliert, aber das Urteil wird revidiert und Mulka als Entlasteter in die Kategorie V eingestuft.

Mulka ist verheiratet und hat eine Tochter und einen Sohn; ein zweiter Sohn ist im letzten Krieg gefallen.

Der ehemalige SS-Hauptsturmführer, zu Beginn des Prozesses Angestellter in dem von ihm gegründeten und inzwischen seinem Sohn überschriebenen Geschäft, wird Ende 1960 in Untersuchungshaft genommen, später jedoch gegen eine Kaution von fünfzigtausend Mark wieder auf freien Fuß gesetzt.

Vor Gericht legt der Angeklagte Wert auf die Feststellung, daß er nie der SS oder irgendeiner Parteiorganisation angehört habe, sondern nur der Waffen-SS.

Über diesen Angeklagten sagte in der Voruntersuchung, laut Blatt 11 165 der Akten, der Mitangeklagte Kaduk: »Ich habe mit Sicherheit wahrgenommen, daß Mulka auf der Rampe war. Die Herren sollen doch nicht leugnen heute, sondern als Männer zu dem stehen, was tatsächlich geschehen ist ... Die Herren kamen mit dem Kübelwagen herausgefahren. Ich habe Baer gesehen, Höß gesehen und Mulka gesehen. Sie gingen an den Selektionsvorgängen vorbei und beobachteten deren Abwicklung. Praktisch haben sie die Oberaufsicht geführt.«

Und der Angeklagte Hofmann ließ in der gleichen Sache wissen, Blatt 12 069 der Akten: »Jeder, der in Auschwitz war, hat an der Rampe Dienst gemacht. Ob es sich nun um Kommandantur, Verwaltung, Kompanieführer der Wachtruppen oder Politische Abteilung handelt. Wenn mir zur Kenntnis gebracht wird, daß der Angeklagte Mulka behauptet, niemals bei einer Transportankunft zugegen gewesen zu sein, so kann ich darüber nur lachen. Die Angehörigen der Kommandantur waren ebenso zum Rampendienst eingeteilt, wie die Angehörigen des Schutzhaftlagers. Die Darstellung von Mulka, nicht dort gewesen zu sein, ist ebenso zu bewerten, als wenn ich behaupten würde, ich sei nicht dort gewesen.«

In der Hauptverhandlung werden sich Kaduk und Hofmann dieser protokollierten Aussagen nicht mehr erinnern.

Mulka wird unter anderem (was auch für die übrigen Angeklagten gilt) beschuldigt, in seiner Eigenschaft als Führer einer Wacheinheit und als Adjutant des Lagerkommandanten Höß an der Tötung einer unbestimmten Vielzahl von Häftlingen mitgewirkt zu haben.

*Karl Höcker*
geboren am 11. Dezember 1911 in Engershausen (Kreis Lübbecke); Sohn eines Bauunternehmers, der im Weltkrieg fällt. Er besucht die Volksschule, eine vierjährige kaufmännische Lehre schließt sich an. Von Herbst 1930 bis Ende 1932 ist Höcker arbeitslos, dann findet er eine Beschäftigung bei Notstandsarbeiten, bis zum April 1933; im Juni jenes Jahres wird er Kassengehilfe bei der Amtskasse in Preußisch-Oldendorf, später ist er an der Kreisparkasse in Lübbecke tätig. Im Oktober 1933 tritt er der SS bei, weil er, wie er sagt, als Angestellter einer Amtskasse gezwungen war, einer Formation der Partei beizutreten. Die SA habe ihn nicht nehmen wollen, da sei er eben zur SS gegangen. Der Unterschied sei ihm nicht klar gewesen. Sein Leben verläuft einige Jahre in ruhigen Bahnen. »Aus beruflichen Gründen« beantragt er die Aufnahme in die Partei, man schreibt das Jahr 1937, im November 1939 wird er zum 9. SS-Infanterie-Regiment nach Danzig eingezogen, ein halbes Jahr später zu einer SS-Totenkopf-Einheit in das Konzentrationslager Neuengamme versetzt. Von nun an führt ihn sein Weg – mit kurzen Unterbrechungen auf einem Truppenübungsplatz, in einer Vorbereitungslehrkompanie und in einer SS-Junkerschule – von einem Konzentrationslager ins andere. Ende Mai 1943 wird der Untersturmführer Höcker Adjutant im Vernichtungslager Majdanek bei Lublin. Ob ihm etwas von Tötungshandlungen dort bekanntgeworden sei, wird er während der Vernehmung zur Person gefragt; der Angeklagte schweigt. Ein Jahr später kommt er nach Auschwitz, als Adjutant des Kommandanten Baer, der etwa zur gleichen Zeit die Führung des Lagers übernimmt. Bis zur Auflösung des Lagers bleibt Höcker in Auschwitz, für vier bis sechs Wochen wird er Adjutant im Konzentrationslager Nordhausen, das Kriegsende erlebt er in einer Kampfgruppe, die sich im Raum Hamburg gebildet hat. Aus der britischen Kriegsgefangenschaft wird er Ende Januar 1946 entlassen; seine Tätigkeit in Lublin und Auschwitz verschweigt er bei der Befragung. Sechs Jahre später erstattet Höcker gegen sich selbst bei der Staatsanwaltschaft Bielefeld Anzeige, um ein Spruchkammerverfahren zu erwirken. Mit Strafbescheid vom 19. 1. 1953 erhält er eine Gefängnisstrafe von neun Monaten, die er jedoch auf Grund des Straffreiheitsgesetzes von 1954 nicht zu verbüßen braucht. Danach wird er Hauptkassierer bei der Kreissparkasse Lübbecke, die ihn, wie Höcker während der Vernehmung zur Person erklärt, im Juni 1963 »auf Grund von Zeitungsberichten« entläßt. »Dann war ich wieder Arbeiter.« Von diesem Tag an bezieht er Arbeitslosenunterstützung.
Er ist verheiratet und hat zwei Kinder.
Höcker wird beschuldigt, als Adjutant des Lagerkommandanten

Baer an der Tötung einer unbestimmten Vielzahl von Häftlingen mitgewirkt zu haben.

*Wilhelm Boger*
geboren am 19. Dezember 1906 in Stuttgart-Zuffenhausen; Sohn eines Kaufmanns, der nicht den besten Ruf genießt. Er besucht neun Jahre lang die Schule und erlangt 1922 die mittlere Reife. Eine dreijährige Lehre beendet er mit der Kaufmannsgehilfenprüfung. Im Sommer 1925 beginnt er eine Tätigkeit als Angestellter beim Deutschnationalen Handlungsgehilfenverband, Gaugeschäftsstelle Stuttgart. Boger ist zu dieser Zeit schon drei Jahre Mitglied der Nationalsozialistischen Jugendbewegung, der späteren Hitlerjugend: »Ich war ein alter Hase in der nationalsozialistischen Bewegung.« In die NSDAP und in die SA tritt er 1929 ein, bis Ende 1929 ist er Mitglied im Artamanen-Bund, einer Freiwilligen-Organisation, deren Ziel es ist, die nichtexistente allgemeine Wehrpflicht durch einen freiwilligen Arbeitsdienst auf dem Lande zu ersetzen. In der Folge ist Boger bei verschiedenen Firmen in Stuttgart, Dresden und Friedrichshafen als kaufmännischer Angestellter beschäftigt. In Dresden schließt er sich 1930 der SS an. Im Frühjahr 1932 wird er arbeitslos, ein Jahr später, am 5. März 1933, erhält er als Angehöriger der SS eine Einberufung zur Hilfspolizei nach Friedrichshafen, am 1. Juli des gleichen Jahres wird er zur Politischen Bereitschaftspolizei in Stuttgart versetzt, nach sechswöchigem Dienst zur Württembergischen Politischen Polizei, ebenfalls in Stuttgart, im Oktober 1933 zur Außenstelle der Politischen Polizei in Friedrichshafen. Nachdem er von Herbst 1936 bis zum Frühjahr 1937 in Stuttgart die Polizeifachschule besucht und die Kriminalanwärterprüfung abgelegt hat, wird er im März 1937 zum Kriminalkommissar im Landesdienst befördert. Bei Kriegsausbruch wird er zur Staatspolizeistelle Zichenau kommandiert, drei Wochen später mit dem Aufbau und der Leitung des Grenzpolizeikommissariats in Ostrolenka beauftragt.
Boger weiß aus dieser Zeit eine mysteriöse Geschichte zu berichten: er habe Widerstand geleistet gegen den verbrecherischen Befehl, einen Wehrmachtsoffizier hinterrücks im Wald zu erschießen und einen Jagdunfall vorzutäuschen. Die Weigerung habe ihm eine Degradierung eingetragen und Haft in der Berliner Prinz-Albrecht-Straße, dem berüchtigten Gefängnis der Gestapo. Aber da sind keine Beweise. Bewiesen ist nur, daß er im gleichen Jahr wegen des Vorwurfs der Abtreibung verhaftet und in das Gestapogefängnis eingeliefert worden ist. Boger wird in »Ehrenhaft« genommen, am 19. Dezember 1940 nach Hause geschickt, ein Jahr später zur 2. SS- und Polizeipionierersatzkompanie in Dresden einberufen. Er kommt nach kurzer Aus-

bildung an die Front, wird im März 1942 verwundet. Nach seiner Genesung wird er im Dezember 1942 ins Konzentrationslager Auschwitz versetzt.

»Lassen Sie mich, Herr Vorsitzender, an dieser Stelle jener Häftlinge ohne Unterschied der Rasse und Religion gedenken, die im Konzentrationslager Auschwitz umkamen. Lassen Sie mich aber auch der SS-Leute gedenken, die in Auschwitz Dienst tun mußten!«

Er will bald wieder weg, wie er weiter vor Gericht aussagt, weil er sich seinem Chef, Grabner, überlegen fühlt. Boger hat das »Fluchtreferat« und den Nachrichtendienst unter sich und läßt wissen, daß Auschwitz mit den »geringsten Fluchtzahlen«, sowohl was die versuchten wie die geglückten Fluchten angehe, aller Konzentrationslager zu Buch gestanden habe. Bis zur Auflösung des Lagers tut Boger dort Dienst; er begleitet Häftlingstransporte ins Reich; in den letzten Kriegstagen soll er von Ravensbrück aus zum Fronteinsatz kommen, aber die Kampfgruppe löst sich auf, und es gelingt ihm, sich nach Ludwigsburg zu seinen Eltern abzusetzen. Am 19. Juni 1945 wird er von der amerikanischen Militärpolizei verhaftet, am 22. November 1946 soll er an Polen ausgeliefert werden. Der kaltblütige Mann flieht bei Cham aus dem Transport, was ihn möglicherweise in Polen vor dem Todesurteil bewahrt hat. Für drei Jahre taucht er in der Nähe von Crailsheim unter: »Da zeigte sich noch, daß die Deutschen zusammenhielten, denn sie kannten mich alle. – Wenn ich hätte fliehen wollen, dann wäre es mir ohne weiteres gelungen. Aber warum sollte ich, denn ich hatte doch keine schwarze Weste.« Von 1950 an arbeitet er bei einer Flugzeugfirma in Zuffenhausen, am 8. 10. 1958 wird er unter der Anklage verhaftet, an Verbrechen in Auschwitz beteiligt gewesen zu sein.

Er ist in zweiter Ehe verheiratet und Vater von fünf Kindern, drei Töchtern aus der zweiten Ehe und zwei Söhnen aus der ersten, von denen einer gestorben ist.

Boger wird beschuldigt, bei zahlreichen Selektionen und Exekutionen mitgewirkt, sowie bei verschärften Vernehmungen Häftlinge so schwer mißhandelt zu haben, daß sie unmittelbar danach starben.

*Hans Stark*

geboren am 14. Juni 1921 in Darmstadt; Sohn eines Polizeibeamten. Wie der Angeklagte sagt, ist seinem Bruder und ihm »eine typisch preußische Erziehung« zuteil geworden. Des Vaters Erziehungsgrundsatz habe gelautet: ›Wer nicht gehorchen kann, kann auch nicht befehlen.‹ Die Söhne sollten es nach dem väterlichen Willen einmal weiter bringen, sollten das Abitur machen und studieren. Wegen der nachlassenden Leistungen Hans Starks auf dem Darmstädter Realgymnasium kommt es zu schweren Auseinandersetzungen mit dem Vater, der der Meinung ist, daß der Sohn in ordentliche Zucht gehöre. Arbeitsdienst und das Darmstädter Artillerie-Regiment werden als geeignete Erziehungsmittel in Betracht gezogen. Aber Arbeitsdienst und Wehrmacht verlangen nicht nach Grünschnäbeln, und aus der vorgesehenen Erziehung wird nichts. Da kommt dem Vater ein Merkblatt der SS-Totenkopfverbände in die Hand, und das Schicksal des Hans Stark entscheidet sich. Die SS nimmt auch Sechzehnjährige, der Vater willigt schriftlich ein. (1948 wird er Selbstmord begehen, des Vorwurfs wegen, wie Hans Stark erklärt, ihm, dem Sohn, den Eintritt in die SS ermöglicht und erlaubt zu haben.) Im Alter von sechzehn Jahren und fünf Monaten beginnt Hans Stark seinen Dienst bei der 2. SS-Totenkopfstandarte Brandenburg in Oranienburg; er sei dort der jüngste Rekrut gewesen. Es folgen infanteristische Grundausbildung, Schulung in nationalsozialistischer Weltanschauung, Rassenkunde, Rosenberg. Dann: Außenwache im Konzentrationslager Oranienburg; die Insassen: »Volksschädlinge«. Stark ist zu diesem Zeitpunkt sechzehn Jahre und sechs Monate alt. Sein Weg führt ihn weiter in die Konzentrationslager Buchenwald und Dachau, zum Wach- und Ehrenbataillon in Prag, zum SS-Regiment »Westland« in München; ein doppelter Unterschenkelbruch ereilt ihn bei einem Reitunfall, und — weil nicht mehr frontdienstfähig — wird er nach Dachau zurückversetzt. Im Dezember 1940, Stark ist neunzehn Jahre und sechs Monate alt, kommt er von dort nach Auschwitz. »Kaum neunzehn Jahre alt, oblag mir die Registratur der Toten«, erklärt er vor Gericht. Er will versucht haben sich wegzumelden, aber immer wieder sei ihm beschieden worden: ›Unser Feind steht hier. Wir bestimmen, wann Sie wegkommen.‹ Im Juni 1941 gelangt er zur Politischen Abteilung des Lagers, wo ihm die Aufnahmeabteilung übertragen wird. Von Weihnachten 1941 bis zum März 1942 wird er beurlaubt, um die Reifeprüfung ablegen zu können. Er besteht sie, das heißt: »lernte« in einigen Monaten, wozu normalerweise drei Jahre vorgesehen waren. Er kehrt wieder nach Auschwitz zurück, erhält nochmals Studienurlaub, vom November 1942 bis zum 1. April 1943, wird er zu einer Feldeinheit abgestellt, macht seinen »Abschiedsbesuch« in Auschwitz, wird im Einsatz beim SS-Panzergrenadierregiment »Der Führer« verwundet. Im Frühling 1944 besucht er die SS-Junkerschule in Klagenfurt, im Januar 1945 wird er abermals verwundet. Am 2. Mai 1945 gerät er in Berlin in sowjetische Kriegsgefangenschaft, kann aber nach zwei Tagen fliehen. Er beginnt im Herbst 1946 mit dem Studium der Landwirtschaft, wird von der Spruch-

kammer Darmstadt als Minderbelasteter eingestuft, besteht im Februar 1953 in Darmstadt das Assessor-Examen, ist danach als Lehrer an zwei Landwirtschaftsschulen und als Sachbearbeiter für Wirtschaftsberatung tätig.
Er ist verheiratet und hat zwei Kinder.
Stark wird beschuldigt, in einer unbestimmten Zahl von Fällen Häftlinge durch Genickschuß getötet, im Alten Krematorium Zyklon B zu Zwecken der Vergasung von Menschen eingeworfen und auf der Rampe von Birkenau selektiert und die für den Gastod bestimmten Menschen gewaltsam in die Gaskammern getrieben zu haben.

*Klaus Dylewski*
geboren am 1. Mai 1916 in Finkenwalde im Kreis Stettin; Sohn eines Grubensteigers. Seine Jugend verlebt er bei Kattowitz, der Vater optiert nach dem Ersten Weltkrieg für Polen, die Familie besitzt die polnische Staatsbürgerschaft. Dylewski besucht die deutsche Volksschule, dann ein Privatgymnasium in Pless, danach das Staatliche Gymnasium in Nicolai, wo er 1935 die Reifeprüfung ablegt. Im Frühjahr 1936 beginnt er das Studium der Flugzeugtechnik an der Technischen Hochschule in Danzig, im Herbst 1938 besteht er die Diplomvorprüfung im Flugzeugbau. Nach dem 6. Semester schlägt er die Fachrichtung Maschinenbau ein. Nach dem Kriegsausbruch – »wir mußten bleiben, konnten ja nicht zurück zum Studium« – meldet er sich freiwillig zur SS-Heimwehr Danzig: »Die Landwehr nahm uns Auslandsdeutsche nicht.« Während des Polenfeldzugs blieb er in Danzig, nach dessen Beendigung bittet er um seine Entlassung aus der SS, um sein Studium fortsetzen zu können. Das Gesuch wird abgelehnt, und er wird zum 1. Totenkopf-Infanterie-Regiment 3 versetzt, das in Dachau zusammengestellt wird. Er nimmt am Frankreich-Feldzug teil, danach wird er, am 1. September 1940, zum SS-Sturmbann Auschwitz versetzt. Zunächst tut er Dienst in der Wachkompanie, nach viermonatigem Studienurlaub wird er als Dolmetscher und Ermittlungsbeamter in der Politischen Abteilung eingesetzt, wo er bis zum Sommer 1944 bleibt. Dreimal fährt er in dieser Zeit vier bis fünf Monate in Studienurlaub, möglicherweise sogar noch ein viertes Mal, wie allerdings nur er selber sagt. Im August 1944 wird ihm die Leitung der Abteilung Maschinenbau eines unterirdischen Werkes bei Nürnberg übertragen, von wo es ihm nach dem Zusammenbruch gelingt, sich in Zivilkleidung nach München durchzuschlagen. Er arbeitet bei einem Bauern, dann als Gärtnereigehilfe in Hamburg, führt bis 1952 den Namen Peter Schmidt. Schon Ende 1947, nach Beendigung seiner Tätigkeit in Hamburg, setzt er sein Studium an der Ost-Berliner Universität fort,

beendet es, wird 1950 Gewerbelehrer in Düsseldorf. Seit 1952 arbeitet er als Sachverständiger für Werkstoffabnahme beim Technischen Überwachungsverein, ebenfalls in Düsseldorf.
Er ist zum zweitenmal verheiratet, aus jeder Ehe stammt ein Kind.
Dylewski wird beschuldigt, auf der Rampe von Birkenau selektiert und eine unbestimmte Zahl von Häftlingen durch Genickschuß getötet zu haben.

*Pery Broad*
geboren am 25. April 1921 in Rio de Janeiro; Sohn eines brasilianischen Kaufmanns und einer Deutschen. Bald nach seiner Geburt geht die Mutter mit ihm nach Deutschland, der Vater bleibt in Brasilien. In Berlin besucht Pery Broad die Volksschule und das Realgymnasium. Wegen frühzeitiger Mitgliedschaft erhält er das goldene Ehrenzeichen der Hitler-Jugend. Nach der Reifeprüfung im Jahre 1940 studiert er bis Dezember 1941 an der Technischen Hochschule in Berlin, dann muß er aufhören, weil sein brasilianischer Paß nur für vierzehn Tage verlängert worden ist und keine weitere Aufenthaltsgenehmigung mehr gegeben wird. Auf Grund seiner freiwilligen Meldung wird er zur Waffen-SS eingezogen, statt zum Fronteinsatz kommandiert man ihn nach der Ausbildung wegen seiner Kurzsichtigkeit zum Konzentrationslager Auschwitz. Wie Dylewski tut auch er erst Wachdienst. Im Juni 1942 wird er zur Politischen Abteilung versetzt, der er bis zur Auflösung des Lagers angehört. Bei Ravensbrück gerät er am 6. Mai 1945 in englische Kriegsgefangenschaft, aus der er 1947 entlassen wird. Er arbeitet bis Juli 1953 als kaufmännischer Angestellter in einem Sägewerk in Munsterlager, später in einer Braunschweiger Firma für Elektroapparatebau, in deren Düsseldorfer Niederlassung er zuletzt tätig ist.
Er war zweimal verheiratet und ist kinderlos.
Broad wird beschuldigt, an der Rampe von Birkenau selektiert, Häftlinge durch Genickschuß getötet und bei der Vernichtung des Zigeunerlagers mitgewirkt zu haben.

*Johann Schoberth*
geboren am 17. Dezember 1922 in Aufseß (Kreis Ebermannstadt); uneheliches Kind einer Bauerntochter. Der Vater, ein Müllergehilfe, kümmert sich nicht um ihn. Johann Schoberth wächst bei der Mutter auf, in deren landwirtschaftlichem Betrieb er noch heute arbeitet. Er besucht die Volksschule und drei Jahre lang die Fortbildungsschule, mit fünfzehn Jahren beginnt er als Waldarbeiter zu arbeiten. Er wird Mitglied der Hitler-Jugend und glaubt heute, daß er automatisch in die NSDAP übernommen worden sei. Im Februar 1941 wird er zur Waffen-SS einge-

zogen, in Lappland durch einen Bauchschuß schwer verwundet (1941); im Dezember 1942, nach seiner Genesung, trifft es ihn abermals: Beckensteckschuß mit Rückgratverletzung und Schuß in die linke Brustseite mit Absplitterungen in die Lunge. Schoberth wird danach gvH (garnisonsverwendungsfähig Heimat) geschrieben. Im Frühling 1943 versetzt man ihn zum Konzentrationslager Auschwitz, wo er im Wachsturmbann auf der Poststelle und im »Standesamt« der Politischen Abteilung Dienst tut – »wir beurkundeten alles« – und zwar bis zum Sommer 1944. Er wird dann als waffentechnischer Ausbilder für eine Einheit von Volksdeutschen eingesetzt und bei einem letzten Fronteinsatz nochmals verwundet. Aus sowjetischer Gefangenschaft wird Schoberth im August 1945 entlassen.
Er ist verheiratet und hat ein Kind.
Schoberth, der jüngste der Angeklagten, wird beschuldigt, in einer unbestimmten Zahl von Fällen Häftlinge im sogenannten Alten Krematorium des Stammlagers Auschwitz erschossen zu haben; auch habe er mindestens einmal bei einer Vergasungsaktion im Krematorium II des Lagers Birkenau mitgewirkt.

*Bruno Schlage*
geboren am 11. Februar 1902 in Truttenau (Kreis Königsberg); Sohn eines Arbeiters. Die Eltern ziehen bald nach Itzehoe, wo der Junge aufwächst und die Volksschule besucht. Er beendet die Schulzeit in Rosengarten (Kreis Angerburg), nachdem die Eltern unweit dieser Gemeinde einen Bauernhof erworben haben. Schlage arbeitet einige Zeit bei der Reichsbahn, erlernt dann den Maurerberuf. Nach dem Besuch einer Werkmeisterschule ist er als Polier tätig, meist auf Baustellen im Ausland. »Ich habe mich weder vor noch nach 1933 noch nach 1945 bis zum heutigen Tag politisch betätigt«, hebt er hervor. Im Jahre 1940 wird er zu einer Polizeiverfügungstruppe eingezogen und der 22. SS-Standarte zugeteilt. Ende 1941 wird er zum Konzentrationslager Auschwitz kommandiert, wo er mit Unterbrechungen bis zur Evakuierung des Lagers bleibt. Der Angeklagte beteuert, damals nicht gewußt zu haben, wohin er kommen werde. Im Lager ist er Aufseher im berüchtigten Arrestblock, Kommandoführer eines Häftlings-Außenkommandos, Wachführer der 3. Wachkompanie. Nach über vierjähriger polnischer Kriegsgefangenschaft wird er im August 1949 entlassen und begibt sich zu seiner Familie nach Dehme. Seit Oktober 1961 wird er dort als Hausmeister beschäftigt.
Er ist verheiratet und hat zwei Kinder.
Schlage wird beschuldigt, sich an Exekutionen beteiligt zu haben, deren Widerrechtlichkeit ihm bewußt gewesen sei.

*Franz Johann Hofmann*
geboren am 5. April 1906 in Hof an der Saale; Sohn eines Metzgers. Er besucht von 1912 bis 1919 die Volksschule, ist nach seinen eigenen Angaben ein Durchschnittsschüler. Er erlernt das Tapeziererhandwerk, legt die Gesellenprüfung ab. In den Jahren nach 1923 übt er verschiedene Tätigkeiten aus, arbeitet zuletzt als Kellner und Hoteldiener. Im Sommer 1932 tritt er in die NSDAP und in die allgemeine SS ein, »geschäftshalber«, wie er sagt; sein Vater besaß eine Gaststätte, in der viele Parteigenossen verkehrten. Auch soll der Umstand eine Rolle gespielt haben, daß schon eine SS-Uniform seines Bruders vorhanden gewesen sei: »So hatte ich keine Unkosten, ich war ja arbeitslos.« Nach der »Machtübernahme« nimmt er an einem Hilfspolizeikursus teil, wird am 1. Juli 1933 als Hilfspolizist eingestellt. Ende September des gleichen Jahres wird er zur Wachtruppe des Konzentrationslagers Dachau einberufen. Am 1. Dezember 1942 wird er nach Auschwitz versetzt, tut zunächst Dienst als 3. Schutzhaftlagerführer, im November 1943 übernimmt er das Amt des 1. Schutzhaftlagerführers im Stammlager Auschwitz. In der Zwischenzeit ist er auch als Lagerführer für das Zigeunerlager in Auschwitz-Birkenau verantwortlich. Warum er so konsequent befördert worden sei, vom Hauptscharführer im Jahre 1939 bis zum Hauptsturmführer 1944, wenn er in Auschwitz nichts anderes getan habe, als telefonisch Befehle anzunehmen und weiterzugeben, fragt der Vorsitzende, Landgerichtsdirektor Hofmeyer. Hofmann: »Ich weiß es nicht; ich machte meinen Dienst korrekt.« Der Vorsitzende: »Es hat viele gegeben, die ihren Dienst korrekt machten und die nicht befördert worden sind.« Mitte Mai 1944 wird er zum Konzentrationslager Natzweiler versetzt. Den Zusammenbruch erlebt er in Guttenbach am Neckar, wo er sich in Zivilkleidern absetzen kann. In Rothenburg ob der Tauber wird er entnazifiziert; er gibt an, erst 1937 Mitglied der Partei geworden zu sein, seine Zugehörigkeit zur SS und seine Tätigkeit in den Konzentrationslagern verschweigt er. Hofmann beteuert, sich nach dem Krieg stets mit seinem richtigen Namen polizeilich angemeldet zu haben. Wegen zweier Mordtaten, begangen im Konzentrationslager Dachau, wird Hofmann vom Schwurgericht München II am 19. Dezember 1961 zu zweimal lebenslangem Zuchthaus verurteilt. Das Urteil ist seit dem 18. Mai 1962 rechtskräftig. Wie Hofmann erklärt, ist ihm von diesen zwei Mordfällen nichts bekannt; es habe auch keiner der Zeugen die Erschießungen bestätigen können. Auf die Frage des Vorsitzenden, ob er sich unschuldig verurteilt fühle, erwidert Hofmann: »Ich kann es nicht anders sagen.«
Er ist verheiratet und hat sieben Kinder, von denen vier der Ehe entstammen.

Hofmann wird beschuldigt, auf der Rampe von Birkenau die Selektionen überwacht sowie als Angehöriger einer Kommission im Arrestblock bestimmt zu haben, welche Häftlinge erschossen werden sollten.

*Oswald Kaduk*
geboren am 26. August 1906 in Königshütte (Oberschlesien); Sohn eines Hufschmiedes. Er hat fünf Brüder, die alle im Zweiten Weltkrieg fallen. Kaduk besucht die Volksschule in Königshütte, erlernt das Fleischerhandwerk, arbeitet eineinhalb Jahre als Metzger im Städtischen Schlachthof Königshütte. Kurze Zeit ist er arbeitslos, dann wird er, 1927, in die Städtische Berufsfeuerwehr Königshütte übernommen. Nach fünf bis sechs Dienstjahren nimmt er an einem Sonderlehrgang teil und wird der Betriebsfeuerwehr der Stickstoffwerke in Königshütte überstellt. Dort arbeitet er bis zu seiner Einberufung – nachdem er sich freiwillig gemeldet hat – zur Waffen-SS im Frühjahr 1940. Nach einem längeren Lazarettaufenthalt wegen Erkrankung wird er 1942 zum Wachsturmbann des Konzentrationslagers Auschwitz versetzt. Er wird zunächst als Blockführer – hat nur für »Ruhe, Ordnung, Disziplin« gesorgt – später als Rapportführer eingesetzt, bleibt im Lager bis zu dessen Räumung im Januar 1945. Nach Kriegsende taucht er unter, arbeitet in Löbau in einer Zuckerfabrik. Im Dezember 1946 nimmt ihn eine sowjetische Militärstreife fest: ein ehemaliger Häftling hatte ihn wiedererkannt. Am 24. März 1947 wird er wegen seiner Zugehörigkeit zur SS und zu verbrecherischen Organisationen von einem sowjetischen Militärtribunal erst zum Tode, dann zu 25 Jahren Zwangsarbeit verurteilt. Am 26. April 1956 wird er aus der Haft entlassen. Er geht nach West-Berlin, wo er zuletzt als Krankenpfleger tätig ist, von den Patienten »Papa Kaduk« genannt. Er ist verheiratet und hat einen Sohn.
Zu Beginn seiner Vernehmung vor dem Frankfurter Gericht erklärt er erregt: »Wenn ich jetzt hier stehe, dann, weil ich unschuldig bin.« Er bedauere es, daß er nach seiner Entlassung aus dem Zuchthaus Bautzen nach West-Berlin gegangen sei. »In der DDR wäre ich nie verfolgt worden. – Ich wußte nicht, daß es hier so eine Ungerechtigkeit gibt.« In der neuen Strafverfolgung sieht er einen Racheakt, zumal seine »Strafklage« mit der sowjetischen Verurteilung »verbraucht« sei. Im übrigen sei er in Auschwitz mit seinen Nerven völlig am Ende gewesen. »Wenn Sie solche Aktionen sehen, dann sind auch Sie schockiert. Ich habe noch nie in meinem Leben so viel Alkohol getrunken wie in Auschwitz.«
Kaduk wird beschuldigt, eigenmächtig selektiert und zahlreiche Häftlinge erschossen oder auf andere Art getötet zu haben.

*Stefan Baretzki*
geboren am 24. März 1919 in Czernowitz (Rumänien); Sohn eines Mechanikers. Der Vater stirbt 1938 oder 1939, über das Schicksal der übrigen Familienmitglieder, der Mutter und von drei Geschwistern, ist Baretzki nichts bekannt. Nach dem Besuch der Volksschule lernt er von 1933 bis 1935 als Nagelrichter und Strumpfwirker und legt eine Abschlußprüfung ab. Danach ist er als Maschinenführer in einer Czernowitzer Strumpffabrik tätig. Er wird »umgesiedelt«, nachdem der Krieg ausgebrochen ist. Im Herbst 1942 zieht man ihn zur Waffen-SS nach Auschwitz ein, wo er erst als Läufer, dann als Blockführer Dienst macht. Nach der Evakuierung des Lagers wird er in der Gegend von Frankfurt/Oder an der Front eingesetzt, gerät am 6. Mai in Gefangenschaft, wird schon am 17. August des gleichen Jahres entlassen. Seit dieser Zeit ist er als Arbeiter bei verschiedenen Firmen der Kohlen- und Bimsbranche beschäftigt.
Er ist nicht verheiratet.
Baretzki wird beschuldigt, daß er in einer unbestimmten Zahl von Fällen an Selektionen von Häftlingen teilgenommen und die Selektierten zu den Gaskammern geführt, zahlreiche Häftlinge mit einem Handkantenschlag getötet oder erschossen oder auf andere Weise zu Tode gebracht habe.

*Heinrich Bischoff*
geboren am 16. Juli 1904 in Überruhr bei Essen; Sohn eines Bergmanns. Aus der Volksschule wird er, der Kriegsverhältnisse wegen vorzeitig, 1917 entlassen, schon mit dreizehn Jahren arbeitet er auf einer Zeche, mit zwanzig unter Tage. 1926 verunglückt der Vater tödlich, 1931 stirbt die Mutter. Im Oktober 1931 tritt er in die Partei ein, betätigt sich auch in der SA, wird aber nach seiner Aussage aus beiden Organisationen im Jahre 1934 ausgeschlossen. Er ist einige Zeit arbeitslos, wird dann bei der Knappschaft beschäftigt, zuletzt als Heizer in einem Krankenhaus. Im April 1940 wird er zur schweren Artillerie eingezogen, u. k. gestellt, im Juli 1942 abermals eingezogen, diesmal zu den SS-Totenkopfverbänden in Oranienburg. Wenige Tage später wird er nach Auschwitz in Marsch gesetzt. Er tut Dienst als Wachposten und als Blockführer. Im Mai 1945 gerät er in amerikanische Gefangenschaft, wird am 2. August jenes Jahres entlassen. Nach dem Krieg ist er Hilfsarbeiter und Hauer, auf der Essener Zeche »Heinrich« wird er verschüttet, arbeitet nach seiner Genesung bis zum 29. Dezember 1955 als Verlader-Wächter und Pumpenmaschinist. An diesem Tag erleidet er einen Herzinfarkt, der im Mai 1957 seine völlige Invalidität zur Folge hat. Das Verfahren gegen ihn wird am 13. März 1964 abgetrennt, am 26. Oktober 1964 stirbt Heinrich Bischoff an einem Herzschlag.

Er war seit 1929 verheiratet; er hatte keine Kinder.
Bischoff war angeklagt, Häftlinge mißhandelt und erschossen zu haben.

*Arthur Breitwieser*
geboren am 31. Juli 1910 in Lemberg; Sohn eines Kellners. Er besucht in Lemberg die deutsche Volksschule, anschließend die »Mittelschule«, die er 1931 mit dem Abitur verläßt. An der Universität Lemberg beginnt er das Studium der Rechtswissenschaft, das er im Herbst 1936 mit dem »Magister juris« abschließt, was etwa dem Referendarexamen entspricht. Als Student tritt er der »Jungdeutschen Partei« bei. Seit Juni 1939 arbeitet er als Rechtsberater im »Wirtschaftsverband Städtischer Berufe« in Bromberg. Am 1. September 1939 wird er von der polnischen Polizei verhaftet, nach seiner Befreiung durch deutsche Truppen kehrt er nach Bromberg zurück, wo er bei der Industrie- und Handelskammer als Referent für Binnenschiffahrt und Hilfsgewerbe tätig ist. In dieser Zeit tritt er dem sogenannten Selbstschutz bei, der am 21. November 1939 geschlossen von der Waffen-SS übernommen wird. »Daß es SS war, wußten wir nicht«, sagt Breitwieser bei der Vernehmung zur Person. Im Mai 1940 wird er zum Konzentrationslager Auschwitz abkommandiert. Er tut Dienst in der Verwaltung, in der Häftlingsbekleidungskammer und in der Unterkunftskammer. Bei Kriegsende gerät er in amerikanische Gefangenschaft, über verschiedene Lager kommt er nach Dachau, im Dezember 1946 wird er an Polen ausgeliefert. Das Oberste Volkstribunal in Krakau verurteilt ihn am 22. Dezember 1947 zum Tode, weil er Häftlinge mißhandelt oder durch boshafte Meldungen deren harte Bestrafung herbeigeführt habe. Straferschwerend wertet das Gericht, daß Breitwieser, »niederträchtigen Charakters«, dem polnischen Staate, auf dessen Territorium er geboren und erzogen worden sei, damit gedankt habe, daß er in Auschwitz Häftlinge polnischer Nationalität schlug und denunzierte. Einen Monat später wird er zu lebenslanger Haft begnadigt und schließlich am 18. Januar 1959 in die Bundesrepublik entlassen. Er ist beschäftigt als Buchhalter in der Firma seines Schwagers.
Er ist ledig.
Breitwieser wird beschuldigt, im Oktober 1941 an der ersten großen Vergasungsaktion in Auschwitz aktiv beteiligt gewesen zu sein.

*Dr. med. Franz Lucas*
geboren am 15. September 1911 in Osnabrück; Sohn eines Schlachtermeisters. Er besucht die Volks- und die Mittelschule, danach das humanistische Gymnasium Carolinum in Osnabrück

und die höhere Schule in Meppen (Emsland), wo er 1933 das Abitur macht. Nach vier Semestern Philologiestudium studiert er Medizin, zunächst in Münster, dann in Rostock und Danzig. Aus seinem handschriftlichen Lebenslauf, der sich bei seinen SS-Personalakten befindet, geht hervor, daß er 1933 in die SA eingetreten ist. Seit dem 1. Mai 1937 gehört er der Partei an, in die Allgemeine SS tritt er am 15. November 1937 ein; die SA hatte er schon 1934 wieder verlassen, »da der Geist vieler Angehöriger der SA-Studentenstürme alles andere als ideal war«. Im Jahre 1942 legt er in Danzig das medizinische Staatsexamen ab und promoviert im gleichen Jahr zum Dr. med. Am Ende einer zweimonatigen Ausbildung an der ärztlichen Akademie der Waffen-SS in Graz wird er zum Hauptscharführer (Unterarzt) befördert. Er tut in Nürnberg Dienst als Lazarett- und als Truppenarzt bei einer Fernmeldeeinheit, am 9. November 1943 wird er zum SS-Obersturmführer befördert. Wegen defätistischer Äußerungen will er im Herbst 1943 zu einer Bewährungseinheit versetzt worden sein, seine Personalakten enthalten indes nur den Eintrag, daß er in der fraglichen Zeit bei einem SS-Fallschirmjäger-Bataillon war. Vor Gericht behauptet Lucas, das sei das gleiche gewesen. Aus einer weiteren Eintragung geht hervor, daß er am 15. Dezember 1943 zum Wirschafts- und Verwaltungshauptamt (Amt DIII) versetzt wird und nunmehr als Arzt Konzentrationslagerdienst tut. An den Zeitpunkt seines Eintreffens in Auschwitz will sich Lucas nicht erinnern können, insgesamt sei er »wohl fünf Monate« dort geblieben. Mit der Liquidierung des Zigeunerlagers (Anfang August 1944) habe er schon deshalb nichts zu tun, weil er zu dieser Zeit bereits in Mauthausen gewesen sei. Sein passiver Widerstand und seine ständigen Weigerungen, bei der Ermordung von Häftlingen mitzuwirken, tragen ihm, wie er bekundet, mehrere Strafversetzungen ein; Anfang 1945 wird er im Konzentrationslager Sachsenhausen mit einem Kriegsgerichtsverfahren bedroht. Lucas flieht im März 1945 und kann sich mit Unterstützung eines ehemaligen norwegischen Häftlings bis Kriegsende verborgen halten. Er geht nach Elmshorn, wo er noch heute ansässig ist. Am dortigen Krankenhaus wird er leitender Arzt der Geburtshilflichen-Gynäkologischen Abteilung. Da er jedoch bei seiner Einstellung seine Tätigkeit als Arzt im Konzentrationslager verschwieg, entläßt man ihn Anfang 1963. Danach übt er eine freie Praxis aus.

Er ist verheiratet und hat zwei Kinder.

Lucas wird beschuldigt, auf der Rampe von Birkenau selektiert und das Einwerfen von Zyklon-B-Gas in die Gaskammern überwacht zu haben.

*Dr. med. dent. Willi Frank*

geboren am 9. Februar 1903 in Regensburg; Sohn eines Assessors. Laut einem 1939 eigenhändig geschriebenen Lebenslauf kommt Frank nach dem vierjährigen Besuch der Volksschule und dem gleich langen Besuch des Humanistischen Gymnasiums in Regensburg 1916 in das Bayerische Kadettenkorps nach München. »1919 habe ich als Kadett im Verbande des Detachements Schaaf an der Unternehmung gegen die Kommunisten in München teilgenommen«, heißt es da. Und weiter: »Im März 1920 und April 1920 war ich in der 7. Kompanie des Bataillons ›von Krauß‹ und beteiligte mich im Verbande der Bayerischen Schützenbrigade (Epp) an der Bekämpfung der Unruhen im Ruhrgebiet. 1922 trat ich als Gründungsmitglied der Ortsgruppe Regensburg der NSDAP bei. Dort war ich als Saalschutz eingeteilt und habe eine Reihe von Saalschlachten mitgemacht . . .« Nach der Versetzung des Vaters nach München macht Willi Frank am dortigen Neuen Realgymnasium im März 1923 das Abitur. Er arbeitet ein halbes Jahr als Praktikant und beginnt am 2. November sein Studium an der Technischen Hochschule in München. Der »Bewegung« bleibt er verbunden: »Am 8. November habe ich an der Versammlung im Bürgerbräukeller und am 9. November an dem Marsch zur Feldherrnhalle teilgenommen.« 1927 legt Frank seine Diplomhauptprüfung als Maschinenbauingenieur ab und ist anschließend bei Maffei sowie bei Siemens-Schuckert tätig. Wegen der schlechten Wirtschaftslage wird die Abteilung bei Siemens-Schuckert, der Frank angehört, aufgelöst, und er entlassen. 1931 beginnt er an der Universität München Zahnheilkunde zu studieren, im Dezember 1934 besteht er das Staatsexamen. Im November 1935 läßt er sich in Bad Cannstatt als Zahnarzt nieder, nachdem er zwei Monate zuvor an der Universität München zum Dr. med. dent. promoviert hat. Er bewirbt sich um Aufnahme in die SS und tut seit September als Zahnarzt im Stab des »Oberabschnittsarztes Süd/West« Dienst. »Am 1. September 1938 erhielt ich die Genehmigung zum Tragen des Winkels für alte Kämpfer.« 1940 meldet er sich zur Waffen-SS, macht den Rußlandfeldzug bis Januar 1942 mit. Nach einer Erkrankung wird er zur SS-Zahnstation des Konzentrationslagers Dachau versetzt, von dort kommt er zum SS-Lazarett Minsk, danach auf die SS-Zahnstation in Wewelsburg. Von März 1943 bis August 1944 ist er leitender Zahnarzt im Konzentrationslager Auschwitz. Bis Weihnachten jenes Jahres hat er die gleiche Stellung im Konzentrationslager Dachau inne, bis zum Kriegsende wird er noch in Ungarn eingesetzt. Er gerät in amerikanische Kriegsgefangenschaft, aus der man ihn im Januar 1947 entläßt. Die Spruchkammer München stuft ihn als Mitläufer ein, und

er übt wieder seinen Beruf als Zahnarzt in Bad Cannstatt aus.
Er ist verheiratet und hat zwei Kinder.
Frank wird beschuldigt, das Einwerfen des Giftgases Zyklon B in die Gaskammern überwacht und auf der Rampe von Birkenau Häftlinge selektiert zu haben. Außerdem habe es zu seinen Aufgaben gehört, das Zahngold der vergasten Häftlinge einschmelzen und nach Berlin schicken zu lassen.

*Dr. med. dent. Willi Schatz*
geboren am 1. Februar 1905 in Hannover; Sohn eines Dentisten. Nach dem Abitur am Augusta-Viktoria-Gymnasium in Hannover studiert er an der Universität Göttingen zehn Semester Zahnmedizin, legt 1932 das Staatsexamen ab, promoviert Ende 1932. Im gleichen Jahr tritt er der NSDAP bei, aus der er 1937 ausgeschlossen wird – doch nicht aus politischen Gründen. Er betreibt eine zahnärztliche Praxis, wird Anfang 1940 zur Wehrmacht einberufen. Im Sommer 1943 wird er zur Waffen-SS abkommandiert, am 30. Januar 1944 zum SS-Untersturmführer befördert und zum Konzentrationslager Auschwitz versetzt. Er ist dort 2. SS-Zahnarzt, der unmittelbare Vorgesetzte heißt Dr. Frank. Schatz bleibt bis zum Herbst 1944 in Auschwitz, wird dann zum Konzentrationslager Neuengamme versetzt. Aus englischer Kriegsgefangenschaft wird er Ende Januar 1946 entlassen. Er kehrt nach Hannover zurück und führt seine Zahnarztpraxis weiter.
Er ist verheiratet, die Ehe ist kinderlos.
Schatz wird beschuldigt, auf der Rampe selektiert und die Vergasung von Menschen überwacht zu haben.

*Dr. phil. Victor Capesius*
geboren am 2. Juli 1907 in Reussmarkt (Kreis Hermannstadt/Rumänien); Sohn eines Kreis- und Amtsarztes. 1925 legt er in seiner Geburtsstadt das Baccalaureat (Abitur) ab, studiert in Klausenburg Pharmazie. 1931 leistet er einen einjährigen Militärdienst im rumänischen Heer, von dem er allerdings elf Monate zur Fortsetzung seines Studiums nach Wien beurlaubt wird. Im Oktober 1933 promoviert er. Bis zum August 1943 ist er als Ärztebesucher für eine Tochtergesellschaft der IG-Farbenindustrie in Rumänien tätig, führt zeitweilig auch die Spitalsapotheke des rumänischen Heeres in Cernavode und wird deshalb zum Hauptmann der Reserve befördert. Auf Grund eines Abkommens zwischen dem Deutschen Reich und Rumänien erhält er im August 1943 seine Einberufung zur deutschen Wehrmacht, kurze Zeit später aber wird er als SS-Apotheker in das Zentral-Sanitätslager, Außenstelle Warschau, versetzt. Über Dienststel-

lungen in Berlin, Dachau und Oranienburg gelangt er nach Auschwitz, wo er Ende 1943, wie die Anklage behauptet, oder am 12. Februar 1944, wie er selbst sagt, eintrifft und die Leitung der SS-Apotheke übernimmt. Bei der Evakuierung des Lagers kann er sich nach Berlin absetzen, gerät nach Ostern 1945 in Schleswig-Holstein in britische Gefangenschaft, aus der er im Juni 1946 entlassen wird. In Stuttgart wohnt er unter seinem richtigen Namen, beginnt Elektrotechnik an der dortigen Technischen Hochschule zu studieren, weil er wegen seiner früheren SS-Zugehörigkeit keine Stellung finden kann. Im Sommer 1946 wird er bei einem Besuch in München von einem ehemaligen Häftling erkannt und von amerikanischer Militärpolizei verhaftet. Aber die Untersuchungen verlaufen offensichtlich im Sande, denn im August 1947 ist er wieder frei. Er arbeitet als angestellter Apotheker in Stuttgart, am 5. Oktober 1950 eröffnet er als Inhaber die Markt-Apotheke in Göppingen, später einen Kosmetiksalon in Reutlingen und erzielt schon 1958 einen Umsatz von 400 000 Mark. Auf die Frage, woher er die notwendigen Mittel zur Eröffnung habe, antwortet Capesius, er habe sich nichts vorzuwerfen.
Er ist verheiratet – überraschend läßt er bei seiner Vernehmung zur Person wissen, daß seine Frau Halbjüdin sei – und hat drei Kinder.
Capesius wird beschuldigt, auf der Rampe von Birkenau und im Lager selbst selektiert, und das mit seinem Wissen zur Tötung von Häftlingen benutzte Phenol angefordert, verwaltet und ausgegeben zu haben.

*Josef Klehr*
geboren am 17. Oktober 1904 in Langenau (Kreis Leobschütz/Oberschlesien); Sohn eines an einer Erziehungsanstalt tätigen Erziehers. Nach dem Besuch der Volksschule erlernt Klehr das Tischlerhandwerk. Im Herbst 1932 tritt er der Allgemeinen SS bei, »aus wirtschaftlicher Not«. 1934 bewirbt er sich als Erzieher an der gleichen Anstalt, an der auch sein Vater tätig war. Eine solche Stelle ist nicht frei, aber er kann an der Pforte Nachtdienst machen. Ende 1934 wird er Pfleger in der Heil- und Pflegeanstalt im schlesischen Leubus, Mitte 1938 Hilfswachtmeister im Zuchthaus Wohlau. Im August 1939 erhält er seinen Gestellungsbefehl: er rückt zur Waffen-SS ein, kommt über die Konzentrationslager Buchenwald und Dachau nach Auschwitz. Er wird als Sanitätsdienstgrad eingesetzt, später überträgt man ihm, wie er sagt, die Leitung der Desinfektionsabteilung. Nach der Evakuierung des Lagers sieht er sich in der Tschechoslowakei kurz an der Front, am 2. Mai 1945 gerät er in Österreich in amerikanische Gefangenschaft. Die Lagerspruchkammer Göppingen verurteilt

ihn wegen seiner Zugehörigkeit zur SS zu dreieinhalb Jahren Arbeitslager, nach der Berufungsverhandlung wird er jedoch entlassen. In Braunschweig arbeitet er wieder als Tischler.
Er ist verheiratet und hat zwei Kinder.
Klehr wird beschuldigt, selbständig selektiert und in mehreren hundert Fällen Häftlinge mit Injektionen von Phenol direkt ins Herz getötet zu haben.

*Herbert Scherpe*
geboren am 20. Mai 1907 in Gleiwitz; Sohn eines Elektroinstallateurs. Er besucht die Volksschule, erlernt das Fleischerhandwerk, ist jedoch bis 1930 im Betrieb seines Vaters tätig. Es folgen drei Jahre Arbeitslosigkeit, von Mai 1933 bis Dezember 1935 ist er Hilfspolizist, Marktkontrolleur für die Kreisbauernschaft und Hilfsgrenzangestellter beim Zoll, danach Angehöriger eines SS-Wachkommandos, dem der Schutz von Benzinlagern auf Flugplätzen obliegt. Am 6. September 1939 wird Scherpe, der 1931 in die NSDAP und in die SS eingetreten ist, zur SS-Totenkopfstandarte nach Dachau eingezogen. Seine Einheit macht den Frankreichkrieg mit, er jedoch wird, wegen seiner Kurzsichtigkeit, wie er bekundet, nach Oranienburg zur Dienststelle des Inspekteurs der Konzentrationslager abgestellt. Nach zehnwöchiger Ausbildung zum Sanitäter versetzt man den Sanitätsdienstgrad Scherpe im Sommer 1940 zum Konzentrationslager Auschwitz. Er macht Dienst im Häftlingskrankenbau und in verschiedenen Nebenlagern. Scherpe setzt sich nach der Evakuierung des Lagers ab, wird als SS-Angehöriger interniert, im Juli 1945 aber schon entlassen. Zuletzt arbeitet er als Pförtner in einer Mannheimer Maschinenfabrik.
Er ist verheiratet und hat ein Kind.
Scherpe wird beschuldigt, in einer unbestimmten Zahl von Fällen Häftlingen, auch Kindern, tödliche Phenolinjektionen ins Herz gegeben zu haben.

*Emil Hantl*
geboren am 14. Dezember 1902 in Mährisch-Lotschnau; Sohn eines Fabrikarbeiters. Der Volksschüler erlernt das Bäckerhandwerk, danach ist er Hilfsarbeiter in einer Zwickauer Textilfabrik. Er wird arbeitslos, findet Beschäftigung in der Landwirtschaft, turnt im Turnverein. Nach der Annexion des »Sudetengaus« wird er »automatisch, wie alle Mitglieder des Vereins«, von der SS übernommen. Die Einberufung zur Waffen-SS folgt am 26. Januar 1940, am 1. August 1940 trifft er beim Wachbataillon Auschwitz ein. Er hat ein Häftlingskommando zu überwachen, tut Arbeit im Häftlingskrankenbau, in zwei Nebenlagern. Auf dem Evakuierungsmarsch setzt er sich im Januar 1945 in Beu-

then ab, befürchtet, als Deserteur ergriffen zu werden und sucht wieder Anschluß an eine SS-Einheit. Bei der ersten günstigen Gelegenheit verläßt er aber auch sie, meldet sich schließlich bei einer Einheit der Organisation Todt. Mit ihr gerät er in Gefangenschaft. Schon nach drei Wochen wird er entlassen; mit Hilfe der ihm von der Todt-Einheit ausgestellten Papiere kann er seine Zugehörigkeit zur Waffen-SS und seine Tätigkeit in Auschwitz verschweigen. Er arbeitet zunächst in der Landwirtschaft, danach in Marktredwitz als Weber.
Er ist ledig.
Hantl wird beschuldigt, bei Selektionen mitgewirkt und Häftlinge mit Phenoleinspritzungen getötet zu haben.

*Gerhard Neubert*
geboren am 12. Juni 1909 in Johanngeorgenstadt im Erzgebirge; Sohn eines Maurers. Nach dem Besuch der Volksschule hat Neubert das Handwerk eines Pianobauers gelernt, ohne es indes so recht anwenden zu wollen. Der Sinn steht ihm mehr nach dem Polizeidienst, aber seine Bewerbung wird zweimal abgelehnt. Dafür nimmt ihn dann die SS, obwohl er, wie er sagt, sich dagegen wehrt. »Korrespondenz« darüber liegt nicht vor: »Nein, ich bin gestern noch bei einem Winkeladvokaten gewesen, es ist nichts mehr da«, erklärt er dem Schwurgericht. Im Mai 1940 wird er zum SS-Regiment »Ostmark« eingezogen, ein Jahr bleibt er in Holland, als Besatzungssoldat. Mit Beginn des Rußlandfeldzuges ist die geruhsame Zeit vorüber, er kommt in den Osten, nach einiger Zeit wird seine Einheit wegen schwerer Verluste nach Krakau zurückverlegt. Seine Überstellung nach Auschwitz verdankt Neubert kriegsbedingten Verkehrsschwierigkeiten. Er kehrt zwei Tage zu spät von einem Heimaturlaub zurück, und seine alte Einheit, inzwischen neu aufgestellt, ist schon abgerückt. So wird er zum Wachpersonal von Auschwitz versetzt, im Februar oder März 1943. »Ich habe gefragt: ist dies eine Ersatzeinheit? Bin ich denn hier richtig? Da haben die geantwortet: hier bist du immer richtig.« Zuletzt tut Neubert Dienst als Sanitätsdienstgrad im Häftlingskrankenhaus des Arbeitslagers Monowitz. Bei Kriegsende gerät er in der Nähe von Heide (Schleswig-Holstein) in Kriegsgefangenschaft. Schon nach zehn Wochen wird er nach Diepholz entlassen, wo er zuletzt als Verwaltungsangestellter auf dem dortigen Bundeswehr-Flugplatz beschäftigt ist.
Er ist verheiratet und hat drei Kinder.
Neubert wird beschuldigt, in Monowitz selbständig selektiert zu haben, in einer unbestimmten Vielzahl von Fällen.

*Emil Bednarek*

geboren am 20. Juli 1907 in Königshütte (Oberschlesien); Sohn eines Seilwärters einer Kohlengrube. Schon der Volksschüler arbeitet im Bergwerk, nach der Schule beginnt er eine kaufmännische Lehre, besucht eine kaufmännische Abendschule. Von 1920 an arbeitet er als Bergmann in einer Kohlengrube, 1927 wird er zur polnischen Armee eingezogen. Nach Ableistung des Wehrdienstes ist er zwei Jahre lang arbeitslos, seit 1931 bei der Vereinigten Königs-Laura-Hütte beschäftigt. Bei Kriegsausbruch wird er eingezogen, läuft zu den deutschen Truppen über. Nach kurzer Gefangenschaft kann er als kaufmännischer Angestellter in einer Ziegelei arbeiten. Am 15. April 1940 verhaftet ihn die Gestapo: man legt ihm zur Last, Angehöriger einer polnischen Widerstandsbewegung zu sein. Im Juli jenes Jahres wird er als politischer Schutzhäftling in das Konzentrationslager Auschwitz eingeliefert. Nach einem Jahr avanciert er zum Blockältesten; diese Vorzugsstellung bekleidet er in mehreren Häftlingsblocks. Als Auschwitz geräumt wird, kommt Bednarek nach Mauthausen, wo er bis zur Befreiung des dortigen Konzentrationslagers durch die Amerikaner bleibt. Ende 1945 läßt er sich in Schirnding an der tschechoslowakischen Grenze von den Amerikanern als Treuhänder einer Großhandelsfirma einsetzen. Zwei Jahre später scheidet er aus dieser Firma aus, um sich selbständig zu machen: er eröffnet die Bahnhofsgaststätte in Schirnding. Einen Kiosk, den er ebenfalls betreibt, baut er im Laufe der Zeit zu einem Lebensmittelgeschäft aus. In der Bahnhofswirtschaft wird er im November 1960 beim Würstchenverkauf von einem polnischen Professor erkannt, der, ehemaliger Häftling, als Zeuge für das Auschwitz-Verfahren nach Frankfurt gebeten worden ist. Bednarek wird in derselben Stunde verhaftet.

Er ist verheiratet und hat zwei Kinder. Seine Familie lebt noch in Polen.

Bednarek, der einzige ehemalige Häftling unter den Angeklagten, wird beschuldigt, Mithäftlinge mit Schlägen oder beim sogenannten Sportmachen getötet zu haben.

# Die Vernehmung der Angeklagten zur Sache

## MULKA: *Für Häftlinge nicht verantwortlich*

9. Januar 1964, 4. Tag

In den ersten drei Tagen des Prozesses, nach Verlesung des Eröffnungsbeschlusses, wurden die Angeklagten zur Person vernommen, nun sollen sie sich zur Sache äußern. Der Mann, dessen Namen die »Strafsache gegen Mulka und andere« trägt, der 68 Jahre alte Angeklagte Karl Ludwig Robert Mulka, ehemaliger SS-Obersturmführer und Adjutant des Kommandeurs im Konzentrationslager Auschwitz, bringt seine Tätigkeit auf eine kurze und prägnante Formel: Er hat nichts gesehen und nichts befohlen. Im übrigen hütete er sich, höherenorts mit vorgebrachten Fragen nach der Gesetzmäßigkeit ihm zu Ohren gekommener Gefangenentötungen sein eigenes Todesurteil auszufertigen:

»Ich hatte Verantwortung meiner Familie gegenüber und vor mir selbst«.

Der weißhaarige Mann, auf der dinarischen Nase eine Goldbrille, kommt im Februar 1942 nach Auschwitz, so berichtet er. Zunächst ist er Chef der 1. Kompanie des Wachsturmbannes, dann – »vertretungsweise, erinnerungsmöglich« – von Mitte April an Adjutant des Kommandanten Höß, in welchem Amt er bestätigt wird und das er etwa ein Jahr ausübt bis zu seiner Verhaftung im März 1943; er hatte sich »defätistisch geäußert«. Mulka erklärt den Komplex des Stammlagers, erinnert sich im Detail: das Wohngebäude des Kommandanten, die Kommandantur, Friseurstuben und solche Einrichtungen; »hier rechts das vorhandene Alte Krematorium, außerhalb des Schutzhaftlagers. Hier um die Ecke herum ging's zum Schutzhaftlager.« In diesem Terrain, gesichert von der sogenannten kleinen Postenkette, starben die Schutzhäftlinge, die »erklärten Feinde des Reiches«, ihren einsamen Tod.

Der Angeklagte Mulka hat nichts gesehen. »Es mag unglaubwürdig erscheinen, Herr Vorsitzender, ich habe dieses Schutzhaftlager nie betreten!« Wenn Brände ausgebrochen seien oder Seuchen? »Ich habe nichts erfahren!« Sei es nicht seine Aufgabe gewesen, sich um solche Dinge zu kümmern? »Nein, das war Aufgabe des 1. Schutzhaftlagerführers.«

Landgerichtsdirektor Hofmeyer will wissen, ob Mulka als Stellvertreter des Lagerkommandanten kein Interesse gehabt habe, zu erfahren, ob die Gefangenen menschenwürdig untergebracht gewesen seien.

»Ich habe darüber keine Klagen gehört!«

»Wer sollte sich denn und bei wem beklagen?«
Mulka schweigt, den Blick zu Boden gerichtet.
»Wußten Sie etwas von diesen grauen Gebäuden da auf der Karte?«
»Nein!«
»Sie wußten nicht, daß dies die Wirtschaftsgebäude waren?«
»Nein!«
»Wußten Sie auch nicht, daß dort zwei Galchen standen?« fragt der Vorsitzende dialektgefärbt.
»Ich habe Ihre Frage nicht verstanden!«
»Wissen Sie nicht, was Galchen sind?«
»Nein!«
Erst Galgen versteht Mulka, ja: Galgen kennt er, aber er wußte nicht, daß dort Häftlinge gehenkt worden sind.
Vom Fenster seines Dienstzimmers aus sieht er gelegentlich aufs Lager. Zwei Fenster öffnen sich dorthin, ein anderes zum Fluß Sola. Die Unterkünfte der Häftlinge sind aus Stein, das hat Mulka bei gelegentlichen Blicken aus dem Fenster erkannt. Ja, und dann waren da noch das Führerheim, die Schule, Wohnhäuser, die Unterkünfte der Wachmannschaften. Mulka hat alles aufgezeichnet: »Ich habe es nach bester Erinnerung getan, um dem Hohen Gericht eine Anschauung zu vermitteln.«
Welches aber war die Tätigkeit dieses Angeklagten, des stellvertretenden Lagerkommandanten? Höß selbst schreibt, es sei ihm alles zuwider gewesen, er habe es ändern wollen, auch unter den Umständen gelitten. Und Mulka? Natürlich hat auch er gelitten, aber er weiß nichts über Massenmorde, nichts über einzelne Mordtaten, hat nie das Giftgas Zyklon B angefordert, nie Lastwagen zum Transport von Menschen oder Gas bereitstellen lassen, nie von Erschießungen vor der »Schwarzen Wand« gehört. Mulka hat nur den Widerschein der Feueröfen am nächtlichen Himmel gesehen, und auch das nur sehr spät.
»Was hatten Sie denn für eine Aufgabe?« wird er gefragt, und es ist zu hören, daß er zunächst die sogenannte Ehrenkompanie führte (»Es ist nie etwas Besonderes vorgekommen«), die so hieß, weil ihre Mitglieder bei festlichen Anlässen und Beerdigungen — von SS-Leuten, versteht sich: »Es starb ja auch mal jemand im Lager« — zu paradieren hatten. Trauerparaden angesichts eines tausendfachen Mordes.
Als Adjutant ist Mulka, wie er sagt, für die Personalien der Wachmannschaften, für Beförderungen, für Wirtschaftsfragen zuständig. Auch ist er vorübergehend Gerichtsoffizier, hat sich in diesem Amt aber lediglich mit den Todesursachen »auf der Flucht erschossener Häftlinge« zu beschäftigen. Und das auch nur zweimal. Die Führung eines Exekutionskommandos lehnt

er ab; der Kommandeur des Wachsturmbannes (»Er hat mich als Soldat erkannt!«) mahnte: ›Mulka, seien Sie vorsichtig. Machen Sie es lieber auf dem Weg über Ihre Magenerkrankung!‹

Wie es denn komme, will das Gericht wissen, daß Höß ausgerechnet den weichsten und unzuverlässigsten SS-Offizier zum Stellvertreter machte?

»Ich kann darauf keine Antwort geben.«

Was er denn getan habe, als ihm zu Ohren gekommen sei, daß einiges in Auschwitz nicht mit rechten Dingen zugehe?

»Ich sagte gar nichts. Ich war vorsichtig!«

»Wem wurde gemeldet, wenn hundert Leute zu Tode gekommen waren, zum Beispiel?«

»Ich weiß es nicht! Vielleicht der Politischen Abteilung.«

»Sie waren doch der Adjutant des Chefs. Also sein rechtes Ohr. Hat er niemals über diese Dinge mit Ihnen gesprochen?«

»Niemals. Ich war offenbar nicht sein rechtes Ohr!«

Mulka hat niemals den Ausdruck »Hasenjagd« gehört: er hat niemals davon gehört, daß Häftlingen die Mützen vom Kopf geschlagen wurden und daß, als sie liefen, sie aufzuheben, die Schüsse fielen, durch die sie »auf der Flucht« umkamen; nie davon, daß sie zum Stacheldraht getrieben und kurz davor ebenfalls zusammengeschossen wurden: »Ich erinnere mich an keine besonderen Vorkommnisse.«

Mulka will der Ansicht gewesen sein, in Auschwitz habe es sich um ein Schutzhaftlager gehandelt, wo Staatsfeinde zu einer anderen Denkungsweise hätten erzogen werden sollen: »So was gibt es ja! Aber es war nicht meine Aufgabe, mich um die Häftlinge zu kümmern.«

»Wußten Sie nicht, daß dort Gaskammern waren?«

Mulka, nach längerem Schweigen: »Ja, aber ich hatte keine Veranlassung, danach zu fragen. Ich möchte glauben, daß es auch keine Stelle gab, wo man hätte fragen können.«

»Der Kommandant?«

»Er war ein undurchsichtiger Mann; ich habe vermieden, ihn etwas zu fragen.«

Mulka weiß nichts von der »Sonderbehandlung«, meint, dies sei die Selektion von Häftlingen gewesen. Dann gibt er erregt auf zweites Befragen zu:

»Sonderbehandlung war Mord, worüber ich tief empört war!«

»Warum hat man Sonderbehandlung auf diese Befehle geschrieben?«

Es sei eine geheime Reichssache gewesen: »Jedermann war mit dem Tode bedroht, der davon wußte.«

»Woher wußten Sie davon?«

»Darauf kann ich keine Antwort geben.«

Mulka hat, wie er erklärt, niemals Anweisungen zur Bildung

von Exekutionskommandos gegeben, er glaubt, daß solche Befehle vom Reichssicherheitshauptamt (RSHA) an die Politische Abteilung der Geheimen Staatspolizei im Lager ergangen sind. Drei- oder viermal hat er Kenntnis gehabt von ankommenden Transporten mit jüdischen Häftlingen. Auch wußte er, daß man die nicht Arbeitsfähigen aussonderte zur Vergasung. Woher er es gewußt habe?
»Man sprach darüber. Aber ich habe niemals Dienst auf der Rampe gemacht.«
Er hat Preise kalkuliert und Arbeitskräfte eingeteilt und Personalien bearbeitet und den Kommandanten Höß gelegentlich zu Empfängen begleitet. Er hat keine Kinder im Lager gesehen, wohl später davon gehört, aber nie erfahren, wohin sie gekommen sind; er weiß nichts von der Vernichtung der polnischen Intelligenz in Auschwitz; er kennt keine Stehzellen; weiß nichts von Standgerichtsverfahren gegen »Polizeihäftlinge«.
Einmal, ein einziges Mal, hat er ein von Himmler grün abgezeichnetes rückläufiges Schreiben gesehen: eine Genehmigung zur Prügelstrafe. Ja, und als das Furchtbarste empfand er, daß inmitten dieses Lagers die Truppenbetreuung recht gut florierte, mit Theater, Kino und bunten Abenden. Ein Herr Knittel machte das. Der gleiche Mann, der auch die Schulungsabende für die SS-Offiziere hielt.
»Ja, konnte der das denn?« meint der Vorsitzende.
»Nun«, sagt der Angeklagte, »er war ein Studienrat und ist zur Zeit, wenn ich richtig unterrichtet bin, Studiendirektor irgendwo und für eine Lehrtätigkeit offensichtlich ja wohl geeignet.«
Mulka behauptet, er sei nie Leiter der Fahrbereitschaft gewesen und habe an sie gerichtete, in der Kommandantur einlaufende Fernschreiben lediglich weitergegeben.
Einmal habe er der Frau eines Juden gegenüber während seiner Adjutantenzeit in Auschwitz über das furchtbare Geschehen in aller Offenheit berichtet, da er ihr »sein mit Abscheu gefülltes Herz« habe ausschütten wollen. Er habe dieser Frau unter anderem erzählt, daß täglich 250 Häftlinge nackt in die Gaskammer getrieben und dort umgebracht würden. Auch, daß das aus Häftlingen bestehende Leichenkommando regelmäßig nach einigen Wochen umgebracht werde.
Aber dies alles habe er »nur von außen festgestellt«.
»Sie haben sich als Adjutant nicht darum gekümmert?«
»Das war lediglich Aufgabe der Politischen Abteilung.«
Mulka gibt an, er habe sich täglich überlegt, wie er »seine Finger aus der Sache halten« könne. Angesichts der grauenvollen Vorgänge in Auschwitz habe er Nervenzusammenbrüche erlitten und sei mit Koliken ins Lazarett eingeliefert worden. Auf die Frage, was er sich eigentlich bei der Einlieferung von Juden in

das Lager gedacht habe, erwiderte Mulka: »Man wollte das Deutsche Reich von den Juden befreien.«
Staatsanwalt Kügler will wissen, ob er sich daran erinnere, daß von den Deutschen Ausrüstungswerken, die zum »Wirtschaftsraum Auschwitz« gehörten, für das Krematorium Birkenau »drei gasdichte Türen nach der Art der bisher gelieferten wie auch eine Gastür (100x92 cm) nach Art der Krematoriumstüren (mit Guckloch)« angefordert worden seien. Offensichtlich hätten doch diese Werke damit beim Bau des Krematoriums mitgeholfen, was wiederum auch ihm, dem mit der Betriebsaufsicht dieses Werkes beauftragten Manne, nicht entgangen sein könne. Jetzt dreht auch der Angeklagte Mulka bei. Er erinnere sich zwar nicht an Türenbestellungen oder Bestellungen dieser Art:
»Aber es ist durchaus möglich, daß mir der Leiter dieses Werkes diesen Auftrag vorgelegt hat.«

## Höcker: *Von den Verbrechen keine Kenntnis*

Der Angeklagte Höcker ist einer der Nachfolger Mulkas. Drei, vier andere taten in der Zwischenzeit Dienst, dann kam im Mai 1944 der SS-Obersturmführer Höcker nach Auschwitz.
»Baer war, glaube ich, schon da« (der Nachfolger von Kommandant Liebehenschel). Der Adjutant und Hauptsturmführer Zoller zeigt dem Neuen die »Örtlichkeiten«.
»Die Aufgaben des Adjutanten waren klar. Ich kam ja aus dem Lager Lublin.«
Auch der Standortälteste Höß war im Dienstzimmer zugegen und fragte den neuen Adjutanten: ›So, Höcker, Sie sind hier nach Auschwitz versetzt. Wissen Sie auch, auf wessen Veranlassung?‹ — ›Nein.‹ — ›Das hat der Sturmbannführer Weiß gemacht!‹
Höcker muß nun doch etwas ausholen, denn so bekannt ist der Herr Weiß heute nicht mehr, daß der Vorsitzende verständnisvoll zu nicken vermöchte. Höcker erzählt, der Sturmbannführer habe sich vor Tausende von Häftlingen gestellt, die ihm menschliches Verhalten auch bescheinigt hätten.
»Ich wollte damit zum Ausdruck bringen, Herr Vorsitzender, daß ich aus solcher Schule gekommen bin. Höß sagte dann: ›Sie werden ein schweres Los haben, hier in Auschwitz.‹ Ich fragte: ›Warum?‹ Und er antwortete: ›Das werden Sie am eigenen Leibe spüren.‹«
Der Angeklagte entwickelt die Struktur des Befehlsaufbaus im KZ Auschwitz, und bemerkt vorab, daß er nie Befehle irgendeiner Art erteilte. Jedes Lager hatte einen eigenen Lagerkommandanten, eigene Adjutanten, eigene Wachsturmbanne, sozusagen eine geschlossene innere Verwaltung, sagt Höcker: Ausch-

witz I, das Stammlager; Auschwitz II, das Vernichtungslager Birkenau; Auschwitz III, Monowitz und die anderen Arbeitslager. Birkenau war das Auffanglager, jenes Lager, wo sich auf der Verladerampe mit einem Fingerschnicken das Schicksal der Unglücklichen entschied.

»Wem unterstand der gesamte Lagerbereich Auschwitz? Dem Kommandanten Baer?«

»Ja, aber nur insofern, als der Kommandant Standortältester war. Er hatte sozusagen die Verbindung einzelner Wehrmachtsteile zu koordinieren. Bei Luftangriffen und so.«

Der Hauptsturmführer Josef Kramer war für Birkenau, der Hauptsturmführer Schwarz für Monowitz zuständig, so ist zu hören; Standortarzt war Dr. Wirths.

»Wem unterstand der denn?«

»Ja, der war wohl dem Standartenführer Nolling in Oranienburg unterstellt. Genau weiß ich das nicht.«

»Und von wem bekam er seine Anweisungen, zum Beispiel im Fall einer bevorstehenden Ankunft eines Häftlingstransportes und der damit verbundenen Selektion?«

»Da hat es wohl generelle Anweisungen gegeben. Ich kannte sie nicht.«

Höcker gibt an, daß er vornehmlich mit der Überwachung des allgemeinen Schriftverkehrs beschäftigt war und mit der personellen Betreuung des Kommandanturstabes der Wachtruppe.

»Ich bekam Weisungen in jedem Fall vom Kommandanten. Eine Befehlsgewalt besaß ich nicht, noch nicht mal wie ein Kompaniechef.«

»Die Transportankündigungen, wer bekam die denn?«

»Sämtliche Transporte gingen beim Lager Birkenau ein.«

»Wer wurde benachrichtigt?«

»Das Fernschreiben, nehme ich an, ging bei der Fernschreibstelle ein und wurde mit einer Ordonnanz gleich zum Lager II (Birkenau) geschickt. Ich bekam keine Nachricht davon.«

»Haben Sie denn überhaupt nicht gemerkt, wenn ein Transport eintraf?«

»Doch, ich hörte davon. Aber wir bekamen überhaupt keine Nachricht. Direkt jedenfalls nicht.«

»Wer hat entschieden, wo die Leute aufgenommen wurden?«

»Das wird ja wohl von Oranienburg bestimmt worden sein.«

»Kamen denn niemals Häftlinge ins Lager I, zu Ihnen?«

»Das Stammlager I rekrutierte sich aus dem Lager II.«

»Sie haben nichts anderes getan als die Häftlinge aus dem Lager II übernommen?«

»Herr Vorsitzender, ich hatte direkt mit den Häftlingen nichts zu tun. Der Adjutant hatte grundsätzlich mit den Häftlingen nichts zu tun.«

»Was hatten Sie außer der Bearbeitung der Personalien und des Schriftwechsels noch zu tun? Was geschah in Lager I?«
»Ich weiß nicht, was Sie wissen wollen.«
Aber dann ahnt Höcker es doch. Also: die Häftlinge rückten morgens aus. Oberaufsicht hatte der Kommandant, die technische Abwicklung oblag dem Schutzhaftlagerführer.
»Haben Sie ein Geheimtagebuch geführt?«
Ja, er hat. Aber er hat nichts von »Sonderbehandlung« gelesen, dem Decknahmen für Mord. Er hat keine Fernschreiben gesehen und nicht andere Schreiben mit Geheimanweisungen, er glaubt, sich an die Entgegennahme mündlicher Weisungen Oranienburgs zu erinnern. Er war nicht in Birkenau und nicht im Schutzhaftlager Auschwitz I.
»Das Schutzhaftlager durfte von keinem anderen Lagermitglied außer von Angehörigen der Schutzhafttruppe betreten werden.«
»Konnte denn der Kommandant sein eigenes Lager betreten?«
Ja, der durfte. Er konnte aber nicht, wie Höcker aussagt, eine generelle Anweisung erteilen, die zum Betreten des Lagers berechtigt hätte. Es hätte von Fall zu Fall geschehen müssen; »aber ich habe nie darum ersucht«.
»Wissen Sie etwas von der ›Schwarzen Wand‹?«
»Nein.«
»Wissen Sie etwas von der Kiesgrube?«
»Nein.«
»Wissen Sie etwas vom Block 11?«
»Nein.«
»Vom Arrestblock?«
»Die inneren Zustände des Lagers waren mir nicht bekannt. Ich habe mich nicht darum gekümmert.«
»Wußten Sie etwas von den Gaskammern?«
»Nein. Es ist erst im Laufe der Zeit durchgesickert.«
»Hat man es auch gerochen?«
»Jawohl.«
Die Feuersäulen nächtens hat Höcker nicht gesehen, sagt er. Er weiß nicht, wie viele Transporte angekommen sind: »Die Zuständigkeit des Lagers II gehörte nicht zu meinem Aufgabengebiet. Ich habe mit Abscheu von diesen Dingen Kenntnis genommen. Damals wurden mir die Worte von Höß klar. Viele SS-Leute haben sich den Kopf zerbrochen, was könnte man unternehmen. Aber uns war kein Mittel dagegen gegeben.«
Immer wieder wird der Schutzhaftlagerführer erwähnt als der Mann mit dem direkten Draht zum Kommandanten; der Adjutant habe von den Verbrechen keine Kenntnis gehabt. Jedenfalls nicht offiziell. Hin und wieder habe er ja mal in eine Mappe 'reingesehen, die vorlag beim Kommandanten . . .

»So«, meint der Vorsitzende, »das haben Sie immerhin gemacht.«
»Über Leben und Tod eines Schutzhäftlings entscheidet grundsätzlich der Führer, so hieß es«, sagt Höcker und: »Alle Anweisungen zur Exekution oder zur Bestrafung kamen grundsätzlich geheim an. Ich habe sie nie gelesen. Ich habe lediglich den Vollzug ins Geheime Tagebuch eingetragen.«
»Hatten Sie nie Zweifel an der Rechtmäßigkeit solcher Befehle?«
»Es gab für das Lager an der Frage der Rechtmäßigkeit dieser Befehle keine Zweifel. Was vom Reichssicherheitshauptamt kam, war ein rechtmäßiger Befehl.«
Nein, es war ihm nicht bekannt, daß unrechtmäßige Befehle nicht ausgeführt zu werden brauchten: »Dazu war ich nicht genug juristisch gebildet.«
Höcker hatte keine eigene Befehlsgewalt, Abstellungen aus seiner eigenen Stabskompanie zu anderen Einheiten — etwa an die Rampe oder an die Gaskammern oder vor die Verbrennungsöfen — konnte er nicht befehlen, er wußte nicht einmal von dieser Tätigkeit. Seine Befehlsgewalt über die Stabskompanie war fiktiv, er war ein Kompaniechef, der nur auf dem Papier stand.
»Ich glaube, Herr Vorsitzender, Sie verstehen die Sachlage nicht.«
»Nein, ich glaube nicht«, bestätigt dieser.
Höcker erklärt es nochmals: daß er Kompanieführer gewesen sei, aber nicht mit den Funktionen eines normalen Kompaniechefs betraut.
»Das war doch nur eine papiermäßige Zusammenfassung von Angehörigen verschiedener Abteilungen. Sie unterstanden mir nur in personeller, nicht aber in dienstlicher Hinsicht.«
Landgerichtsdirektor Hofmeyer beginnt von vorne. Irgend jemand müsse doch die Befehle für die Vernichtung der Menschen gegeben haben?
»Das wurde alles vom Kommandanten des Lagers II veranlaßt.«
»Also nicht von Ihnen?«
»Nein.«
Die Avisierung der Menschentransporte, die Anforderung von Zyklon B, die Fahrbefehle für die Lastwagen nach Dessau, die Benachrichtigungen des Standortarztes? Der Angeklagte Höcker hat nichts damit zu tun. Er war nie auf der Rampe bei Selektionen zugegen: »Herr Vorsitzender, die Sache war so schändlich, die uns zu Ohren gekommen ist, daß man sich nicht vorgedrängt hat, so etwas zu sehen.«
Die Politische Abteilung habe direkt dem Reichssicherheitshauptamt unterstanden, natürlich aber auch dem Kommandan-

ten Baer. Die Vollzugsmeldungen über Massentötungen seien wohl auf direktem Weg nach Oranienburg gegangen, jedenfalls nicht über ihn. Er habe nichts davon gewußt, daß Frauen und Kinder grundsätzlich getötet worden seien, habe nie Kinder gesehen. Im Gegenteil, er habe angenommen, »daß die Häftlinge in Auschwitz grundsätzlich nicht getötet worden sind«.

»Was glaubten Sie denn, warum diese bedauernswerten Leute dorthin kamen?«

»Ja, ich glaube, wegen Gefährdung der Öffentlichkeit.«

»Können Sie sich vorstellen, daß unschuldige Kinder umgebracht wurden, um die Öffentlichkeit vor ihren Gewalttaten zu schützen.«

»Ja, das waren die Juden«, sagt Höcker zögernd.

»Das waren doch auch Menschen?«

»Ja, das war wohl eine politische Einstellung der Führung, von Hitler. Aber allen SS-Leuten war wohl der Gedanke gekommen, daß dies nicht der richtige Weg war. Aber da war keine Macht, das zu ändern.«

Staatsanwalt Kügler will wissen, ob Höcker wenigstens annähernd gewußt habe, wie viele Häftlinge zu seiner Zeit als Arbeitskräfte in den drei Lagern gefangengehalten worden seien. Höcker erklärt, nie eine Stärkemeldung in die Hand bekommen zu haben. Die Kommandanten der einzelnen drei Lager hätten die Stärke jeden Tag direkt per Fernschreiben an das Reichssicherheitshauptamt der SS gemeldet. (Kügler erwähnt, es seien nach noch vorhandenen Stärkemeldungen 1944 im Durchschnitt etwa sechzigtausend Häftlinge gewesen.)

Höcker war auch Führer der Stabskompanie, die nach der Anklage die für die Gaskammern bestimmten Massentransporte auf ihrem Gang in die Todeskammern bewachen mußte.

»Ich meine die vom Reichssicherheitshauptamt der SS per Fernschreiben angekündigten Transporte«, erläutert Staatsanwalt Kügler.

»Sie meinen also die Juden-Transporte, die zugweise eintrafen?« vergewissert sich Höcker.

»Wo waren ihre Bewacher untergebracht, und wie wurden sie in die Gaskammern geführt?«

»Dies geschah alles vom Lager II (Birkenau) aus, mit dem ich nichts zu tun hatte.«

»Kannten Sie die vier großen Krematorien beim Lager Birkenau?«

»Ich war nie dort.«

»Wo sollten denn die Juden untergebracht werden?«

»Es gab dafür Einrichtungen.«

»Was für Einrichtungen?«

»Das kann ich nicht sagen, ich war nie dort.«

»Woher wußten Sie eigentlich von den Vergasungstransporten?« fragt der Erste Staatsanwalt Dr. Großmann.
»Das war ja kein Geheimnis; durch das allgemeine Wissen und eine Unterredung mit Baer; aber auch aus einzelnen Fernschreiben, die ich durch Zufall unter die Augen bekam.«
»Woher hatte denn Baer die Kenntnis über die Massenmorde? War er in Birkenau?«
»Selbstverständlich wird er dagewesen sein.«
»Aber er hatte doch nach Ihren Angaben dort nichts zu suchen?«
»Er wird die dortigen Kommandanten besucht haben.«
»Es ist doch auffällig, daß Sie als sein Adjutant nie dort waren«.
»Ja, einige Male – aber nur in der Kommandantur, nicht im Lager.«
»Fielen Ihnen hierbei nicht die Krematorien auf?«
»Nein, die waren von der Kommandantur nicht zu sehen.«
Höcker berichtet, daß Baer über die Massenmorde an den ungarischen Juden entrüstet gewesen sei und über Eichmann geschimpft habe, weil dieser so viele Juden nach Auschwitz schicke. Baer habe dies nicht als rechtmäßig angesehen und angesichts der näher rückenden Front befürchtet, er müsse später ›mit die Folgen tragen, wenn es einmal schiefgeht‹.

BOGER: *Keine Erklärung zur Sache*

Mit Überraschung wird der ausdrückliche Verzicht des Angeklagten Wilhelm Boger aufgenommen, Erklärungen zur Sache abzugeben.
»Mein Beschluß ist unabänderlich. Wenn es notwendig sein sollte, werde ich in der Schlußansprache eine Erklärung abgeben«, sagt Boger, eine der Schlüsselfiguren des Prozesses. Rechtsanwalt Dr. Aschenauer unterstützt den Entschluß seines Mandanten und erklärt: »Das Für und Wider ist genau abgewogen worden.«

BROAD: *Ich habe nie davon gehört*

Was nach dem bisherigen Verlauf der Vernehmung der Angeklagten auch von Pery Broad erwartet werden durfte, stellt sich ein: Von der Ermordung der Häftlinge, von Vergasungen hat er gehört, aktiv hat er mit den Untaten in Auschwitz nichts zu tun. Zur Politischen Abteilung im Lager kommt er ohne eigenes Zutun: Der Spieß der 1. Kompanie des Wachsturmbannes sucht französischsprechende Männer. Broad wird zunächst abgestellt und beantwortet die Anfragen des Genfer Roten Kreuzes – die bürokratische Mordorganisation nahm es nicht nur mit den Gaskammern genau.

Im August wird er endgültig zum Kommandanturstab versetzt. Nein, es war ihm nicht recht.

»Ich hatte keine Ahnung, daß ich noch Zeuge von entsetzlichen Dingen werden sollte, die ich beim Wachsturmbann nicht gesehen hätte.«

Broad hat »von den Vergasungen schon im Sommer 1942 Kenntnis, das heißt zunächst nur gerüchteweise. Es war ein unbestimmtes Gerücht, dieses Thema wurde ja geheimgehalten.« Dann sieht er aber doch etwas:

»Im Sommer des Jahres erfolgte eine Absperrung der Lagerstraße. Ich konnte durchs Fenster sehen, wie eine Vergasung durchgeführt wurde. SS-Leute mit Gasmasken öffneten mit Hämmern einige Büchsen und schütteten den Inhalt durch die Decke des Alten Krematoriums.«

Auf der alten Verladerampe zwischen Auschwitz und Birkenau, so sagt Broad, hat er gelegentlich mit Häftlingen gesprochen, aber nur, um ihre Fragen zu beantworten: ›Können wir hier in unserem Beruf arbeiten? Wo sind wir hier überhaupt?‹ Der Vorsitzende Hofmeyer erspart sich die Frage, was denn der Angeklagte geantwortet habe. In die Nähe der neuen Verladerampe, wo die Massentransporte der zur Vergasung bestimmten Menschen ankamen, gerät Broad mehrmals, doch auch nur des Weges wegen, der ihn von der Unterkunft zur Kommandantur führt. Er ist zu dieser Zeit, 1943, Referent der Politischen Abteilung für das Zigeunerlager, dessen Stärke er auf zehn- bis zwölftausend Menschen schätzt.

»Ich hatte den Eindruck, daß noch etwa achttausend da waren, als wir weggegangen sind«, sagt Broad. Mit dem Fahrrad fuhr er an der Verladerampe vorüber — eilfertig weist der Angeklagte auf der Lagekarte von Birkenau seinen Weg durchs Lager: »Konnten Sie es verfolgen, Herr Vorsitzender?« — immer dann anhaltend, wenn Transporte mit Häftlingen angelangt waren. Sie kamen am Tag, aber auch nachts. Sie kamen immer.

Die SS-Offiziere, die bei der Selektierung tätig waren, hat Broad nicht erkannt, er kann sich nicht einmal erinnern, ob ein Arzt dabeigewesen ist. Jedoch, er bemerkte: »Die Selektierten waren vorgerückt in Richtung auf das Krematorium.« Auch vom Fenster seiner Unterkunft aus konnte er den Zug der Todgeweihten sehen, aber er schränkt ein: »Ich konnte natürlich nicht feststellen, wohin der Zug ging: zum Krematorium oder zum Effektenlager.«

Broad gibt vor, nicht sagen zu können, wie die Selektionen »durchgeführt« wurden; er war mit keinem der Angeklagten in Auschwitz zusammen; er war nicht selbständig, »in erster Linie

beanspruchte mich Grabner selbst« (der Leiter der Politischen Abteilung); die in der richterlichen Voruntersuchung vernommenen Zeugen irren, soweit sie ihn belasten. »Herr Vorsitzender, vielleicht ist es eine Personenverwechslung.«
»Sie bleiben also dabei, daß Sie nie Dienst hatten an der Rampe.«
»Nein, ich hatte dort nie Dienst.«
»Ein Zeuge behauptet, Sie hätten durch entsprechende Handbewegungen über das Schicksal der Häftlinge entschieden: Gaskammer oder Lager!«
»Ich kann mir das nur so erklären. Als ein Transport aus Frankreich ankam, drangen die Leute auf mich ein — die waren ja froh, daß sie wieder mal jemand sprechen konnten, der Französisch verstand — und ich habe versucht, durch Gesten die Leute in die Reihe zurückzudrängen (Broad breitet besänftigend die Arme zur Demonstration seiner Schilderung). Das ist absolut alles, woran ich mich erinnern kann.« Im übrigen ist er nur vom Rad gestiegen, »weil ich mich informieren wollte, was geht hier vor«.
»Haben Sie gewußt, daß Transporte insgesamt vergast wurden?«
»Ich habe nichts davon gehört und nichts davon gesehen.«
»Haben Sie davon gehört, daß ganze Baracken vergast wurden?«
»Ich habe von Selektionen innerhalb des Lagers nie gehört.«
»Haben Sie davon gehört, daß dem Leiter der Politischen Abteilung Häftlinge zur Liquidation übergeben wurden, die dann ›abgespritzt‹ worden sind?«
»Ich habe nie davon gehört.«
»Haben Sie gewußt, daß die Mitglieder des Sonderkommandos Zeppelin (eine russische Einheit, die in Auschwitz ermordet wurde) liquidiert worden sind?«
»Ich habe nie davon gehört.«
Der Angeklagte Broad ist offensichtlich im Konzentrationslager Auschwitz nicht hinter die Dinge gekommen. Der Vorsitzende Hofmeyer, von kühler Ruhe, hat es inzwischen auch bemerkt: »Herr Broad, fühlen Sie sich noch an die Geheimhaltungspflicht gebunden?«
»Nein«, antwortet der Angeklagte.
Bei den Vernehmungen, soweit er selbst beteiligt war, ging es korrekt zu, »so wie heute auch«. Mit den Zigeunern kam er gut aus, Fluchtversuche gab es nie: »Das war ja ein Familienlager.«
An den Krematorien kam er nur einmal vorbei, auf einer Spazierfahrt mit dem Fahrrad. Ein Kamerad war noch dabei.
Die Angeklagten beginnen, Auschwitz zur Idylle zu machen, jedenfalls was die Lagertruppe und deren sanfte Lebensart angeht.

Landgerichtsdirektor Hofmeyer will wissen, was Broad über seine Tätigkeit und das gesamte Geschehen in Auschwitz damals gedacht habe.
»Über die strafrechtliche Seite wird wohl das Gericht befinden. Ich kann mir also nur über die moralische Seite Gedanken machen«, antwortet Broad.
»Halten Sie es für rechtmäßig oder nicht, was in Auschwitz geschah?« fragt der Vorsitzende.
»Da muß man zwischen dem Geschehen im Stamm- und im Vernichtungslager trennen. Der Gedanke mit dem Stammlager war nicht schlecht, denn man konnte dort die Häftlinge zur Arbeit anhalten. Aber dann wurde es mit der Vernichtungsmaschinerie gekoppelt.«
Broad solle dann zunächst nur einmal an die zehn Prozent der Häftlinge denken, die nicht vergast worden seien; daran, daß auch das Stammlager ein Vernichtungslager gewesen sei, in dem die Häftlinge durch schwere Arbeit und Ausmergelung umgebracht worden seien. Die Häftlinge hätten doch auch dort ein entsetzliches Dasein führen müssen.
»Glauben Sie immer noch, daß die Unterbringung im Lager rechtmäßig war?«
»Unter diesen Umständen nicht.«
Die Massenerschießungen will er für rechtmäßig gehalten haben, wenn sie von einem »Standgericht« ausgesprochen worden seien. Er habe selbst einmal für wenige Minuten einem derartigen Standgerichtsverfahren beigewohnt; seiner Schätzung nach seien innerhalb von zwei Stunden von diesem Gericht 120 Häftlinge zum Tode verurteilt worden.
»Die Ermittlungsarbeit war ja schon vorher getan«, begründet Broad die Auffassung, daß er diese Urteile für rechtmäßig angesehen habe.
»Und die Selektionen?«
»Diese Selektionen an der Rampe waren zweifellos ein Verbrechen.«
»Und die anschließenden Vergasungen?«
»Die selbstverständlich auch!«
Broad gibt zu, daß die sogenannten Bunkerentleerungen und die darauffolgenden Massenerschießungen erfolgten, wenn in dem überfüllten Arrestbunker keine weiteren Häftlinge mehr eingesperrt werden konnten. Broad behauptet jedoch, er sei von dem Leiter der Lager-Gestapo, Grabner, lediglich deshalb zu diesen Exekutionen mitgenommen worden, damit er irgend etwas – falls nötig – für Grabner habe aufschreiben können. Grabner habe ihm ohne Begründung nur befohlen, mitzukommen. Es hätten sich dort keine Häftlinge befunden, die er (Broad) vorher vernommen habe.

Auf diese Weise habe er zwei Exekutionen von schätzungsweise jeweils dreißig Häftlingen an der Schwarzen Wand miterlebt. Nach Broads Schilderung wurden immer zwei nackte Häftlinge von dem Häftling Jakob an den Oberarmen zu der Schwarzen Wand geführt und dann von hinten von einem SS-Unter- oder -Oberscharführer aus fünf Zentimeter Entfernung mit Genickschüssen aus einem kleinkalibrigen Gewehr »liquidiert«. Es sei sein »furchtbarstes Erlebnis« in Auschwitz gewesen. Broad bleibt dabei, niemals selbst Häftlinge durch Genickschüsse umgebracht zu haben.
Staatsanwalt Vogel hält Broad vor, daß er bei seinen polizeilichen Vernehmungen nicht bestritten habe, sich an den Exekutionen beteiligt zu haben. Er habe damals wörtlich gesagt: ›Ich kann es nicht mit Sicherheit abstreiten, selbst mitgeschossen zu haben. Aber ich weiß mit Sicherheit, daß es sich nicht um Frauen gehandelt hatte.‹ Broad antwortet, er sei bei der damaligen Vernehmung sehr erregt und krank gewesen und habe deshalb »falsche Formulierungen« gebraucht.
»Die Wahrheit ist, daß ich nicht geschossen habe. Ich versuchte später ständig, dies richtigzustellen. Aber es gelang mir nicht.«

## Dylewski: *Ich habe kein Gedächtnis*

Auch der Angeklagte Dylewski hat – als Ermittlungsbeamter in der Politischen Abteilung eingesetzt – nie etwas angeordnet: »Das war immer der Grabner.« Geschossen hat er nicht. Die Befehle hielt er für rechtmäßig: »Ich war noch ein sehr junger Mensch und konnte einen Richter nicht von einem Staatsanwalt unterscheiden. Wenn der Befehl von oben kam, war er für mich rechtmäßig. Manchmal hat auch der Grabner gesagt: ›Das verantworte ich, ich bin dazu ermächtigt!‹«
»Was wissen Sie von Erschießungen an der Schwarzen Wand?«
»Die einzelnen, zur Exekution bestimmten Häftlinge mußten sich im Waschraum ausziehen. Sie wurden von einem Häftlingsaufseher des Blockes 11 gebracht.«
»Wie hieß der?«
»Jakob. Er führte sie auch zur Schwarzen Wand, einzeln.«
»Er führte je einen Delinquenten zur Schwarzen Wand?«
»Ja.«
»Wo standen Sie?«
»Ich stand in der Nähe des Waschraumes. Ich habe die Erschießungen gesehen.«
»Wer hielt den Delinquenten?«
»Der ›Jakob‹.«
»Wie stand der Delinquent?«

»Mit dem Gesicht zur Wand.«
»Wie wurde er erschossen?«
»Mit einem Gewehr, ins Genick. Dann waren Häftlinge da, die ihn zur Seite trugen.«
»Die Erschossenen wurden also aufgeschichtet?«
»Das weiß ich nicht mehr, ich habe die Erschießungen im Gedächtnis, aber nicht die Einzelheiten.«
Dylewski hat ausgeführt, aber nicht angeordnet. Die Fälle, in denen er zu ermitteln hatte, waren ihm klar: Es war eindeutig Flucht und darauf stand der Tod. Viel mehr weiß er nicht. Daß Häftlinge bei Wasser und Brot gehalten wurden? Gar nichts zu essen bekamen? Verhungert sind?
»Das weiß ich nicht.«
»Wann hatten Sie Absperrdienst auf der Rampe?«
»Das weiß ich nicht, ich habe kein Gedächtnis.«
»Was wissen Sie von Sonderzuteilungen? Gab es Schnaps, Zigaretten?«
»Ich kann mich nicht erinnern.«
»Wie gingen die Selektionen vor sich?«
»Ich kann mich nicht erinnern.«
»Haben Sie aus eigener Machtvollkommenheit die Prügelstrafe verhängt?«
»Ich kann mich nicht erinnern. Jedenfalls habe ich die Unrechtmäßigkeit der Behandlung auch in Block 11 nicht erkannt.«
Es sei schwer, zu sagen, welche Gedanken er sich gemacht habe. »Es war einiges nicht normal in Auschwitz, aber der ganze Krieg war ja nicht normal. Wenn ich das Gefühl hatte, daß etwas nicht stimmte, dann habe ich das beiseite getan. – Der Gedanke, mich diesen Dingen zu entziehen, ist mir immer gekommen. Aber den Befehl verweigern, dazu wäre ich damals nicht in der Lage gewesen.«
»Was waren das für Menschen auf der Rampe? Männer, Frauen und Kinder?«
»Ich weiß nicht, ob auch Kinder dabei waren.«
»Hatten Sie auch da das Gefühl, es sei alles in Ordnung, oder sind Ihnen da Bedenken gekommen?«
»Doch, da sind mir Bedenken gekommen.«
Wie Dylewski die Exekutionen vor der Schwarzen Wand empfunden habe. »Sie sind doch ein christlich erzogener Mensch.«
»Ich sagte schon, daß ich sie als grausam empfand. Aber ich war ein junger Mensch und hatte keine Vorstellung davon, wie weit ein Kriegsrecht geht. Dieser Krieg wurde ja von allen Seiten grausam geführt. Ich wußte von abgeschossenen deutschen Fliegern und ihrer Folterung und Ermordung. Da war schwer zu entscheiden, wo das Recht aufhört und das Unrecht beginnt.«
Die Fragen des Nebenklägers, des Rechtsanwaltes Ormond, be-

antwortet Dylewski, dem Rat seiner Verteidiger Laternser und Steinacker folgend, nicht.
Die stereotypen Antworten: »keine Antwort« belustigen den Mitangeklagten Höcker, den ehemaligen Adjutanten Baers.
Staatsanwalt Kügler: »Herr Vorsitzender, ich bitte den Angeklagten Höcker darauf aufmerksam zu machen, daß ihm möglicherweise das Lachen hier noch vergeht.«

## STARK: *Das Denken hat man uns abgenommen*

Der landwirtschaftliche Assessor Hans Stark streicht sich die Weste glatt, knöpft den dunklen Anzug zu, die Silberkrawatte bedarf keines Griffes mehr, sie ist tadellos gebunden. Erst nach Aufforderung setzt er sich – wobei bemerkt werden darf: endlich ein deutscher Richter, der nicht darauf besteht, daß der nötige Respekt des Angeklagten stehend zu erweisen sei. Er möge schildern, sagt der Vorsitzende, wie er nach Auschwitz gekommen sei.
»Der Grund war ein Betriebsunfall. Im September 1940 bin ich beim SS-Regiment Westland in München vom Pferd gefallen und holte mir einen doppelten Unterschenkelbruch, womit eine Verkürzung des rechten Beines verbunden war. Nach mehreren Untersuchungen wurde ich gvH (garnisonsverwendungsfähig Heimat) geschrieben und Ende Oktober 1940 zum benachbarten Konzentrationslager Dachau abkommandiert. Kurz vor Weihnachten wurden junge Rottenführer und Unterscharführer angefordert, die als Blockführer nach Auschwitz gehen sollten. So kam ich nach Auschwitz.«
»Sie wirkten sofort als Blockführer?«
»Jawohl. Dafür waren wir vorgesehen, und wir sind sofort dort eingesetzt worden.«
»Waren Sie für diese Tätigkeit vorbereitet?«
»Nein. Wenn man von einer kurzen Einweisung absieht, gab es keine Anweisungen. Da war eine Empfangskommission; der Kommandant, der Schutzhaftlagerführer, der Rapportführer.«
»Der Adjutant auch?«
»Ich meine mich darauf besinnen zu können, daß er dabei war.«
Stark erzählt von der Diensteinteilung: die Zeiten, Appell, Einrücken, Mittagessen, wieder Appell, Dienstschluß, da gibt es kein Überlegen, das sitzt wie vor über zwanzig Jahren. Im Block, dem er vorstand, befanden sich vorwiegend junge Leute. Schüler und Studenten polnischer Staatsangehörigkeit. »Ich glaube wegen ihrer Zugehörigkeit zur polnischen Widerstandsbewegung. Das war wohl der Kollektivvorwurf.« Sie seien auf Grund eines Befehls einer der vier Kommandanturen der Sicherheitspolizei

im Generalgouvernement nach Auschwitz »überstellt« worden. Er, Stark, habe nie ein Einweisungsschreiben für diese Leute zu Gesicht bekommen und auch nichts damit zu tun gehabt. Seine Aufgabe war es, »dafür zu sorgen, daß die Leute rechtzeitig zur Arbeit kamen und die Zahlen stimmten«.

»Haben Leute Fluchtversuche gemacht?«

»Nein, bei mir nicht.«

»Hatten sie eine angemessene Verpflegung oder gab es Unregelmäßigkeiten?«

»Jeder hatte seinen Liter Suppe.«

»Was geschah, wenn die Leute nicht arbeiten konnten oder wollten?«

»Das hat es nicht gegeben.«

»Hatten Sie nie Anlaß einzugreifen, wenn die Häftlinge Dinge taten, die verboten waren?«

»Nein, ich habe nie eine Meldung geschrieben.«

»Sie hatten persönlich keine Veranlassung, brutal zu werden?«

»Nein, im Gegenteil.«

Bis zum Mai 1941 ist Stark als Blockführer tätig, dann kommt er zur Politischen Abteilung. Es war wiederum ein Zufall, wenn man der Schilderung des Angeklagten folgt: »Ich nahm am Reiten teil und lernte da den Untersturmführer Grabner kennen. Er fragte mich, was ich von Beruf sei, und als ich sagte ›Schüler‹, meinte er, solche Leute würden gesucht. Kurze Zeit danach wurde ich von der Politischen Abteilung angefordert. Die Abstellung stand eines Tages im Kommandanturbefehl.« Zunächst soll sich Stark, wie Grabner gesagt habe, mit allem vertraut machen und einarbeiten. In der Registratur, in die Todesberichte, in die Aufnahmeformalitäten.

»Einkommende Häftlinge wurden zunächst mit einer Nummer versehen, anschließend waren Personalbogen zu erstellen, Karteikarten anzulegen. Die Häftlinge kamen entweder im Fußmarsch oder mit Lkw-Transport oder mit dem Zug. Außerdem kam donnerstags noch der Schubwagen von Breslau, wo Häftlinge verladen werden konnten. Zuerst wurden sie am Lagertor aufgestellt, dann kam der Transportleiter und händigte auf der Aufnahme die Transportpapiere aus. Die Häftlinge traten an zum Zählen und zur Übergabe einer Nummer.«

»Waren damals schon Vergasungsanlagen in Betrieb?«

»Im Januar 41? Nein, noch nicht.«

»Bekamen die Leute die Nummer eintätowiert?«

»Nein, damals noch nicht.«

»Wie war das mit den Nummern?«

»Die Nummernschilder wurden vorher von den Häftlingen aus Karton – drei Nummern – gefertigt. – Eine blieb bei ihm, eine kam zu den Effekten, eine zu den Wertsachen. Seine Pappnum-

mer mußte der Häftling aufbewahren, bis er eine Stoffnummer bekam.«
»Sie haben die Nummern ausgegeben?«
»Ja. Damit war meine Tätigkeit erledigt. Dann führte ich die Leute zur Effektenkammer. Dort wurden die Häftlinge umgezogen, gebadet und eingekleidet; ferner wurden auch die Haare geschnitten. Dann wurden sie aufgenommen durch die Aufnahme.«
»Was verstehen Sie unter Aufnahme?«
»Personalbogen wurden erstellt. Die für die Aufnahme erstellten Fragebogen gingen zurück in die Aufnahmeräume. Dann wurde eine Zugangsliste erstellt. Daraus ging hervor, ob es ein politischer Häftling oder krimineller Häftling war. Diese Liste lief dann in die verschiedenen Abteilungen.«
»An wen lieferten Sie diese Liste ab?«
»An den Schutzhaftlagerführer, an die Ärzte, an die Kommandantur. In elf- oder zwölffacher Ausfertigung.«
»Wissen Sie, ob der Adjutant auch eine solche Liste bekam?«
»Das weiß ich nicht, weil alle Listen, die nicht im Schutzhaftlager verblieben, zur Politischen Abteilung hingingen und dort mit der Tagespost verteilt wurden. Ich hatte dann nichts mehr mit den Häftlingen zu tun. Dann waren die Häftlinge für die Aufnahme erledigt.«
»Also«, faßt Landgerichtsdirektor Hofmeyer zusammen, den Blick nachdenklich auf den Angeklagten gerichtet, »Sie haben nur ankommende Häftlinge erfaßt, Listen aufgestellt, aufgenommen und dann die Listen weitergeleitet an die Politische Abteilung, die dann ihrerseits diese Listen weitergegeben hat. Da sind Sie mit den Leuten nicht mehr in Berührung gekommen? Da konnten Sie ihnen auch gar nichts Böses tun?«
»Nein, durchaus nicht«, sagt Stark.
Aber etwas mehr als diese Formalitäten war schließlich doch noch zu erledigen: »Ich möchte sagen, im Juni/Juli war das ungefähr oder im August 1941. Da kam vom OKW ein Befehl, wonach bei den gefangenen Russen Einsatzkommandos tätig werden sollten, um die Gefangenen nach Kommissaren zu durchsuchen. Diese waren gemäß Befehl dem nächsten KL (Konzentrationslager) zuzuführen und zu liquidieren.« Das Gericht glaubt nicht so recht, daß dieser Befehl vom Oberkommando der Wehrmacht ausging, der Angeklagte verbürgt sich jedoch dafür, und der Verteidiger Dr. Aschenauer kündigt an, diese Befehle vorlegen zu wollen.
Das Schicksal der zu liquidierenden Kommissare erfüllte sich rasch. Sie wurden zur Stunde ihrer Ankunft erschossen. Im September 1941 kamen die ersten.
Stark: »Diese Leute wurden sofort in den Block 11 geführt und an der Schwarzen Wand erschossen. Sie wurden nicht aufgenom-

men und nicht erfaßt. Sie brachten eine Karteikarte mit, die den Vermerk trug ›Gemäß OKW-Befehl . . .‹ und so weiter und ihre Erkennnungsmarke. Die habe ich dann abgebrochen, eine Hälfte blieb in der Kartei.«

Einmal hat er auch selbst die Genickschüsse abgefeuert, im Oktober des gleichen Jahres.

»Wieso?«

»Die Leute waren verlesen und die Erkennungsmarken abgebrochen. Es war ziemlich am Ende, da sagte Grabner: ›Hier macht der Stark weiter.‹ Vorher hatten Blockführer und der Palitzsch geschossen. Die Blockführer hatten sich schon abgewechselt. Ich mußte den Palitzsch ablösen. Ich weiß nicht, wieviel es waren.«

»Mehr als einer?«

»Ja.«

»Mehr als zwei?«

»Vier bis fünf werden es schon gewesen sein.«

Zwei Monate später sitzt der junge Mann, den dünnen Knall des Kleinkalibergewehrs vielleicht noch in den Ohren, die Hingefällten vielleicht noch vor Augen, vielleicht aber auch nicht, wieder auf der Schulbank und büffelt fürs Abitur. Die gespenstische Szene dürfte ohne Beispiel sein: Finger am Abzug eines Mordinstrumentes und Finger am Federhalter, pulvergeschwärzter Einschuß und dünnes Rinnsal von Blut vor den Augen wie auch arithmetische Formeln und Tinte. Das mag eine Schule fürs Leben gewesen sein, fürs sogenannte, an der der Angeklagte noch heute zu tragen hat. Damals war er knapp zwanzig Jahre alt.

Auch ein anderes Mal hat er, nach seiner Aussage, mitgewirkt an der heimtückischen Tötung von gerade angekommenen Häftlingen. Es war ebenfalls im Oktober 1941.

»Wie kamen Sie dazu?«

»Da sagte mir Grabner, da käme ein Transport, und ich sollte mich bereit halten, er war für den Abend zwischen 20 und 21 Uhr angekündigt. – Gegen 22 Uhr kam der Transport dann erst. Dann stellte sich heraus, daß das keine Leute zur Aufnahme, sondern vom Standgericht zum Tode Verurteilte waren. Der Kommandant ordnete an, daß sie in das kleine Krematorium kommen und vergast werden sollten.«

»Wieviel?«

»Das weiß ich nicht. Es können 150 bis 200 gewesen sein. Immerhin vier Lastwagen voll. Es waren Juden und Polen.«

»Auch Frauen?«

»Auch, jawohl!«

»Auch Kinder?«

»Im Jahr 41 kamen noch keine Kinder nach Auschwitz.«

Im Schatten des Krematoriums wurden die Listen verglichen, auf daß auch keiner fehle, und »wie die Listen verlesen waren, rückten wir im kleinen Krematorium ein«.

Die Sprache, es ist die Sprache von Auschwitz, ist noch immer gedankenlos entsetzlich. Man rückte ein in die Gaskammern, wurde abgehakt, der Tod war ein Buchungsvorgang.

»Was wurde den Häftlingen gesagt?«

»Nichts, die waren schon informiert, vorher schon.«

»Worüber informiert?«

»Daß sie erschossen würden. Nachdem alle drin waren, machte sich oben der Mann, der für die Vergasung zuständig war, fertig. Meistens waren zwei Leute erforderlich. Er war aber allein. Er rief herunter, er bräuchte noch jemand. Ich war der einzige, der da unter noch 'rumstand im Kreis der anwesenden Führer, die anderen waren im Vergasungsraum beschäftigt. Da sagte Grabner: ›Los, hier, helfen!‹ Da bin ich nicht gleich gegangen. Da kam der Schutzhaftlagerführer und sagte: ›Etwas plötzlich‹, und der Kommandant sagte: ›Wenn Sie nicht hinaufgehen, werden Sie mit 'reingesteckt‹. Da mußte ich hinauf und dem am Einfüllen helfen.«

»Was haben denn die Leute darunter gemacht in diesem Raum?«

»Das weiß ich nicht.«

»Haben Sie nichts gehört, was da unten sich abspielte?«

»Die haben geschrien.«

»Wie lange?«

»Zehn bis fünfzehn Minuten.«

»Wer hat den Raum geöffnet?«

»Der Sanitäter.«

»Was haben Sie dann gesehen?«

Der Angeklagte Stark schweigt, dann sagt er leise: »Es war ein furchtbarer Anblick.«

Der Vorsitzende: »Die Leute lagen übereinander, kreuz und quer, wie nach sehr schwerem Todeskampf.«

»Ich habe nicht genau hingesehen, ein Blick hat mir genügt.«

»Was für Gefühle hatten Sie?«

»Nie wieder.«

»Warum? Hielten Sie es für Unrecht?«

»Nein, durchaus nicht.«

»Wieso dann: nie wieder, wenn es doch recht war und unumgänglich?«

»Wenn jemand erschossen wurde, war das ganz etwas anderes, aber die Anwendung von Gas war eben unmännlich und feige.«

Stark bestreitet energisch alle weiteren Punkte der Anklage, insbesondere, bei Selektionen tätig geworden zu sein. Widersprüche mit seinen Aussagen, die vor der Polizei und bei der richterlichen Vernehmung protokolliert wurden, erklärt er mit

seiner früheren Erregung; auch seien ihm die Vorgänge erst jetzt stärker ins Bewußtsein gerückt und klarer geworden. Eine eigene Meinung zum Tod kleiner Kinder will er sich nicht gebildet haben.
»Bei einem Transport waren Kinder dabei«, sagt er.
»Durch Standgericht verurteilte Kinder?« fragt der Vorsitzende.
»Damals war doch die Sippenhaftung!«
Später fügt Stark hinzu: »Ich habe mich gegen die Ausführung solcher Befehle nicht gesträubt. Es kam mir gar nicht in den Sinn; über Rechtmäßigkeit und Unrechtmäßigkeit habe ich mir keine Gedanken gemacht. Auf Grund meiner in der SS erhaltenen weltanschaulichen Schulung kam mir gar nichts anderes in den Sinn.«
Noch einmal faßt er seine Überlegungen in der damaligen Zeit zusammen: »Uns wurde das Denken abgenommen. Das taten ja andere für uns. Jedes dritte Wort war doch: Die Juden sind an allem schuld, und die Juden sind unser Unglück; das wurde uns eingehämmert. Und was der Befehl zur Sonderbehandlung (zur Ermordung) war, so wurde der stillschweigend zur Kenntnis genommen. Ohne Kommentar . . .«

## Schoberth: *Keine Gedanken gemacht*

Der ehemalige SS-Unterscharführer Johann Schoberth aus Aufseß bestreitet alle ihm zur Last gelegten Verbrechen. Er wisse wenig über die Verteilung der Machtbefugnisse und über die Funktionen der einzelnen SS-Offiziere in Auschwitz.
»Durch mich ist niemand ums Leben gekommen, weder direkt noch indirekt. – Ich war in Auschwitz noch nicht einmal bewaffnet, denn ich konnte wegen meiner schweren Verwundung kein Koppel tragen.«
Er war stets damit beschäftigt, »die Sterbefälle zu beurkunden«.
»Fielen Ihnen denn die vielen Toten nicht auf?«
»Darüber haben wir uns keine Gedanken gemacht.«

## Schlage: *Gestorben ist niemand*

Die Einlassung des ehemaligen Unterscharführers Bruno Schlage, der als Arrestaufseher des gefürchteten Blocks 11 nichts, aber auch gar nichts gesehen haben will, rufen im Zuschauerraum Unruhe hervor.
Schlage will von den Erschießungen vor der Schwarzen Wand nur »gerüchteweise« erfahren haben, da er seine Arbeit im Block 11 »nur vorne« verrichtet habe. Wie er angibt, war seine

Aufgabe lediglich, den Häftlingen die Zellen auf- und zuzuschließen und sie morgens in den Waschraum und zur Toilette zu führen. Da könne es dann einmal geschehen sein, so räumt er ein, daß er einen Häftling geschlagen habe, weil dieser gesprochen habe; denn Sprechen sei verboten gewesen.
Staatsanwalt Vogel will mehr von den gefürchteten Stehzellen hören, für die Schlage als Arrestaufseher ebenfalls die Schlüssel besaß. Nach einigem Zögern gibt der Angeklagte zu, daß diese Zellen so eng waren, daß man darin lediglich stehen konnte. Aber solange er Arrestaufseher gewesen sei, sei in diesen Zellen niemals ein Häftling gestorben. Der Anklagevertreter bemerkt, daß diese Zellen keine Türen, sondern nur Schlupflöcher besessen hätten, durch welche die Häftlinge auf allen vieren hätten kriechen müssen. Außerdem hätten die Eingesperrten nicht einmal richtig stehen können, da im Boden kleine Zementhöcker einbetoniert gewesen seien. Fenster habe es nicht gegeben.
»Wollen Sie jetzt immer noch behaupten, daß dort niemals ein Häftling wegen völliger Erschöpfung und Entkräftung umgekommen ist?«
»Nicht, daß ich es wüßte!«
Der Vorsitzende kann es sich nicht gut vorstellen.
Schlage meint: »Es kam ja mal vor, daß einer ohnmächtig wurde, Herr Präsident! Aber gestorben ist niemand.«
Staatsanwalt Vogel: »Wurden denn in Block 11 Vernehmungen durchgeführt?«
»Nicht, daß ich wüßte.«
»Sie haben früher gesagt, es seien Vernehmungen durchgeführt worden. Stimmt das denn nicht?«
»Ich kann mich nicht so genau erinnern, was für Vernehmungen das waren.«
»Ich will ja nicht wissen, was für Vernehmungen das waren, sondern ob überhaupt vernommen wurde.«
»Ja, ich glaube, das kann ich bejahen.«
»Wer hat die Vernehmungen durchgeführt?«
»Ich glaube der Grabner.«
Zeichen von Mißhandlungen sind ihm nicht aufgefallen:
»Das konnte ich nicht feststellen. Die kamen ja angekleidet an und gingen angekleidet wieder hinunter.«
»Haben sie nicht geblutet, manchmal?«
»Ich kann mich nicht erinnern.«
»Können Sie sich erinnern, daß in Block 11 Standgerichtsverhandlungen stattgefunden haben?«
»Das weiß ich nicht.«
»Was wissen Sie über das weitere Schicksal der Polizeihäftlinge?«
»Das kann ich nicht sagen.«

Unter dem fragenden Blick des Vorsitzenden fällt dem Angeklagten aber doch noch ein:
»Falls sich bei der Vernehmung ihre Unschuld herausstellte, sind sie herausgekommen. Falls sie schuldig waren . . . ja, das kann ich nicht sagen.«
Bei den gefürchteten Bunkerentleerungen war Schlage unbeteiligt; er wiederholt, die Häftlinge lediglich aus ihren Zellen geholt zu haben, »sonst hatte ich nichts mit den Häftlingen zu tun«.
»Keiner hat hier was gemacht«, bestätigt der Vorsitzende, der mit unbeugsamer Geduld die Angeklagten sich festrennen läßt, »der Kommandant war nicht da, der Schutzhaftlagerführer war nur so anwesend, der Beauftragte der Politischen Abteilung kam nur mit den Listen, der andere kam nur mit den Schlüsseln.«
Die Zeichnung eines Häftlings, die eine der Bunkerentleerungen festhält, bringt Schlage nicht aus der Ruhe:
»Das dürfte übertrieben sein, daß hier ein SS-Führer die Hand so hoch hebt. Ich habe das nie gesehen, ebenso nicht, wie diese Mißhandlungen (auf der Zeichnung) vor sich gehen.«
»Wie ging es denn vor sich?«
»Grabner kam rein und schrie mich an: ›Los, los, los, runter, wir müssen Häftlinge holen.‹ Dann habe ich sie geholt. Damit war meine Mission erfüllt, also ich möchte sagen, meine Aufgabe.«
Gehört hat er schon, daß geschossen wurde, aber er hat es nicht gesehen. Von Prügelstrafen weiß er nichts, einen Ochsenziemer kennt er nicht, im Lager hat er einmal ein »Pfahlhängen« gesehen, im Vorbeigehen, versteht sich. Da baumelte einer an den hinter dem Rücken gefesselten Armen an einem Seil, die Fußspitzen knapp über dem Boden. Von Toten in den Stehzellen hat er nichts gehört.
»Verlieren Sie doch nicht den letzten Rest an Glaubwürdigkeit«, fährt ihn da der Vorsitzende an, »Sie waren doch der Arrestaufseher. Das war doch Ihr Block, für den Sie verantwortlich waren, das waren Ihre Häftlinge sozusagen. Sie müssen doch gemerkt haben, was da vor sich ging.«
»Ich habe nur einmal gesehen«, bequemt sich der Angeklagte, »daß einmal ein Häftling in der Stehzelle ohnmächtig geworden ist.«
Was weiß er von den Vergasungen?
»Das ist nach geraumer Zeit gesprächsweise durchgesickert.«
Welches seine innere Einstellung gewesen sei, damals, will Staatsanwalt Vogel wissen. Bruno Schlage hat eine Antwort, und es ist nicht einmal so sicher, ob sie unwahr ist wie manche andere Aussage, die im Gerichtssaal zu hören war und wohl

auch noch zu hören ist: »Diese Methode, die dort gehandhabt wurde, war verabscheuungswürdig.« Und später: »Ich habe mich um nichts weiter gekümmert, weil ich das Leben satt hatte und nur das tat, was ich tun mußte.«
Da steht er nun, der alte Mann, hält sich, vorgerufen, mit der linken Hand am Richterpodium fest, das verletzte Bein seitab gestellt, das gefurchte, breite Gesicht zum Richter gewandt, und hört sich aufmerksam an, was dieser ihm vorwirft. Manchmal versteht er nicht alles. Da sagt der Landgerichtsdirektor Hofmeyer, als der Angeklagte meint: »Wir hatten den Schlüssel«, was denn hier »wir« heiße. Ob er, Schlage, denn im Pluralis majestatis spreche? Da hat er nicht viel zu antworten, der gebürtige Ostpreuße, des Schreibens nicht so recht kundig, und auch in das verständige Lächeln unter den Zuschauern will er nicht einstimmen. Er scheint einer von denen zu sein, die an jedem Ort ebenso schuldig werden wie unschuldig bleiben können. Eins aber könnte ihm abgenommen werden: daß er im Angesicht der locker sitzenden Pistolen seiner SS-Führung noch weniger Mut zu irgendeinem Bekenntnis hatte wie jetzt vor diesem Gericht. Einmal haben sie ihn selbst eingesperrt, weil ein Häftling entwich, für den er verantwortlich war.
»Es war furchtbar«, sagte Schlage.
»Worüber haben Sie sich denn unterhalten, in der Zelle, mit Ihren Mithäftlingen?«
»Ob dieser Dreck nicht bald ein Ende habe«, antwortet der Angeklagte, im breiten Tonfall des Ostpreußischen. Zum erstenmal bricht Erregung aus der Starrköpfigkeit seines klobigen Wesens, so etwas wie Widerschein damaligen Aufbegehrens flammt auf. Aber die Regung war wohl nur Spiegelung der Drangsal, die seine eigene Person betraf. Was die Häftlinge anging, dafür hat er sich nicht »interessiert«. Es ist ihm nicht aufgefallen, in welcher Weise sich die Belegstärke seines Blocks änderte, er öffnete nur das Hoftor für die Exekutionskommandos und schloß es wieder, wenn die Lastwagen mit den Leichen davonrollten. In der Zwischenzeit saß er in seinem Dienstzimmer.
»Ist Ihnen denn nie der Gedanke gekommen, einem Häftling das Leben zu erleichtern?« fragt Staatsanwalt Kügler.
»Nein. Ich machte mir Gedanken darüber, daß ich verraten werden könnte.«

## Hofmann: *Kindergarten im Zigeunerlager*

Der ehemalige SS-Hauptsturmführer Hofmann, in Auschwitz Schutzhaftlagerführer und zeitweise Lagerführer des Zigeunerlagers in Birkenau, ist einer der Männer, von denen Höß in

seiner Biographie »Kommandant in Auschwitz« schreibt, sie seien jene Leute gewesen, die wirklich die Macht innerhalb des Lagers ausgeübt hätten.
Aber Hofmann, mit hoher, schneller, oberfränkisch gefärbter Stimme, straft die Memoiren und die Anklageschrift Lügen. Einmal wurde er auf dem Weg irgendwohin von einem Vorgesetzten zu einer Exekution beordert, hatte aber weiter nichts damit zu tun; es war nur so ein Teil des »Einarbeitens«. Im Zigeunerlager gar war er die Güte selbst. Ein bißchen Sport für die Erwachsenen, ein Kinderspielplatz für die Kinder und zwei Essensbaracken für die Kleinsten, eigens.
Die Sache mit der Flasche? (Er soll einen jüdischen Häftling mit einer Flasche erschlagen haben.)
»Ja, da war hoher Besuch angekündigt aus Berlin. Irgend jemand mit dem Eichenlaub oder so. Da lief ich an der Küche vorbei und sah eine Flasche liegen. Ich hob sie auf, machte in der Nähe stehenden Häftlingen und einem SS-Mann einen Zuruf und warf die Flasche hin. Gut; die haben das anscheinend überhört, der SS-Mann fällt um, ich lief schnell hin, ich konnte mich um den Besuch gar nicht mehr kümmern; gut; dann rief ich den Lagerarzt an, am nächsten Tag kam der SS-Mann ins Lazarett St. Nikolai. Dort habe ich ihn besucht und mich entschuldigt, ihm auch noch was mitgebracht, was man so kaufen konnte, damals.«
So war das. Von den Kindern weiß er auch nichts, zunächst. Später wird ihm wieder klar, daß sie nach Birkenau kamen, nur so, »umquartiert«. Nein, einen Begleitschein hat er nie zu Gesicht bekommen, von einem Vermerk »B II F« hat er keine Kenntnis. Doch er weiß wenigstens, was dieser Vermerk bedeutet: Birkenau, Feuerstelle II. Die Kinder waren zwischen sechs und zwölf Jahre alt. Kurze Zeit später wurden sie auf dem »Standesamt« registriert, die Totenscheine wurden ausgestellt. Der Angeklagte Hofmann weiß von nichts.
Bei den Selektionen auf der Rampe hatte er die Aufsicht. »Die Juden wurden aufgefordert, sich aufzustellen. Meine Aufgabe war nur, für Ruhe und Ordnung zu sorgen. Die Selektion wurde von Ärzten durchgeführt. Die Anweisungen dazu kamen vom Kommandanten oder von Grabner. Manchmal auch ist es vorgekommen, daß der Transport geschlossen vergast wurde. Mal wurden mehr, mal weniger Arbeitsfähige selektiert. Der Prozentsatz war befohlen. Er richtete sich nach dem Bedarf an Arbeitskräften«, sagt der Angeklagte beflissen, fast untertänig.
Sonst hat er nur die Sonderverpflegung ausgegeben für die SS-Kommission auf der Rampe: »Brot, eine Portion Wurst und einen Fünftel Liter Alkohol.«

Ja, und dann war noch eins:
»Manchmal habe ich auch Nichtarbeitsfähige zu den Arbeitsfähigen hinübergeschoben. Die haben natürlich gebittet und gebettelt.«
»Ja, konnten Sie das denn?«
»Nein, das war verboten.«
»War es nicht eher umgekehrt?«
»Nein, Herr Vorsitzender, man hat eben beide Augen zugedrückt.«
Hofmeyer fragt, ob Hofmann denn nichts getan habe, um das schwere Los der Häftlinge zu erleichtern.
»Später kam doch eine Verfügung, man solle mit den Häftlingen etwas sorgsamer umgehen, da es wertvolle Arbeitskräfte seien?«
»Ja, das stimmt!« antwortet Hofmann, »aber — was nützen Verfügungen? Wenn Sie Höß, Aumeier und Schwarz gekannt hätten!« Dann überschlägt sich seine Stimme, Hofmann bricht in Tränen aus. »Diese Herren müßten hier sein. Statt dessen sitzen wir — die 22 Angeklagten — hier. Denen konnte man doch nichts sagen!«
Hofmann wischt sich die Tränen ab. Der Vorsitzende will wissen, wer von der Lagerführung die Bestrafung der Häftlinge angeordnet habe. Hofmann behauptet, es seien Höß, Aumeier und Schwarz gewesen, die sich nicht an die Vorschriften gehalten hätten.
»Um deren Arbeit habe ich mich jedoch nicht weiter gekümmert!«
»Wie wurde bestraft?«
»Zunächst prügelten SS-Männer, und später wurden nach einer Verfügung des Reichssicherheitshauptamtes deutsche Häftlinge dafür herangezogen.«
»Gab es einen Bock?«
»Jawohl.«
»Wurde die Prügelstrafe öffentlich vollstreckt?«
»Dies war verschieden.«
»Wer hatte die Oberaufsicht?«
»Der erste Schutzhaftlagerführer, es kann aber auch der Arzt gewesen sein.«
Landgerichtsdirektor Hofmeyer kommt auf das Zigeunerlager zu sprechen, das dem Schutzhaftführer Hofmann von Beginn an unterstand. Es waren dort über zehntausend Menschen in ausrangierten Pferdeställen der Wehrmacht unter den unwürdigsten Bedingungen untergebracht; wegen der völlig unhygienischen Verhältnisse brachen oft Seuchen aus.
»Wie war es mit Ihrer Tätigkeit im Zigeunerlager? Wann kamen Sie dorthin?«

»Im März 1943.«
»Was hatten Sie dort für eine Aufgabe?«
»Es war unverantwortlich von Schwarz, wie man dort Leute einsperrte. Es war ein Morast mit Pferdeställen ohne Fenster.«
Hofmann geht an die Karte, eine Skizze des eigentlichen Massenvernichtungslagers, des Lagers Birkenau, in dem auch die Zigeuner untergebracht waren.
»Herr Vorsitzender! Darf ich zeigen, wo ich den Kinderspielplatz einrichtete, mit Sand für die Kleinen zum Spielen?«
Er darf und fügt noch schnell hinzu, er habe auch dafür gesorgt, daß die Kinder Sonderrationen erhielten.
»Sie waren doch jetzt als Schutzhaftlagerführer dort zuständig«, erinnert der Richter an seine ursprüngliche Frage, welche Aufgabe Hofmann gehabt habe.
»Es war ein Lager, ein Lager . . .« Hofmann stockt, und der Richter hilft weiter: »Mit der primitivsten Einrichtung?«
Hofmann ruft: »Gar keiner Einrichtung!« Er habe sogar mit den Zigeunern bei der Bauabteilung des Lagers Zement und Arbeitsgeräte gestohlen, nachts, damit es niemand gesehen habe. So hätten sie wenigstens eine Brücke über den das Lager durchziehenden Wassergraben bauen können; es sei doch ein Familienlager mit vielen kleinen Kindern gewesen.
»Wieviel Platz hatte eigentlich jeder in den Pferdeställen?«
»Das kann ich nicht sagen!«
»Waren es fünfzig Zentimeter oder lagen sie übereinander?«
»Man war froh, daß man nicht hinein brauchte.«
»Warum ließen Sie das Lager nicht weiter ausbauen? Zigeuner brauchten doch nicht in Auschwitz zu arbeiten.«
»Ja, dies hätte ich machen können. Aber die Vorgesetzten waren dagegen. Was ich mit meinen leeren Taschen tun konnte, habe ich gemacht.«
»Ein holländischer Häftling sagte, daß Sie bei einer Selektion einen Häftling mit dem Kopf gegen einen Güterwagen geschlagen und anschließend mit den Füßen auf ihm herumgetrampelt hätten, um ihn zu töten?«
»Dieser Fall ist mir nicht bekannt.«
Hofmann gibt lediglich zu, daß er manchmal gezwungen gewesen sei, einen Häftling zu ohrfeigen. Er habe die Häftlinge weder in die Gaskammern geschickt, noch sie zu Tode mißhandelt, noch nackt im Winter im Freien erfrieren lassen, noch bei Massenerschießungen die Aufsicht geführt.
»Dem Kommandanten unterstand ja alles, wenn ich so sagen darf.«
Nebenkläger Ormond weist darauf hin, daß Hofmann heute alle Schuld auf Tote abwälzen wolle:
»Haben Sie einmal darüber nachgedacht, daß Sie glücklich sein

müßten, nicht schon damals mit auf der Anklagebank gesessen zu haben?«

»Wenn ich gewußt hätte, wie man mich hineinzieht, hätte ich mich auch gemeldet. Dann hätte ich Ruhe«, antwortet Hofmann und erklärt, er werde jetzt keine Fragen des Nebenklägers mehr beantworten.

Mit dem Namensappell vor Beginn jeder Verhandlung in der Strafsache gegen Mulka und andere kommen die Angeklagten jetzt gut zurecht. Meist stehen sie schon, bevor noch ihr Name verlesen ist. Einer, Kaduk, legt die Hände an die Hosennaht, wölbt die Brust und wirft den Kopf in den Nacken, zwei verbeugen sich knapp, einer begnügt sich mit einem höflichen Kopfnicken, die anderen verharren einen Augenblick lang reglos, dann sinken sie zurück auf die gepolsterten Stühle der Ratsherren, die sie hier im Frankfurter Römer vorübergehend einnehmen. Mag sein, daß sich der eine oder der andere an jene Zählappelle in Auschwitz erinnert, von denen in dieser Verhandlung so oft die Rede war; mag sein, daß er lächelt über den krassen Unterschied der Behandlung; mag auch sein, daß er Auschwitz schon längst verdrängt hat aus der so unbequemen Erinnerung. Die meisten Antworten bisher jedenfalls kommen flugs und leichthin: Selektionen hier und Selektionen dort; Geräteschuppen vorne und Kleiderkammer hinten; und der Grabner und der elektrische Draht; und die Krematorien und die Gaskammern; und die Zigeuner und tausend tote Juden; und der Befehl am Tag und der zur Nachtzeit; und Appell und »auf der Flucht erschossen« — nur: zu tun hatte man damit gerade so am Rande. Mißhandlungen? Gab es nicht. Vielleicht in anderen Lagern. In Auschwitz nicht, »um bei der Wahrheit zu bleiben«.

Dieser Prozeß kommt spät, und es kann kein Zweifel daran sein, daß solche Rede und Widerrede, wie sie in einem Sachsenhausen-Prozeß des Jahres 1947 (vor einem Militärtribunal) protokolliert worden waren, heute völlig unmöglich sind:

*Laut Gerichtsprotokoll aus dem Jahre 1947*

Staatsanwalt: Sind Ihre Aussagen richtig, daß Sie täglich Häftlinge verprügelt haben?

Sorge (Rapportführer im Konzentrationslager Sachsenhausen): Jawohl, die sind richtig.

Wenn eine Mensch gehustet hat, haben Sie ihn verprügelt?

Jawohl, wenn ein Mann hustete oder ein unfreundliches Gesicht zeigte, habe ich ihn verprügelt.

Und wenn er munter war und ein freundliches Gesicht zeigte, haben Sie ihn dann auch geprügelt?

Dann habe ich auch einen Grund gefunden, ihn zu prügeln.
Also, Sie haben Leute geprügelt, wenn sie unzufriedene Gesichter machten, wenn sie nicht munter waren und auch, wenn sie munter waren?
Jawohl, um Gründe zum Prügeln war ich nie verlegen.
Und was sagen Sie dazu, daß Ficker und Schubert (zwei andere Rapportführer) sich durch besondere Grausamkeit auszeichneten?
Sie haben wohl die Häftlinge mißhandelt und sich durch Grausamkeit ausgezeichnet, aber mich haben sie nicht erreicht.

So war das im Lager Sachsenhausen. Das Konzentrations- und Vernichtungslager Auschwitz war dagegen, wenn den Angeklagten des Prozesses in Frankfurt geglaubt werden soll, eine Ruhestätte, von kleineren Übeln abgesehen, die das Leben vieler auf engem Raum nun einmal mit sich bringt, und abgesehen von den Vergasungen, »was natürlich furchtbar war«. Wer aber nicht vergast wurde, »hatte durchaus die Chance, zu überleben«. Der Angeklagte Hofmann sagte es ruhig und selbstsicher. Zweifel hat er wohl selbst nicht, nicht mehr.
Vor den Gaskammern habe es »natürlich auch Widersetzlichkeiten gegeben«.
»Da hat es Schläge und Prügel gegeben, mit denen die Judenkommandos die Häftlinge in die als Duschräume getarnten Gaskammern getrieben haben. Die Kommandos wurden dann ebenfalls vergast. Das war ja immer ein großer Wirrwarr, ich mußte sogar darauf achten, daß nicht Funktionshäftlinge mitvergast wurden. Ja, und manchmal haben wir dann auch mitgeschoben. Ja, was sollten wir denn machen? Es war uns ja befohlen worden!«
»Stimmt Ihre frühere Aussage, daß Grabner und Boger besonders gefürchtet gewesen seien?«
»Ich habe Grabner gemeint.«
»So, Sie haben Grabner gemeint, aber Boger gesagt. Also, Herr Hofmann, damals haben Sie doch alles ganz genau geschildert, und heute ist das alles nicht mehr wahr. Sie wissen nichts und Sie haben nichts gesehen. Sollen wir Ihnen denn das wirklich abnehmen?«
Der Angeklagte Hofmann schweigt.
»Sie haben weiter ausgesagt«, fährt der Vorsitzende fort, »wo Grabner war, war auch Boger. Stimmt das?«
»Herr Vorsitzender«, bemerkt da der Angeklagte, »durch diese Zeit von 1959 bis jetzt, durch die Vernehmungen und so, kann ich heute nicht mehr sagen, was richtig war und was nicht.«
Richtig aber ist jetzt, darauf legt er Wert, daß er den Angeklagten Boger nie auf der Rampe gesehen hat.

»Ja, was sollen wir denn jetzt mit Ihrer Aussage anfangen?« fragt Landgerichtsdirektor Hofmeyer. »Sie haben sich doch sehr zurückgehalten. Sie können sich doch nach Ihren jetzigen Aussagen noch nicht frei fühlen.«
Da braust er aber auf, der Angeklagte Hofmann:
»Wenn ich es noch mal zu tun hätte, dann würde ich gar nichts mehr sagen. Ein Verfahren nach dem anderen habe ich da am Hals. Wenn ich damals alles gewußt hätte, was mir da noch alles bevorstand, gar nichts mehr würde ich sagen, nichts mehr würde ich sagen. Überall schreit man nach Hofmann: das ist der Hofmann, und das ist nicht der Hofmann. Ich weiß überhaupt nicht, was man von mir will. Acht Verfahren gab es jetzt schon gegen mich, drei wurden überhaupt eingestellt.«
»Na ja«, sagt der Vorsitzende, »dann setzen Sie sich mal wieder auf Ihren Platz.«

## Kaduk: *Ich verweigere die Aussage*

Der Angeklagte Kaduk wird aufgerufen. Mit derbem, anmaßendem Schritt kommt er nach vorn, ein dünnes Lächeln umspielt die Mundwinkel an den leicht herabgezogenen Enden des schmalen Lippenstrichs. Vor dem Richtertisch schlägt er knapp und dezent die Hacken zusammen und legt die geöffneten Hände mit Daumen und Zeigefinger an die Hosenbeine. Dann verbeugt er sich leicht, aber genüßlich, der Ironie seines Auftritts wohl bewußt, und bemerkt so gelassen wie laut:
»Herr Vorsitzender, ich verweigere hier die Aussage zur Sache.«
Eine Frage des Nebenklägers Ormond, der wissen will, ob er auf den Abbildungen – die Ormond vorweist – die Stehzellen und die Luftschächte für diese Zellen und das Pfahlbinden wiedererkenne, bringt aber Kaduk so sehr in Zorn, daß er sich doch zu einer Antwort entschließt, nachdem er zuvor hatte wissen lassen, daß er Unterscharführer gewesen sei und sich an Stehzellen nicht erinnern könne:
»So was gab es nicht in Auschwitz. Es kann möglich sein, woanders. Bei uns jedenfalls nicht. Da wollen wir doch bei der Wahrheit bleiben. Das habe ich auch schon dem sowjetischen Major gesagt, und das sage ich auch hier.«

## Baretzki: *Herr Vorsitzender, das trifft nicht zu*

Der Angeklagte Stefan Baretzki, geboren in Czernowitz (Rumänien). Ja, er will Aussagen machen. Der kleine, drahtige, agile Mann hat die wache Aufmerksamkeit eines Wiesels. Ohne Zö-

gern, blitzschnell springt seine Antwort auf die hingeworfene Frage, schüttelt sie durch und zerbeißt sie in kleine Stücke.
»Fangen wir an mit den Selektionen«, sagt der Vorsitzende.
»Ich möchte vorher noch etwas erklären. Von Anfang an.«
Und sogleich nach dem entsprechenden Bescheid sprudelt es aus ihm heraus, ein Sturzbach von Worten und Ansichten, Beschreibungen und Hinweisen, kaum, daß er sich Zeit und Mühe nimmt, zu atmen. Da sind keine Schubladen zu öffnen, worin Erinnerung lagert, der Angeklagte reißt sie alle zugleich auf und schüttet den Inhalt achtlos auf den Tisch. Aber er kennt sich aus im Metier. Große und kleine Postenkette, die Lagerküche und die Küche (er spricht das slawische i für ü) zum Saubermachen »für Gemüse und Kartoffeln und so«, die Heimwäscherei (»da waren nur drei Russen drin ganz allein«) und die Gerätebaracke und die Wäscherei und die Verpflegungsblocks. Er erklärt die Lagereinteilung, den Dienstplan, die Verpflegung der Häftlinge: morgens schwarzen Kaffee, abends Brot, Margarine, Suppe. Die Arbeitskommandos bekamen bis zu ihrer Wiederkehr nichts in den Magen; arbeiteten so, mit einem bißchen Kaffeee zum »Frühstück«, bis zum Abend im Steinbruch und in anderen Außenkommandos.
Oft fehlte Verpflegung, dann beschwerte er sich beim Rapportführer, der einfach erklärte: Ich habe nichts mehr. Dann war noch der Gang zum Lagerführer, aber der habe nur hören lassen: Wissen Sie denn nicht, daß das Juden sind?
»Das war die Antwort, da mußte ich abhauen.«
Den Dienstplan hat der Rapportführer gemacht, der Lagerführer hat unterschrieben. Lagerdienst hatten wechselweise die Blockführer, denen auch die Aufgabe zufiel, auf die Rampe zu gehen, falls während ihres Lagerdienstes ein Transport ankam. Ihre Mannschaften gehörten zum sogenannten Kanada-Kommando, das sich unterteilte in das »Kanada-Rampenkommando« und das »Kanada-Transportkommando«. Baretzki hatte die Leute nur hinzubringen auf die Rampe und »konnte dann praktisch weggehen«.
›Er geht aber nicht weg, denn es gibt da ja etwas zu organisieren. Er hat ja Hunger wie die Häftlinge auch.‹
Ja, und dann organisiert er. Aber Baretzki will das nicht als Diebstahl deklariert wissen, und außerdem hätten die Häftlinge dabei ja selbst mitgemacht.
»Dann werden sie aufgestellt und abgezählt. In zwei Abteilungen, Frauen und Männer, die Kinder kommen zu den Frauen. Dann werden sie selektiert. Die Arbeitsunfähigen kommen ins Krematorium, die anderen ins Lager.«
Es ist möglich: Der tägliche Umgang mit dem Tod hinterläßt keine Spuren, kein Kainszeichen. Da gehen die Unglücklichen

dahin, die Kinder an der Hand ihrer Mütter, ahnungslos und ahnend, die kleinen unschuldigen Würmchen, die Hand geschmiegt in die vermeintlich noch schützende Hand, so gehen sie ihren bitteren Weg zum nahen Ende. Auf der Rampe aber stehen die »Auserwählten« und wählen aus, und beklauen die Opfer und nehmen ihren Schnaps entgegen und betreiben ihr blutig-unblutiges Handwerk und ziehen dabei die Handschuhe nicht aus.

»Wer hat denn die Selektionen durchgeführt?«

»Die Offiziere.«

»Sie nicht?«

»Nein, nur die Offiziere, noch nicht einmal ein Sanitäter kam da ran. Herr Vorsitzender, die Kommission besteht meistens aus Offizieren, was glauben Sie, was die da gemacht hätten, wenn da ein Sturmmann herumläuft.«

Nach den Selektionen kamen die Arbeitsführer und haben die Arbeitsfähigen abgeholt, die Nichtarbeitsfähigen kamen direkt ins Krematorium.

»Wie wurden die abgeholt. Auf Lastwagen?«

»Nein, die wurden zu Fuß abgeholt. Das waren ja nur ein paar Schritt von der Rampe zum Krematorium. Kranke wurden mit Sanitätswagen heruntergefahren.«

»Mit Sanitätswagen?«

»Nicht so, wie wir sie kennen, für einen Mann. Größere, so Ein- bis Zweitonner.«

»Wohin kamen diese Leute?«

»Das weiß ich nicht.«

Wie das mit dem Spezialschlag sei, dessen er beschuldigt werde; mit dem er Häftlinge getötet habe?

»Herr Vorsitzender, ich besitze überhaupt keinen Spezialschlag. Die einen sagen, ich benutze einen Spezialschlag, da brauch' ich ja keinen Stock. Die anderen sagen, ich habe einen Stock, da brauche ich ja keinen Spezialschlag«, meint der wendige Angeklagte.

Er hat auch sonst nichts verbrochen. Seine Antworten kommen rasch und stereotyp: nein, das weiß ich nicht, davon ist mir nichts bekannt. Die Vorwürfe der Anklageschrift beruhen nicht auf Wahrheit. Er hat keinem Häftling die Mütze vom Kopf geschlagen und den sich Bückenden »auf der Flucht« erschossen; er hat niemanden in den todbringenden Stacheldraht getrieben; er hat keine Frau niedergeschossen; er hat keinen Häftling mit dem Stock erschlagen; er hat niemand mit einem Handkantenschlag ermordet; er hat nicht vom Fahrrad aus wahllos zwischen Häftlinge geschossen.

»Herr Vorsitzender, das trifft nicht zu.«

»Haben Sie einen Russen blutig geschlagen und dann aufgehängt?«

»Das stimmt nicht.«
Beiläufig spricht er von einem Aufstand der Häftlinge im März 1944. Die Verzweifelten hatten die Wachen überwältigt und ein Krematorium gesprengt. Dann waren sie geflohen. Aber sie kamen nicht weit, jedenfalls nicht alle.
»Ein Teil wurde wieder eingefangen, kam ins Krematorium und wurde erschossen.«
Stefan Baretzki sagt es weder stolz noch mit Bedauern. Es ist seine späte Vollzugsmeldung.

## Bischoff: *Ich bin doch kein Unmensch*

Der einstige SS-Rottenführer Bischoff aus Essen, heute 59 Jahre alt, wurde im Juli 1942 zu einer SS-Totenkopfdivision eingezogen und bereits nach wenigen Tagen nach Auschwitz abkommandiert. Zunächst als Wachmann eingesetzt, wurde er im Mai 1943 in verschiedenen Nebenlagern – darunter in Birkenau und Schwientochlowitz – Blockführer. In diesen Nebenlagern soll er in fünf Fällen Häftlinge zum Teil in der grausamsten Weise wegen Kleinigkeiten zu Tode mißhandelt haben.
Landgerichtsdirektor Hofmeyer fordert ihn auf, Stellung zu nehmen.
Bischoff: »Das ist mir ein Rätsel.«
Der Angeklagte soll im Sommer 1943 außerhalb des Lagerzaunes von Birkenau gegenüber dem Krematorium mit anderen SS-Posten in ein von ihm bewachtes, aus fünfzig Häftlingen bestehendes Arbeitskommando geschossen und fünf oder sechs Häftlinge tödlich getroffen haben.
»Das ist mir unbekannt. Wir sind nie in die Nähe des Krematoriums gegangen. Uns wurde gesagt, die schössen uns dann ebenso wie den Häftlingen auf den Pelz. – Dann ist es mir auch ein Rätsel, wenn der Zeuge sagt, fünf oder sechs. Hätte er fünf gesagt oder hätte er sechs gesagt, dann wäre es verständlich. Es ist mein Bestreben, hier reinen Tisch zu machen. Das nagt an mir schon seit Jahren. Seit vier Jahren bin ich herzkrank. Bisher ging ich stets ehrlich durchs Leben. Aber jetzt sollen mir durch solche Schweinereien noch die letzten Tage meines Lebens versaut werden?«
»Was meint er mit Schweinereien?« will Staatsanwalt Kügler wissen, und der Vorsitzende beschwichtigt mit der Bemerkung, der Angeklagte sei erregt und meine nicht das von der Staatsanwaltschaft eingeleitete Strafverfahren.
Landgerichtsdirektor Hofmeyer kommt auf den zweiten Anklagepunkt zu sprechen, mit dem Bischoff vorgeworfen wird, er habe einen ins Lager zurückgetragenen Häftling zu Boden ge-

trampelt, nachdem er ihn vorher auf dem Arbeitskommando niedergeschlagen habe.
Bischoff: »Dies stimmt nicht, stimmt nicht! Ich bin doch kein Unmensch! Herr Vorsitzender, wenn ich eine Bitte äußere, dann vernehmen Sie doch hierzu den Blockältesten als Zeugen.«
Staatsanwalt Vogel lakonisch: »Der Blockälteste lebt nicht mehr!«
Bischoff bestreitet auch, daß er in einem Rüstungsbetrieb von Auschwitz einen Häftling nur deshalb erschossen haben soll, weil dieser sich im Winter in einer Werkshalle etwas Brennholz für die Unterkunft mitnehmen wollte.
Nach der Version Bischoffs soll dieser Häftling von einem SS-Posten bei einem Fluchtversuch tödlich getroffen worden sein, als er (Bischoff) gerade in der Schreibstube sein Butterbrot aß. »Ich hörte die Schüsse, rannte hinaus, und da lag der Häftling. Der Posten meldete mir: ›Häftling auf der Flucht erschossen!‹ Aber das stimmte nicht. Er lebte noch. Die anderen Häftlinge baten mich flehentlich: ›Herr Blockführer, geben Sie ihm doch den Gnadenschuß!‹«
Es stimmte auch nicht, so beteuert Bischoff, daß er bei der im Januar 1945 erfolgten Evakuierung des Lagers zwei Häftlinge auf dem Rückmarsch erschossen und früher im Lager einem anderen zu Boden geschlagenen Häftling so lange den Schaufelstiel auf die Kehle gedrückt habe, bis sein Opfer erdrosselt war.
»Das ist mir gar nicht bekannt. Auf diese Weise ist bei uns nie ein Häftling getötet worden. Wir hatten die Weisung, mit den Arbeitskräften schonend umzugehen«, verteidigt sich Bischoff.
Am gleichen Verhandlungstag wird bekannt, daß Staatsanwalt Kügler eine Todesdrohung zugeschickt worden ist. Ein mit den Worten »Die Arbeitsgemeinschaft für Recht und Freiheit« überschriebener anonymer Brief, am 13. Januar in Kempten aufgegeben, droht dem Anklagevertreter unter anderem an, daß »Sie eines Tages ebenso wie Oberst Argoud von der Bildfläche verschwinden werden. Sie werden einen qualvollen Tod sterben. Unsere Frankfurter Mitarbeiter beobachten Sie ständig an jedem Verhandlungstag. Sie können jetzt wählen: Tod oder Leben.«

## Breitwieser: *Nur Kleidungsstücke vergast*

24. Januar 1964, 10. Tag

Der kaufmännische Angestellte Arthur Breitwieser steht vor Gericht, 53 Jahre alt, aber wesentlich jünger wirkend. Er ist schmal, knapp mittelgroß, sein Gesicht ist verschlossen, gesammelt, intelligent; er antwortet ohne Zögern.

Der Angeklagte berichtet, daß im Sommer 1941 zwei Zivilpersonen aus Hamburg gekommen seien, die in der Handhabung des Gases unterwiesen und Gasmasken mit besonderen Aufsätzen mitgebracht hätten. Die Zyklon-B-Aktion habe der Entwesung von Kleidungsstücken und Unterkünften gegolten. Etwa zehn bis fünfzehn Mann seien dazu abkommandiert worden.
Der Vorsitzende: »Erzählen Sie uns etwas über das Zyklon B. Das war wohl eine körnige Masse?«
»Das Zyklon B war in kleinen, ungefähr Kilogramm-Büchsen. Im Anfang waren es Pappscheiben, so ähnlich wie Bierdeckel, immer leicht feucht und grau. Später waren es keine Pappdeckel mehr. Man kann es schlecht sagen – man kann schlecht sagen wie Stärke, aber so ähnlich, bläulich weiß. Die zu desinfizierenden Unterkünfte wurden verklebt, die Fenster dichtgemacht, dann wurde die Vergasung der Räume vorbereitet. Die Büchsen wurden mit einem Schlageisen und mit einem Hammer geöffnet. Dann wurde eine Gummihaube darübergestülpt, weil sonst das Gas entwich und man ja mehrere Büchsen öffnen mußte. Dann gingen wir hinein in die Räume und streuten das Material aus.«
»War das im Sommer 1941?«
»Ja, das war im Sommer 1941.«
»War das reines Zyklon B oder vermischt mit einer anderen Masse? Also ich will darauf hinaus, ob ein Reizgas beigemischt war, das Sie hätten warnen können, falls Sie Gefahr liefen, Giftgas einzuatmen.«
»Nein, es war nichts beigemischt. Das Zyklon B wirkte ja furchtbar schnell. Ich kann mich erinnern, der Unterscharführer Theurer hat einmal ein Haus betreten, das schon entwest war. Am Abend war es gelüftet worden, unten im Erdgeschoß, und am nächsten Morgen wollte Theurer die Fenster im ersten Stock öffnen. Er muß wohl noch Dämpfe eingeatmet haben, fiel sofort um und rollte bewußtlos die Treppe hinunter bis dahin, wo er frische Luft bekam. Wäre er anders gefallen, wäre er nicht mehr herausgekommen.«
»Ja, nun erzählen Sie einmal von Ihrer Tätigkeit als Desinfektor!«
Im Herbst 41, fährt der Angeklagte fort, sei ein Gebäude auf dem Gelände der deutschen Ausrüstungswerke eingerichtet worden, in dem Bekleidungsstücke hätten entwest werden sollen.
»Häftlinge mußten die Bekleidungsstücke aufhängen, dann habe ich mit einem anderen Mann das Gas eingeworfen. Nach vierundzwanzig Stunden haben wir die Sachen wieder 'rausgeholt, dann kamen neue hinein, und so ging das weiter.«
»Was kam dann?«
»Ich weiß nicht, wie lange ich das gemacht habe. Das Gas vertrug ich nicht, ich bekam Magenbeschwerden und bat darum,

mich zu versetzen.« Breitwieser gelangte danach in die Unterkunftskammer, wo er für sämtliche Gerätschaften, die in den Unterkünften gebraucht wurden, sowohl für die Häftlingsbaracken als auch für die Unterkünfte der SS-Männer, verantwortlich war.

Der Vorsitzende hält dem Angeklagten vor, daß er beschuldigt werde, im Oktober 1941 bei der Vergasung mehrerer hundert sowjetischer Kriegsgefangener, die als »Versuchskaninchen« vorgesehen waren, tätig mitgewirkt zu haben.

»Ja, das behauptet mein Capo. Es ist unwahr. Herr Petzold (der Capo) erzählt, daß er in der fraglichen Zeit von der Ankunft dieses Transportes eine Ahnung gehabt habe. In der fraglichen Nacht sei er wach gewesen und habe vom Giebelfenster seiner Baracke aus mich im Hof von Block 11 gesehen, mit umgehängter Gasmaske. Darf ich es auf dem Plan zeigen? (Breitwieser eilt zum Plan.) Ich muß dazu sagen, daß zwischen dem Block, in dem Herr Petzold lag und dem Block 11 damals eine Baracke noch fehlte. Die Baracken waren etwa vierzig Meter lang. Nimmt man diese vierzig Meter und je zehn Meter Straße zwischen den Baracken, sind sechzig Meter, sowie zehn bis zwanzig Meter Strecke im Hof des Blocks 11 dazu, denn er will mich ja in der Mitte des Hofs gesehen haben, so kommt man auf eine Entfernung von siebzig bis achtzig Meter. Es ist unmöglich, daß er mich, es war ja Nachtzeit, selbst bei Beleuchtung hat erkennen können, zumal um diese Jahreszeit, von der Sola aufsteigend, immer eine leichte Dunst- und Nebelschicht über dem Gelände lag.«

»Wollen Sie uns noch sagen: Wissen Sie überhaupt etwas von der Vergasung dieser Russen?«

»Ja, das hat sich herumgesprochen.«

»Wußten Sie damals, im Oktober 41, etwas von der Vergasung der sowjetischen Kriegsgefangenen im Block 11?«

»Das wußte ich nicht.«

»Wußten Sie damals, daß die Russen nachts kommen und von allen Blockführern in den Block 11 getrieben und vergast werden sollten?«

»Herr Vorsitzender, Dienstschluß war bei uns achtzehn Uhr. Ich bin nie nach achtzehn Uhr ins Lager gekommen. Wenn nach achtzehn Uhr neue Häftlinge kamen, haben Funktionshäftlinge den Schlüssel zur Kammer abgeholt und die Kleider ausgegeben.«

»Haben Sie überhaupt einmal an einer Vergasung teilgenommen?«

»Nein.«

»Aber es ist doch naheliegend, daß der Desinfektor daran beteiligt wurde?«

»Ja, deshalb glaubt auch Herr Petzold, mich gesehen zu haben. Er hat mich immer mit der Gasmaske im Lager gesehen. Es war ja meine Aufgabe, die zu entwesenden Kleider in die Desinfektionsräume zu bringen. Mir oblag es aber nur, daß die Bekleidung eingehängt wurde.«
Ein Richter will wissen, ob Breitwieser im Hinblick auf die erste Anwendung von Zyklon B der »Hauptmann« war, »wenn ich mal so sagen darf«. Der Angeklagte antwortet mit einem freimütigen »Ja«, doch scheint es, daß er den doppelgründigen Sinn der Frage nicht verstanden hat. Zweifellos bejahte er lediglich seine Tätigkeit, soweit sie die Desinfektion der Kleidungsstücke betraf. Fast wirkt er arglos in diesem Augenblick, der Angeklagte Breitwieser.
Ob er jemals versucht habe, aus Auschwitz wegzukommen?
»Ich habe es ein einziges Mal versucht. Da ich in Polen ja Jura studiert hatte, dieses Examen aber in Deutschland nicht anerkannt wurde (aber das ist ja überall so, fügt Breitwieser resignierend hinzu), dachte ich daran, mich umschulen zu lassen. Ich habe ein entsprechendes Gesuch gestellt, das abgelehnt wurde. Ich habe es dann nie wieder versucht.«
Später wurde er krank, beim Pistolenreinigen schoß er sich in die Hand: »Ja, das war mein Glück, daß kein Knochen verletzt war, sonst wäre ich vors Kriegsgericht gekommen. Es war der einzige Schuß, den ich aus meiner Dienstpistole abgegeben habe.« Eine Arreststrafe dafür, daß er drei Meter Stoff an einen weiblichen Häftling verschenkt hatte, gehört zu seinen letzten Erlebnissen in Auschwitz.
Nein, der Angeklagte Breitwieser weiß nicht zu sagen, warum ihn der ehemalige Häftling Petzold belastet; er hatte im Lager ein gutes Verhältnis mit ihm. Auch andere Zeugen, die in diesem Prozeß noch gehört werden sollen, kennt er namentlich nicht. Ruhig und gelassen weist er alle Beschuldigungen von sich. Er ist der erste der Anklagten, der die Vernehmung zur Sache ohne ersichtlichen Widerspruch überstanden hat.

## *»Ich entziehe Ihnen jetzt das Wort«*

Zu einem heftigen Zusammenstoß zwischen dem Vorsitzenden und dem Rechtsanwalt Laternser kommt es, als der Verteidiger abermals sein bislang liebstes Kind in diesem Prozeß zu wiegen beginnt: Er kritisiert in scharfer Form das Fragerecht des Nebenklägers Ormond; daß der Nebenkläger Ormond noch Fragen stelle, wo doch der Angeklagte Dr. Frank, wie andere auch, entschieden darauf hingewiesen habe, daß er diese Fragen nicht beantworten werde.

Landgerichtsdirektor Hofmeyer: »Ich mache es Ihnen jetzt zum letztenmal deutlich: Beide, der Angeklagte und der Nebenkläger, können von ihren Rechten Gebrauch machen. Der Angeklagte von seinem Recht, nicht auszusagen, der Nebenkläger von seinem Recht, hier Fragen stellen zu dürfen. Ich kann mich nicht erinnern, daß ich dem Nebenkläger dieses Recht entzogen hätte. Deshalb hat er dieses Recht weiter. Und jetzt bitte ich Sie, nicht länger zu stören.«
Aber Laternser steht schon am Mikrofon: »Herr Vorsitzender, ich habe nicht die Absicht, in diesem Prozeß zu stören . . .«
»Und ich entziehe Ihnen jetzt das Wort«, bemerkt der Vorsitzende.
Kurz darauf wird auch der Verteidiger Gerhardt scharf gerügt, als er mit erhobener Stimme bittet, eine Frage protokollieren zu lassen. »Dieses Recht habe ich ja wohl noch.«
Der Vorsitzende:
»Ich weiß nicht, welcher Sprache Sie sich hier befleißigen. Welche Rechte Sie haben, das steht in der Strafprozeßordnung. Das Gericht hat diese Rechte zu wahren, und das tut dieses Gericht.«

## Dr. Frank: *Ich habe mich für alle eingesetzt*

Der Zahnarzt Dr. Frank bestreitet entschieden jede Mitwirkung bei der Selektion auf der Rampe. Der jetzt Sechzigjährige kam am 21. Februar 1943 in die Kommandantur-Zahnstation von Auschwitz und hat sich dort zunächst mit dem Umbau beschäftigt. Der Hauptsturmführer Dr. Täuber nahm ihn mehrmals zu den anderen Zahnstationen im Lagerbereich mit: »Bei dieser Gelegenheit hatte ich Gelegenheit, das Leben im Lager kennenzulernen.« So habe er auch die Zahnstationen im Stammlager Auschwitz I sowie im Frauen- und Männerlager Birkenau kennengelernt. Soweit er sich erinnere, seien im Stammlager zwei tschechische Professoren tätig gewesen.
»Dann nahm mich Dr. Täuber eines Tages auch mit auf die Rampe, auf die alte Rampe natürlich. Zweck dieses Besuches war es, aus den Häftlingen die Zahnärzte und Dentisten und Zahntechniker herauszusuchen. Das dauerte eine halbe bis eine dreiviertel Stunde. Es ging ja schnell: Ich fragte, ist ein Zahnarzt, ein Dentist, ein Zahntechniker dabei? Dann wurden die herausgesuchten Leute eingekleidet und registriert, das ist ja bekannt.«
Frank legt besonderen Wert darauf, daß eines Tages auch Leute angetreten seien, die nur so gesagt hätten, sie seien Zahnärzte oder -techniker: »Die habe ich aber nicht zurückschicken lassen, wir brauchten ja auch Leute zum Putzen.« Im Laufe der Zeit

habe er 25 bis 30 weitere Zahnstationen innerhalb des Kommandobereichs Auschwitz einrichten lassen. Aus Berlin seien jedoch weder Instrumente noch technische Apparaturen gekommen, man habe die Ausrüstung allein aus dem Eigentum der angekommenen Häftlinge zusammenstellen müssen. Den Rampendienst will Frank lediglich als »Ersatzmann« geleistet haben.

»Einmal ging ich zu Wirths (dem Standortarzt) und sagte ihm, daß dies doch keine Aufgabe für einen Zahnarzt sei, da doch schon ein Arzt im Grunde genommen einem angezogenen Menschen nicht ansehen könne, ob er arbeitsfähig oder nicht sei. Der Wirths antwortete mir aber, es handele sich hier um einen Befehl.«

Die zuvorkommenden Schilderungen Franks weisen aus, daß auf der linken Seite der Rampe die selektierende Kommission tätig war, auf der rechten Seite standen die »Ersatzleute«. Er selbst habe niemals in einer anderen Weise als auf der Suche nach Zahnärzten eingegriffen. »Es war niemals die Notwendigkeit vorhanden, daß ich als Ersatzmann einspringen mußte. Ich habe mich nach Möglichkeit immer gedrückt.« Den Weg von der Rampe zum Krematorium hat er nie mitgemacht, eine Vergasung nicht erlebt.

Welche Instruktionen er überhaupt bekommen habe?

»Instruktionen bekam ich nur mündlich von meinem damaligen Chef.«

»Ja, was hat er denn gesagt?«

»Das weiß ich nicht mehr.«

»Haben Sie sich darum bemüht, vom Rampendienst entbunden zu werden?«

»Ich habe schon gesagt, daß ich einmal bei Wirths vorstellig geworden bin. Ich habe Wirths auch erklärt: Ich möchte überhaupt weg von hier. Aber Wirths hat nur geantwortet: Der Dienst in einem Konzentrationslager ist laut Führerbefehl Frontdienst. Jede Weigerung wird als Fahnenflucht bestraft.«

Der begehrteste Posten für einen Häftling in Auschwitz sei die Zahnstation gewesen, meint Frank: »Ich habe nichts unversucht gelassen, um den Häftlingen den Aufenthalt so angenehm wie möglich zu machen. Sie haben maßgeschneiderte Anzüge und lange Haare getragen. Ich habe mich immer für das Wohl meiner Häftlinge eingesetzt.«

Dem Staatsanwalt Kügler ist unklar geblieben, wieso der Angeklagte auf eine bloß mündlich übermittelte Nachricht zum Dienst auf der Rampe erschienen sei. Er müsse sich doch an einen Befehl erinnern, »zumal der einen Inhalt hatte, den man so leicht nicht vergißt, insbesondere, wenn man eine Einstellung hatte wie Sie, der sich für die Häftlinge so eingesetzt haben will. Sind

Sie da 'raufgegangen, ohne zu wissen, was Sie tun sollten? Ist Ihnen denn überhaupt nicht klargeworden, was da geschah?«
»Ich bin ja nicht blind und nicht taub gewesen. Sicher habe ich das gemerkt. Aber Befehle, wie ich mich beim Rampendienst zu verhalten habe, habe ich nicht erhalten.«
»Da muß doch irgend etwas gesagt worden sein.«
»Ich weiß es nicht mehr.«
Frank gibt zu, von Experimenten Professor Claubergs an Frauen gewußt zu haben, die im sogenannten Claubergblock des Stammlagers untergebracht waren. (Diese Experimente dienten der Erforschung neuer Sterilisationsmethoden.) Frank verneint die Frage, ob er von den lebensgefährlichen Folgen dieser Versuche gewußt habe, auch sei möglich, daß die Experimentierreihe damals am Ende angelangt gewesen sei und die Injektionen zu diesem Zeitpunkt keine Gefahr mehr bedeutet hätten. Einige Frauen dieses Claubergblocks will der Angeklagte vor den Experimenten geschützt und sie vor einer möglichen Tötung bewahrt haben: »Es wurde mir gestattet, einen Raum einzurichten, in dem ich Frauen dieses Claubergblocks mit Zahnersatzarbeiten beschäftigte.«
»Ich habe mich für alle eingesetzt.« Seine Besorgnis wegen des Wohls der Lagerinsassen sei sogar so weit gegangen, daß er den ihm unterstellten Häftlingen erlaubt habe, auf der Zahnstation Fleisch zu braten. Er habe eigens eine überdimensionale Absaugeinrichtung installieren lassen, damit der Bratenduft nicht nach außen dringe und die Bereitung der Zusatzmahlzeiten verrate. Seine innere Einstellung damals charakterisiert er so: »In meinem Elternhaus wurde schon immer mit Juden verkehrt. Ich habe sogar eine Nenntante, die Jüdin ist. Ich kann nur sagen, ich habe es für ungeheuerlich gefunden, was damals geschah.«
Landgerichtsdirektor Hofmeyer nickt dreimal, aber dieser Bewegung ist Zustimmung nicht ausschließlich abzulesen: »Ja, ja, ich kenne eigentlich niemand, bis jetzt, der etwas getan hat in Auschwitz.«

## Dr. Lucas: *Von dem Tun dort angeekelt*

Der Angeklagte Dr. Lucas ist sicher das Prisma, das bis zur Stunde in diesem Prozeß den klarsten Blick in die Schreckenskammer von Auschwitz erlaubt. Er ist der erste der Angeklagten, der die Verzweiflung mitteilt, die über dem Lager lag, die grenzenlose Verlassenheit jedes einzelnen der dort Inhaftierten. Ja, es ist zu ahnen, daß der Arzt selbst sich ausgeschlossen, sich schon als Gefangener fühlte, nicht mehr von Zweifeln geplagt, sondern von der fürchterlichsten Gewißheit belastet.

»Nun, Herr Dr. Lucas, Sie wissen, daß Ihnen vorgeworfen wird, Sie hätten bei Selektionen an der Rampe in Birkenau mitgewirkt. Sie hätten sie durchgeführt und überwacht«, beginnt der Vorsitzende die Vernehmung des Angeklagten.

Der jetzt 52 Jahre alte Facharzt für Frauenkrankheiten erinnert sich, wie er in Auschwitz ankam. Er meldete sich beim Standortarzt, und der schickte einen Wagen zum Bahnhof Auschwitz. Während Lucas auf das Fahrzeug wartete, »bekam ich den ersten grauenvollen Eindruck, als ein Zug von Häftlingen zur Arbeit marschierte«. Einige Tage hatte Lucas Zeit, um sich einzugewöhnen, »dann wurde ich eingeladen zu einem Glas Schnaps und wurde gefragt, ob ich wisse, was hier geschehe, ob ich überhaupt schon etwas von Gaskammern gehört habe. — Nachdem man mich aufgeklärt hatte, sagte ich, ich wäre Arzt, um Menschenleben zu erhalten, und nicht dazu da, Menschen zu vernichten. Ich schrieb einen Brief an meinen alten Vorgesetzten, aber in der Antwort hieß es nur, Befehl sei Befehl, man schreibe das fünfte Kriegsjahr, und überhaupt komme ich sowieso schon von einer Einheit, die verheizt werden sollte. Ich hätte alles zu tun, um nicht unangenehm aufzufallen.«

Die nächsten Tage seien damit vergangen, daß man ihn mit der Landwirtschaft und der Fischerei des Lagers Auschwitz bekannt gemacht habe, also mit Dingen, »die das andere verwischen sollten. Einige Tage darauf eröffnete man mir, daß ich das Zigeunerlager und das Theresienstädter Lager zu übernehmen habe. Da in diesen Tagen meine Mutter gestorben war, kam ich um Urlaub ein, der mir auch bewilligt wurde.« Lucas reiste in die Heimat, auch, wie er sagte, um den Bischof Dr. Berning in Osnabrück aufzusuchen, einen Schulfreund seines Vaters, und ihm zu erzählen, was er in Auschwitz inzwischen gesehen und gehört hatte.

»Er sagte mir, unmoralische Befehle dürften nicht befolgt werden, doch gehe dies nicht so weit, daß man sein eigenes Leben gefährden müßte. Auch von einem hohen Juristen bekam ich keinen sonderlichen Rat: Wir stünden im fünften Kriegsjahr, und da komme eben so manches vor.«

Mit diesen wenig aufschlußreichen, aber sehr zweideutigen Ratschlägen versehen, kehrte Lucas wieder nach Auschwitz zurück, wo ihn der Arzt und Hauptsturmführer Thilo in die Arbeit einführt.

»Er sagte mir nicht, was mich erwartete, und so kam ich ganz unvorbereitet ins Lager Birkenau. Da waren große Baracken, die vorne und hinten ein Loch hatten, das war die Tür. Auf einzelnen Pritschen, wie große Holzkisten, lagen fünf bis sechs Mann. Die sanitären Verhältnisse waren katastrophal, Farbe an den Wänden gab es überhaupt keine, die Wasservorräte waren so gut wie nicht vorhanden. Die Zahl der Insassen kann ich nicht angeben. Es mögen sechs- bis achttausend gewesen sein. Zahlen konnte man dort nicht bekommen. Die Häftlinge wurden nicht geschoren; es war ein Familienlager mit Frauen und Kindern. Sie waren alle unterernährt.«

»Was haben Sie denn getan, als Sie ins Lager kamen? Haben Sie Verbindung mit den Häftlingsärzten aufgenommen?«

»Ja, ich weiß noch genau, daß ich eine Besprechung hatte mit ihnen. Vor allem kann ich mich erinnern an Professor Epstein, den ehemaligen Ordinarius für Kinderheilkunde an der Universität Prag. Er war ein kleiner, zierlicher Mensch, und man kann sich nicht vorstellen, was er in seiner damaligen Lage gelitten haben muß. Ich erinnere mich auch noch an einen Arzt Dr. Fejkiel. Wir haben besprochen, was wir machen könnten, um die fürchterlichen Zustände ein wenig zu mildern.«

Lucas will zunächst in die Küche gegangen sein, um das Essen zu kontrollieren. Dort habe ein Buch gelegen, in dem gestanden habe, wieviel Kalorien die Suppe enthalte.

»Ich habe gekostet, es war irgendeine Art Graupensuppe, nein, man muß sagen, es war eine Wassersuppe, in der einige Graupen schwammen. Sie sollte 1680 Kalorien enthalten. Ich habe an Wirths, den Standortarzt, geschrieben, das Essen enthalte nicht die angegebene Kalorienzahl, worauf Wirths sofort monierte, ich könnte das nicht beurteilen, da ich die Suppe ja nicht nach physiologischen Gesichtspunkten untersucht hätte.« Der Kommandant Hartjenstein, bei dem er gleichfalls vorstellig geworden sei und der die Ärzte jovial und von oben herab behandelt habe, habe geantwortet: »Ach, das sind ja nur Zigeuner.«

Lucas führte an, daß damals die Kranken auch dann nicht zu retten gewesen wären, wenn man über die therapeutischen Möglichkeiten von heute verfügt hätte. Eine der fürchterlichsten Krankheiten sei Noma gewesen, die nur bei völlig heruntergekommenen Menschen auftrete und Löcher durch die Wangen fresse, so daß man die Zähne sehen könne. Im Zivilleben habe er so etwas noch nie gesehen. Die hygienischen Verhältnisse seien unbeschreibbar gewesen: »Von Toiletten konnte man überhaupt nicht sprechen, Latrinen wäre auch kein Ausdruck.«

Er sei dann veranlaßt worden, nach Möglichkeiten zu suchen, wie man im Falle des völlig überbelegten Krankenbaues für Abhilfe schaffen könne. Zusammen mit Professor Epstein habe er sich dafür entschieden, einen Teil der Häftlinge ins Lager zurückbringen zu lassen, da sie dort ja auch nicht hätten arbeiten müssen. Es sei allerdings nur im Krankenbau eine sichere Gewähr dafür gegeben gewesen, daß die Verpflegung auch an die Kranken herangekommen sei. Auf seine Anträge, deren Gewährung zu einer Verbesserung hätte führen können, habe er überhaupt keine Antwort bekommen. Die Bauleitung habe geschrieben, im fünften Kriegsjahr seien andere Dinge vordringlich. Einige lebensnotwendige Dinge seien organisiert worden, von grundsätzlichen Änderungen könne jedoch nicht gesprochen werden: »Sie waren unmöglich.«

Lucas, um die Zustände im Lager zu charakterisieren, erinnert sich an einen Vorfall noch genau:

»Es wurde mir ein Lagercapo gebracht, der offensichtlich furchtbar geschlagen worden war. Der Mann hatte eine Netzhautablösung. Damals hatten die Ärzte noch einen kleinen Fiat für Fahrten im Lagerbereich. Ich habe den Mann hinten 'reingeladen und ins Hauptlager gefahren, zum dortigen Krankenrevier. Ich hatte nicht daran gedacht, eine Genehmigung hierzu auf dem Dienstweg einzuholen. Darauf wurde ich von Hartjenstein gemeldet, und ein Verfahren wegen Häftlingsbegünstigung wurde eingeleitet. Ich wurde zum Standortarzt gerufen, der mir schwere Vorwürfe machte. Um den 10. März herum wurde ich dann abgelöst und kam als Truppenarzt nach Auschwitz I ins Stammlager. Ich hatte dort mit Häftlingen nichts mehr zu tun.«

Wie es denn mit seiner Tätigkeit gewesen sei an der Rampe, mit seiner Mitarbeit bei den Selektionen, die ihm von der Anklage vorgeworfen werde. Lucas will zu Beginn seiner Dienstzeit in Auschwitz vom Standortarzt Wirths und von Mengele mit auf die Rampe genommen worden sein, nachdem Wirths vorher erklärt habe, was dort zu tun sei: nämlich die Arbeitsfähigen von den Nichtarbeitsfähigen zu trennen. »Was mit den Nichtarbeitsfähigen passieren sollte, wußte ich.«

Lucas erinnert sich an einen ersten Transport, den Wirths selektiert habe: »Ich war von dem Tun dort derart angeekelt und habe mich sofort beiseite gedrückt, ohne im geringsten aktiv geworden zu sein, und bin in die Truppenunterkünfte zurückgefahren. Das wiederholte sich noch einige Male. Ich sagte, daß ich das auch körperlich nicht könnte, und wurde später nicht wieder eingesetzt.«

Lucas gibt zu, daß er an Selektionen schon zu der Zeit teilgenommen hat, da er noch Lagerarzt in Birkenau war: »Das war die Zeit, wo auch die Apotheker und die Zahnärzte Dienst mitmachen sollten.« Aber:

»Ich habe mich immer am Zug entlang gedrückt und bin bald zur Truppenunterkunft zurückgefahren, wohin ich schon Patienten zur Untersuchung bestellt hatte. Ich habe mich auch gedrückt, weil ich wußte, daß Ärzte die Häftlinge auf dem Gang in die Gaskammern begleiten mußten. Ich selbst bin dort und am Krematorium nicht ein einziges Mal gewesen.«

Zuletzt, so sagt Lucas, wurde der Standortarzt Wirths aber hellhörig und ausgesprochen bösartig und stellte ihn zur Rede.

»Ich wurde dann ganz allein zur Rampe geschickt und hatte auch nicht die Möglichkeit, mich vertreten zu lassen. Auf der Rampe habe ich mich jedoch an den Lagerkommandanten Hartjenstein gewandt und körperliche Gebrechen vorgetäuscht, Gallenkoliken, Magen- und Darmgeschichten und andere Sachen, die man mir äußerlich nicht ansehen konnte. Dann hat der die Auswahl allein getroffen.«
»Sie haben niemals an einer Selektion selbst teilgenommen?«
»Nein, niemals.«
»Sie sind niemals zum Krematorium gegangen und haben dort das Sanitätspersonal überwacht?«
»Nie.«
»Haben Sie Herrn Lucas mal gesehen auf der Rampe?« fragt der Vorsitzende den Angeklagten Hofmann.
»Herr Vorsitzender, wie ich schon gesagt habe hier in der Verhandlung, habe ich Herrn Dr. Lucas hier zum erstenmal gesehen. Daß ich ihn auf der Rampe gesehen habe, entsinne ich mich nicht.«
Hofmeyer: »Warum sind Sie denn überhaupt hingegangen, wenn Sie einen Vertreter gefunden hatten?«
Lucas: »Weil der sonst allein nicht gegangen wäre.«
Er hatte schon einleuchtendere Dinge gesagt, der Angeklagte Lucas.
»Hat er sich nicht gewundert, daß Sie Ihre Kolik immer erst auf der Rampe bekamen«, will Landgerichtsdirektor Perseke wissen.
»Es gab nie Schwierigkeiten.«
In seiner Gewissensnot habe er nur diesen einen Weg gesehen: »Ich wollte mit den Dingen so wenig wie möglich zu tun haben.«
Den passiven Widerstand macht er für seine Versetzung in die Konzentrationslager Mauthausen, Stutthof, Ravensbrück und Sachsenhausen verantwortlich. In Mauthausen sei er, wie Lucas auf Vorhalt seines Verteidigers erklärt, von dem dortigen Lagerkommandanten Ziereis – »das Brutalste, was ich je gesehen habe« – mit den Worten empfangen worden: ›Mit Leuten Ihres Schlages werden wir schnell fertig.‹ (Lucas erwähnt in diesem Zusammenhang auch, daß es ihm gelungen sei, eine Delegation des schwedischen Roten Kreuzes in das Lager Ravensbrück hineinzubringen: »Es hört sich komisch an, ich habe aber erreicht, daß die Norweger früher entlassen wurden. Auch mehrere polnische Nonnen wurden freigelassen.« Gegen Kriegsende floh Lucas und wurde von den in Deutschland lebenden Verwandten eines Norwegers unter Lebensgefahr verborgen.)
»Ich sehe auch heute noch nicht, wie ich es damals hätte anders machen sollen«, sagt Lucas.

## Schatz: *»Ersatzdienst« an der Rampe*

Auch der Dr. Frank unterstellte zweite Lagerarzt von Auschwitz, der ehemalige SS-Oberscharführer Dr. Schatz aus Hannover, bestreitet, an der Rampe von Auschwitz »selektiert«, das heißt bestimmt zu haben, wer von den zu Tausenden in Güterzügen in das Vernichtungslager verschleppten jüdischen Kindern, Frauen und Männern sofort in die Gaskammern getrieben oder wer Arbeitskraft werden sollte. Er sei nie an den Krematorien gewesen, will über das Geschehen nur vom Hörensagen erfahren haben. Folgt man seinen Beteuerungen, so war er, ebenfalls wie Dr. Frank, lediglich als »Ersatzmann« zum Rampendienst eingeteilt worden. Seine Aufgabe sei es gewesen, den mit den Transporten eintreffenden jüdischen Zahnärzten ihre zahnärztliche Ausrüstung für die Häftlingszahnstation abzunehmen.

Landgerichtsdirektor Hofmeyer hält Schatz vor, er habe doch in der Voruntersuchung zugegeben, die Opfer auf ihrem Marsch von der Rampe bis zu den Gaskammern ein Stück begleitet zu haben, und einem Untersuchungsrichter erklärt, dann seien die »Begleitfunktionen« von SS-Männern übernommen worden. Es sei ein reines Mißverständnis gewesen, behauptet Schatz heute.

»Was hatten Sie denn damals für eine Einstellung zu den Vergasungen?«

»Das dürfte aus meinem Vorleben und meinem Verhalten den Häftlingen gegenüber ersichtlich sein. Ich ging doch nur unter Zwang zur SS.«

Schatz hatte zu Beginn seiner Vernehmung berichtet, daß er mit einem polnischen Zahnarzt, der ihm als Häftling zur Hilfeleistung zugeteilt worden sei, ein »fast freundschaftliches Verhältnis« gehabt und daß er für die hungernden Häftlinge bei der polnischen Zivilbevölkerung Hühner organisiert und sie ins Lager geschmuggelt habe. Er habe auch einmal die Familie dieses polnischen Häftlingszahnarztes besucht, »obwohl dies für uns beide den Tod bedeuten konnte«.

Staatsanwalt Kügler: »Sie lügen!«

Dann erinnert er Schatz an eine Unterredung, in welcher er ihn auch nach dem Inhalt des Befehls gefragt habe, mit dem Schatz zum Rampendienst eingeteilt worden sei. »Wenn ich Ihnen das sage, dann sperren Sie mich sofort ein!« soll ihm Schatz geantwortet haben.

»Nein, nein! Das stimmt nicht!« entgegnet Schatz. »Ich habe damals nur gesagt, wenn Sie mir nicht glauben, dann sperren Sie mich ein.«

»Was wollte Ihnen damals der Staatsanwalt nicht glauben?« will der Vorsitzende wissen.

Schatz kann sich nicht mehr erinnern.

## Capesius: *Nur Arzneimittel sichergestellt*

Der ehemalige leitende Apotheker von Auschwitz, der heute 56 Jahre alte Dr. Victor Capesius, stammt aus Siebenbürgen. Er ist einer der am schwersten in der Voruntersuchung von mehreren Zeugen belasteten Angeklagten.

Capesius behauptet, seine Arbeit habe vorwiegend darin bestanden, bei der Übernahme der Hauptapotheke erst einmal die Bestände zu erfassen und die Medikamente in einzelne Schubladen so zu ordnen und zu katalogisieren, daß die in den Apotheken beschäftigten Häftlinge auch gewußt hätten, um welche Medikamente es sich handele. Die Häftlinge seien zwar auch approbierte Apotheker gewesen, aber die Medikamente hätten Aufdrucke in zahlreichen europäischen Sprachen besessen, da ein großer Teil den in das Lager verschleppten Medizinern und Apothekern abgenommen worden sei. Deshalb sei er auch so oft auf der Rampe bei den ankommenden Transporten gesehen worden, wo er nicht selektiert, sondern sich nur darum gekümmert habe, daß mitgebrachte Medikamente zur Versorgung der Häftlinge sichergestellt worden seien.

Während er als der Leiter der Hauptapotheke vorwiegend damit beschäftigt war, die Medikamente zu sortieren, mußten nach seinen weiteren Behauptungen die in der Apotheke beschäftigten Häftlinge die Medikamente verteilen, sogar für die SS-Führer.

»Haben Sie für die kranken Häftlinge die Medikamente zugeteilt, die sie brauchten, oder nicht, oder hatten Sie nicht genügend?«

»Wie ich Ihnen schon vorher sagte, befanden wir uns im fünften Kriegsjahr!«

»Haben Sie einmal vorhandene Medikamente nicht ausgeteilt, weil Sie der Meinung waren, die Häftlinge brauchten sie nicht?«

»Dies geschah im Proporz durch die Häftlinge.«

»Waren ausreichend Medikamente da?«

»Nein.«

Der Vorsitzende zielt mit seinen Fragen auf einen bestimmten Fall, als einem Häftlingsarzt für malariakranke Häftlinge, denen der Gastod drohte, von Capesius die Medikamente verweigert worden sein sollen. Capesius behauptet, er kenne den Fall überhaupt nicht. Falls die Medikamente von der Hauptapotheke abgelehnt worden seien, so könnten dies nur die dort völlig selbständig waltenden Häftlingsapotheker getan haben.

»Aber Sie hatten doch die ganze Verantwortung?«

»Nein«; die habe bei dem Standortarzt Dr. Wirths gelegen.

Capesius bestreitet einen Anklagepunkt nach dem anderen. Die Zeugen müßten ja schließlich etwas Belastendes aussagen, sonst wären sie ja nicht nach Frankfurt bestellt worden.

Es wird ihm vorgehalten, daß die Zeugen doch frühere Bekannte gewesen seien, die ihn später als verschleppte Opfer in Auschwitz auf der Rampe wiedererkannt hätten, als er mit einer Handbewegung ihre Familien auseinandergerissen und die Frauen mit den Kindern in die Gaskammern geschickt habe. Capesius läßt sich nicht beeindrucken. Dann müßten die Zeugen sich eben irren und ihn mit einem Lagerarzt verwechselt haben, oder sie sagten bewußt die Unwahrheit.

»Diese Zeugen haben also alle die Unwahrheit gesagt?«

»Ja.«

Der Vorsitzende: »Jetzt kommen wir zu den tödlichen Experimenten!«

»Ich sagte Ihnen doch von Anfang an, daß der Kaffee bei mir aufgebrüht wurde!«

Capesius schildert, wie der Lagerarzt Dr. Rohde eines Tages in der Lagerapotheke erschienen sei und ihn gebeten habe, ihm eine Kanne Kaffee zu kochen. Auf die Frage, nach dem »Warum« habe ihm Rohde erzählt, in einer Kaschemme solle ein englischer Spion mit in den Kaffee geschüttetem Morphium bewußtlos gemacht werden, damit er festgenommen werden könne. Das Opiat sowie Evipan habe sich Rohde bereits am Vormittag von einem Häftlingsapotheker geben lassen, aber es sei eine so geringe Menge gewesen, daß man damit keinen Menschen hätte töten können.

»Aber die Zeugen schildern es anders!« sagt Landgerichtsdirektor Hofmeyer und gibt die schriftlichen Aussagen wieder. Danach hatte Rohde an jenem Tag im Krankenbau drei oder vier Häftlinge ausgesucht, die in der Lagerapotheke in einen Raum geführt wurden, in dem sich neben Rohde noch Capesius sowie ein anderer Lagerarzt aufhielten. Dann seien die Häftlinge aus dem Zimmer getragen worden und unter furchtbaren Qualen gestorben. Später habe Rohde noch gesagt: ›Sie hatten einen lustigen Tod.‹

Capesius bleibt dabei: Er habe lediglich am nächsten Tag erfahren, daß der vergiftete Kaffee einem griechischen Häftling eingeflößt worden sei. Nach den Worten Rohdes soll der Häftling daraufhin einen »Herzschlag« erlitten haben.

»Warten wir erst einmal ab, was die Zeugen hierzu vor Gericht aussagen werden«, wehrt Capesius weitere Fragen ab.

## Klehr: *Milchsuppe und Phenol für die Kranken*

Die Worte des Angeklagten Klehr kommen ohne besonderen Aufwand daher, fast klingen sie nebensächlich: »So 250 bis 300 werden es wohl gewesen sein.« Tote nämlich, Ermordete, mit

Phenol »abgespritzte« Häftlinge des Konzentrationslagers Auschwitz. Sie wurden getötet, indem ihnen eine Injektionsnadel in den Herzmuskel gestochen und Phenol hineingedrückt wurde. Der Tod trat in den meisten Fällen augenblicklich ein.
»Nun erzählen Sie mal von Ihrer Tätigkeit, von Ihrem Leben in Auschwitz.«
Der Angeklagte, der schon vorher mehrfach um Versetzung aus dem Wach- zum Frontdienst gebeten haben will, beginnt mit dem Hinweis, daß er auch in Auschwitz »zunächst nicht nachgegeben« habe.
»Ich habe zweimal meine Versetzung eingereicht. Wenn der Zeuge (de) Martini ehrlich ist, kann er das bekunden.«
Bei dem Standortarzt Dr. Steinbach hat sich Klehr melden müssen, »darauf teilte mich Dr. Steinbach im HKB als SDG ein«. Gleich darauf wiederholt es der Angeklagte Klehr: »Dort machte ich als SDG Dienst im HKB.« Er spricht noch immer die Sprache »seiner« Zeit, meint Sanitätsdienstgrad und Häftlingskrankenbau. Vom Frühjahr 1942 an ist er sogenannter 1. Sanitätsdienstgrad und verantwortlich, wie er jetzt sagt: a) für die Durchführung der Anweisungen des Lagerarztes, b) für die Sauberkeit im HKB und c) für sonstiges.
»Wer gab Ihnen denn welche Anordnungen, die Sie befolgen mußten?«
Klehr holt aus: »Die Häftlinge wurden karteimäßig aufgenommen. Ich berichte jetzt über die Selektionen im HKB.«
»Moment mal. Von den Selektionen auf der Rampe, oder habe ich Sie richtig verstanden: von den Selektionen im Krankenbau?«
»Im Oktober 41 wurden bereits ständig im HKB Aussonderungen vorgenommen, und zwar von den Ärzten. Die ›Arztvorsteller‹, also die Häftlinge, die sich täglich krank gemeldet haben, mußten sich auf der Ambulanz einfinden und wurden dort von einem Häftlingsarzt untersucht und dann dem SS-Arzt vorgestellt.«
Der Angeklagte berichtet genau über die Einteilung der Krankenbaracken, sein Gedächtnis läßt ihn nicht im Stich. Baracke 21: Arzt, Operationssaal, Zahnstation, Häftlingsschreibstube, Pflegerstube, die Patienten lagen im 1. Stock. Baracke 28: Ambulanz, das Arztvorstell-Zimmer, die Diätküche für die kranken Häftlinge, ein bis zwei Röntgenzimmer, das Apothekenlager.
»Wer bekam denn Diät?«
»Ja, die Frischoperierten. Da wurde auch Milchsuppe gekocht.«
»Für wen?«
»Für die Kranken.«
»Auf wessen Anordnung?«
»Ja, des Arztes.«
Klehrs Stimme ist lauter geworden, klingt vorwurfsvoll und

sucht den Zweifeln zu begegnen, die hier der Vorsitzende an der Milchsuppe für die kranken Häftlinge zu äußern scheint, von denen zwischen fünfhundert und sechshundert Mann in je einem Block lagen, viele zu zweit auf einer Holzpritsche.
Der Angeklagte sagt aus, daß der SS-Arzt entschieden habe, ob der ihm vorgeführte Häftling als krank, als schonungskrank oder zur Aussonderung bestimmt registriert wurde.
»Was heißt das: Aussonderung?«
»Ja, der Kranke wurde dem Lagerarzt vorgestellt, der sah sich den Häftling an und die Karteikarte, auf der die Diagnose stand, und bestimmte, was aus jedem wurde. Wenn er ›ausgesondert‹ hatte, dann gab er die Karteikarte nicht mehr an den Häftlingsarzt zurück, sondern an den Häftlingsschreiber. Das bedeutete, daß der Häftling ausgesucht war zur Injektion, also zur Tötung, auf deutsch gesagt.«
»Was geschah dann mit diesen Leuten?«
»Bei den Kranken, die der Lagerarzt ausgesucht hatte zur Tötung, da wurde die Injektion durchgeführt von einem Häftling, Peter Wörl von Block 28. Er kam später ins Kriegsgefangenenlager und wurde dort als Pfleger eingesetzt. Nach Wörl kam ein Pfleger mit Vornamen Felix, der hat dann weitergemacht.«
Klehr will zum erstenmal von diesen Tötungen gesehen und erfahren haben, als ein Häftling splitternackt in den Keller des Krankenbaues geführt wurde.
»Ich ging sofort nach und mußte feststellen, daß dort unten der Wörl Injektionen machte.«
»Was haben Sie denn da getan, als Sie das sahen?«
»Ich konnte zunächst gar nichts sagen vor Erregung.«
»Nun, Sie haben doch gesehen, was da vor sich ging. Die Umstände waren doch höchst ungewöhnlich. Da wurde ein Häftling nackt in den Keller geführt und eine Injektion vorgenommen. Da müssen Sie sich doch etwas gedacht haben. Was haben Sie denn gesagt? Sie waren doch der Vorgesetzte?«
»Ich habe nachher gesagt, wer denn das befohlen hat.«
»Sie haben es nachher gesagt, als der Häftling tot dalag?«
»Nein, ich meine, bevor er abgespritzt wurde. Da hat der Wörl gesagt, das hat der Lagerarzt Dr. Entress befohlen.«
»Hat er Ihnen denn auch gesagt, wozu diese Injektionen gut seien? Man injiziert doch üblicherweise nicht irgend etwas, um jemanden umzubringen, sondern um einen Krankheitszustand zu bessern.«
»Herr Präsident, ich habe doch die Häftlinge nicht ausgesondert.«
»Wohin wurde denn gespritzt?«
»Zu dieser Zeit in die Armvene.«
»Und was ist die Folge davon gewesen?«

»Ja, daß der Häftling sofort getötet wurde. Die Spritze war noch nicht ganz ausgespritzt, da war der Mann schon tot.«
Die Venen der Häftlinge seien sehr schlecht zu treffen gewesen, sagt Klehr und so hätten die Häftlinge später das Phenol direkt ins Herz injiziert.
Was er denn angesichts dieser Untaten empfunden habe?
»Ja, erst mal habe ich das als ungeheuerlich verurteilt, daß Häftlinge ihre Mithäftlinge abspritzen mußten. Ich habe mich sogar erkundigt bei dem anderen SDG. Da hat er gesagt, ich soll mich nicht darum kümmern.«
»Aber Sie haben doch gesehen, wie da einer nach dem anderen umgebracht wurde. Haben Sie denn da nicht Alarm geschlagen? Sind Sie denn da nicht zu Ihrem vorgesetzten Arzt gegangen und haben ihn einmal gefragt, was denn da los sei?«
»Herr Präsident, ich möchte Ihnen die allgemeine Lage mal schildern. Ich befand mich doch in einer Zwangsjacke. Was haben wir schon zu sagen gehabt? Wir waren doch genau solche Nummern wie die Häftlinge. Für den begann der Mensch doch erst beim Akademiker. Wir hätten es mal wagen sollen, mit solchen Fragen zu kommen! Da wären wir doch auch an die Schwarze Wand gestellt worden.«
Klehr hatte noch, wie er berichtet, mit vier fahrbaren Desinfektionswagen zu tun, den SS-Lagerarzt auf die Rampe begleiten müssen und so lange dabeigestanden, bis die Selektion beendet war.
»Sie haben niemals selbständig Injektionen gegeben?«
»Ich habe keine Injektionen gemacht bis zwei Monate vor meiner Ablösung aus dem Krankenbau.«
»Also zwei Monate lang vor Ihrer Ablösung haben Sie tödliche Injektionen an Häftlingen vorgenommen?«
Klehr will wegen dieser »Abspritzungen« bei dem Lagerarzt vorstellig geworden sein.
»Der Lagerarzt hat sich meine Vorkommnisse angehört und hat mir von diesem Zeitpunkt an gesagt: ›In Zukunft werden Sie das selber machen.‹«
Gewöhnlich sei zweimal in der Woche »abgespritzt« worden, und zwar je etwa zwölf bis fünfzehn Mann. Das sei so zwei bis drei Monate gegangen: »Ich befand mich ja in einer Zwangsjacke.«
Der Vorsitzende errechnet als Mindestzahl 192 Ermordete, da gibt der Angeklagte Klehr aber schon bereitwillig zu: »Zweihundertfünfzig bis dreihundert können es gewesen sein. Auf Befehl allerdings.«
»Wie haben Sie denn diese Häftlinge getötet?«
»Ja, wie es bisher geschah. Mit einer Phenolspritze in den Herzmuskel.«

»Wie war es Ihnen denn befohlen worden?«
»Das war schon so eingeführt von den Häftlingen selbst.«
»Hat Ihnen das nicht der Lagerarzt befohlen?«
»Der Lagerarzt hat zur Ausführung der Injektionen überhaupt nichts befohlen. Als ich den Befehl zur Tötung bekommen habe, habe ich das mit der Injektion von den Häftlingen übernommen.«

Nochmals wird der frühere Lagerapotheker Capesius vernommen. Der Vorsitzende wünscht, daß Capesius zu Punkt vier des Eröffnungsbeschlusses Stellung nehme; es werde der Vorwurf erhoben, daß er als Lagerapotheker das Phenol angefordert und herausgegeben habe, mit dem Häftlinge getötet worden seien.
Der Angeklagte antwortet klagend:
»Herr Vorsitzender, am letzten Montag war ich in einem starken Spannungsverhältnis, weil ich von der Frühe an damit gerechnet habe, zur Sache gehört zu werden, was sich dann bis Nachmittag hinausgezogen hat. Dadurch war ich nachher verwirrt und habe von vornherein unbewußt, wie Sie mir vorgeworfen haben, gelächelt. Es war mir sicher nicht zum Lächeln und ist damit zu erklären, daß ich seit über vier Jahren in Einzelhaft sitze. Dadurch schon und durch eine Menschenansammlung wie hier und das viele Licht war ich verwirrt, und deshalb gab ich meist unkonzentrierte Antworten.«
»Ja, nun zur Sache. Wie war das mit dem Phenol, wie wurde es bezogen, zu welchem Zweck? Gab es verschiedene Sorten, reines, zu Desinfektionszwecken und so weiter?«
Aber Capesius kann oder will nicht weiterhelfen. Er hat nur reines Phenol in der Offizin gehabt, zur Bereitung von Ohrentropfen etwa, es war eine eher kleine als große Flasche voll, etwa ein halber Liter. Dann gab es noch eine Korbflasche oder auch zwei Korbflaschen Phenol zu Desinfektionszwecken, »Sie können auch Karbolsäure sagen«, und das hat der Funktionshäftling Sikorski verwaltet.
»Es gibt Zeugenaussagen, daß man das Phenol in Berlin angefordert hätte mit dem Zusatz: ›Zum Zweck der Injektion‹.«
»Aus den Akten weiß ich, daß der Herr Sikorski ausgesagt hat, ich hätte ihm den Auftrag gegeben, ein oder zwei Kilogramm Phenolum purum ›pro injectione‹ anzufordern. Diesen Begriff gibt es in der Literatur nicht. Das wäre, wie wenn man eine Axt verlangt, um einen anderen zu erschlagen.«
»Nach der Anklageschrift sollen ja tatsächlich die Menschen mit Phenol getötet worden sein. Ist diese Absicht in der Rezeptur oder der Anforderung zum Ausdruck gekommen?«
»Es ist bei mir kein Phenolum purum angefordert worden. Mehr kann ich zu der Sache nicht sagen.«

»Haben sie irgendwann purum ausgegeben zu irgendeinem Zweck?«
»Persönlich nicht. Die Rezeptur hatte der Apotheker Strauch.«
Zu den Vorwürfen, daß verschiedene Zeugen ihn auf der Rampe bei der Selektion erkannt haben wollen, äußert Capesius, man verwechsele ihn wohl mit einem SS-Arzt Dr. Klein. Er hat viele Ärzte auf der Rampe gesehen, der Dr. Capesius, weiß aber nicht mehr, welche.
»Ich glaube, daß ich mehrere oder viele gesehen habe, aber ich kann heute nicht mehr entscheiden, war es der einzelne oder war er es nicht.«
Nur bei Klein, dem vor vielen Jahren Hingerichteten, der nicht mehr reden kann, ist er ganz sicher. Er sei ihm auch ähnlich gewesen, bemerkt der Angeklagte, was freilich den Nebenkläger Ormond veranlaßt, festzustellen, daß er den Dr. Klein im Belsen-Verfahren kennengelernt habe: es gebe wohl keinen Menschen, der dem Angeklagten Capesius so unähnlich sei wie Klein.
Auf Fragen, wieso der Angeklagte damals als Hauptsturmführer lediglich mit auf die Rampe gegangen sein will, um Gepäck der Häftlinge zu holen, und nicht einfach erklärt habe, der Auftraggeber, ein kleiner Unterführer, möge sich das Gepäck doch gefälligst selbst holen, hat Capesius so wenig eine befriedigende Antwort wie auf die Frage, ob er auf einem vorgelegten Bild den Vorgang der Selektion wiedererkenne: »Ich habe keine feste Vorstellung, wie das dort ausgesehen haben soll.«

Klehr war nach dem Eröffnungsbeschluß Leiter des sogenannten Vergasungskommandos. Er beteuert, daß es einem solchen Leiter nicht gegeben habe. Auch hätte er dann als erster über neu ankommende Transporte unterrichtet werden müssen. Das aber sei nicht geschehen. Nur den Dienstplan für die ihm unterstellten vier »Desinfektoren« will er aufgestellt haben, »die, wo die Vergasungen durchgeführt haben«.
»Es gibt Leute, die behaupten, daß Sie verschiedentlich zur Gaskammer gefahren sind und dort Vergasungen überwacht haben, sogar an ihnen beteiligt gewesen sein sollen.«
»Das ist unwahr«, meint Klehr.
Auch der Mitangeklagte Hofmann, der früher einmal eine solche belastende Aussage gemacht hatte, kann sich daran nicht mehr erinnern.
»Sie wissen heute nichts mehr davon?«
»Nein, Herr Vorsitzender«, sagt Hofmann, und Klehr sekundiert: »Nein, das ist unwahr. Ich habe mit den Vergasungen nichts zu tun gehabt.« Die Überwachung der von ihm eingeteilten Desinfektoren sei Aufgabe der Ärzte gewesen.

»Der Apotheker kann es gar nicht gesehen haben, der Fahrer kann mir nichts beweisen, und der Häftling, als der da war, war ich nicht mehr in Birkenau«, meint Klehr. Bei den Krematorien will er nur einmal gewesen sein, als diese noch nicht in Betrieb waren. »Es kam hoher Besuch von Berlin.«
Klehr weiß nicht zu sagen, weshalb gerade er an jenem Tag zu den Krematorien gefahren ist.
Der Vorsitzende: »Alle Angeklagten sagten aus, daß sonst niemand dorthin durfte. Können Sie uns einen plausiblen Grund dafür angeben, warum gerade Sie und andere dorthin geführt wurden. Sie, der nach Ihrer Darstellung überhaupt nichts mit dem Vernichtungskommando zu tun gehabt hat?«
Klehr hat keine Antwort.
Daß Leichen nicht nur im Krematorium, sondern auch in offenen Gruben verbrannt wurden, ist Klehr »unbekannt«.
»Haben Sie nicht den süßlichen Geruch von diesen Leichenverbrennungen bemerkt, der über dem Lager lag?«
Klehr hat nicht.
»Nehmen Sie zu dem Vorwurf Stellung, daß Sie lebende Menschen in das Feuer gestoßen haben?«
»Das ist unwahr.«
»Es gibt Zeugen dafür.«
»Das ist nicht wahr, Herr Vorsitzender.«
Landgerichtsdirektor Hofmeyer spricht von zwei Frauen, Mutter und Tochter, von denen eine für die Gaskammer selektiert worden war, die sich aber nicht voneinander hatten trennen wollen.
»Sind Sie nicht mit den beiden Frauen hintergekommen und haben Sie zur Brandstelle geführt und hineingestoßen?«
»Ich war zu der Zeit schon fünfzig bis sechzig Kilometer von Auschwitz entfernt. Wie komme ich dazu, wo ich doch schon vom Lager weg war?«
Auch den nächsten Anklagepunkt, selbständig Selektionen durchgeführt zu haben, bestreitet Klehr.
»Das haben Sie uns schon gesagt. Aber das sagt nicht nur eine bestimmte Schicht von Zeugen aus. Das sind Professoren, Doktoren, Häftlinge, alle möglichen Häftlinge, die sich alle gleichermaßen darauf besinnen, daß Sie selbständig selektiert haben, daß Sie jemand durch ›Sport‹ in den Tod getrieben und Frauen ins Feuer geworfen haben. Wie mag es kommen, daß alle die Menschen aus allen Gruppen Sie beschuldigen?«
Klehr weiß es nicht.
Zwar gibt er zu, selbst Injektionen gespritzt zu haben, doch nicht selbständig, sondern »auf Befehl«. Den Vorgang schildert er freimütig. Ein polnischer Häftlingsarzt habe den Betreffenden von hinten an den Schultern festgehalten, »damit er nicht sofort vom Stuhl fiel«. Er selbst habe von vorn in den Herzmuskel

»gespritzt«. Die Leiche sei dann sofort in den gegenüberliegenden Waschraum befördert worden. Niemals habe es Widerstand gegeben, obwohl »sich herumgesprochen hatte«, was mit den Häftlingen geschehen werde. Dazu seien sie aber auch schon zu schwach gewesen, erläutert Klehr.

Der Angeklagte meint auf die Frage, ob er sich niemals darüber Gedanken gemacht habe, daß auch andere Häftlinge als die von der »Politischen Abteilung« bestimmten getötet wurden, aufbegehrend: »Ich habe mir verschiedentlich Gedanken gemacht. Das erste Mal, als ich nach Auschwitz kam und das zweite Mal, als ich die schmutzige Sache sah, die Häftlinge so zu töten.«

Die Staatsanwaltschaft legt die Fotokopie eines Schreibens vor, mit dem Klehr im Dezember 1942 fünf Kilogramm Phenol von der Lagerapotheke angefordert hatte. Das Original befinde sich noch in Polen. Klehr bestreitet: »Ich habe niemals eine solche Anforderung gemacht; niemals für Phenol eine Unterschrift gemacht.« Zwar erkennt er die Unterschrift unter dem, wie sein Anwalt meint, etwas formlosen Schreiben ohne Anrede und ohne den obligaten Gruß »Heil Hitler« als seine eigene an, jedoch: er hat nicht unterschrieben:

»Eine Unterschrift kann doch heute ganz schön nachgemacht werden.«

Landgerichtsdirektor Hofmeyer beginnt zu rechnen. Fünf bis zehn Kubikzentimeter Phenol haben für eine tödliche Herzinjektion, für das »Abspritzen« genügt. Meist sei sogar eine halbe Spritze ausreichend gewesen, bei einem Fassungsvermögen von zehn also etwa fünf ccm, hält er Klehr vor. »Fünf Kilogramm, das sind also fünftausend Kubikzentimeter oder tausend Menschen, bei zehn Kubikzentimetern pro Häftling wären das immerhin noch fünfhundert Menschenleben. »Gestern haben Sie doch gesagt, etwa 250 bis 500 könnten den Tod gefunden haben. Das sind doch einige mehr!« Doch Klehr bleibt bei seiner Aussage. Niemals habe er schriftlich Phenol in der Lagerapotheke bestellt. »Ein- oder zweimal bin ich in der Woche zum Apotheker gegangen, um frisches Phenol fassen zu gehen. Ich kann nicht mehr, als die Wahrheit sagen.«

An die große Selektion im Lager Ende August 1942, nach Ausbruch einer Fleckfieber-Epidemie, bei der Klehr mit einer Liste mit 1700 Namen erschienen sein soll, kann er sich nicht erinnern. Auch die Anklage, neugeborene, in Zellstoff verpackte Kinder in den Block 20 gebracht zu haben, um sie im Waschkessel zu verbrennen, wird bestritten: »Mit Kindern habe ich überhaupt nichts zu tun gehabt.«

Nach dem Bericht Klehrs wurden von den SS-Ärzten sehr oft in den Krankenbauten des Stammlagers Selektionen vorgenom-

men, wenn die Baracken überbelegt oder Seuchen ausgebrochen waren. Standortarzt Dr. Wirths oder sein Vorgänger Dr. Entress ging dann durch die Krankenblöcke und legte anschließend die Karteikarten der für die Gaskammern ausgesuchten Opfer einfach auf einen Tisch. Damit war für die betreffenden Kranken das Todesurteil gesprochen.
Danach mußte die Häftlings-Schreibstube die Namen und Nummern der Häftlinge von den Karteikarten auf eine Liste übertragen, die zur Politischen Abteilung – der Lagergestapo – gebracht wurde, denn auch der Standortarzt mußte sich, wie Klehr erklärt, von der Politischen Abteilung die Vergasung der Opfer genehmigen lassen. Kam die Liste nach einigen Tagen als genehmigt zurück, wurde bereits in der Schreibstube des Krankenbaus mit der Ausstellung der Totenscheine begonnen. Alle acht Tage wurde die erfundene Todesursache – entweder Kreislaufstörung oder Nierenentzündung – geändert und die vom Lagerarzt unterschriebenen Scheine wurde der Politischen Abteilung übergeben. Der Lagerleitung wurde diese Häftlinge als »überstellt nach Birkenau«, wo die vier riesigen Krematorien standen, gemeldet. Dann erst wurden sie in die Gaskammern getrieben.
»Aber sie waren ja noch gar nicht tot, da wurden schon die Totenscheine ausgestellt?« fragt der Vorsitzende.
»Ja, sie waren schon tot, als sie die Tür des Krankenbaus verließen«, bekräftigt Klehr.
Der Vorsitzende will Einzelheiten über die tödlichen Phenolinjektionen ins Herz wissen, Klehr wehrt unwillig ab:
»Was waren das für Kranke, die wo abgespritzt wurden?! Auf deutsch gesagt waren es ja keine Kranken mehr, sondern schon halbe Tote!«
Mit den Massenvergasungen will Klehr nichts zu tun gehabt haben, gibt dann aber doch zu, daß er den Dienstplan für die vier ihm unterstellten Desinfektoren aufgestellt hat, die in regelmäßiger Ablösung alle vierundzwanzig Stunden bei Tag und Nacht das Blausäurepräparat Zyklon B in die Gaskammern einwarfen.
Die Aufstellung dieses Dienstplanes sei ja eigentlich nicht seine Sache gewesen, erläutert Klehr, und er habe dies damals dem Spieß der Sanitätseinheit gesagt. Aber er habe darauf bestanden, weil Tag und Nacht die Transporte mit den Opfern eingetroffen seien und die Ärzte einmal hätten warten müssen, weil kein Desinfektor aufzutreiben gewesen sei. Klehr gibt auch zu, den Selektionen auf der Rampe von Auschwitz beigewohnt und auf Befehl des Standortarztes Entress aus den ankommenden Transporten schon vor der eigentlichen Selektion die Kranken ausgesondert zu haben, »damit der Arzt nicht so viel Arbeit hatte«.

Klehr bestreitet, am Heiligen Abend des Jahres 1942 im Krankenbau zweihundert Häftlinge durch Phenolinjektionen umgebracht zu haben. Zu Weihnachten sei er jedesmal auf Heimaturlaub zu seiner Ehefrau gefahren. Nur Weihnachten 1941 habe er nicht nach Hause gedurft. Seine Frau könne es bezeugen.
Ob denn nicht die Zeugen das Jahr verwechselt haben könnten und es Weihnachten 1941 gewesen sei, als die zweihundert Häftlinge sterben mußten, forscht der Vorsitzende. Klehr meint, dann müßten die Funktionshäftlinge diese furchtbare Tat begangen haben, da er damals noch nicht »abgespritzt« habe.
Klehr will die Häftlinge auch nicht durch Strafexerzieren — das sogenannte Sportmachen, wie es der Anklagte nennt — zu Tode gequält haben. Nach seiner Version ließ er »aufgefallene« Häftlinge lediglich »leichte Leibesübungen« machen, um sie vor schwerer Bestrafung zu schützen.
»Mal links um, mal rechts um«, sagt Klehr, und demonstriert dabei dem Schwurgericht mit Kehrtwendungen die damals befohlene Gymnastik.
»Das war alles!«
»Wir haben mit Ihnen noch manches zu besprechen«, meint Landgerichtsdirektor Hofmeyer.
Die noch erhaltenen Totenbücher der Häftlingskrankenbauten im Stammlager Auschwitz, in denen die ehemaligen SS-Sanitäter Klehr und Scherpe als Blockführer eingesetzt waren, zählen allein für die Zeit vom Sommer 1942 bis zum Sommer 1944 auf eng beschriebenen Seiten 130 000 Namen und Nummern auf. Die Einwohnerzahl einer Großstadt.
»Es waren ja keine Kranken mehr, sondern schon halbe Tote, wandelnde Skelette«, sagt Klehr.

## SCHERPE: *Die Kinder haben nichts geahnt*

Nicht völlig ungerührt wie Klehr, sondern nervös, manchmal stockend, sagt der »alte Kämpfer« Scherpe aus, der 1931 in die Partei und SS eintrat.
»Wenn ich etwas getan habe, dann kann ich mich nicht mehr daran erinnern. Ich habe nicht viel getan. Ich wollte es nicht.«
Im Sommer 1942 zum Nachfolger bestimmt, wurde Scherpe von Klehr gleich am ersten Tag im Krankenbau zur Aussonderung der Häftlinge mitgenommen, die der SS-Arzt Dr. Entress wortlos vornahm. So wortlos, daß Scherpe »erst gar nicht begriff, was eigentlich vor sich ging«.
»Hat er auch gemacht, was sonst ein Arzt zu tun pflegt? Die Kranken untersucht?«
»Nein!«

Scherpe sah nur, wie Entress die Karteikarten der Kranken in die Hand nahm und sie entweder dem Häftlingsarzt zurückgab oder sie auf einen Tisch legte, damit ein Häftlingsschreiber die Namen auf einem Zettel notiere.
Nach der »Visite«, wie Scherpe die Selektion nennt, ging er mit Klehr zum Block 21.
»Da lag schon der Zettel mit den Abzuspritzenden.«
Die Bedeutung dieses Zettels sei ihm jedoch erst klargeworden, als Klehr aus dem Schrank die Phenolflasche genommen habe und mit ihm in den Block 20, in das »Verbandszimmer«, gegangen sei. Dort befanden sich, wie Scherpe bekundet, bereits zwei kriminelle Häftlinge, »Schwarz« und »Weiß« genannt, denen Klehr das Phenol übergab. »Schwarz« füllte damit eine Injektionsspritze, und »Weiß« holte aus dem Nebenraum ein Opfer nach dem anderen. Die Kranken wurden mit entblößtem Oberkörper auf einen Stuhl gesetzt, und »Schwarz« stach ihnen die Spritzen ins Herz.
»Wurde nichts dabei gesagt?«
»Nein. Ich glaube, die waren alle ganz ahnungslos. Sie waren sehr schwach. Aber ich meine, daß sie noch gesund werden konnten.«
»Nämlich, wenn man ihnen zu essen gegeben hätte?«
»Ja! Ich war entsetzt. Ich finde keine Worte. Ich habe gleich gesagt, diesen Dienst kann ich nicht übernehmen.«
Klehr soll geantwortet haben: ›Das ist deine Sache. Ich übergebe den Dienst. Du kannst sehen, wie du damit fertig wirst!‹
Ob ihm denn Klehr gar keine weiteren Instruktionen gegeben und ihn auch nicht »angeleitet« habe?
»Ich habe es nie gelernt und habe es auch nie getan.«
Es sei auch später noch zwei oder dreimal vorgekommen, und da hätten genauso wie früher die Häftlinge die Henkersarbeit getan. Denn der Dr. Entress sei bald darauf in Urlaub gegangen. Er selbst sei ja am 7. Oktober 1942 verhaftet worden und habe nach seiner Freilassung noch monatelang krank im Bett gelegen.
Seine Verhaftung sei eine ganz mysteriöse Angelegenheit gewesen. Fast zwei Monate lang habe man ihn im Arrestbunker eingesperrt und niemand, auch nicht der Leiter der Lagergestapo, habe gewußt, warum. Die Anweisung müsse von Berlin gekommen sein, meint Scherpe, der damals nur gehört haben will, der Haftbefehl sei wegen »Feindbegünstigung und Verdachts, mit Häftlingen in Verbindung zu stehen« erlassen worden. Ohne jemals verhört zu werden, war Scherpe dann am 22. Dezember wieder auf freien Fuß gesetzt worden.
Nach der Gesundung gegen seinen Willen wieder in den Krankenbau zurückgeschickt, hätten dort schon am frühen Morgen im Hof etwa zwanzig Kinder gestanden. Der bald darauf ein-

treffende SS-Arzt Dr. Rohde habe gesagt, sie müßten »abgespritzt« werden. Da er (Scherpe) sich geweigert und mit einer Beschwerde gedroht habe, sei Rohde wieder fortgegangen, jedoch am Nachmittag mit dem Befehl des Standortarztes zurückgekehrt:
»Es bleibt dabei, sie werden abgespritzt!«
»Da händigte ich dem Häftling die Flasche aus.«
»Also, Sie haben nichts gewußt, sondern lediglich Ihre Phenolflasche mitgebracht, und dann hat der Häftling ein Kind nach dem anderen umgebracht? Und Sie?«
»Ich war dabei und Dr. Rohde auch. Aber er hat bald wieder den Raum verlassen.«
Am nächsten Tag will Scherpe zum Standortarzt gegangen sein, der seinen Protest zu Protokoll genommen und ihn gefragt habe, ob er sich wirklich weigere, weiterhin Dienst im Krankenbau zu machen. Er habe das bejaht und sei endlich in ein Außenlager versetzt worden, wo er sich nichts mehr habe zuschulden kommen lassen.
Nach zahlreichen, während der Voruntersuchung gemachten Zeugenaussagen sollen in den letzten Februartagen des Jahres 1943 mindestens 119 Kinder mit Phenolinjektionen getötet worden sein. Sie seien mit Gewalt auf den Hinrichtungsstuhl gezwungen worden. Scherpe habe ihnen selbst die tödliche Spritze ins Herz gestoßen. Es sei so entsetzlich gewesen, daß der »Sanitäter« schließlich verzweifelt davongelaufen sei. Am nächsten Tag habe sein Kollege Hantl, heute ebenfalls vor dem Schwurgericht, die restlichen achtzig Kinder umgebracht.
»Sie wären zusammengebrochen und hätten nicht mehr weiter gekonnt?« fragt der Vorsitzende.
»Das ist übertrieben. Das ist nicht wahr.«
Scherpe will nicht bestätigen, was er früher selbst aussagte. Daß nämlich die Kinder, von Panik erfaßt, in ihrer Todesangst geschrien hätten.
»Das stimmt nicht. Das habe ich nicht gesagt. Es ist auch nicht wahr. Sie haben nichts geahnt. Sie werden angenommen haben, sie würden geimpft.«
Daß der letzte Junge draußen auf dem Gang geweint und nach seinen Gefährten gerufen habe, die nicht zurückkamen — das ist das einzige, was der Angeklagte von der Todesangst der Kinder bemerkt haben will.

## HANTL: *Für Häftlinge Radieschen organisiert*

3. Februar 1964, 14. Tag

Die Vernehmung der 22 Angeklagten nähert sich ihrem Ende. Der ehemalige SS-Sanitäter Hantl behauptet, die Funktionshäftlinge und die SS-Ärzte, nicht die Sanitäter, hätten in Auschwitz über Leben und Tod entschieden. Seine Bekundungen lassen Landgerichtsrat Hummerich bemerken: »Das ist doch fast so, als ob Sie den Häftlingen Ihr Gewehr gegeben und gesagt hätten, bewacht euch selbst!« Hantl hatte kurz zuvor erklärt, die Funktionshäftlinge hätten das Phenol, mit dem die kranken Häftlinge getötet wurden, selbst aus der Lagerapotheke geholt, es mit den Injektionsspritzen verwaltet und völlig selbständig die von den SS-Ärzten zur Tötung bestimmten Kranken »abgespritzt«.

Mit gespreizten Beinen, die Hände mit abgewinkelten Armen in die Hüften gestützt, so steht der Angeklage Hantl vor dem Schwurgericht. Er ist kurz angebunden, erklärt, die in der Voruntersuchung gemachten Zeugenaussagen seien »gelogen und lächerlich«. Landgerichtsdirektor Hofmeyer fragt, welchen Dienst er denn später im Krankenbau gemacht habe, Hantl antwortet: »Das möchte ich auch wissen. Wir saßen dort rum!« Er habe lediglich die Totenscheine abgezeichnet, für »Sicherheit und Ordnung« im Krankenbau gesorgt und Häftlinge, die sich krank meldeten, zum Arzt begleitet, der dann das Todesurteil fällte und von den beiden Funktionshäftlingen mit Phenolinjektionen vollstrecken ließ.

›Ist es unbedingt erforderlich, daß ich mir diese Mistgeschichte mitansehen muß?‹ will er den SS-Arzt Dr. Entress gefragt und die Antwort erhalten haben, das sei der Befehl des Standortarztes. Er habe allerdings nur acht bis zehn solcher Fälle erlebt.

»Es waren nur acht bis zehn Mann, und dann war es schon aus.«

Ob er sich denn nicht wenigstens einmal mit den anderen SS-Männern darüber unterhalten habe, daß dies aufhören müsse, fragt der Vorsitzende.

Hantl, gleichmütig: »Möglich, daß ich das machte.«

»Aber die Zeugen sagen, es seien fast täglich, nur sonntags nicht, auf diese Weise dreißig bis sechzig Häftlinge getötet worden.«

»Das ist gelogen.«

»Sie hätten auch den Ärzten Vorschläge bei den Selektionen gemacht.«

»Da muß ich drüber lachen, das ist doch ein Unsinn ohnegleichen.«

Zu der ihm vorgeworfenen Ermordung von achtzig Kindern behauptet Hantl knapp, davon sei ihm überhaupt nichts bekannt. Er habe im Stammlager nie Kinder gesehen. »Setzen Sie sich«, fordert Landgerichtsdirektor Hofmeyer den Angeklagten auf, nachdem die Staatsanwaltschaft und die Verteidiger ihre Fragen gestellt hatten. Aber Hantl will weiter aussagen. In aller Aus-

führlichkeit berichtet er, gegen Ende des Krieges für die Häftlinge Radieschen organisiert und bei Razzien im Lager Heizgeräte, die sich die Häftlinge besorgt hatten, versteckt zu haben. »Als denen in Berlin schon das Wasser bis zum Hals stand«, habe er den Häftlingen eines Nebenlagers Medikamente beschafft und schließlich im Lager Mauthausen, dem sich die amerikanischen Truppen bereits bis auf fünfzehn Kilometer genähert hatten, gar Tausenden von Häftlingen das Leben gerettet.
Angesichts der anrückenden Amerikaner habe sich bei ihm nämlich ein SS-Mann darüber beklagt, daß er noch dreitausend Häftlinge vergasen solle. ›Du bist ja verrückt, das kostet dir den Kopf. Mach dir ein Medikament, kriege Fieber und werde krank‹, will Hantl damals Bescheid gegeben haben. Jetzt fügt er vor dem Frankfurter Schwurgericht hinzu: »So habe ich noch dreitausend Menschen gerettet.«

## Neubert: *Das entzieht sich meiner Kenntnis*

Der ehemalige SS-Sanitäter Gerhard Neubert berichtet etwa eine Stunde lang, was er alles für die Häftlinge getan habe. Dann erwähnt er beiläufig, daß in den Krankenbaracken von den SS-Ärzten auch selektiert worden sei. Einmal in der Woche sei er mit dem Arzt durch die Baracken gegangen, und anschließend habe man etwa zehn Häftlinge nach Birkenau verlegt. Er will damals jedoch geglaubt haben, die Kranken kämen in die dortigen größeren Krankenbauten.
Er bekundet, daß sich die IG-Farbenindustrie im Herbst 1943 beschwert habe, die ihr geschickten Häftlinge seien krank und nicht arbeitsfähig. Darauf habe es auf Befehl des Lagerführers eine große Aussonderung arbeitsfähiger Häftlinge gegeben.
»Was geschah denn mit den ausgesonderten Häftlingen?«
»Das entzieht sich meiner Kenntnis. Ich glaubte, sie kämen in ein Schonlager.«
»Wollen Sie wirklich so unerfahren gewesen sein, daß Sie nicht gewußt hätten, was Aussondern bedeutete?«
»Das war mir in Monowitz noch nicht bekannt.«
Neubert will die wahre Bedeutung erst jetzt während des Prozesses erfahren haben.
Ja, und dann hätte er sich auch an die Front gemeldet, wenn er sicher von den Vergasungen gewußt hätte, sagt Neubert.
»Sind Ihnen Fälle bekannt, daß das möglich war?« will der Staatsanwalt wissen.
Jawohl, Neubert kennt solche Fälle. Auch ihm hätten die Häftlinge schon 1943 gesagt – »weil ich soviel Gutes getan habe« – der Krieg sei doch bald verloren und er solle sich sein Blutgrup-

penzeichen »wegmachen« lassen. Und deshalb seien wohl auch einige SS-Leute, junge Volksdeutsche, aus dem Lager ausgerissen, »und sie haben dann von der Front aus geschrieben, schöne Grüße, und daß sie gut angekommen sind«.
Der Staatsanwalt stutzt. War das wirklich möglich, daß SS-Dienstgrade desertierten und von der Front »schöne Grüße« schickten? Neubert bleibt bei seiner Aussage.
»Wenn das wirklich möglich war, warum haben Sie sich nicht an die Front gemeldet? Sie hatten doch Bedenken, hatten von den Vergasungen flüstern hören, nicht wahr?«
»Man hat halt seine Pflicht getan, wo man hingestellt wurde«, sagt Neubert.

### Bednarek: *Kein Wort ist wahr*

Der Angeklagte, Emil Bednarek, trägt seine Ausführungen zur Anklage fließend, fast sicher, vor. Wie es im Lager war. Welche Rolle er selbst spielte. »Mit Stolz«, könne er heute sagen, daß er als einziger Blockältester in seiner Stube Mithäftlinge habe schlafen lassen. Und weiter: Welche Schwierigkeiten es ihm gemacht habe, seinem Auftrag gemäß für Ruhe, Ordnung und Sauberkeit im Block zu sorgen. Wie er immer wieder bei Diebstählen oder Schlägereien habe schlichten müssen — »da hat es schon einmal ein paar gesetzt«. Er selbst hat sich immer wieder vor Spitzeln gefürchtet. Und vor sich hatte er stets den »Arbeitsdienst«, den Capo, den Arbeitsdienstführer, den Lagerältesten.
Man möchte ihm, wie er so spricht in seinem polnischen Dialekt, beinahe glauben, daß es »amüsant« in seinem Block gewesen sei. Er kann sich an einen Mithäftling erinnern, der »uns abends immer einen Bären aufband«.
Bednarek geht zur Karte, die an der Wand des Saales hängt. Mit großen Gesten beschreibt er, wie die einzelnen Blöcke damals standen, wie sich die Häftlinge beim Rapport aufzustellen hatten, wo die Klosettanlage, wo die Wasserhähne waren.
Dann aber trägt der Gerichtsvorsitzende die Anklage vor: Hunderte von Häftlingen durch Mißhandlungen getötet, zahlreiche Häftlinge der Strafkompanie mit einem Stuhl erschlagen; zahlreiche Häftlinge gezwungen, sich unter die kalte Dusche zu stellen, dreißig Minuten lang, bis sie unterkühlt waren, erstarrten und, auf den Hof geschleppt, dort meist verstarben; bei Liquidierung des Familienlagers B mit anderen SS-Dienstgraden mindestens zehn Häftlinge, die sich dem Abtransport widersetzten, zu Tode geschlagen zu haben.
So die Anklage. Bednarek weiß von nichts. Stereotyp wiederholt er: »Kein Wort ist wahr.«

Wer Bednarek erzählen hört, mag meinen, einen biederen Herbergsvater vor sich zu haben, der für seine Schützlinge nur das Beste gewollt, aber leider von ihnen doch manchmal sehr gegen seinen Willen gezwungen worden sei, zum Stock zu greifen. Doch gestorben sei unter seinen Schlägen niemand. Er sei bestimmt kein Heuchler, der nach jedem Mord gebetet habe. Gottgläubig, ja dies sei er wohl. Aber es habe im Lager keiner der Häftlinge gewagt, auch nicht der Blockälteste Bednarek, zu beten. Spitzel seien überall gewesen.

Mit Bednarek sitzt einer von den Funktionshäftlingen auf der Anklagebank, die zur sogenannten Lagerselbstverwaltung gehörten. Unter Lagerselbstverwaltung ist zu verstehen, daß eine Reihe von Häftlingen ausgesucht wurde, um darüber zu wachen, daß die Befehle der SS-Lagerleitung auch strikt befolgt wurden. In der Regel war die SS bemüht, als Funktionshäftlinge charakterlich schwache Menschen einzusetzen, die um der Vorteile willen, die ihnen ihre Stellung brachte — sie waren zum Beispiel von jeglicher Arbeit freigestellt —, alles taten, was man von ihnen verlangte. Viele von ihnen erwiesen sich in der Praxis als gute Helfer ihrer Leidensgenossen; andere dagegen taten es in der Unterdrückung ihrer Mithäftlinge den SS-Schergen gleich.

»Das ist ja alles lächerlich«, belehrt Emil Bednarek den Vorsitzenden, der ihm vorhält, daß laut Lagerordnung die Häftlinge nur mit Genehmigung des Reichssicherheitshauptamtes in Berlin mit Schlägen bestraft werden durften. Der ehemalige Blockälteste berichtet, die Häftlinge seien von den SS-Männern bei jeder Gelegenheit verprügelt worden.

»Ich wollte nicht wissen, daß sich andere nicht an die Lagerordnung hielten, sondern ob Sie Ihnen bekannt war?«

»Nein«, Bednarek will die Lagerordnung nicht gekannt haben.

»Wenn ich diese wenigen Schläge nicht ausgeführt hätte, wären die Häftlinge noch viel schlimmer bestraft worden, denn dann hätte ich sie beispielsweise wegen Brotdiebstahls melden müssen.«

»Mehr als totschlagen hätten sie andere nicht können«, meint der Vorsitzende.

»Herr Vorsitzender, wir taten nur das, was wir tun mußten.«

## Die Beweisaufnahme

Ende Februar 1964, 19. Tag
bis Ende Mai 1964, 50. Tag

Ein neuer Abschnitt beginnt, der dritte im Verfahren »gegen Mulka und andere«. Nachdem die Angeklagten die Zustände im Konzentrations- und Vernichtungslager Auschwitz-Birkenau geschildert hatten, mit kühl-sachlicher Bereitwilligkeit bei allgemeinen Situationsschilderungen, mit wägendem Abstand, wenn es um ihre eigene vermutete Beteiligung ging; nachdem die Gutachter des Münchener Instituts für Zeitgeschichte die Arbeit der Wissenschaft über Aufbau und Struktur dieses Instrumentes nationalsozialistischen Terrors dem Gericht zugänglich gemacht haben, stehen nun andere Personen vor dem Tribunal. Überlebende der Massaker und Folterungen, den Gaskammern und Feueröfen Entronnene berichten.

Da steht der erste Zeuge, und der schmächtige, unauffällige Mann im Zeugenstand verbreitet schnell Entsetzen, auch wenn er im weichen Wiener Dialekt spricht, der besser ins Kaffeehaus paßte, denn in einen Mordprozeß. Und mit seiner nüchternen Darstellung wächst die Ahnung, daß jetzt erst der Auschwitz-Prozeß beginne. Die Angeklagten haben an diesem Tag sehr verschlossene Gesichter, und möglicherweise wird der eine oder andere nicht mit besonderer Genugtuung daran denken, daß in Auschwitz Häftlinge auch überlebt haben.

Der sechzigjährige Arzt Dr. Otto Wolken springt auf, straff, korrekt, und klappt ein wenig mit den Schuhabsätzen. Er ist praktischer Arzt in Wien, hat eine Denkschrift verfaßt über das, was er gesehen und gehört hat in Auschwitz.

»Darf ich zu Beginn einige Bemerkungen machen? Ich bin hierher gekommen, frei von jedem Haß, frei von jedem Rachegefühl. Seit damals sind zwanzig Jahre vergangen. Ich habe dank einer glücklichen Fügung überlebt. Ich hege gegen niemand Rachegefühle. Die Einzelpersonen sind mir vollkommen gleichgültig.«

Er wolle auch einen Irrtum aufklären, fährt Wolken fort, der als Jude verschleppt wurde: »Auschwitz war keine jüdische Angelegenheit.« Auch Nichtjuden, Angehörige anderer Religionen, anderer Nationen seien auf brutalste Weise mißhandelt und vergast worden. »Und noch eine zweite Sache scheint mir unerhört wichtig: das ist die Atmosphäre im Lager. Sie änderte sich beinahe von Tag zu Tag. Sie war abhängig vom Lagerführer, vom Rapportführer, vom Blockführer und deren Launen. Sie war abhängig vom Kriegsgeschehen. Wenn draußen etwas Böses geschah, dann haben das die Häftlinge sofort zu spüren bekommen, und es kam zu unvorstellbaren Grausamkeiten. Es gab Dinge, die waren heute möglich und zwei, Tage danach waren sie wieder unmöglich. (Später wird Wolken zur gleichen Sache noch sagen: »Ein Arbeitskommando, und zwar ein und dasselbe, war einmal ein Todeskommando, ein Schindanger, oder eine ganz gemütliche Angelegenheit.«) Was uns aber zu denken geben sollte, das ist die Tatsache, daß diese Mordmaschine nie in Gang gekommen wäre, wenn sich nicht Zehntausende zu ihrer Bedienung bereit gefunden hätten. Das ist die Schuld der Angeklagten, auch wenn sie nicht gemordet hätten. Das Maß ihrer Mitschuld richtet sich aber auch nach den Fleißaufgaben, die sie gemacht haben, nachdem sie auf einmal Blut geleckt hatten. Es gab SS-Leute, die nicht ruhig geschlafen haben, wenn sie am Tag nicht einige halbtot geprügelt hatten.«

Wolken war Arzt in einem Abschnitt in Birkenau, im Quarantänelager, und hatte unter anderem die Aufgabe, über die »Abgänge«, die Krankheiten und die Entlausungen zu berichten.

»Es ist in Deutschland immer alles sehr gründlich gewesen, und deshalb mußte ich auch vierteljährlich, halbjährlich und jährlich diese Berichte abfassen. Bei den Todesberichten, also bitte, da durfte nicht immer die Todesursache genannt werden. Da stand dann: Auf der Flucht erschossen oder eine Diagnose, die den Angehörigen genannt werden konnte.«

Die Ausstattung der Häftlingsambulanz: »Ja, was hatten wir da?! Da gab es Binden aus Kreppapier, etwas Zellstoff, ein Faß mit Ichthyol-Salbe, ein Faß mit Kreide, ein paar Aspirin-Tabletten und mit der Ankunft der ersten Ungarn-Transporte Ultraseptil, ein Sulfonamid, das die ungarischen Ärzte im Gepäck hatten. Ja, und einmal gab es auch übermangansaures Kali. Da haben wir versucht eine Therapie-Salbe zu machen. Jede Wunde wurde mit Ichthyol-Salbe behandelt, irgend etwas mußte ja drauf. Auf Bartflechte kam Kreide, damit man sie nicht mehr sah. Ich habe einen Zwirnsfaden in der Ambulanz aufgehängt mit einer Tablette Aspirin dran, und dann habe ich gesagt: bei Fieber unter 38 Grad einmal lecken, bei über 38 Grad zweimal lecken.«

Der Zeuge Wolken läßt hören, was ihm gerade in den Sinn kommt, ein wenig sprunghaft. Dem SS-Arzt Dr. Thilo sei einmal die Idee gekommen, daß man Schonungsblocks haben müsse, für kranke Häftlinge. Das habe genau zwei Monate funktioniert.

»Dann hat man sie alle zusammengepackt und ins Gas geschickt, und es war wieder nichts.«

Wolken führte für den Bereich seiner Zuständigkeit, für das Quarantänelager, ziemlich genau »Kartei« und vermerkte auf seinen Listen die ungefähre Zahl der in die Gaskammern Geschickten.

»Thilo fragte mal nach der Bedeutung dieser Zahlen, und da sagte ich, das sei die Zahl der ›Quarantänefreien‹ im Lager. Da gab er sich mit zufrieden. – Als mit dem Näherrücken der Ostfront »der Befehl erging, alle schriftlichen Unterlagen zu vernichten, ging ich zum Krankenbau, um zu erfahren, wie denn diese Akten vernichtet wurden. Nun, der Funktionshäftling nahm sie mir einfach aus der Hand und schmiß sie ins Feuer.«
Nun verzichtete Wolken auf die weitere unkontrollierte Rückgabe seiner Unterlagen, verschloß sie in Blechbehältern, nachdem er sie mit einer Legende versehen hatte – »damit der, der sie finden sollte, etwas damit anfangen konnte« –, und vergrub sie nachts im Lehmboden neben dem Türpfosten in der Ambulanz.
»Es war das erste authentische Material, das gerettet werden konnte.« Auf dieses Material habe er auch seine Niederschriften gestützt, die er nach der Befreiung begonnen habe und auf die er sich auch heute stützen müsse. »Ich habe nur von dem geschrieben, an das ich mich damals erinnerte.«
Auf diese damaligen Erinnerungen will Wolken alle seine heutigen bezogen wissen. Auch die Schilderungen der Baracken zum Beispiel, von der Herstellerfirma als Pferdeställe gefertigt, mit einem Belegraum für fünfhundert Menschen, aber mit bis zu zwölfhundert vollgestopft; die Häftlinge lagen »wie Sardinen in einer Dose«.
»Ich komme jetzt zur Hygiene im Lager.«
Der Zeuge ist ganz ruhig, er klagt nicht an, und er klagt nicht. Das schmale Gesicht unter dem schütteren Haar bleibt beherrscht, aus dem Munde eines gelassenen Berichterstatters kommt ein gnadenloser Bericht.
Milliarden von Flöhen peinigten im Lager Auschwitz die Häftlinge, und wer Stiefel hatte, gab sie ab, weil ihm das Ungeziefer den kostbaren Besitz verleidete. »Wer nur Strümpfe und Lumpen anhatte, konnte sich wenigstens kratzen. Viel hatten die Tierchen ja nicht zu essen, aber gut genährt waren sie doch.«
»In Birkenau hatten wir keine Flöhe. Aber dafür hatten wir Ratten. Sie haben nicht nur Leichen angenagt, sondern auch Schwerkranke. Ich habe Bilder machen lassen, nach der Befreiung, die zeigen, daß in Agonie liegende Frauen von Ratten angefressen worden sind. Diese Tiere waren dreist und unverfroren, sie schreckten vor nichts zurück und holten sich nachts sogar Brot aus den Taschen der Häftlinge. Man hob es sich von der Abendportion auf, weil es zum ›Frühstück‹, einer Kaffeebrühe, ja nichts gab. Oft haben sich die Häftlinge gegenseitig beschimpft: Du hast mir mein Brot gestohlen! Aber es waren die Ratten.«
Die morgendliche Waschung: Da war eine Reihe von Holztrögen

mit einem durchlöcherten Eisenrohr darüber, aus dem das Wasser sickerte.
»Es war gerade so viel, daß man nicht sagen konnte, es tröpfelte. Dann eilte man sich, auf die Latrine zu kommen. Das war ein Betontrog, auf dem Bohlen lagen mit runden Löchern. Zwei- bis dreihundert Personen konnten auf einmal Platz nehmen. Latrinenkommandos paßten auf, daß niemand zu lange dasaß und schlugen mit Stöcken dazwischen, um Häftlinge 'runterzujagen. Bei manchen ging es aber nicht so schnell. Oder sie hatten das Gefühl, sie seien noch nicht fertig. Dabei trat ihnen schon vor Anstrengung der Mastdarm ein Stück hervor. Wenn das Latrinenkommando dann auf sie einschlug, rannten sie davon und stellten sich bei den Wartenden hinten wieder an. Papier gab es nicht. Wenn einer eine Jacke mit Futter hatte, riß er sich immer ein Stückchen ab, um sich von seiner Notdurft zu reinigen. Oder er stahl einem anderen nachts ein Stück aus dessen Montur, um wieder Vorrat zu haben. Die Abwässer aus den Waschbaracken wurden in die Latrinen geleitet, um den Kot abzuschwemmen. Aber es gab immer wieder große Stauungen, vor allem dort, wo der Wasserdruck nicht mehr ausreichte. Ein ungeheurer Gestank verbreitete sich. Dann kamen Pumpkommandos, Scheißkommandos, die das Zeug absaugten.
Der Hunger im Lager unter den Menschen war derartig, daß, wenn ein bißchen Suppe überschwappte, die Häftlinge dann von allen Seiten wie ein Wespenschwarm auf diese Stelle zu stürzten, aus dem verschlammten Straßenkot mit Löffeln dieses Zeug aufgrapschten und es sich in den Mund stopften. Hunger und Not machten sie zu Tieren.«

»Drei Dinge sind es, die mir unvergeßlich bleiben«, sagt der Zeuge, »weil es Kinder betrifft: In der Ambulanz war ein kleiner Junge, und ich fragte ihn: ›Nun, Junge, wie geht es dir, hast du Angst?‹ Er antwortete: ›Ich habe keine Angst, es ist ja alles so schrecklich hier, dort oben kann es nur besser sein.‹«
Es ist totenstill, eine Frau unter den Geschworenen weint, alles sitzt erstarrt. Aber es ist noch kein Ende.
Wieder trafen Kinder ein, und Wolken sah und hörte, wie ein SS-Mann mit einem neunjährigen Jungen über den Draht hinweg sprach: ›Na, mein Junge, du weißt ja schon ziemlich viel für dein Alter.‹
»Da erwiderte der Junge: ›Ich weiß, daß ich viel weiß, und ich weiß auch, daß ich nichts mehr dazulernen werde.‹«
Und noch eins: Eine Gruppe von neunzig Kindern kam, blieb einige Tage im Quarantänelager, dann wurde sie auf Lastwagen verladen, um zu den Gaskammern gefahren zu werden.

»Einer war da, ein etwas älterer Junge, der rief ihnen zu, als die Kinder sich sträubten: ›Steigt's nur hinauf aufs Auto, schreit doch nicht. Ihr habt's doch gesehen, wie eure Eltern und Großeltern vergast wurden. Dort oben sehen wir sie wieder.‹ Und dann wendete er sich zu den SS-Leuten und rief: ›Aber glaubt nur nicht, daß euch das geschenkt wird. Ihr werdet krepieren, wie ihr uns krepieren laßt.‹ Er war ein mutiger Junge. Er hatte in diesem Augenblick gesagt, was er sagen mußte.«

Seite um Seite, die Wolken aufschlägt im Buch seiner Erinnerung, verbreitet neue Schrecken. Buben mit Scharlach: sie wurden vergast. Kinder des Arbeitskommandos hatten morgens um sechs Uhr aufzustehen und bis abends sechs Uhr Kartoffeln einzuräumen. »Sie kamen so todmüde und erschöpft zurück, daß sie auf die Pritschen hinfielen und sofort einschliefen. Sie haben nicht einmal essen wollen.« Im Mai 1944 ein Transport mit zweitausend Franzosen: »Nach einigen Tagen ging er ins Gas.« Fünfzehn Transporte zwischen dem 21. April 1942 und dem 17. Juli des gleichen Jahres: Von den 973 arbeitsfähig ausgesonderten Häftlingen des ersten Transportes lebten am 15. August 1942 noch fünfundachtzig; von 764 Arbeitsfähigen am gleichen Tag noch zehn; von 543 des dritten Transportes noch einundvierzig; von 442 des vierten noch dreiundzwanzig.

Die Häftlinge sahen, wie sich Wolken erinnert, manchmal so aus, daß sich sogar der SS-Arzt Dr. Thilo erschüttert gezeigt habe. »Er gab den Auftrag, sich besonders um diese Leute zu kümmern.« Wolken hatte sich Notizen über ihren Zustand machen können: einer, 180 Zentimeter groß, wog 43 Kilogramm, ein anderer mit 175 Zentimeter, 39,5 Kilogramm, ein nächster, 180 Zentimeter, 36,5 Kilogramm.

»Nun ja«, meint mit wissender Resignation der Landgerichtsdirektor Hofmeyer, »wir wollen diese Liste im einzelnen nicht bis zum Ende durchgehen.«

»Ja«, stimmt Wolken zu, und dann nach kurzer Pause und einem Blick in seine Aufzeichnungen: »Hier habe ich noch einen, der wog 28 Kilo.«

Gegen Ende 1944 seien die Vergasungen eingestellt und die Krematorien zerstört worden. Der letzte Transport mit 990 Juden sei am 4. November 1944 in Auschwitz eingetroffen. Wolken schätzt, daß von den eintreffenden Transporten jeweils nur etwa 22 Prozent der Männer und etwa zehn Prozent der Frauen nicht sofort vergast, sondern ins Lager als Arbeitskräfte kamen. »Die Kinder gingen grundsätzlich sofort ins Gas.«

Dann geht der Zeuge durch die Reihen der Angeklagten und identifiziert Baretzki, den er der Erschießung von Häftlingen beschuldigt hat. Als Baretzki den Zeugen beschwört: »Tun Sie mich

nicht vertauschen mit dem Blockführer Meier? Gucken Sie mich gut an, gucken Sie mich gut an!« antwortet Wolken: »Sie sehen, ich habe Sie wiedererkannt. Es tut mir leid um Ihr persönliches Schicksal!«
Die Verteidigung hat Zweifel, aber Wolken erwidert: »Er war nicht das Lamm, wie er sich heute hinstellt. Ich sehe ihn noch mit seinem Rad durch das Lager fahren und wie rechts und links von seiner Lenkstange die Häftlinge aus Furcht vor ihm ausrissen.«
Danach wird der erste im Auschwitz-Prozeß vernommene Zeuge vom Schwurgericht vereidigt.

Frau Ella Lingens, Dr. med. und Dr. jur., von Geburt Deutsche, heute Österreicherin. Sie lebt in Wien und arbeitet als Sachbearbeiterin im Bundesministerium für soziale Verwaltung. Nach Auschwitz wurde sie im Frühjahr 1943 als politischer Häftling verschleppt; sie hatte Juden zur Flucht verholfen. Im Lager war sie die einzige nichtjüdische Häftlingsärztin. »Die österreichisch-deutsche Gemeinschaftsarbeit Auschwitz« habe sie als solche Schande empfunden, daß sie bis heute noch nicht darüber hinweggekommen sei.
Die Zeugin spricht von der Chance des Überlebens:
»Ganz entscheidend war der unerhörte Zufall, dem man ausgeliefert war. Die ersten paar Wochen entschieden über Leben und Tod. Es kam darauf an, ob man sich in eine Innendienststellung retten konnte oder nicht. – Ich kenne kaum einen SS-Mann, der nicht sagen könnte, er habe nicht einem das Leben gerettet. Es gab wenig Sadisten. Nicht mehr als fünf bis zehn Prozent waren Triebverbrecher im klinischen Sinne. Die anderen waren ganz normale Menschen, die durchaus wußten, was Gut und Böse ist. Sie haben alle gewußt, was da geschieht.«
Die Lebensverhältnisse im Lager haben sich, sagt die Zeugin, mit der Zeit »wohl etwas gebessert, aber nur wahnsinnig langsam, mit sieben- bis achthundert Kalorien im Höchstfall hatte der Häftling auszukommen.«
»Ein normaler Häftling kann nicht länger als vier Monate gelebt haben. Jeder Häftling, der vor dem Sommer 1944 nach Auschwitz gekommen ist und nicht eine besondere Stellung hatte, kann nicht überlebt haben.«
»Das Essen haben die Frauen oft wie Hunde aus der Schüssel geschleckt, die einzige Wasserquelle befand sich unmittelbar neben der Latrine und hatte auch den Zweck, mit einem fingerdicken Strahl Wasser die Exkremente wegzuspülen. Da standen denn die Frauen und tranken oder versuchten, sich etwas Wasser in irgendeinem Behälter mitzunehmen, während ihre Leidensgenossinnen daneben ihre Notdurft verrichteten. Und die Auf-

seherinnen schlugen derweil mit dem Knüppel dazwischen. Bei all dem ging die SS auf und ab und sah zu.«
Eine wirkliche Katastrophe sei der Winter 1943/44 gewesen. »Im Herbst waren wir im Frauenlager dreißigtausend Frauen gewesen, im Frühjahr war diese Zahl auf zwanzigtausend zusammengeschmolzen, und zwar vor allem infolge von Unterernährung und Krankheit. Ich habe Krankheiten gesehen, die man nur so lernt. Ich habe nie geglaubt, daß ich sie mal zu Gesicht bekommen werde. Zum Beispiel Phemphicus, eine überaus seltene Krankheit, in deren Verlauf sich die Haut in Blasen ablöst und die nach wenigen Tagen mit dem sicheren Tod endet.«
Die häufigsten Krankheiten waren Fleckfieber, die »Lagerkrankheit«: ein therapieresistenter Durchfall, Bauchtyphus und Paratyphus, Rotlauf und Tuberkulose. Bis zu siebenhundert Kranke lagen im Krankenblock der Ärztin Lingens, »und in diesem selben Block, wo alle diese Kranken lagen, sind auch die Kinder geboren worden. Wir konnten sie nicht einmal waschen und haben sie notdürftig mit Kreppapier abgerieben. Ich kann mich erinnern, daß in einem Fall die Frau Kommandant Höß ein rosa Jäckchen schickte, mit einem schönen Gruß in diese Hölle. – Ich habe gelesen, bei aller Schilderung von Grausamkeiten sei auch immer wieder von Kindergärten und ähnlichen Dingen die Rede. Da ist gar nichts Widersprüchliches in den Aussagen; ich habe selbst gesehen, daß sich irgendeiner veranlaßt gesehen hatte, im Kinderblock kleine Zwergl an die Wände malen zu lassen, weil er das dem Raume wohl angemessen fand. Menschliche Regungen dieser Art gab es schon, sie standen nur völlig im Widerspruch zur Realität.«
Eine »Insel des Friedens« gab es im Konzentrationslager Auschwitz, das Arbeitslager Babice:
»Man hat es einem einzigen Mann verdankt, das war der Oberscharführer Flagge. Wie er das gemacht hat, weiß ich nicht. Es war bei ihm sauber und das Essen war entsprechend. Die Frauen haben ihn ›Vati‹ genannt, er hat sogar Eier von draußen besorgt. Später, als er nach Birkenau kam, da haben in seinem Abschnitt alle Kameraden gesagt, der Flagge ist da, es ist alles gut. Ich weiß nicht, was aus ihm geworden ist. Einmal habe ich mit ihm gesprochen: ›Wissen Sie, Herr SDG, es ist alles so furchtbar, alles so sinnlos, was wir tun. Denn wenn dieser Krieg zu Ende geht, wird man uns doch alle umbringen. Man läßt doch keine Zeugen überleben.‹ Und da hat der Flagge geantwortet: ›Ich hoffe, es werden genügend unter uns sein, die das verhindern werden.‹«
»Sie wollen damit sagen, daß jeder durchaus für sich selbst entscheiden konnte, ob er in Auschwitz gut oder böse war?« fragt der Vorsitzende.

»Genau das wollte ich sagen.«
»Haben Sie Mulka gesehen?«
»Nein.«
»Halten Sie es für möglich, daß der Adjutant des Lagerkommandanten von all diesen Zuständen nichts gewußt hat?«
»Ich halte es für absolut unmöglich.«
Unter Läusen, den Überträgern des Fleckfiebers, habe man entsetzlich gelitten, doch seien die Entlausungsaktionen dennoch sehr gefürchtet gewesen; auch habe man drei Tage darauf soviel Läuse gehabt wie vorher.
»Dann kam Mengele. Der war der erste, der das ganze Frauenlager läusefrei gemacht hat. Er hat nämlich einen Block geschlossen ins Gas geschickt. Dann hat er diesen Block desinfiziert, eine Badewanne aufgestellt und darin die Insassen des nächsten Blocks waschen lassen. Inzwischen wurde dieser Block gereinigt. Und so ging das fort. Nach dieser Aktion war das A-Lager frei von Läusen. Es hat aber damit angefangen, daß die 750 Frauen des ersten Blocks vergast wurden.«

Der ehemalige SS-Lagerarzt Dr. Wilhelm Münch als Zeuge. Der heute in Bayern als praktischer Arzt tätige Bakteriologe und Hygieniker war während der ersten Kriegsjahre »u.k.-gestellt«, dann zur Waffen-SS eingezogen und zur Außenstelle des Hygiene-Instituts der Waffen-SS nach Auschwitz abkommandiert worden. Wie er sagt, war es eine Charakterfrage, ob sich ein SS-Arzt dazu kommandieren ließ, bei den Massenmorden mitzumachen.
Münch stand nach dem Krieg zusammen mit vierzig anderen ehemaligen SS-Angehörigen, darunter dem zum Tode verurteilten Auschwitz-Kommandanten Liebehenschel, vor einem polnischen Gericht in Krakau und war freigesprochen worden, weil ehemalige Lagerhäftlinge nur Gutes über ihn aussagten.
»Menschlich reagieren konnte man in Auschwitz nur in den ersten Stunden. Wenn man erst einmal eine Zeitlang dort war, war es unmöglich, noch normal zu reagieren. Nach dem Reglement hatte dort jeder Dreck am Stecken. Er war gefangen und mußte mitmachen.«
Auf seine Weigerung, bei den Mordtaten in Auschwitz mitzuwirken, habe ihm der Chef des Hygiene-Instituts geantwortet, das könne er gut verstehen. Der Chef habe dann ein Fernschreiben an den Kommandanten von Auschwitz gerichtet, und er (Münch) sei daraufhin weder zum Dienst bei den Selektionen noch bei den Vergasungen eingeteilt worden.

Der Zeuge Joachim Cäsar, Doktor der Naturwissenschaften und Diplom-Landwirt. In früheren, anderen Jahren war er SS-Ober-

führer – welcher Rang etwa zwischen dem des Obersten und dem des Generalmajors lag, wie es Landgerichtsdirektor Hofmeyer formuliert –, auch Leiter des Schulungsamtes der SS und schließlich, von März 1942 an, Leiter der landwirtschaftlichen Betriebe des Konzentrationslagers Auschwitz. Cäsar beschäftigte sich mit dem Anbau von Kautschukpflanzen, »der Betrieb hatte mit Auschwitz direkt nichts zu tun, er unterstand dem Verwaltungs- und Wirtschaftshauptamt der SS in Berlin-Oranienburg. Es war ein kriegswichtiger Betrieb, im wesentlichen mit einem wissenschaftlichen Auftrag.« Heute unterhält der Zeuge eine Wäscherei.
»Insbesondere interessiert«, so sagt der Vorsitzende, »ob Sie was davon wissen, ob die hier Angeklagten die ihnen zur Last gelegten Taten begangen haben oder auch nicht begangen haben.«
Der Zeuge Cäsar gibt zuvor eine Art von Ehrenerklärung in eigener Sache ab: »Ich möchte zu Beginn eins betonen: daß mich die Tatsache, daß ich nach Auschwitz gekommen bin unter diesen Verhältnissen, belastet seit zwanzig Jahren. Insbesondere die Frage, ob es uns möglich gewesen wäre, für die Häftlinge etwas zu tun über das hinaus, was wir tun konnten.«
Das Arbeitslager Birkenau nennt Cäsar »einen unmöglichen Zustand«. »Das fing schon so an: Höß sagte mir, daß er den Befehl bekommen habe, Auschwitz II zu belegen. Und ich wußte ja, wie Auschwitz II aussah. Da gab es weder Wege noch Wasser. Wir fanden keinen einzigen Brunnen in dem ganzen Gebiet, der nicht koliverseucht war, nicht eine einzige Pfütze, worin nicht Anopheles (die Mücke Anopheles claviger ist die Überträgerin der Malaria) waren. Der primäre Grund für die Zustände in Auschwitz, was Krankheiten und Epidemien betraf, war der, daß man in ein Gebiet gegangen ist, das völlig ungeeignet war.«
Ob er denn Angeklagte kenne, hier im Gerichtssaal?
»Einen Teil der Herren kenne ich, vor allem die Führer unter ihnen, mit denen wir im Rahmen des rein gesellschaftlichen Verkehrs im Führerheim der SS zusammenkamen.«
Aber zu tun, direkt, hatte er nichts mit ihnen; er beschäftigte sich vornehmlich mit dem Anbau von Naturkautschuk und unterstand Berlin. Fünfhundert bis zu sechshundert Häftlinge arbeiteten in den Cäsarschen Betrieben; die Leute befanden sich in einem guten Gesundheitszustand und wurden ärztlich betreut. Kleinere Verbände wurden an Ort und Stelle angelegt, richtig Kranke kamen ins Krankenrevier des Lagers. Cäsar hatte keinen Grund anzunehmen, daß mit der Krankmeldung etwa ein Todesurteil gefällt werde.
»Viele kamen ja auch wieder aus dem Revier zurück. – Und jeden Samstag marschierten die Häftlinge zum Baden.«

»Das wundert mich aber sehr«, wundert sich der Vorsitzende, »daß die Häftlinge sogar baden konnten. Das ist ganz was Neues. Das haben wir bisher aber noch nicht gehört.«
»Ja, ich will mich da nicht festlegen. Es können auch vierzehn Tage gewesen sein. Jedenfalls war es regelmäßig.«
Cäsar hat keine Vernichtungsaktionen miterlebt, ihr Ausmaß nicht erkannt.
»Als ich die ersten Zahlen gehört habe, da habe ich überhaupt nicht begriffen, daß das so eine riesenhafte Zahl ist. Ich erinnere mich, überhaupt nur zwei Transporte gesehen zu haben. Wann die alle gekommen sind, ich weiß es nicht. Man hat mir gesagt, vorwiegend nachts.«

Zum erstenmal läßt das Gericht die Aussage eines Zeugen auf Tonband festhalten, jedenfalls ist erstmals die Rede davon. Erschienen ist ein Mann, der jahrelang als Schreiber des Standortarztes Dr. Wirths tätig war, die Totenlisten führte und die sogenannte Geheimkorrespondenz bearbeitete.
Hermann Langbein, ein Wiener, kam im August 1942 aus dem Konzentrationslager Dachau nach Auschwitz – an welcher Stelle der Aussage Rechtsanwalt Laternser das Gericht ersucht, daß dem Zeugen der Gegenstand seiner Vernehmung bekanntgegeben werde. Landgerichtsdirektor Hofmeyer nimmt an, wie wohl alle im Saal, »daß Sie gewußt haben, weshalb Sie vernommen werden sollen«, macht aber dennoch so geduldig wie kühl darauf aufmerksam, daß hier ein Verfahren laufe wegen Mordes und wegen Beihilfe zum Mord und so weiter und daß in diesem Zusammenhang natürlich auch die ganzen Umstände im Lager Auschwitz interessierten. Der Zeuge möge also beginnen.
Mit siebzehn Häftlingen kam Langbein nach Auschwitz, vorgesehen zur Arbeit im Häftlingskrankenbau.
»In Dachau war ich auch als Schreiber tätig und habe die täglichen Totenlisten geführt. Wenn wir einen Tag hatten, wo wir zehn Tote hatten, so war das ein sehr schlimmer Tag. In Auschwitz dagegen saßen wir Tag und Nacht schichtweise an sieben Schreibmaschinen und schrieben Totenmeldungen. Die SS nannte das Absetzen.«
In Karteikarten wurden Tag und Stunde des Ablebens vermerkt.
»Es wurde so eingetragen, daß nicht zwei zur selben Minute starben, auf der Schreibstube natürlich. – Eine Vorschrift gab es: Als Diagnose erschienen keine Infektionskrankheiten, und die Todesursache hatte dem Alter zu entsprechen. Ein Zwanzigjähriger zum Beispiel durfte nicht an Herzmuskelschwäche sterben.«
Da waren zwei Karteitische. Auf der einen Seite befanden sich

die Kästen mit den Nummern derer, die lebten, auf der anderen Seite die Nummern der Toten.
»Dort konnte ich sehen, wie viele von einem Transport noch lebten, der erst kurze Zeit zuvor ins Lager gekommen war. Hunderte kamen, und ein paar Dutzend lebten nur noch.«
Und damit kein Irrtum aufkomme:
»In der Kartei waren nur die, die als arbeitsfähig ins Lager eingewiesen wurden. Die Menschen starben für uns Häftlinge in einer beklemmenden Geschwindigkeit.«
Die anderen, die gleich »sonderbehandelt« wurden, die »auf Transport gingen« und doch gerade mit einem angekommen waren, bedurften keines Eintrags mehr in die Kartei.
»Dachau wirkte aus der Perspektive von Auschwitz wie ein Idyll. Bitte, nehmen Sie das aber nicht wörtlich, denn ich habe auch dort Fürchterliches erlebt.«
»Ein zweiter Unterschied, der sehr kraß war, war die Hierarchie im Lager, die Prominenz.«
Da waren einmal die SS-Leute und daneben die Häftlinge, die verantwortlich waren gegenüber der SS, die »Bindenträger«, wie sie wegen ihrer Armbinde genannt wurden. Vor allem waren kriminelle Häftlinge eingesetzt, »die das Lager in Schuß halten sollten, wie das die SS nannte«.
Es gab Ausnahmen unter ihnen, die die Sympathie der Häftlinge hatten. Jedoch: »Das war nicht die Regel. Die Regel war, daß diese Häftlinge übel gewütet haben.«
Den ersten Eindruck, unauslöschlich, vermittelte Langbein in Auschwitz der Einzug ins Lager, unter den gespenstischen Klängen eines Marsches, den die Lagerkapelle neben dem Tor spielte.
»Sonntags gaben sie für den Kommandanten ein Ständchen.«
Anfang 1943 seien zwei Auffassungen über die Behandlung der Häftlinge zu bemerken gewesen: eine, die Auffassung von Grabner, des Leiters der Politischen Abteilung, und von Höß, des Lagerkommandanten, sei es gewesen, möglichst viele zu liquidieren; die andere sei gewesen, die Todeszahlen zu senken und die Häftlinge mehr arbeiten zu lassen.
»Diese zwei Strömungen, die es auch in Oranienburg gab, hatten zur Folge, daß sich SS-Leute einen Rest von Menschlichkeit bewahren konnten. Sie gaben uns auch die Möglichkeit, sie gegeneinander auszuspielen. – Aber in Auschwitz wurde auf vielerlei Art gestorben.«
Kranke Häftlinge wurden in der Ambulanz von einem Häftlingsarzt voruntersucht, der eine Diagnose stellte und sie notierte:
»Dann kam der Lagerarzt nach irgendeiner Zeit. Die nackten Häftlinge mußten im Gang warten, damit die Luft nicht so

schlecht wurde in dem Raum, in dem der SS-Arzt seine Tätigkeit verrichtete.«
Es gab zwei Möglichkeiten der Behandlung: Aufnahme in den HKB, in den Häftlingskrankenbau, oder »Abspritzen«. Die Rückkehr ins Lager, als Simulant, kam kaum in Betracht.
»Es wurde dann regelmäßig im Block 20 gespritzt. Ich sah es sehr genau aus meinen Listen. — Nun war es so, daß die täglichen Morde im Krankenbau nicht unbemerkt bleiben konnten. Die Häftlinge hatten eine panische Angst vor dem Krankenbau. Ich kann mich gut erinnern, daß sich die Leute auch krank zur Arbeit geschleppt haben, aus lauter Angst.«
Langbein sagt, daß er den Standortarzt Dr. Wirths auf diese »Abspritzungen« aufmerksam machte, als die Fleckfieberepidemie auch auf die SS-Mannschaften übergriff und nicht auszulöschen war. Jedenfalls nicht mit den praktizierten Mitteln, zu denen auch ein in der Atmosphäre des Lagers merkwürdig anmutendes Plakat gehört habe, das auf Anordnung von Wirths aufgehängt worden sei: ›Eine Laus, dein Tod.‹
»Ich sagte Wirths, solange die Häftlinge Angst haben vor dem Krankenbau, wird die Epidemie fortdauern. Er fragte: ›Warum haben die Häftlinge Angst?‹ Ich sagte: ›Darf ich offen zu Ihnen reden über etwas, was die Häftlinge eigentlich nicht wissen dürfen?‹ Dann sagte ich ihm, daß die Häftlinge abgespritzt würden.«
Wirths habe geglaubt, daß nur die Unheilbaren dieses Los treffe, doch seien ihm dann Beweise vorgelegt worden für Mordtaten auch an Häftlingen, die nicht lebensgefährlich erkrankt gewesen seien.
Schwer belastet der Zeuge den Angeklagten Klehr. ›Solange Klehr SDG im Stammlager ist‹, habe er Wirths einmal gesagt, ›ist es unmöglich, daß die Häftlinge sich nicht fürchten.‹
»Er ist noch zusätzlich, nach der Selektion, durch die Krankenstuben gegangen, um Häftlinge auszusuchen.«
Später sei Klehr dann versetzt worden, ausgerüstet mit einem neuen Orden, dem Kriegsverdienstkreuz mit Schwertern, zum Oberscharführer befördert. »Er wurde dann Leiter der Desinfektoren, im Frühjahr 1943. Die Desinfektoren hatten das Giftgas in die Krematorien zu werfen.«
»Das Leben galt nichts. Einen Menschen zu töten war eine Kleinigkeit, es war überhaupt nicht der Rede wert. Die Machtfülle, die ein SS-Mann hatte, war unbeschreiblich. Nur aus dieser Einstellung heraus ist zu erklären, was in Auschwitz geschah. Es gab viele, die durchaus nicht fanatisch national waren oder antisemitisch. Der Arzt Dr. Vetter zum Beispiel war ein Mann mit wunderbaren Umgangsformen, auch uns Häftlingen gegenüber. Auch Dr. Schatz und Dr. Frank taten den Häftlingen ge-

genüber nie Schlechtes. Aber sie alle haben in der Atmosphäre von Auschwitz offenbar keine Hemmungen gehabt, Leute ins Gas zu schicken.«

Die größte Sterblichkeit gab es nach der Aussage Langbeins im Zigeunerlager.

»Es war in einem unbeschreiblichen Zustand. Die Kinder sahen am schlimmsten aus, aber vielleicht hatte man auch nur diesen Eindruck, weil die Kinder einen am meisten bewegten. – In den Unterkünften lagen auch Frauen, die entbunden hatten. Ich habe viel gesehen, in Auschwitz, aber das, was ich da gesehen habe, war das Schlimmste. Die einzige Sorge, die man hatte, war, daß man den Neugeborenen sofort die Häftlingsnummer in den Oberschenkel tätowierte, weil der Oberarm eines Kindes zu klein war für die Häftlingsnummer.«

Langbein erinnert sich auch »vor allem an Boger, der mir immer den Eindruck machte, als ob er mit wahrer Jagdleidenschaft Jagd auf Häftlinge mache. Meist fuhr er mit dem Fahrrad umher.«

Im Bunker, in dem Langbein einige Zeit festgehalten wurde, hatte er einen Delinquenten zum Zellennachbarn, über den er jetzt sagt:

»Ich habe ihn gesehen, wie er zu Boger gerufen worden ist, und ich habe ihn gesehen, wie er wiederkam.«

Der Häftling habe zweimal die »Boger-Schaukel« erdulden müssen und sei auf eine unbeschreibliche Weise zugerichtet worden. (Dem Angeklagten Boger wird die »Erfindung« eines Folterinstruments zur Last gelegt, das einem Reck ähnlich gewesen ist. Der »verschärft« zu vernehmende Häftling mußte die gefesselten Hände um die angewinkelten Knie legen, worauf zwischen Kniebeuge und Unterarmen eine Stange durchgeschoben wurde, an der man den Delinquenten, mit dem Oberkörper nach unten baumelnd, aufhängte. Mit einem Stock erhielt er dann so lange Schläge aufs Gesäß und auf die Geschlechtsteile, bis er »gestand« oder ohnmächtig wurde.) Wenige Tage darauf sei Boger dann erschienen, mit der Kommission, die sich die Häftlinge zur Erschießung an der Schwarzen Wand geholt habe, »und hat mit einem gewissen Stolz gesagt, als die Leute aus dem Bunker geführt wurden: ›Sechs sind von mir.‹«

## *»Nichts ist von ihnen übriggeblieben«*

Teilgeständnisse des Angeklagten Oswald Kaduk, Anfang September 1961 vor dem Untersuchungsrichter des Landgerichts Frankfurt abgelegt, werden verlesen. Mit gesenktem Kopf hört der ehemalige Rapportführer, was er damals über seine Mitwirkung an den Massenmorden zu Protokoll gegeben hat.

Kaduk hatte zugegeben, bei den Selektionen auf der Rampe zugegen gewesen zu sein, jedoch behauptet, aus den ankommenden Transporten nie selbst die Opfer für die Gaskammern ausgesucht zu haben. Das hätten die SS-Ärzte sowie höhere SS-Führer getan. Er habe auf Befehl nur »wie ein Luchs aufgepaßt«, daß aus den Gruppen der Todeskandidaten niemand zu der Gruppe habe überwechseln können, die zum Arbeitseinsatz zunächst ins Lager gebracht worden sei. Nach Kaduks Schilderung wurden Kinder, falls sie nicht von den SS-Ärzten für Experimente ausgesondert wurden, grundsätzlich sofort vergast. Das gleiche Schicksal traf die Mütter, die sich nicht von ihren Kindern trennen wollten; auch dann, wenn sie zunächst als Arbeitskräfte am Leben bleiben sollten.
›Die Transporte kamen an wie warme Brötchen‹ hatte Kaduk dem Untersuchungsrichter Dr. Düx erklärt und geschildert, wie er zusammen mit anderen SS-Männern die Todeskandidaten auf Lastwagen zu den Gaskammern transportierte. ›Sie wehrten sich nicht, weil sie einsahen, daß doch alles sinnlos wäre.‹ Die ihm vorgeworfenen Mordtaten hatte der Angeklagte bestritten: ›Ich habe niemals mit Bewußtsein getötet, nur manchmal jemanden geschlagen, wenn er sich vor der Arbeit drücken wollte.‹
Auch seine Beteiligung bei Erschießungen an der »Schwarzen Wand« hatte Kaduk bestritten; von Angehörigen der Lagergestapo sei geschossen worden. Die Mitangeklagten Boger, Frank und Broad seien mit Gewehren zur »Schwarzen Wand« gegangen. Der Adjutant Mulka habe wie andere SS-Führer die Oberaufsicht bei Selektionen auf der Rampe geführt und als verantwortlicher Offizier für die Fahrbereitschaft die Lastwagen für die Transporte zu den Gaskammern bereitgestellt. ›Ich bin wirklich nur ein kleiner Handlanger gewesen und kann nicht begreifen, daß ich so hergenommen werde. Die wirklich Schuldigen — wie Globke und Oberländer — läßt man laufen. Ich habe deswegen in der Zelle schon einen Nervenzusammenbruch erlitten. Warum wird mit zweierlei Maß gemessen?‹
Kaduk ließ den Untersuchungsrichter wissen, daß er im Lager »ein scharfer Hund« gewesen sei. ›Der Konzentrationslagerbetrieb kostete Nerven, aber ich bin nicht der Typ, der darunter zusammenbricht.‹
Er bedauerte, daß er den ebenfalls zeitweilig in Auschwitz inhaftierten heutigen polnischen Ministerpräsidenten Cyrankiewicz nicht umgebracht, sondern nur geschlagen habe. ›Wenn ich damals die Möglichkeit gehabt hätte, hätte ich ihn um die Ecke gebracht‹, heißt es im Protokoll.

Der frühere SS-Richter Dr. Konrad Morgen, der zur Bekämpfung der Korruption in den Konzentrationslagern eingesetzt war, als Zeuge. (Morgen, heute in Frankfurt als Rechtsanwalt tätig, hatte unter anderem den Kommandanten Koch des Konzentrationslagers Buchenwald zusammen mit dessen Frau verhaftet und angeklagt, weil sie sich am Eigentum der Häftlinge bereichert hatten. Im Prozeß wurde Koch auch noch ein Mord an einem SS-Mann nachgewiesen; er wurde zum Tode verurteilt und während des Krieges hingerichtet).

Morgen war mit Untersuchungen über Korruptionsfälle in Auschwitz beauftragt worden, nachdem man ein Feldpostpäckchen mit mehreren Kilogramm Gold beschlagnahmt hatte, das ein SS-Mann seiner Frau aus Auschwitz in die Heimat schicken wollte. Da habe er zum erstenmal mit Schaudern erfahren, daß in Auschwitz Menschen ermordet werden; es habe sich bei dem Gold um zusammengeschmolzenes Zahngold gehandelt.

Im Hof der Krematorien seien jüdische Häftlinge wie Hunde um ihn herumgeschlichen, um ihm jeden Wunsch von den Augen ablesen zu können, damit sie nur ja nicht beim nächsten Transport mit vergast würden, sagt Morgen. Die Gaskammern und Krematorien seien so diabolisch eingerichtet gewesen, daß die Opfer wirklich erst im letzten Augenblick ihr Schicksal erkannt hätten. In dem riesigen Krematorium sei alles spiegelblank gewesen; nichts habe darauf hingedeutet, daß dort noch eine Nacht zuvor Tausende von Menschen vergast und verbrannt worden seien.

»Nichts ist von ihnen übriggeblieben, noch nicht einmal ein Stäubchen auf den Ofenarmaturen.«

In der Wachstube habe er dann die SS-Männer, die in der vorangegangenen Nacht die Massenmorde verübten, noch halbbetrunken auf den Sofas herumliegen sehen. Mitten im Raum habe ein riesiger Hotelküchenherd gestanden, an dem ausgesuchte hübsche jüdische Häftlingsmädchen für ihre Henker, »die sich wie Paschas bedienen ließen«, Kartoffelpuffer gebacken hätten. Die von Morgen vorgenommene Spindrevision ergab, wie er aussagt, daß in einzelnen Spinden der SS-Leute ein Vermögen an Schmuck gehortet war, der den Ermordeten gehört hatte.

Er habe sich damals entschlossen, neben den Korruptionsfällen in Auschwitz auch eigenmächtige Mordtaten anzuklagen. So habe er gegen den Leiter der Lager-Gestapo, Grabner, Anklage wegen zweihundertfachen Mordes erhoben und auch andere Gestapo-Leute vor dem SS-Gericht eigenmächtiger Morde bezichtigt. Der Prozeß gegen Grabner sei eröffnet, aber nicht zu Ende geführt worden, denn Grabner sei auf Befehl des Gestapo-Chefs, des Obergruppenführers Müller, nach Berlin ins Gefängnis gebracht worden und später beim Kampf um Berlin umgekommen. Immerhin habe er, meint Morgen, mit seinen Unter-

suchungen und Mordanklagen erreicht, daß die Massenmorde von Auschwitz, bis dahin ein Geheimnis, in den SS-Führungskreisen überall bekanntgeworden seien und Unbehagen verursacht hätten.
Auf die Frage von Staatsanwalt Kügler, was denn mit dem SS-Mann geschehen sei, der die Goldklumpen in die Heimat geschickt habe, erklärte Morgen, der sei zu zwölf Jahren Zuchthaus verurteilt worden.

### *»Hier müssen Sie persönliche Gefühle ausschließen«*

Ein Angeklagter fehlt am 13. März, dem 25. Verhandlungstag: der 59 Jahre alte Heinrich Bischoff aus Essen, der sich noch auf freiem Fuß befindet. Der Verteidiger erklärt, sein Mandant habe einen schweren Herzanfall erlitten und müsse einige Tage im Bett bleiben, werde aber voraussichtlich am 16. März wieder vor Gericht erscheinen. Das Verfahren gegen Bischoff wird vorläufig abgetrennt, außerdem eine sofortige amtsärztliche Untersuchung des Angeklagten angeordnet.
Mit Zustimmung der Verteidigung wird das Urteil eines sowjetischen Militärtribunals verlesen, das Oswald Kaduk am 25. August 1947 in Bautzen zu 25 Jahren Zwangsarbeit verurteilt hatte. Wie aus dem damaligen Sitzungsprotokoll, das dem Gericht ebenfalls vorliegt, hervorgeht, ist lediglich ein Zeuge gehört und die Aussage eines anderen Zeugen verlesen worden. Kaduk hatte in den ersten Verhandlungstagen erklärt, er sei von dem Militärgericht zum Tode verurteilt worden, nachdem 150 Zeugen vernommen worden seien, und die Einstellung des jetzigen Verfahrens gefordert, weil er begnadigt worden sei. Aus dem jetzt verlesenen Urteil geht hervor, daß Kaduk damals der Mißhandlung von Häftlingen, der Mitwirkung bei Massenvergasungen und Massenerschießungen, der Erhängung von sechs Häftlingen und ferner für schuldig befunden wurde, daß unter seiner Anführung bei der Evakuierung des Lagers im Januar 1945 achttausend Häftlinge erschossen wurden. Im jetzigen Verfahren wird Kaduk zahlreicher weiterer Mordtaten beschuldigt.
»Hier müssen Sie persönliche Gefühle ausschließen«, habe Boger geraten, wenn sie geweint habe, sagt die in Zürich lebende Zeugin Maryla Rosenthal, die fünf Tage vor ihrer Hochzeit mit ihrem Verlobten, ihrer Mutter und zahlreichen Verwandten im Juli 1942 von Krakau nach Auschwitz verschleppt worden war. Sie war Dolmetscherin und Schreiberin in der Politischen Abteilung des Lagers und bekundet, daß sie von Boger menschlich behandelt worden sei. Er habe jedoch bei seinen Vernehmungen Häftlinge geschlagen und getreten und sie ihrer Erinnerung nach

in zwei oder drei Fällen auf die Boger-Schaukel gespannt. Die Opfer seien auf der Bahre hinausgetragen worden: »Sie sahen nicht mehr wie Menschen aus, und ich habe sie nicht wiedererkannt.«
Der Angeklagte Schlage gibt während der Aussage des Zeugen Breiden aus Stuttgart zum ersten Mal nach Vorhalt des Vorsitzenden zu, daß es Stehbunker gab, im Arrestloch des Häftlingsblocks 11. Aber er schwächt es wieder ab; diese Zelle sei so groß gewesen, daß zwei bis drei Häftlinge darin Platz gehabt hätten.
»Als Arrestaufseher müßten Sie doch wissen, daß dort Leute verhungerten?«
»Ich habe mich nicht darum gekümmert!«
»Man kann auch durch Unterlassen morden, wenn man den Häftlingen nichts zu essen gibt. Gaben Sie ihnen überhaupt was zu essen? Konnten Sie ihnen denn nichts geben? Gab man Ihnen einen derartigen Befehl?«
»Darauf kann ich keine richtige Antwort geben.«
Es gab auch SS-Männer im Lager, wie der Zeuge Breiden weiter bekundet, die nicht mißhandelten und quälten. Der Zeuge erinnert sich, daß eines Tages eine SS-Truppe von der Front nach Auschwitz als Wachpersonal versetzt wurde. Diese SS-Männer seien mit den Häftlingen, die sie bei Außenkommandos zu bewachen hatten, menschlich umgegangen. Als sie daraufhin von einem SS-Offizier, dem Arbeitsdienstführer des Lagers, angebrüllt worden seien, hätten sie zum Karabiner gegriffen und den Offizier mit den Worten davongejagt, er solle an der Front seine Tapferkeit beweisen. In der folgenden Nacht habe man Schüsse gehört, und es sei im Lager erzählt worden, diese SS-Männer hätten die Villa des Kommandanten beschossen. Danach sei die Truppe nicht mehr im Lager gesehen worden.

Die Angeklagten sitzen am 27. März zum letztenmal in den Ratsherrenstühlen, auf der Treppe zu Häupten der in die Mittagspause ziehenden ehemaligen KZ-Wächter und SS-Ärzte von Auschwitz werden die gerade Getrauten nicht länger mit Blumen in die Kamera lächeln. Im Frankfurter Rathaus wird kein Tribunal mehr sein gegen die des Mordes und der Beihilfe zum Massenmord Beschuldigten; nach Ostern wird das Schwurgericht an anderer Stätte über die Taten der Männer befinden, mit denen die bewegte Geschichte des Römers wohl auch nicht gekrönt werden könnte.
Der Angeklagte Neubert weist darauf hin, die IG habe dafür gesorgt, daß selektiert werden mußte.
Vorsitzender: »Reden Sie doch keinen Unsinn. Die IG konnte doch nicht ins Lager hineinreden, wer vergast werden sollte.«

Der Verteidiger erklärt, die IG habe sich wohl beschwert über Leute, die nicht arbeitsfähig gewesen seien, und auf diese Weise indirekt Selektionen verursacht.

»Ja, das meine ich, Herr Vorsitzender«, sagt der Angeklagte.

Der Archivar Posener berichtet von einer Vernehmung durch Boger: »Ich bekam ein paarmal was an den Kopf und Schläge ins Gesicht . . . Danach kam Walter Windmüller dran, ein Jude . . . Er kam wankend raus . . . und blutete aus den Hosenbeinen.« Man habe in Auschwitz mit unbeweglichen Lippen sprechen gelernt, und er habe den Windmüller nach seiner Vernehmung gefragt. »Er hat mir geantwortet, mir sind dort drin eben die Hoden zerschlagen worden. Von Windmüller haben wir dann ein paar Tage später die Todesmeldung bekommen. Ich bin sicher, daß er mindestens mit unmittelbarem Zutun von Boger, wenn nicht überhaupt von Boger, umgebracht worden ist.«

Was denn der Angeklagte Boger zu sagen habe?

»Der Zeuge schildert in ziemlich objektiver Weise die Fälle. Von seiner Sicht aus. – Daran kann ich mich im einzelnen nicht erinnern. In dem Moment, wo das Blut aus den Hosen herauslief, ist die Vernehmung abgebrochen worden. Es dürfte sich um Widerstandsfälle gehandelt haben. Der Häftling ist wohl mit Sicherheit erschossen worden.«

Ob er denn für seine Torturen einen Befehl gehabt habe?

»Ich hatte den Befehl, eine verschärfte Vernehmung durchzuführen.«

Ob er nicht gewußt habe, daß bei solchen Folterungen ein Arzt hätte anwesend sein müssen?

»Ich habe nie einen Befehl gesehen, der von der Hinzuziehung eines Arztes sprach.«

Es war, wenn der Darstellung des Angeklagten zu folgen ist, auch unnötig. In dem Moment, da Blut strömte, »habe ich abgebrochen, dann war Schluß«.

»Der Zweck der verschärften Vernehmung war erreicht, wenn das Blut durch die Hosen lief.«

Der Landgerichtsrat Hummerich meint, er könne sich vorstellen, daß ein Mensch, den man quäle, alles sage, was man auch wissen wolle, nur um die Qualen abzukürzen, wird aber von dem sich erregenden Boger scharf zurechtgewiesen:

»Ich bin anderer Auffassung, und zwar mit ausdrücklichem Bezug auf das Lager Auschwitz. Ich bin auch der Auffassung, daß in manchen Fällen heute noch die Prügelstrafe angebracht wäre, zum Beispiel im heutigen Jugendstrafrecht.«

Er kommt nun in Fahrt, der Angeklagte Boger. Nein, die verschärfte Vernehmung »ging ja doch nicht unter Körperverletzung im Amt«; den Erlaß ›Zur Herbeiführung von Geständnissen in

eigenen Straftaten darf die verschärfte Vernehmung nicht angewendet werden‹ hat er nie gesehen.
»Ich habe nicht totgeschlagen, ich habe Befehle ausgeführt.«
Man hätte die Großen drannehmen müssen und nicht die Kleinen; nein, auch einen anderen Erlaß hat er nicht gesehen:
»Sie mögen lachen dort oben, Sie waren ja nicht dabei«, fährt er die Zuhörer an.
Ja, er will das Wechselgeld heraus haben. Die Folterungen, die Mordtaten, die will er umgemünzt wissen in die Anerkenntnis der eigenen, vorgeblich so ausweglosen Lage. Er ist nicht zimperlich im Vortrag seiner Forderung. Von unbeteiligter Kälte, wenn es um die anderen geht, von exhibitionistischer Prahlerei, was seine befehlsbestimmte Verantwortung betrifft. Und außerdem: der Grabner, der war ja noch viel schlimmer als er. Deshalb möchte er auch gar nicht erst schildern, was jener tat. Der Angeklagte scheint es für eine besondere Gunst zu halten, die er großmütig gewährt. Er ist anmaßend, allzu weit kann er sich nicht entfernt haben von Auschwitz.
Ob man denn berechtigt gewesen sei, alle die ungezählten Todesurteile zu fällen?
»Na klar!«
Der Zeuge Walter Petzold belastet den Angeklagten Breitwieser, als er auf seinen Eid nimmt, daß dieser Angeklagte bei der ersten Vergasung von etwa tausend Menschen im Block 11 des Stammlagers mit einem anderen SS-Mann zusammen das tödliche Zyklon B in die Kellerfenster geworfen habe. Die Ermordeten blieben tagelang im Bunker liegen, wegen der Vergiftungsgefahr für die Bergungskommandos. Dann sollte geprüft werden, ob ihre Kleidung noch zu verwenden war.
»Aber die Bekleidung konnte nicht ausgezogen werden, da das Fleisch gallertartig war und an der Kleidung hängenblieb.«
Später, draußen vor dem Frankfurter Römer, wünschen zwei der Angeklagten dem livrierten Türwächter des Standesamtes ein »Frohes Fest«. Und der legt die Hand an die Mütze und tut desgleichen: »Fröhliche Ostern.«

## *Das Gericht zieht um*

Das Gericht tagt seit dem 3. April in neuer Umgebung, doch nicht an einem würdigeren Ort: im Bürgerhaus Gallus, halb Turnhalle, halb Laienbühne, haben Richter und Geschworene Platz genommen; wenigstens ist nicht zu befürchten, daß der Vorhang zu früh falle über dieser späten Darstellung einer skrupellosen Zeit.
Die meisten der Angeklagten tun verschämt an diesem Morgen

und scheuen Licht und Auge der Öffentlichkeit. Vor den Kameras und Fotoapparaten verbirgt sich Mulka hinter einem grünen Aktendeckel, den er sich über Nase und Ohren stülpt; Hofmann, mit dunkler Sonnenbrille, benutzt zu gleichem Zwecke einen roten, Scherpe einen hellen. Höcker liest eifrig in irgendwelchen Aufzeichnungen, die er sich dicht vor die Augen hält; Stark und Baretzki lassen es mit Sonnenbrillen genügen; Capesius winkt jovial in die Objektive, legt dann die gespreizten Finger vors Gesicht. Sie sind vergnügt, finden Spaß am Versteckspiel. Andere, Breitwieser, Lucas, Broad, Dylewski, bleiben gelassen, sehen keinen Grund, sich hinter Papier zu verbergen oder dunklem Glas, und auch die Angeklagten Kaduk und Boger halten nichts von solchem Tun.

Als Zeuge tritt der siebzigjährige Maximilian Sternol vor das Schwurgericht. Er war im Oktober 1942 von der Gestapo verhaftet und im Februar 1943 nach Auschwitz gebracht worden.

»Ich war zuerst, wenn ich mich so ausdrücken darf, gewöhnlicher Häftling mit Pickel und Schaufel. Später kam ich auf die Schreibstube, wurde Rapportschreiber, dann Blockältester.«

Aus der Brieftasche holt der alte, kahlköpfige Mann einen Zettel, den er dem Gericht übergibt. Es ist die Aufzeichnung einer Belegstärke des Lagers Birkenau aus dem Frühjahr 1944: 25 547 Frauen und 19 911 Männer.

»Boger war der Satan des Lagers. Er fuhr immer mit dem Fahrrad umher und war unter den Häftlingen bekannt als der fahrende Tod.«

Genau erinnere er sich an Bogers Auftritt während der Liquidierung des sogenannten Familienlagers, des Theresienstädter Lagers, »als Gegenmaßnahme für den Tod Heydrichs«.

»Es waren 2359, ich werde die Zahl nie vergessen, solange ich lebe.«

Einige hätten sich geweigert, die Baracke zu verlassen.

»Boger erfuhr das, kam an, ließ sie herauszerren, und sie wurden alle umgebracht. Regelrecht zusammengeknüppelt und totgeschlagen. Die Leichen warf man auf die Lastwagen zu den anderen – zu den gerade noch Lebenden.«

»Auch Baretzki war dabei. Der war immer dabei. Der hatte einen solchen Schlag, daß er mit einem einzigen Hieb einen Häftling totschlug. Wie hat er das gemacht? Er schlug mit der Handkante gegen die Aorta, und der Mann sackte zusammen. Tot. Aus.«

Der Zeuge schlägt mit der flachen Hand in die Luft. Baretzki blickt auf das Pult vor sich.

»Und auch an diese Nacht erinnere ich mich deutlich. Es war die Nacht vom 31. Juli auf den 1. August 1944. Es war die Liquidierung des Zigeunerlagers. Fürchterliche Szenen spielten sich ab.

Frauen und Kinder lagen vor Mengele und Boger auf den Knien und riefen: ›Erbarmen, erbarmen Sie sich.‹ Es hat alles nichts genutzt. Sie wurden brutal zusammengeschlagen und getreten und auf die Lastwagen gestoßen. Es war eine fürchterliche, grausame Nacht.«
»Hat Boger auch geschlagen?«
»Ja, totgeschlagen. Die Geschlagenen blieben leblos liegen und wurden auf die Lastwagen geschmissen. – Die ganze Politische Abteilung war dabei. Ja. Baretzki habe ich gesehen und Broad.«

Im Zeugenstand sitzt der 58 Jahre alte Münchener Lebensmittelhändler Ludwig Wörl, ein untersetzter, kräftiger Bayer. Er bezeugt, daß im Sommer 1943 dreißig- bis vierzigtausend Insassen eines unweit von Auschwitz gelegenen Ghettos in Birkenau innerhalb weniger Tage vergast und verbrannt worden seien; »aus einer Laune heraus« habe ein SS-Offizier die Kinder dieses Lagers in seine, des damaligen Lagerältesten Wörl, Obhut gegeben. An einem Januartag des folgenden Jahres seien diese Kinder mit sechshundert arbeitsunfähigen Kranken in die Gaskammern getrieben worden: »Sogar die Vier- und Fünfjährigen wußten es. Sie rollten ihre Hemdchen hoch und zeigten mir ihre Ärmchen: ›Lagerältester, sieh doch, wie kräftig wir sind!‹«
Vom SS-Arzt Rohde habe er erfahren, daß die Selektion von Berlin angeordnet und unabwendbar sei; Kaduk habe auf der Lagerstraße mit seiner Pistole die um ihr Leben flehenden Kinder zusammengetrieben.
Wörl springt von seinem Zeugenstuhl auf und ruft: »Wo ist Kaduk? Die Pistole stießt du ihnen in den Rücken, so, so« – und zeigt, wie Kaduk damals die Kinder davontrieb.
Da springt auch Kaduk auf und schreit mit sich überschlagender Stimme auf Wörl ein. Seine Worte sind nicht zu verstehen. Es scheint, als wolle er sich auf den Zeugen stürzen. Polizisten schnellen von ihren Sitzen.
»Hinsetzen! Schreien Sie nicht den Zeugen an!« ruft Landgerichtsdirektor Hofmeyer.
Kaduk schreit weiter; wird von den Polizisten in den Sitz gedrückt; springt wieder hoch. Im Zuhörerraum wird es unruhig. Empörte Rufe werden laut: »Schlagt ihn doch tot!«
Wörl war der erste politische Häftling, der in Auschwitz in der sogenannten Lagerselbstverwaltung eine führende Stelle erhielt und zunächst als Lagerältester der Häftlingskrankenbauten und schließlich als Lagerältester des gesammten Stammlagers eingesetzt wurde. Vor ihm waren diese Posten vom Kommandanten Höß ausschließlich mit kriminellen Häftlingen besetzt worden. Wörl erklärt seine Sonderstellung damit, daß er als langjähriger Häftling von Dachau am 19. August 1942 zusammen mit

sechzehn weiteren Häftlingen als Krankenpfleger nach Auschwitz gebracht worden sei, um dort bei der Fleckfieberbekämpfung eingesetzt zu werden.
Im August 1943 war Wörl dann auf Betreiben der Lagergestapo in den berüchtigten Arrestbunker gekommen und dort etwa drei Monate lang eingesperrt worden. Er hatte versucht, in Monowitz das Spitzelunwesen zu bekämpfen: »Das hat mir den Hals gebrochen.« Die Lagergestapo warf ihm vor, er habe Vergasungen verhindert sowie anderen Widerstand geübt, und hatte ihn bei Vernehmungen mit dem Ochsenziemer mißhandelt.
»Juden wurden einfach über den Haufen geknallt. Aber bei mir als Reichsdeutschem mußte erst die Genehmigung von Berlin geholt werden«; so erklärt Wörl die Tatsache, daß er damals davongekommen ist.
»Die Juden mußten sterben, die Polen sollten sterben, und die Deutschen konnten sterben.«
Als der Vorsitzende wissen will, weshalb die Insassen des Arrestbunkers von Boger erschossen worden seien, erhält er als Antwort, es sei meist nur eine Lappalie gewesen. Wegen eines gestohlenen Stückchen Brotes oder einfach, weil ein Spitzel den Betreffenden völlig haltlos denunziert habe.
»An Block 5 hing der sogenannte Spitzelbriefkasten, und es genügte schon, wenn ein Häftling dort einfach einen Zettel einwarf.«
Nachdem Wörl bekundet hat, daß Boger den Häftling Lili Tofler erschossen habe, weiß sich der Angeklagte auf einmal genau an Lili Tofler zu erinnern; er gibt zu, daß sie erschossen wurde, weil sie als Schreiberin der Lagergestapo »eine Geheimnisträgerin« war, die keinerlei Kontakt mit anderen Häftlingen aufnehmen durfte. Nach Bogers Version soll Lili Tofler vom SS-Hauptscharführer Gehring erschossen worden sein. Boger behauptet, er sei damals ebenso erschüttert gewesen wie der »Bunker-Jakob«, dem die Tränen die Backen heruntergelaufen seien.
Wörl bleibt dabei, daß Boger mit dem Mädchen allein in den Waschraum gegangen sei und es erschossen habe.
»Das ist Verleumdung! Da biegen sich ja die dicksten Eichenbalken«, ruft der ehemalige SS-Sanitäter Klehr entrüstet, als ihn Wörl des tausendfachen Mordes durch Phenolinjektionen ins Herz bezichtigt und erklärt, daß Klehr auch völlig eigenmächtig zahlreiche Kranke auf diese grausame Weise umgebracht habe. Klehr hat etwa 250 bis 300 »Abspritzungsfälle« zugegeben, behauptet aber stets, es nur widerwillig auf Anordnung der Häftlingsärzte getan zu haben.
»Hängen Sie noch zwei Nullen daran«, sagt Wörl, als ihm der Vorsitzende die Zahl der von Klehr zugegebenen Fälle bekanntgibt.

»Allein in den vierzehn Tagen, die ich auf der Röntgenstation war, waren es schon Hunderte. Es waren pro Tag jedesmal mindestens dreißig, manchmal bis zu zweihundert.«

Der Angeklagte Kaduk bestreitet den Vorwurf des Zeugen Boratynski, einen jungen tschechoslowakischen Juden erschossen zu haben: »Im Frühjahr 1942 war ich noch nicht Blockführer. Es war unmöglich gewesen, daß ich da jemand erschossen habe. Wenn jemand sich etwas organisiert hatte, habe ich das erste Mal nie jemand erschossen ... Aber ich bin ja nicht mehr glaubwürdig, ich bin ja ein Mörder.«

## *»Ich mußte die SS-Männer bewachen«*

Der im Eröffnungsbeschluß der Beihilfe zum Mord beschuldigte ehemalige Arrestaufseher wird mit einer Nachtragsanklage auch des Mordes angeklagt. Schlage soll in den berüchtigten Stehzellen des Arrestbunkers aus Mordlust oder anderen niedrigen Beweggründen Häftlinge dem Hungertod preisgegeben und streng darüber gewacht haben, daß den Unglücklichen von ihren Kameraden keine Lebensmittel zugesteckt werden konnten.
Der Vorsitzende fordert ihn zur Stellungnahme auf, Schlage erhebt sich: »Hohes Gericht! Wenn ich etwas sagen darf, bitte ich, mir das Wort zu erteilen.« Dann sagt er: »Ich bin dort nur Schließer gewesen, wenn ich so sagen darf. Ich bekam meine Befehle von meinen Vorgesetzten und habe mich daran gehalten.« Für alles, was im Bunker geschah, sei nicht er, sondern der ihm vorgesetzte Arrestverwalter verantwortlich gewesen.
Landgerichtsdirektor Hofmeyer hält dem Angeklagten zwei ganz konkrete Fälle vor: nach Zeugenaussagen hat Schlage in den Stehzellen zwei Häftlinge verhungern lassen; diese Leichen seien schließlich mit Stangen durch die niedrigen Einschlupflöcher aus den Zellen herausgezerrt worden.
»Nein! Davon weiß ich nichts«, antwortet Schlage.
»Haben dort die Häftlinge alleine regiert?«
»Der Arrestverwalter überließ es den Häftlingen. Er gab ihnen die Schlüssel. Wir Arrestaufseher – wir waren zeitweise zu vier Mann dort – mußten nur auf- und zuschließen, wenn die Politische Abteilung kam.«
»Sind denn im Arrestbunker Häftlinge gestorben?«
»Kann möglich sein, aber ich kann mich nicht erinnern.«
Der Vorsitzende wird energisch und eröffnet Schlage, daß in nicht allzu langer Zeit dem Gericht das Totenbuch des Arrestbunkers im Original vorliegen werde. Ob die Häftlinge im Arrestbunker wirklich alles allein gemacht hätten? Das Toten-

buch geführt, gefälschte Todesursachen eingetragen? Den Häftlingen das Essen allein in die Zellen gebracht?
»Die Häftlinge haben das alles allein gemacht?« fragt der Vorsitzende. »Sie müssen doch auch etwas als Aufseher gemacht haben?«
»Ich mußte die SS-Männer im oberen Stock bewachen. Es waren manchmal bis zu achtzehn Mann da. Ich mußte aufpassen, daß sie sich nicht das Leben nahmen oder sonstige Dummheiten machten.«

Welche Gefühle mögen die Zeugen bewegen, die aufgefordert sind, diesen oder jenen oder alle Angeklagten zu identifizieren; welche die Beschuldigten? Erwin Olszowka, 48 Jahre alt, von denen er über viereinhalb Jahre in Auschwitz gefangengehalten wurde, sieht sie aufmerksam an, geht an ihnen vorbei, wendet sich um und sagt ruhig, mit ausgestrecktem Arm: »Kaduk!« Dann: »Schlage«, aber es ist Hantl, der schadenfroh lächelt. Dann: »Scherpe, Klehr, Stark.« Er steht vor Schlage, sieht ihn einige Augenblicke lang an und sagt: »Das ist Schlage.« Mulka wird erkannt, »der Adjutant«; Broad, doch der Zeuge steht vor Dylewski, berichtigt sich aber sofort: »Nein, das ist Dylewski.« Hofmann, der frühere Schutzhaftlagerleiter, wird identifiziert und Boger, der ein Lächeln zurechtrückt im Gesicht.
Der Zeuge beschuldigt Boger eigenmächtiger Exekutionen, zum Beispiel im Falle der Erhängung von zwölf Mitgliedern des sogenannten Vermessungskommandos, die als Repressalie für die Flucht eines Gefangenen angeordnet worden sei. Boger und Kaduk hätten den Delinquenten die Schlinge über den Kopf gelegt und die Hocker, auf denen die Füße der Männer standen, weggestoßen.
»Boger mißhandelte sogar die, die im Sterben waren. Dasselbe bezieht sich auf Kaduk.«
»Woher wissen Sie, daß es keinen Befehl aus Berlin gab; daß es auch kein Standgerichtsurteil gab?«
»Die Aktion fand unmittelbar nach der Flucht statt und die Zeit war viel zu kurz, als daß man annehmen konnte, daß die SS in Berlin Zeit gehabt hatte, den Fall zu analysieren und ein Urteil zu fällen. Es ist möglich, daß die SS in Berlin den Fall kannte, aber erst hinterher. Meistens wurden die Urteile ja vorher vollstreckt und die Urteile nachgeliefert.«
Der Zeuge hat ein solches Vorgehen an eigener Haut verspürt.
Er hatte fünfundzwanzig Schläge mit dem Ochsenziemer erhalten und war drei Tage nach der Exekution zum Arzt gerufen worden, der feststellen sollte, »ob ich gesundheitlich in der Lage war, die Strafe auszuhalten«.

»Das ist wahrscheinlich mit das Furchtbarste, was hier berichtet wurde. Es ist kaum faßbar. Haben Sie es wirklich gesehen?« fragt der Nebenkläger Rechtsanwalt Raabe den ehemaligen polnischen Berufsoffizier Josef Piwko aus Chorzow (Königshütte).

»Ich widerrufe meine Aussage nicht«, erklärt mit fester Stimme der 71 Jahre alte Zeuge. Als ihm Landgerichtsdirektor Hofmeyer eindringlich klarmacht, was die Aussage für den Angeklagten Boger bedeute, sagt Piwko: »Wo Schuld ist, muß auch Strafe sein!«

»Wir können uns also darauf verlassen, daß dies die reine Wahrheit ist?«

»Ja«, antwortet der Zeuge und beschwört seine Aussage.

Der als politischer Häftling Anfang 1943 nach Auschwitz verschleppte ehemalige Berufsoffizier hatte dort im Sommer 1943 die Vernichtung des sogenannten Theresienstädter Lagers — eines jüdischen Familienlagers — sowie die Liquidierung des Zigeunerlagers miterlebt.

»Es war etwa drei bis vier Wochen nach den Ereignissen im Tschechenlager (Theresienstädter Lager). Die Kinder kamen oft an den Draht, und wir steckten ihnen etwas zu: Als dann eines Tages die Autos kamen, gab es ebenfalls eine große Aufregung im Lager, denn die Zigeuner wußten jetzt, daß sie vergast würden. Sie hatten einen guten Nachrichtendienst, denn die SS-Leute hatten hübsche Zigeunerinnen als Freundinnen. Sie erzählten ihnen vieles.«

Der Zeuge berichtet, wie er sich in einem Gebüsch versteckte und sah, wie die Zigeuner unter Schlägen auf die Lastwagen getrieben und zur Vergasung fortgebracht wurden. Dann durchsuchten die SS-Leute die Baracken und schleppten noch etwa ein halbes Dutzend Kinder, sie waren vier bis sieben Jahre alt, hinaus zu dem Angeklagten Boger.

»Sie wurden zu Boger gebracht, der zunächst nach den Kindern trat, sie dann an den Beinchen faßte und mit dem Kopf an die Wand schleuderte.«

Der Vorsitzende: »Das hat noch keiner berichtet. Sie waren Offizier! Sahen Sie das mit eigenen Augen?«

»Ja, es waren fünf, sechs oder sogar sieben. Es war schrecklich.«

»Waren sie tot?«

»Ich denke, ja!«

»Wie alt waren die Kinder?«

»Vier, fünf, bis sieben Jahre.«

»Sind Sie sicher, daß sie Boger nicht mit einem anderen SS-Mann verwechseln?« fragt Landgerichtsrat Perseke.

»Ich weiß es ganz genau, weil ich fast jeden Tag an der Politischen Abteilung vorbeigehen mußte. Manchmal traf ich Herrn Boger, wenn er auf dem Fahrrad fuhr und einen Häftling an

einer Schnur wie ein Hündchen hinterher zur Politischen Abteilung zog. Ich habe ihn behalten, weil er das schlimmste Leid stiftete: Er liquidierte Kinder.«
»Angeklagter Boger! Haben Sie ...«, beginnt der Vorsitzende, Boger fällt ihm mit einem »Nein!« ins Wort.
»Haben Sie gar keine Erklärung abzugeben?«
»Nein!«
Nachdem ihm der Vorsitzende eindringlich vorgehalten hat, daß ihn der Zeuge schwer beschuldigt habe, sagt Boger, bei der Liquidierung des Zigeunerlagers nicht mitgewirkt zu haben. Er habe deshalb auch keine Kinder erschlagen können.

Der tschechische Zeuge Erich Kulka, seine erste Frau starb im Konzentrationslager Stutthof, berichtet: Eine Häftlingsschreiberin hatte den Inhalt des Befehls aus Berlin weitergegeben, der die »Sonderbehandlung« für das jüdische Familienlager in Auschwitz verfügte. Die Unglücklichen wurden gewarnt, und ihre Führer entschieden, daß Widerstand geleistet werde. Benzingefüllte Ampullen, zwischen die Strohsäcke gesteckt, sollten helfen, die Baracken dieses Lagers beim Beginn der Liquidierung in ein Flammenmeer zu verwandeln.
»Aber der Schutzhaftlagerführer Schwarzhuber brach diesen Willen zum Widerstand mit allen möglichen Tricks.«
Er täuschte die Häftlinge, schickte sie in die Sauna zum Baden, und sie kehrten, entgegen aller Voraussicht, wieder zurück. Keiner glaubte mehr an die nahe Gefahr, sagt der Zeuge, und der am folgenden Tag angeordneten angeblichen Verlegung in ein Arbeitslager wurde widerstandslos Folge geleistet. Die Kranken blieben zunächst zurück, wie Mengele erklärt habe: ›bis sie gesund sind‹. Aber das ›Arbeitslager Heidebreck‹ hat keiner der Häftlinge je gesehen. Ihr letzter Weg führte sie an der Verladerampe vorbei in die Gaskammern der Krematorien. Zu spät erkannten sie das Ende: »Sie wehrten sich mit blanker Hand, aber die SS-Leute schlugen ihnen die Gewehrkolben an die Köpfe. Die Häftlinge sangen in den Gaskammern die tschechische Nationalhymne ›Wo ist meine Heimat‹ und ein hebräisches Lied.«
»Von 5007 Menschen des ersten Transportes aus Theresienstadt, der am 7. März 1944 vergast worden ist, leben heute nur noch vierzehn.«
Unter ihnen ist auch, wie Kulka aussagt, sein Sohn, der der Vergasung entging, weil der Lastwagen, auf dem er sich mit anderen Todeskandidaten befand, im regendurchweichten Schlamm der Lagerstraße nicht abfahren konnte. Schwarzhuber habe die Häftlinge wieder vom Wagen heruntergejagt und den Fahrer mit leerem Wagen abfahren lassen: ›Ach, die krepieren sowieso, hau ab.‹

»Haben Sie gesehen, daß einer der hier Angeklagten sich bei bei einer Selektion beteiligt hat, das heißt, entschieden hat, wer nach links und wer nach rechts gehen sollte?«
»Wenn ich mich hier so umsehe«, sagt der Zeuge, erhebt sich und geht auf die Sitzreihen der Angeklagten zu. Prüfend sieht er einige an, dann hebt er langsam den rechten Arm und sagt: »Dieser Herr da unter der Nummer 18.«
(Vor jedem der Angeklagten steht ein großes Pappschild mit einer Nummer.)
»Wissen Sie, wie er heißt?«
»Nein.«
Der Herr hinter der Nummer 18 blickt unbeweglichen Gesichts in den Saal: es ist Dr. Capesius, der Lagerapotheker von Auschwitz.
Dann schwenkt der Finger auf Boger, der entgegenkommend die Brille abnimmt, damit nicht das optische Instrument des Zeugen Erinnerung trübe.
»Boger«, sagt Kulka, und der Betroffene lacht.
»Broad«, heißt es dann; der Angeklagte freut sich wie über die Begegnung mit einem alten Bekannten, nickt bestätigend mit dem Kopf.
Langsam geht der Zeuge auf und ab.
»Kaduk.«
Und mit ausgestrecktem Arm:
»Dieser da, mit der Nummer 2.«
Es ist Mulka.
»Es ist für das Gericht sehr wichtig zu wissen, ob Sie den Angeklagten Nr. 18 mit Sicherheit als einen der Leute wiedererkennen, die auf der Rampe selektiert haben.«
»Nummer 18 sah ich öfter. Vor ihm defilierten die Männer und Frauen. Er entschied, auf welche Seite sie zu gehen hatten. Seine Physiognomie hat sich nicht viel verändert. Mit Sicherheit erkenne ich ihn wieder.«
Sicher wisse er auch, daß vor der Vergasung der Theresienstädter Juden Boger im Lager gestanden und auf den Listen die Nummern der Häftlinge kontrolliert habe: Die Nummern der Menschen, die ein halbes Jahr zuvor angekommen waren und sofort Karten nach Theresienstadt schicken mußten, zum Beispiel des Inhalts (damit die Zurückgebliebenen keinen Argwohn hätten): »Meine Lieben, wir sind alle wohlauf und hoffen von Euch dasselbe. Euer Karl.«
»Es mußten die Personalien, Todestag und Todesursache eingetragen werden, mit kolossaler Genauigkeit. Wenn etwas vertippt war, dann konnten sie furchtbar wütend werden«, sagt die Zeugin Jenny Schaner aus, Österreicherin von Geburt, in der Schweiz verheiratet. In diesen »Totenbüchern« erschienen

die Namen derer, die im Lager starben, an Krankheit oder im elektrischen Zaun oder unter den Schüssen und in den Schlingen der Exekutionskommandos. Nicht »erfaßt« wurden die Personen, die direkt von der Rampe ins Gas geschickt wurden. Die einzelnen Todesmeldungen waren von Ärzten unterschrieben, auch an den Namen des Angeklagten Dr. Lucas erinnert sich die Zeugin.
»Die meisten der hingeschriebenen Todesursachen waren fiktiv. So durften wir zum Beispiel ›auf der Flucht erschossen‹ nie ins Buch schreiben. Da mußte ich schreiben: Herzschlag, oder statt Unterernährung: Herzschwäche.«
Die Zeugin schrieb und schrieb und füllte die Listen mit den Namen der Menschen, die in Auschwitz verdarben; sie wurden sorgfältig registriert und in den Aktenschrank gestellt. Später, vom Jahre 1943 an, widerfuhr nur noch Ariern solche Aufmerksamkeit, die Juden starben ohne besonderen Eintrag.
»Ich hatte so viel zu tun, daß man mir bald eine Hilfe gab, eine Französin. Im Laufe des Jahres kam dann noch eine dritte Kraft hinzu.«
Die drei Häftlinge schrieben vierzehn bis sechzehn Stunden am Tag. Personalien und Todesursache, füllten Reihe um Reihe, Blatt um Blatt, und doch gelang es nicht, »die täglich anfallenden Toten alle zu erfassen«. Den Angehörigen wurden Briefe geschrieben des Inhalts, daß es trotz aller medikamentöser Pflege nicht gelungen sei, das Leben des Inhaftierten zu retten: ›Wir sprechen Ihnen zu diesem großen Verlust unser aufrichtigstes Beileid aus. Auf Wunsch kann Ihnen die Urne gegen Nachnahme von 15,– Mark zugestellt werden.‹ In der Urne freilich war jedwede Asche, nur nicht die eines bestimmten Toten. Im Vorhof des Krematoriums lagen die Leichen zuhauf, immer neue wurden dazugekippt. Manche Frauen, so berichtet die Zeugin, lagen noch in Agonie, da wurden sie schon »wie Gemüse, wie Kohl« zu den Krematorien gefahren.
Ja, sie weiß von Lili Tofler.
»Es war ein sehr hübsches Mädchen, eine Slowakin von zwanzig oder einundzwanzig Jahren. Da war irgend etwas mit einem Liebesbrief, aber ich weiß nicht, ob es ein Brief war, der an sie gerichtet war, oder einer, den sie geschrieben hatte.«
Das Mädchen mußte sich nackt zur Wand stellen, viele Male im Laufe der Vernehmungen, und dann wurde so getan, als ob man sie erschieße, man gab die Kommandos zum Schein:
»Sie ist tausend Tode gestorben. Sie war zum Schluß so fertig, daß sie auf den Knien gefleht hat, man möge sie erschießen. Schließlich wurde sie ja auch erschossen. Alles wegen dieses Papierschnipsels.«
Unter dem Kommandanten Liebehenschel sei es etwas besser geworden, sagt sie später aus, doch habe Boger offensichtlich

auf eigene Faust, gegen den Befehl, weitergefoltert. Er habe zu dem Züchtigungsverbot des Kommandanten lediglich geäußert: ›Wie stellt der sich das vor? Wie soll man die Schweine zum Sprechen bringen, wenn man sie nicht schlagen darf.‹

Nein, dem Adjutanten Mulka ist eigentlich nichts aufgefallen, was die Todeszahlen betrifft. Er gibt bekannt:

»Ich kann mich nicht erinnern, fortlaufende Stärkemeldungen gesehen zu haben. Ich würde sagen, am Tag, da gab es so acht, zehn, zwölf bis fünfzehn Abgänge. Aber Zahlen dieser Größe, wie sie mir heute bekanntgegeben worden sind, die habe ich damals nie gehört.«

Die Staatsanwaltschaft hat zuvor dem Gericht das amtliche Sterbebuch des Standesamtes Auschwitz präsentiert für die Zeit vom 28. September 1942 bis zum 2. Oktober des gleichen Jahres. Es sind darin aufgeführt unter den Nummern 31 501 bis 33 000 die Namen der 1500 Häftlinge, die innerhalb dieser fünf Tage im Konzentrationslager Auschwitz ums Leben gekommen sind.

Am Ende des dicken Folianten heißt es:

»Dieser Band 22 des Sterbebuches von 1942, der die Nummern 31 500 bis 33 000 enthält, wird unter Hinweis auf Band 23 abgeschlossen.«

Die Zeugin Dunja Wasserström, in Rußland geboren, Französin von Nationalität, jetzt in Mexiko als Sprachlehrerin tätig, hat zweieinhalb Jahre in Auschwitz verbringen müssen. Sie erinnert sich eines Tages im November 1944:

»Da hat man jüdische Kinder nach Auschwitz gebracht. Ein Lastwagen kam und hielt einen Moment vor der Politischen Abteilung. Da ist ein kleiner Junge heruntergesprungen. Er hat einen Apfel in der Hand gehabt. In der Tür der Politischen Abteilung standen Boger und Draser (ein Sachbearbeiter der SS). Ich habe am Fenster gestanden. Das Kind stand neben dem Wagen mit seinem Apfel und hat sich so amüsiert. Da ist Boger zu dem Kind gegangen, hat es bei den Füßen gepackt und mit dem Kopf gegen die Baracke geschmettert. Dann hat er ruhig den Apfel aufgenommen. Und Draser hat mir gesagt, ich soll ›das‹ abwischen an der Wand. Etwa eine Stunde später bin ich zu Boger gerufen worden, als Dolmetscherin zu einem Verhör, und habe gesehen, wie er diesen Apfel des Kindes gegessen hat.«

So ganz sicher ist niemand, ob er richtig gehört habe in diesem Augenblick, aber die Zeugin bekräftigt die Schilderung der Wahnsinnstat.

»Das haben Sie mit eigenen Augen gesehen?«

»Das habe ich mit eigenen Augen gesehen.«

»Das können Sie mit gutem Gewissen beschwören?«

»Absolut.«
Im übrigen hätten sich die SS-Leute vor ihr nie mit besonderer Zurückhaltung ausgezeichnet, sondern gesagt: ›Du kannst ruhig hierbleiben, Dunja. Du gehst sowieso nie aus Auschwitz 'raus, du weißt zuviel.‹
Nein, vor der Ankunft Bogers sei nie eine »Schaukel« dagewesen.
»Ich habe keinen Zweifel daran, daß sie sein Werk war. Er hat sich immer mit ihr gebrüstet und oft gesagt: das ist meine Schreibmaschine.«
Landgerichtsdirektor Hofmeyer will wissen, in wieviel Fällen ein Häftling beim Herunternehmen von der Schaukel gestorben sei.
»Wenigstens zwanzigmal.«
»In wenigstens zwanzig Fällen können Sie sich dafür verbürgen, daß in Ihrer Gegenwart der Tod eingetreten ist?«
»In meiner Gegenwart, jawohl.«
Boger spricht seinen obligaten zustimmenden Satz, jovial und ohne Zorn:
»Die Zeugin war als Dolmetscherin, wie sie selbst sagt, bei uns in der Politischen Abteilung.«
Gleich wird er aber lauter, schärfer, wütender: sie hat nur in höchstens fünf Fällen bei ihm gedolmetscht, war nicht während einer einzigen verschärften Vernehmung dabei:
»Zur Sache mit dem Kind habe ich überhaupt nichts zu sagen. Das ist eine ungeheure Erfindung, die für die Presse vielleicht genehm sein mag. — Totgeschlagen wurde bei der Vernehmung von mir nicht ein einziger.«
Auch betont er:
»Bei der verschärften Vernehmung war niemals eine Dame dabei.«
»Dame?« fragt die Zeugin.
Boger, ohne Verlegenheit und mit einer Spur Gereiztheit darüber, daß hier an seinen Manieren gezweifelt wird:
»Das kann ich ja wohl heute sagen.«
Broad sei ein ganz anderer Typ gewesen, sagt die Zeugin.
»Ich habe vor Broad nicht so gezittert, wie ich vor Boger gezittert habe. Er war klug, intelligent und raffiniert. Ich wußte nie, ob er mit uns Mitleid hatte oder ob er uns haßte.«
Wahrscheinlich habe er sich über alle Vorgänge in Auschwitz amüsiert. Sie erinnere sich, daß er einmal — nach der Einrichtung eines Bordells — gesagt habe: »Man soll ja nicht sagen, daß Auschwitz kein Modellager ist. Jeder arbeitet in seinem Beruf. Jetzt haben wir sogar das.«
Alle Mitglieder der Politischen Abteilung gingen zu den Exekutionen im Bunker, sagt die Zeugin: »Es geschah sehr oft, wenn sie betrunken waren. Dann haben sie weiße Handschuhe ange-

zogen, und sie gingen in den Bunker, und dann wußten wir schon, daß wieder etwas passiert.«
Einmal habe sie mit Broad über Auschwitz gesprochen: »Wie könnt ihr so viel Menschen ermorden täglich?«
»Er hat geantwortet: Es muß sein. Er wollte nie mehr mit mir darüber sprechen.«
Ob sich der Angeklagte dazu äußern wolle?
Broad verbeugt sich knapp und höflich: »Nein.«

Der Arzt Dr. Czeslaw Glowacki aus Warschau war in Auschwitz als Leichenträger tätig, weil er Medizinstudent war. Er hatte einer polnischen Geheimorganisation angehört.
»Ich nahm fast an allen Exekutionen im Block 11 teil. Wir haben die Leichen aus dem Bunker in Block 11 herausgeholt, und dann wurden sie ins Krematorium gebracht.«
Der Zeuge spricht von der Vergasung sowjetischer Kriegsgefangener, die probeweise im Keller des Bunkerblocks vorgenommen worden war.
»Ich sah Leute, die Haare in den Fäusten ganz fest gehalten haben, die sie sich oder anderen ausgerissen hatten. Ich habe Menschen gesehen, die ganz fest umschlungen waren. Ich habe auch Finger gesehen, die ganz zerbissen waren. Da die vergasten Menschen sich etwa zwei Tage lang im Bunker befanden, bevor sie herausgeholt wurden, befanden sich die Leichen schon im Verwesungszustand. Die Haut der Toten blieben uns in Fetzen an den Händen.«
Zu den Exekutionen, für die ein Todesurteil vorgelegen habe, sei eigens ein Exekutionskommando erschienen:
»Aber ich kann mich nur an einige wenige Fälle erinnern, bei denen ein Exekutionskommando teilgenommen hat. Alle anderen Exekutionen fanden ohne Verlesung eines Urteils statt. Es gab sogar Fälle, in denen die Delinquenten auf der Bahre getragen wurden zur Exekution.«
Auch Frauen wurden vor der Schwarzen Wand erschossen, einmal eine Mutter mit Kind; erst das Kind, dann die Mutter. »Es war Palitzsch.«
Zwei sowjetische Offiziere habe Boger selbst gebracht und selbst erschossen; ein Urteil sei nicht verlesen worden.
»Alle zum Tode Verurteilten wurden in den Waschraum gebracht, und dort mußten sie sich ausziehen. Man fesselte ihnen die Arme nach hinten. Durch Jakob (den Funktionshäftling) wurden sie über die Treppe aus dem Waschraum geführt direkt vor die Todeswand, mit dem Gesicht zur Wand, einen bis zwei Meter voneinander entfernt. Dann näherte sich ihnen der Erschießende, führte den Karabiner direkt an das Genick und schoß aus einer Entfernung von zehn Zentimetern auf das Genick. Der

Danebenstehende beobachtete das. Und wenn der erste gefallen war, dann wurde der zweite erschossen. Dann näherten wir uns den Leichen und brachten sie mit der Bahre zu einer Kanalisation, wo das Blut abfloß. Dort häuften wir die Leichen, die noch warm waren, aufeinander.«

Landgerichtsdirektor Hofmeyer läßt den Zeugen durch die Angeklagtenbänke gehen. Glowacki erkennt Boger, Dylewski, Broad, Kaduk, Bednarek, Klehr und Scherpe, aber nicht den ehemaligen Adjutanten Mulka. Dennoch bleibt der Zeuge bei seiner Aussage, daß er Mulka oft in Begleitung des Kommandanten Höß im Lager und bei den Exekutionen an der Schwarzen Wand gesehen habe.

»Wie denn«, meint der Angeklagte Klehr, »sechzehntausend Mann soll ich abgespritzt haben?«

Wo doch das ganze Lager nur sechzehntausend Häftlinge zählte in Auschwitz I?

»Dann wäre ja doch nur der Musikzug übriggeblieben!«

Das ist sie wieder, die Sprache von damals, etwas leiser, aber so arrogant wie gehabt.

Nein, ein Scherz sollte es nicht sein, bequemt er sich auf Vorhalt des Vorsitzenden:

»Ich wollte nur die Aussage des Zeugen widerlegen, indem daß ich sechzehntausend Häftlinge abgespritzt haben soll.«

»Mindestens zehntausend hat er selbst getötet«, beschuldigt ihn der Zeuge.

»Hat er täglich getötet?«

»Ja, in der Zeit, in der er dort war, hat er täglich getötet.«

Glowacki spricht von den »Abspritzungen«. Die bei den täglichen Krankmeldungen Ausgesuchten gingen in Block 20:

»Dort war ein Raum, hinter einem Vorhang. Dort wurden sie abgespritzt. Es war der letzte Raum vom Eingang aus. Gegenüber war der Waschraum. Diese Menschen, die von Klehr getötet wurden, wurden dann sofort in den Waschraum gebracht und dort aufgeschichtet.«

Der Zeuge erinnert sich, daß nicht alle sofort tot waren.

Ein Fall ist ihm besonders im Gedächtnis:

»Es war ein großer, starker, gut gebauter Mann, der sich im Waschraum hinsetzte, obwohl er gerade eine Injektion ins Herz bekommen hatte. In dem Waschraum stand ein Kessel und neben dem Kessel eine Bank. Ich erinnere mich noch, daß dieser eine mit der tödlichen Injektion mit großer Mühe sich aufrichtete. Er stützte sich mit der Hand auf Kessel und Bank und setzte sich dann. Und dann kam Klehr dazu und gab ihm die zweite Herzspritze und tötete ihn völlig. Klehr pflegte jedesmal in den Waschraum zu gehen und zu prüfen, wie die Leichen aussahen.«

Glowacki hat ihn auch während seiner Arbeit gesehen, »wenn er abspritzte«:

»Gleich neben dem Eingang stand ein kleines Tischchen, darauf waren das Phenol und eine Spritze. Daneben stand ein Stuhl, und auf diesen Stuhl setzte sich das Opfer.«

Oft schrien die Opfer laut. Klehr wußte Rat. Er ließ den Delinquenten die linke Hand, bei erhobenem angewinkeltem Arm, auf den Mund legen, »bekam so gleichzeitig das Herz frei und konnte ungehindert spritzen«.

»Nachdem das Opfer dann nach der Spritze auf den Boden gesunken war, kamen die Leichenträger und brachten die Leiche in den Waschraum. Oft blieben beide Türen geöffnet, so daß ich ganz genau sehen konnte, was er tat. Er hatte hohe Stiefel an, trug einen weißen Kittel mit hochgekrempelten Ärmeln. Manchmal hatte er eine Gummischürze um.«

Gegenwärtig sei ihm auch, so sagt der Zeuge, daß Klehr zwei Frauen durch Injektionen in die Armvene getötet habe — was er durch das offene Fenster der Baracke von draußen habe beobachten können — und daß der Angeklagte Weihnachten 1942 eigenmächtig selektiert und mit Phenolinjektionen gemordet habe.

Er wisse es deshalb so genau, weil damals der Lagerarzt Dr. Entress auf Urlaub gewesen sei und sie sich alle darüber gefreut hätten, daß es nun keine Selektionen geben werde.

»Aber Klehr nahm sich vor, daß Selektionen durchgeführt werden, suchte die Leute aus, die abgespritzt werden sollten, und tötete sie.«

Der Vorsitzende: »Der Angeklagte Klehr behauptet, das sei unmöglich, zu dieser Zeit sei er überhaupt nicht dagewesen.«

Der Zeuge: »Ich kann mich mit Bestimmtheit erinnern.«

Der Angeklagte habe häufig allein selektiert, ohne Arzt, und die Ausgesuchten auch selbst getötet.

»Welche Zahl können Sie angeben, die sich bestimmt nur auf die eigenmächtigen Selektionen des Angeklagten bezieht?«

»Er hat mit voller Bestimmtheit mehr als zehntausend ausgesucht und getötet.«

»Hat er sie selbst getötet oder vielleicht doch durch einen anderen, einen Häftling, töten lassen?«

»Nein, er tötete eigenhändig.«

Auch Scherpe wird stark belastet, wenn er auch »ein ganz anderer Mensch als Klehr gewesen ist. Nicht so sadistisch und kein Menschenhasser. Er war ruhiger, netter in seiner Art, Menschen zu behandeln. Ich kann mich an keinen Fall erinnern, daß Scherpe jemals einen Pfleger geschlagen oder getreten hätte wie Klehr.« Aber der Zeuge hat gesehen, wie Scherpe »persönlich in Block 20 Injektionen durchgeführt hat«.

»Es geschah bei der Tötung von Kindern aus der Gegend von Zamosc. Es waren so viele Kinder, daß man sie zwischen den Baracken sammelte. Ein Teil der Kinder wurde hineingeführt in den Raum von Block 20, wo Scherpe sie tötete, ein anderer Teil spielte noch draußen. Es waren mehr als hundert.«
Er erinnere sich dieses Falles so genau, weil Scherpe plötzlich eine Pause gemacht habe.
»Wir haben gedacht, daß sein Gewissen zu ihm gesprochen hat und er deshalb das Töten der Kinder abbrechen mußte. Ich kann mich ganz genau erinnern, daß er nicht mehr weitergetötet hat. Er ist weggegangen, irgendwohin. Wir haben ihn dann nicht mehr gesehen. Die weitere Tötung übernahm Hantl. Hantl beendete das Töten der Kinder.«
Die Worte sind blaß und leidenschaftslos. Und sollten doch den furchtbaren Augenblick beschwören, als die Kinder von Zamosc den dünnen Arm vor den Mund legten und ihnen die Giftnadel zwischen die mageren Rippen gestoßen wurde und sie dann hinsanken wie geschnittener Halm und hinausgeschleift wurden zu den anderen Opfern; um Platz zu schaffen für die, die draußen spielten.

Der ehemalige polnische Häftling und heutige Chirurg Dr. Thadeus Paczula war im Dezember 1940 als Widerstandskämpfer von der Gestapo verhaftet und in das Konzentrationslager verschleppt worden. Man tätowierte ihm die Nummer 7725 auf den Arm. Vom Sommer 1942 an führte er die Sterbebücher von Auschwitz, in die er während der folgenden beiden Jahre insgesamt 130 000 Namen eintrug. Sein Erinnerungsvermögen ist ebenso erstaunlich wie die Tatsache, daß man ausgerechnet ihn zum Hauptzeugen der verübten Greuel machte und ihn dann am 27. September 1944 als Mitstreiter für den »Endsieg« an die italienische Front schickte. Paczula lief zu den Engländern über und kämpfte fortan im polnischen Korps gegen die Deutschen.
Landgerichtsdirektor Hofmeyer wundert sich, daß Paczula die Zahl der in zwei Jahren registrierten Toten nur mit 130 000 angibt, meint, nach den bisher vorliegenden Unterlagen müßten es mehr gewesen sein. Der Zeuge klärt den Widerspruch auf. Er trug nur die ums Leben gekommenen Häftlinge ein, die im Lager eine Nummer erhalten hatten und für die eine Karteikarte angelegt worden war. Wer gleich nach der Ankunft vergast wurde – es waren Millionen –, wurde nicht numeriert.
»Es war ein dickes Buch, mit einer schwarzen Hülle. Ich habe mehrere solcher Bücher gefüllt. Als ich einmal mit sämtlichen Totenbüchern zum Standortarzt befohlen wurde, konnte ich sie nicht tragen und brauchte einen Handkarren.«
»Am 11. Oktober 1943 wurde mein Freund Kasimierz Kowal-

czyk, Häftlingsnummer 353, erschossen«, erinnert sich Paczula mit mathematischer Genauigkeit.
»Stimmt!« bekräftigt Ergänzungsrichter Hummerich nach einem Blick in das ihm vorliegende Bunkerbuch. Paczula berichtet, warum Kowalczyk erschossen wurde: er hatte eine von Boger gewünschte Karteikarte nicht gefunden. Das gleiche Schicksal erlitt nach den Bekundungen Paczulas Henryk Sokolowski, Häftlingsnummer 13 239, weil er Boger nicht »zackig genug« Meldung gemacht hatte.
Staatsanwalt Vogel will wissen, wie viele Menschen an der Schwarzen Wand erschossen worden sind, Paczula antwortet, es seien Tausende gewesen.
»Am 28. Oktober 1942 – es war mein Namenstag – wurden 280 Personen erschossen, darunter dreißig, die meinen Namen trugen.«

Nicht nur Rechtsanwalt Heymann wundert sich:
»Haben Sie ein so ausgezeichnetes Gedächtnis oder stützen Sie sich auf Aufzeichnungen?«
Der Zeuge hat schriftlich nichts festgehalten, sondern alles im Kopf. Es komme wohl vom täglichen Umgang mit Zahlen in Auschwitz, jedenfalls habe er ganz einfach die Fähigkeit, auch solche Dinge behalten zu können. Eine Einschränkung mache er nur für die Zeit, in der er zwischen achtundzwanzig und neunundzwanzig Kilogramm gewogen habe; da sei sein Gedächtnis geschwächt gewesen. Und auch als Typhuskranker habe er sich nichts merken können.
Er möge sagen, was er über den Angeklagten Stark wisse.
»Über das Verhalten des Angeklagten Stark den Häftlingen gegenüber kann ich eigentlich nichts Schlechtes aussagen.«
Er hat ihn lediglich im Herbst 1941 oder im Frühjahr 1942 zu Exekutionen russischer Kriegsgefangener nach Block 11 gehen sehen, »da hatte er bei sich die Waffe«. Von den Leichenträgern habe er später gehört, daß Stark geschossen habe.
»Ich habe den Angeklagten Stark mehrmals dahin gehen sehen. Es ist schwer zu sagen, wie oft. Fünf- bis sechsmal bestimmt.«
Ja, Stark habe sogar mit den Häftlingen, mit denen er zu tun gehabt habe, gesprochen; »es war wahrscheinlich ein Meinungsaustausch zwischen polnischen Abiturienten und einem deutschen Abiturienten«.
Den Angeklagten Klehr bezeichnet der Arzt als ein »Individuum, dessen Fähigkeiten und Kenntnisse sehr begrenzt waren«. Er habe schon Schwierigkeiten beim Unterschreiben gehabt. Klehr habe selbstverständlich selektiert und dabei mit der Pfeifenspitze auf die Kranken gedeutet. An eine Selektion, Weihnachten 1942, erinnere er sich genau. Auf die telefonische Nachricht,

daß kein Lagerarzt da sei, habe Klehr geantwortet: »Ich bin heute der Lagerarzt. Ich mache heute die Arztvorsteller.«
Und dann selektierte Klehr, wie Paczula aussagt. Vor Klehr standen die nackten Häftlinge, jeder mit seiner Ambulanzkarte in der Hand. Vierzig wurden an diesem Weihnachtstag 1942 für den Tod bestimmt. Im Korridor saß ein Häftlingsschreiber, unfreiwilliger Todesengel mit der Nummer 20017, und löschte die Delinquenten aus dem Buch des Lebens.
»Dieser Schreiber bekam die Kärtchen und schrieb sofort die Totenmeldungen. Die Menschen lebten noch, und ich war bereits im Besitz der Totenmeldungen und schrieb die Totenpapiere aus.«
Paczula, der das Totenbuch in Auschwitz I führte, hat nicht gesehen, daß der Angeklagte mit eigener Hand tötete. »Ich konnte es sehen, aber ich wollte es nicht sehen.«
»Scheyer und Weiss führten die Opfer – es war oft so, daß sie noch ein paar Schritte gehen konnten – hinaus und übergaben sie an die Leichenträger.«
Nach solchen Aktionen habe er für den Sanitätsdienstgrad Klehr Zusatzrationen anfordern müssen. In diesen ohne Adresse abgefaßten Schreiben habe es geheißen »für die an dem und dem – es war der Tag angegeben – soundsoviel Sonderbehandelten werden angefordert soundsoviel Schnaps, Zigaretten und Geld«.
»Jawohl, ich habe das selbst geschrieben.«

Der 44 Jahre alte Friseur Leon Czekalski, ein Pole: »Bednarek war ein Mensch mit sehr schwachem Charakter. Die Angeklagten haben ihm das Morden beigebracht.«
»Ich sah folgendes: Wenn jemand krank oder ein ›Muselmann‹ war, wurde er von Bednarek so bestraft« – Czekalski steht auf, geht in die Hocke und hebt seinen Stuhl hoch – »so mußten sie stundenlang auf dem Korridor stehen. Wenn sie umfielen, schlug Bednarek sie mit dem Hocker oder mit dem Stock. Ich sah mehrmals, wie man anschließend die Geschlagenen in die Leichenkammer trug.«
»Und wenn die Leute tot waren, was machte er dann?«
»Dann nahm er sich vier Häftlinge, und die mußten in einer Decke die Toten in die Leichenkammer tragen.«
»Sahen Sie auch, was Bednarek dann machte?«
»Ja! Wenn er sie erschlagen hatte, dann ging er in sein Zimmer und betete.«
»Und dann?«
»Dann kam er zurück und schlug weiter.«
»Wie viele Personen erschlug er auf diese Weise?«
»Etwa zehn bis elf Personen.«

»Was erlebten Sie mit Bednarek, als er Blockältester in der Strafkompanie war?«
»Da hatte er sich sehr geändert. Dort habe ich nichts mehr mit ihm erlebt, denn die Front rückte immer näher. Es war November 1944.«

Der Baumeister Josef Kral. Obwohl polnischer Staatsangehöriger, wurde er am 4. Februar 1940 in Wien unter der Beschuldigung, Landesverrat gegenüber dem Deutschen Reich verübt zu haben, verhaftet und unter dieser Anklage vor ein Volksgericht gestellt. Die Verhandlung endete mit seinem Freispruch, doch ein von Heydrich unterschriebener Schutzhaftbefehl brachte Kral sofort nach dem Freispruch Anfang Juni 1941 nach Auschwitz. Im Dezember 1942 holte man ihn zur Politischen Abteilung des Lagers.
Er berichtet von brutalen Vernehmungsmethoden der Politischen Abteilung, daß Boger ihn gezwungen habe, gesalzene Heringe zu essen, daß er an nach hinten gefesselten Händen aufgehängt worden sei. Etwa fünfzehn Häftlinge seien mit ihm gefoltert worden, man habe ihnen Zähne ausgeschlagen und Nasen zertrümmert und sie in den Stehbunkern verhungern und verdursten lassen: »Die Tür wurde nie geöffnet . . . Die Häftlinge schrieen, baten, flehten, leckten die Wände ab und tranken den eigenen Urin. Nach dreizehn Tagen fiel der Häftling um. Er hörte auf zu sprechen, stöhnte nur noch und versuchte vergeblich, um Hilfe zu rufen. Nach fünfzehn Tagen starb er.«
Boger habe die Häftlinge verhört und mißhandelt, mehrere hätten die Folterungen nicht überlebt: »Zuerst wurde Janicki auf die Schaukel gebracht und an Armen und Beinen gefesselt . . . zwei SS-Männer schlugen abwechselnd. Aus Janicki wurde Hackfleisch gemacht. Er wurde zerstückelt. Boger schmiß ihn anschließend auf den Korridor. — Danach wurde Zdzislaw Wroblewski zum Verhör geholt. Nach zwanzig Doppelschlägen sagte Wroblewski, er wolle alles sagen. Er wurde abgenommen und ging mit Boger eine halbe Stunde fort. Als sie zurückkamen, brachte Boger eine alte verrostete Pistole mit. Er schlug sie mir gegen den Kiefer und sagte: ›Endlich haben wir, was wir finden wollten!‹«
Die beiden gefolterten Kameraden seien mit in den Bunker zurückgeschleppt worden, Janicki habe die Nacht nicht überlebt.
»Am nächsten Morgen öffnete Boger die Zelle. ›Steh auf, du Schwein!‹ rief er dem auf der Erde liegenden Wroblewski zu. Weil der sich aber nicht mehr rühren konnte, zog Boger seine Pistole und erschoß ihn«, sagt der Zeuge. Kral wurde noch am gleichen Morgen — er habe sechs Wochen in der Stehzelle ver-

bringen müssen — aus dem Bunker entlassen und kam in den Krankenbau.

»Wurde Ihnen das gleiche wie den anderen zur Last gelegt?«

»Ja! Jeder wurde gefragt. Aber wir wußten nicht, um was es geht. Wir sollten sprechen. Keiner wußte, um was es sich handelte. Erst später erfuhr ich, um was es ging. Man fragte mich, ob ich einer Geheimorganisation angehöre.«

Als Landgerichtsdirektor Hofmeyer Boger auffordert, aufzustehen und ihn fragt, ob er »nicht angesichts dieser furchtbaren Schilderung« etwas sagen wolle, blickt ihn Boger lange schweigend an.

»Herr Boger! Glauben Sie, daß diese Darstellung des Zeugen lückenhaft war?«

»Lückenhaft und nicht in allen Teilen der Wahrheit entsprechend.«

»Sie haben uns gesagt, daß Sie im Lager nie einen Schuß abgaben.«

»Dabei bleibe ich auch heute.«

»Na, gut! Dann setzen Sie sich wieder!«

### *Stark wieder verhaftet*

Die auf Mord erweiterte Anklage gegen den ehemaligen SS-Oberscharführer Hans Stark ist am 15. Mai noch nicht zu Ende verlesen, da stehen auch schon zwei Polizeimeister neben dem früheren Angehörigen der Politischen Abteilung. Der von Kral des mehrfachen Mordes an Häftlingen beschuldigte Landwirtschaftsassessor wird auf Antrag von Staatsanwalt Vogel im Gerichtssaal verhaftet. Stark war vor Beginn des Prozesses auf freien Fuß gekommen, weil die Dritte Frankfurter Strafkammer in ihm im Gegensatz zur Staatsanwaltschaft keinen Mittäter, sondern einen Gehilfen beim Massenmord sah und deshalb gegen Stark das Hauptverfahren nur wegen Beihilfe zum Mord eröffnet hatte.

Der Zeuge schildert den Tod eines Häftlings:

»Stark ging direkt auf ihn zu. Es war in der Kiesgrube. Er fragte, warum er so langsam arbeite und schlug ihm den Schaufelstiel gegen den Hals.« Verzweifelt habe der junge Mann die Mutter Gottes um Hilfe angerufen. »Aber Stark sagte: ›Jetzt hilft dir keine schwarze Madonna‹, und tötete ihn.«

Kral kannte den zur Politischen Abteilung gehörenden Stark aus der Zeit, als er im Neubaukommando das Lager mit aufbauen mußte. Es war im Sommer 1941, als er im Stammlager mauerte, während wenige Meter von ihm entfernt Kameraden neben einer mit Wasser gefüllten Grube ausschachteten. Stark brachte mit

umgehängtem Karabiner drei Zivilisten in den Block 11, sagt der Zeuge. Weil sich die Häftlinge nach den Zivilisten umgesehen hätten, seien sie von Stark gezwungen worden, in die mit Wasser gefüllte Grube zu springen; zwei seien ertrunken.
Als Stark aus dem Arrestblock zusammen mit einem anderen SS-Führer zurückgekommen sei, hätten sich die beiden zusammen mit den die Häftlinge bewachenden SS-Männern ein Vergnügen daraus gemacht, die jetzt noch aus zwanzig Mann bestehende Arbeitsgruppe in das Wasserloch zu jagen.
»Sie mußten ins Wasser springen und schwimmen. Dann befahl man dem Häftling Isaak – er hieß im Lager Isaak der Starke – seine Kameraden zu ertränken. Schließlich befahl man Isaak auch noch, seinen eigenen Vater umzubringen. Während Isaak seinen Vater ertränkte, wurde er wahnsinnig und fing furchtbar an zu schreien. Da erschoß Stark den Isaak im Wasser.«
Stark: »Ich kann dazu gar nichts sagen, weil ich bei all diesen Fällen, die der Zeuge geschildert hat, nicht dabei war.«
Verteidiger Dr. Laternser beschuldigt den Zeugen Kral, in Auschwitz die ukrainischen Häftlinge Wassili und Oleg Bandera erschlagen zu haben, Nebenkläger Ormond wendet ein, es sollten offensichtlich politische Differenzen vor Gericht ausgetragen werden – »Wir wissen doch alle, welche Rolle die Ukrainer gespielt haben, insbesondere als Helfer der SS« –, das Gericht will die benannten Zeugen hören. Sie sagen aus, daß die Brüder Bandera an den Folgen der Mißhandlungen »durch kriminelle Elemente«, zu denen auch Kral gezählt habe, innerhalb weniger Tage gestorben seien. Der Zeuge Kral erklärt, niemals in Auschwitz einen Häftling geschlagen zu haben.

29. Mai 1964, 50. Tag

Es wird als Zeuge gehört der Krakauer Prorektor Professor Dr. Fejkiel, der im Jahre 1940 verhaftet worden war, nachdem er einem Kameraden den Grenzübertritt nach Ungarn ermöglicht hatte. Vom 8. Oktober jenes Jahres bis zum 17. Januar 1945 wird er im Konzentrationslager Auschwitz gefangengehalten. Er arbeitet zunächst beim Straßenbau, an der Solabrücke, Anfang 1941 wird er, ausgezehrt und entkräftet, als »Muselmann« in den Krankenbau eingeliefert. Im April schleppen neuangekommene Häftlinge aus Lublin Fleckfieber ein, Fejkiel und ein anderer polnischer Arzt erkennen die Krankheit. Von diesem Moment an avancieren die Ärzte unter den Häftlingen zu Krankenpflegern.
»Binnen eines Tages bin ich aus einem Muselmann zu einer Persönlichkeit im Lager geworden. Eine Persönlichkeit ersten Grades war derjenige, der die Kübel auszutragen hatte. Eine noch größere Persönlichkeit zweiten Grades war ein Pfleger.«

Aus dem Jahre 1942 datierten erste Versuche, berichtet der Zeuge, Häftlinge mit Injektionen zu töten:
»Die Menschen wurden mit Spritzen getötet. Als erster war es Dr. Entress, der das ausprobierte. Er stammte aus Posen. Er studierte an einer polnischen Universität. Wir wunderten uns daher, daß er das tat. Zuerst wurde es mit Benzin probiert, doch stellte sich das als zu unpraktisch heraus. Ich kenne einen Fall, wo der Tod erst nach einer Dreiviertelstunde eintrat, und zwar durch ein Lungenödem. Man hat nach einem schnelleren Mittel gesucht. Das zweite war Wasserstoff, dann kam Phenol.«
Zuerst gab man es intravenös, dann als Herzspritze: »Ich nahm an, daß intravenös zu lange dauerte.«
»Wissen Sie, wer tötete, wo getötet wurde und wieviel Menschen diesen Injektionen zum Opfer fielen?«
»Ich fange an mit der Zahl der damit Getöteten; ich nehme an, daß dreißigtausend so umgebracht wurden.«
Es waren in erster Linie die kranken Juden, dann andere Kranke, darüber hinaus Menschen, die nicht aus dem Krankenbau kamen und auch Häftlinge, »die die Lagergestapo so linksum geschickt hatte«.
»Wer tötete?«
»Zuerst Dr. Entress selbst, dann Klehr und — der Reihe nach — Scherpe und Hantl. Hantl hat es selten gemacht. Wir haben Hantl für einen anständigen Menschen gehalten und uns gewundert, daß er es gemacht hat.«
»Woher wissen Sie, daß diese Leute sich dabei beteiligt hatten?«
»Nun, ich war der Chefarzt in diesem Block.«
Fejkiel hat nicht gesehen, daß Klehr tötete: »Ich war nicht drin. Ich hatte auch keine Lust, es zu sehen.«
Fejkiel berichtet, daß man sich im Lager nicht lange darüber aufgehalten habe: »Es war ein so alltägliches Ereignis.« Die Phenolanforderung für die Apotheke sei von Klehr geschrieben und von einem Läufer des Krankenhauses in der Apotheke abgegeben worden.
»Wer hat dem Läufer das Phenol gegeben?«
»Ich habe ihn nicht gefragt; er hat gesagt, er hat es aus der SS-Apotheke.«
Der Zeuge erinnert sich, daß Klehr im Sommer 1943 zwei Ärzte, einen Polen und einen Tschechoslowaken, auf den Hof zwischen Block 20 und Block 21 geführt habe und dort »zuerst Sport mit ihnen gemacht hat«. Später schickte er einen, den noch lebenden Polen, zurück.
»Dr. Samson nahm er mit auf Block 20, dort gab er ihm die Spritze. Eine Stunde später habe ich die Leiche gesehen.«
»Woher wußten Sie, daß Klehr ihn getötet hat?«

»Alle wußten es.«
Die Todesmeldungen wurden mit einigen wenigen stereotypen Todesursachen versehen, Fejkiel erinnert sich an zwei Fälle: »Ein sehr bekannter Rechtsanwalt, ein Österreicher, der erschossen wurde und dessen Leiche ich gesehen habe«, starb laut Eintrag an Lungenentzündung. Ein andermal war der SS-Arzt, Dr. Rohde, in Schwierigkeiten gekommen: Ein deutscher Häftling war angeblich an einer Venenentzündung im rechten Bein gestorben. Doch aus Deutschland war zurückgeschrieben und angefragt worden, wie das denn sein könne, der Mann besitze, nach einer Amputation, gar kein rechtes Bein mehr.
Der Angeklagte Scherpe habe sich in Auschwitz anständig benommen, »aber er tötete auch mit Phenol, natürlich bedeutend weniger als Klehr«.
»Hantl, den kenne ich nur aus diesem einen Fall mit den Kindern. Häftlinge erzählten, daß Scherpe einfach zusammenbrach dabei, und es wurde dann von Hantl beendet.«
Die Zahl der getöteten Kinder schätzt Fejkiel auf »nicht über hundert«: »Wir haben ihnen einen Luftballon organisiert, und sie spielten zwischen Block 20 und Block 21.«
Der Zeuge erinnert sich der großen Fleckfieber-Selektion am 29. August 1942. Der Krankenbau wurde umstellt und Lastwagen fuhren vor, die die Selektierten zur Gaskammer fuhren.
»Alle wurden herausgeholt, auch die Schwerkranken zusammen mit den Strohsäcken, auf denen sie lagen. Die Aktion wurde von Dr. Entress geleitet.«
Der damalige Standortarzt war mitgekommen, »und jedesmal, wenn der Standortarzt sich zeigte, hieß es im Lager: Es wird schlecht; außer bei Wirths.«
»Wer war damals Standortarzt?«
Der Zeuge nennt den heute in Hamburg praktizierenden Arzt Dr. Uhlenbroock.
Fejkiel berichtet von einem Experiment, das 1944 an vier Häftlingen vorgenommen worden sei. Dr. Capesius, Dr. Weber und Dr. Rohde flößten ihnen irgendeine kaffeeartige Brühe ein, so sagt der Zeuge, nach der sie das Bewußtsein verloren: »Alle starben daran.«
»Wissen Sie, was für ein Medikament im Kaffee enthalten war?«
»Nein.«
Fejkiel nimmt an, daß das Experiment der Suche nach einem Mittel diente, mit dem bei Vernehmungen das Unterbewußtsein des Häftlings beeinflußt werden konnte. Für den Initiator sieht er den SS-Arzt Weber an, das Medikament sei wohl von Capesius gewesen.
»War er bei dem Versuch dabei?«

»Ja.«
Von Rohde selbst habe er erfahren, daß die Häftlinge umgekommen seien:
»Er sagte mir: ›Sie haben einen lustigen Tod gehabt.‹«
Der Lagerapotheker hat nach Aussage Fejkiels auch das Giftgas verwaltet; Klehr habe auch bei diesen Tötungen mit Gas mitgewirkt. Zumindest am Anfang.
»Klehr schrieb die Anforderungen für die Sonderzuteilung.«
Ob er die Sonderzuteilungen möglicherweise für seine Phenolabspritzungen bekommen habe?
»Er hat es für Gas bekommen, weil auf den Anforderungen stand: für Tätigkeit in Birkenau.«
Später sei es vielleicht anders gewesen, »später richtete man richtige Schulen des Tötens ein, jeder hat es gelernt«.
Ersatzrichter Hummerich möchte wissen, ob Fejkiel ausschließen könne, daß bei den Tötungen durch Phenol etwa Häftlinge statt des Angeklagten Klehr getötet hätten.
Der Zeuge: »Ich schließe diese Möglichkeit vollkommen aus.«

Anfang Juni 1964, 51. Tag
bis Ende November 1964, 117. Tag

Der ehemalige Professor und Oberarzt der Anatomie in Münster, der achtzig Jahre alte Johann Kremer, schildert den Geschworenen, wie er in Auschwitz für Klehr die Todesopfer aussuchte und die Vergasungen überwachte. Kein Wort des Bedauerns. Der ehemalige Arzt, dem die akademischen Grade abgesprochen wurden, findet es »menschlich verständlich«, daß die Henker Sonderrationen an Schnaps und Zigaretten beanspruchten.
»Es war ja Krieg, und Zigaretten und Schnaps waren knapp. Da waren sie hinterher. Die Bons sammelte man, und dann ging man mit der Flasche hin!«
»Sie auch?«
»Ja, da ging jeder hin.«
Kremer kann ungeschminkt die Wahrheit sagen. Er ist von den Polen für die in Auschwitz begangenen Verbrechen zum Tode verurteilt worden. Am Tag des Hinrichtungstermins wurde er zu lebenslangem Zuchthaus begnadigt und 1958 in die Bundesrepublik abgeschoben. Hier machte man ihm nochmals den Prozeß und verurteilte ihn wegen Beihilfe zum Mord zu zehn Jahren Zuchthaus – verbüßt durch die Haft in Polen. Seitdem ist der frühere Lagerarzt Kremer Rentner in seiner Heimatstadt Münster.
Sein Name fiel mehrfach während des Prozesses, wenn Stellen aus seinem Tagebuch zitiert wurden, in dem er vor allem vermerkte, was in Auschwitz den SS-Offizieren zum Essen serviert

wurde. Da heißt es, der Nachtisch sei vorzüglich gewesen und nebenbei wird erwähnt, daß Klehr vor dem Essen »sechs Frauen abimpfte«.

»Worin bestand Ihr Dienst?«

»Hauptsächlich Schreibarbeit im Vorzimmer des Standortarztes. Dort mußte ich meine Zeit absitzen und Stöße von Totenmeldungen ausschreiben. Die Toten sah ich nie.«

»Waren Sie bei Selektionen dabei?«

»Nein.«

Hofmeyer hält Kremer vor, daß er es früher gesagt und geschildert habe: wie ihm Dr. Entress befahl, ebenfalls die Todesopfer für den Angeklagten Klehr auszusuchen, und wie er sich dagegen sträubte.

»Ja, das war nicht im Krankenbau. Ich habe mich geweigert. Da wurde mir Klehr als Hilfspersonal zugeteilt. Entress sagte noch, er sehe die ausgesonderten Arztvorsteller später nochmals.«

Der Zeuge beteuert, er habe nur die moribunden Kranken ausgesondert und sich auf das Versprechen von Entress verlassen, der Standortarzt werde nochmals eine Nachuntersuchung vornehmen.

Auf Vorhalt erinnert sich Kremer, daß Klehr eigenmächtig jedesmal die »Gruppe der Todeskandidaten« vergrößerte. An einem Tag seien es viele und an einem anderen Tag seien es wenige gewesen, die Klehr noch zusätzlich zu den Todeskandidaten gestellt habe.

»Klehr sagte, das geht nicht, die gehören dahin!«

»Sie wehrten sich nicht?«

»Da konnte ich ja nichts machen.«

Ob der Zeuge eine Tötung mit Phenol gesehen habe?

»Ja, da mußte ich mal hingehen.«

»Er (Klehr) zog sich einen Arztmantel an und sagte dem Mädchen: Du bist herzkrank. Dann kam der Stoß, und da bin ich fortgelaufen.«

»War Klehr allein?«

»Ja!«

»Wurde die Frau festgehalten?«

»Nein, sie ließ sich das gefallen.«

Landgerichtsrat Hummerich: »Es ist doch unwahrscheinlich, daß Sie sich als Universitätsprofessor und SS-Offizier von einem Schuster aus Oberschlesien – wie Sie Klehr früher einmal nannten – auf der Nase herumtanzen ließen!«

»Der Zivilrang spielte doch keine Rolle. Ich hatte gegen Klehr nicht zu sagen. Der stand doch vollkommen unter der Herrschaft des Standortarztes. Ich war ja nur fünftes Rad am Wagen.«

Der Zeuge Hermann Reineck, ein Österreicher, 45 Jahre alt, war wegen seiner Mitgliedschaft bei den revolutionären Sozialisten Österreichs von August 1942 bis November 1944 in Auschwitz. Es war dies eine zusätzliche Aufmerksamkeit der Gestapo: Eineinhalb Jahre Zuchthaus als Strafe eben wegen der hochverräterischen Mitgliedschaft waren bereits verbüßt. Dem Gericht ist Reineck ein wichtiger Zeuge. Auch er bestätigt nämlich, was der Angeklagte Klehr noch immer ohne Wanken bestreitet, was aber auch andere Zeugen schon ausgesagt haben: der frühere Sanitätsdienstgrad Klehr sei Weihnachten 1942 noch im Krankenbau tätig gewesen. (Das ist die Zeit, da er laut Anklage eigenmächtig selektiert und die herausgesuchten Häftlinge mit Phenolspritzen getötet haben soll.)
Hofmeyer weist den Zeugen darauf hin, daß Klehr schon im Herbst 1942 aus dem Krankenbau verschwunden sein will.
»Das ist unmöglich. Ich habe mit Klehr fast jeden Tag gesprochen.«
Der Zeuge aber kam erst im Herbst 1942 in den Krankenbau. Klehr selbst bleibt dabei:
»Herr Vorsitzender, ich kann nicht mehr sagen, und Sie können mich verurteilen, zu was Sie wollen. Ich bin im Herbst 1942 abgelöst worden.«
Reineck erinnert sich an ein Zusammentreffen mit Klehr, das ihm nicht mehr aus dem Gedächtnis gehe. Er hatte eine Meldung auf Block 20 zu bringen und dort, vom Korridor aus, hat er in einem Zimmer »den Klehr gesehen. Mit einer Spritze in der Hand. Gleich links, auf der anderen Seite, sind die toten Häftlinge gelegen. Klehr brüllte mich an: ›Was willst du hier? Schau, daß du 'rauskommst, sonst kommst du auch gleich mit.‹«
Der Zeuge atmet schwer, weint, gewinnt mühevoll die Beherrschung zurück. Es sei ihm damals bekannt gewesen, daß Klehr mit Phenolspritzen getötet habe. Die Begegnung habe ihn bis zum äußersten erschreckt. Vor Klehr und Dr. Entress habe er große Angst gehabt, und deshalb wisse er auch noch, wie sehr alles aufgeatmet habe, als Weihnachten 1942 Entress nicht im Dienst gewesen sei.
»Wir haben geglaubt, daß Ruhe ist. Es war aber nicht so. Klehr hat die Selektionen durchgeführt.«
Der Zeuge weint.

## *Der Broad-Bericht*

Am 7. Juni wird der Broad-Bericht verlesen, jene Darstellung des Konzentrationslagers Auschwitz, die der Angeklagte Pery Broad nach Kriegsende schriftlich niedergelegt und den Englän-

dern übergeben hat. Nach einigem Zögern gibt Broad zu, daß er der alleinige Verfasser dieses Berichts sei, schränkt jedoch ein, er könne sich nicht für den ganzen Inhalt verbürgen, da er manches auf Hörensagen geschrieben habe.
Dies ist ein Teil des Berichts:
Im Dienstzimmer des Leiters der Abteilung II der Kommandantur sind alle Sachbearbeiter und Schreiber versammelt. Der Chef, SS-Untersturmführer Max Grabner, hält eine Dienstbesprechung ab. Wichtigtuerisch schwadroniert der mittelgroße Mann hinter seinem Schreibtisch herum. Seine unzusammenhängenden Sätze und sein falsches Deutsch lassen erkennen, daß man trotz der silbernen Schulterstücke vor einem völlig ungebildeten Menschen steht. Eingeweihte wissen, daß er im Zivilberuf auf irgendeiner Alm Kühe hütete. Jetzt trägt er stolz die Uniform des SD und ist seines Zeichens Kriminalsekretär der Geheimen Staatspolizei. Er ist unzufrieden mit der Arbeit der Abteilung. Es werden ihm zu wenig Strafmeldungen gegen Häftlinge und zu wenig Exekutionsanträge unterbreitet. Weichheit wirft er seinen Untergebenen vor, die vor sich hin starren und keine Entgegnung oder gar Rechtfertigung wagen. Sein Befehl, in Zukunft noch mehr Härte walten zu lassen, wird mit einem stummen Hackenzusammenklappen entgegengenommen. Die Dienstbesprechung findet wie üblich an einem Sonnabendvormittag statt. Grabner pflegt, wie er sich zynisch ausdrückt, jedes Wochenende zu benutzen, »um den Bunker auszustauben«. Die gesamte Abteilung hat sich nach der Besprechung ins Lager Block 11 zu begeben ... Im Block 11 erwartet man im Geschäftszimmer das Erscheinen des Lagerführers, SS-Hauptsturmführer Aumeier ... Diensteifrig folgt ihm sein Rapportführer, SS-Unterscharführer Stiewitz. Dann erscheint noch ein SS-Arzt. Die Aufseher des Zellenbaues und einige Blockführer vervollständigen die Kommission, die sich nun in den Keller begibt, um mit dem »Ausstauben« zu beginnen.
Ein Arrestaufseher öffnet mit einem umfangreichen Schlüsselbund die erste Zellentür. Außerdem müssen noch zwei Eisenriegel zurückgeschoben werden. Eine Flucht ist aus diesem Gefängnis, das sich außerdem noch innerhalb der das Lager umgebenden Starkstromhindernisse befindet, ausgeschlossen. Aus der überfüllten, engen Zelle strömt einem ein würgender Gestank entgegen. Ein Gefangener ruft »Achtung!« und mit teilnahmsloser Miene nehmen die ausgemergelten Gestalten in ihren schmutzigen blauweißen Lumpen in einer Reihe in der Zelle Aufstellung. Einigen sieht man an, daß sie sich nur mit Mühe aufrecht halten. Mit der Gleichmütigkeit von Menschen, deren Lebenswille bereits gebrochen ist, lassen sie die folgende Prozedur über sich ergehen, die sie vielleicht schon einige Male

glücklich überstanden haben und die über Leben und Tod entscheidet. Aumeier hält eine Liste aller Arrestanten gegen die Türe, über die er nun mit Grabner zusammen hier unten Gericht halten will. Der erste nennt seinen Namen und gibt an, wie lange er schon im Zellenbau sitzt. Der Lagerführer fragt kurz den Rapportführer nach dem Einlieferungsgrund. Falls der Häftling von der Abteilung II eingesperrt wurde, was namentlich bei Fluchtversuchen der Fall war, ist Grabner zuständig. Die beiden Lagergewaltigen entscheiden dann: Strafmeldung 1 oder Strafmeldung 2. Die Häftlinge, die zu diesen beiden Kategorien bestimmt werden, verlassen die Zelle und müssen in zwei Gruppen auf dem Mittelgang antreten. Die übrigen bleiben in »Untersuchungshaft« zurück. Die »Straftaten« derjenigen Häftlinge, für die Strafmeldung 1 verfügt wird, bestanden beispielsweise darin, daß sie sich irgendwo ein paar Kartoffeln genommen hatten, ein Wäschestück zu viel besaßen, während der Arbeitszeit eine Zigarette rauchten und derlei Bagatellen mehr. Sie haben das Glück, mit einer Prügelstrafe oder einer gewissen Zeit Strafkompanie, das bedeutet besonders schwere Arbeit, davonzukommen. Anders ergeht es den Unglücklichen, deren weiteres Schicksal durch den Tarnausdruck »Strafmeldung 2« bestimmt wird. Für alle deutlich sichtbar malt Aumeier hinter den betreffenden Namen mit Blaustift ein dickes Kreuz und begrenzt die Ecken sorgfältig mit kleinen Querstrichen. Es war wirklich niemandem mehr ein Geheimnis, was »Strafmeldung 2« bedeutete. Die Gruppe der leichteren Fälle, denen für diesmal noch das Leben geschenkt wird, bringt man nun ins Lager, um die ihnen zugedachten Strafen zu vollstrecken. Die großen Gemeinschaftszellen, die sich im Erdgeschoß und im ersten Stock des Blockes befinden und in denen oftmals über hundert Menschen in einem Raum zusammengepfercht wurden, entleert man, soweit sie Aussicht auf den Hof gestatten, und führt die Insassen, Häftlinge und voneinander getrennt männliche und weibliche Zivilgefangene in Zellen auf der anderen Seite. Die Todeskandidaten werden in einen im Erdgeschoß liegenden Waschraum geführt. Häftlinge, die im Block 11 als Reiniger und Schreiber tätig sind, verhängen mit einer Decke das Fenster und sorgen dafür, daß sich ihre unglücklichen Leidensgenossen ausziehen. Mit Kopierstift malen sie diesen Menschen, die sichtlich mit dem Leben abgeschlossen haben und vielleicht mit einer gewissen Erleichterung wissen, daß sie in wenigen Minuten für immer von ihren Peinigern befreit und von den erduldeten Leiden erlöst sein werden, mit großen Zahlen ihre Häftlingsnummer auf den Oberkörper, um die Registrierung der Leichen in der Leichenhalle oder im Krematorium zu ermöglichen.

An der einen Steinmauer im Hof des Blocks 11 steht die Schwarze

Wand. Für Tausende unschuldiger Menschen, Patrioten, die nicht um materieller Vorteile willen ihre Vaterlandsliebe zu verraten bereit waren, für Menschen, denen es geglückt war, aus der Hölle von Auschwitz zu entfliehen und die das bittere Los traf, wieder ergriffen zu werden, für nationalbewußte Männer und Frauen aus allen einst von den Deutschen besetzten Ländern ist diese Wand aus schwarzen Isolierplatten zum Endmeilenstein ihres Daseins geworden. Der Rapportführer oder ein Arrestaufseher vollzieht die Erschießung. Um nicht die Aufmerksamkeit der Passanten zu erregen, die auf der nicht weit hinter der Steinmauer vorbeiführenden Landstraße entlanggehen, wird ein Kleinkalibergewehr mit einem Magazin für 10 bis 15 Schuß verwendet. Kaum hörbar fällt Schuß auf Schuß. Röchelnd brechen die Opfer zusammen. Der Henker stellt fest, ob seine Genickschüsse, die er aus wenigen Zentimetern Entfernung abgibt, gut sitzen. Er tritt den am Boden Liegenden auf die Stirne, zieht die Haut zurück, um auf diese Weise festzustellen, ob ihr Blick gebrochen ist. Aumeier und Grabner sehen sachverständig zu. Wenn ein Erschossener noch röchelt, dann befiehlt einer dieser beiden SS-Führer: »Der muß noch einen kriegen!« Oft wird die letzte Sekunde der an der Schwarzen Wand stehenden Menschen qualvoll verlängert. Sie spüren, wie ihnen die kalte, mit Blut besudelte Gewehrmündung ins Genick gehalten wird, hören das Knacken des Gewehrhahns . . . Ladehemmung! Gelangweilt setzt der Henker ab, bastelt umständlich an der Waffe herum, spricht mit den Anwesenden darüber, daß es Zeit sei, ein neues Gewehr zu beschaffen. Um die Todesqualen des an der Wand wartenden Opfers kümmert sich niemand. Ein eiserner Griff umklammert seinen Arm und hält ihn fest. Schließlich wird das Gewehr wieder angesetzt. Diesmal kann es funktionieren, es können sich aber noch weitere Ladehemmungen einstellen. Nach etwa einer Stunde ist dieses unbeschreiblich grauenhafte Schauspiel vorbei. Grabner hat seinen Bunker »ausgestaubt« und sitzt nun bei einem guten Frühstück. Der Hof von Block 11 liegt wieder wie ausgestorben da. Der Sand vor der unbeteiligt dastehenden Schwarzen Wand ist frisch geharkt. Über ein paar großen schwarzroten Flecken am anderen Ende des Hofes brummt ein Fliegenschwarm.

Ein- bis zweimal tagte monatlich im KZ Auschwitz das »Polizei- und Standgericht« der Staatspolizeistelle Kattowitz. Dann erschien der Allgewaltige von Oberschlesien, SS-Obersturmbannführer und Oberregierungsrat Dr. Mildner. Dieser Mann war einer der blutrünstigsten Schlächter, die im Dritten Reich existierten. Er stellte schon rein äußerlich die Verkörperung eines Despoten dar. Auffallend war besonders sein wuchtiger, stiernackiger Schädel, aus dem ein Paar eiskalte, grausame Augen

prüfend betrachteten. Er leitete die Staatspolizeistelle Kattowitz und war Vorsitzender der Standgerichte. Die Sitzungen fanden stets im KZ Auschwitz statt, weil dort auch gleich die Urteilsvollstreckung durchgeführt werden konnte.
Die organisatorischen Vorbereitungen für eine Standgerichtssitzung führte der Kriminalsekretär Kaus durch, der auch der Gestapo Kattowitz angehörte. Er trug eine SD-Uniform. Man sah dem ziemlich unbedeutend wirkenden Büromenschen mit seinen harmlosen dicken Brillengläsern nicht an, mit was für einer Sonderaufgabe er betraut war. Mit Lastwagen wurden aus den Gefängnissen, in erster Linie aus dem Gerichtsgefängnis Byslowitz, die Opfer des Standgerichts nach Auschwitz transportiert.
Die Verurteilten standen in dem Hof vor dem Krematorium. Die schmiedeeiserne Lampe über der Türe erinnert an den Eingang zu einem gemütlichen Häuschen und wirkt wie Ironie an dieser Pforte, die Unzählige durchschritten ohne zurückzukehren und über deren Schwelle täglich Wagenladungen von Leichen hereingezerrt wurden. In Abteilungen von je vierzig Personen werden die Standgerichtshäftlinge in den Vorraum geführt, um sich auszuziehen. Ein SS-Posten steht an der Türe zur Leichenkammer, in der die Exekution stattfindet. Immer zehn führt er zur Richtstätte. Im Vorraum hört man die Schüsse und den Aufschlag der Köpfe auf dem Zementboden. Erschütternde Szenen spielen sich ab. Mütter trennen sich von ihren Töchtern, Männer, an deren Haltung man ehemalige Offiziere erkennt, reichen sich zum letztenmal die Hände, andere verrichten ein letztes Gebet.
In der Abteilung II ist man unterdessen emsig dabei, die Exekutionsprotokolle zu schreiben. Todesursache: Mehrere Brustdurchschüsse, darunter ein Herz- und zwei Lungenschüsse . . ., so heißt es im allgemeinen. Man ist sehr vorsichtig und wird auch in diesen Scheinprotokollen niemals schriftlich festlegen, daß es im nationalsozialistischen Deutschland die von der Propaganda so erfolgreich ausgeschlachteten Genickschüsse gibt.

Über die Vergasungen schreibt Broad unter anderem:
Der Bau der vier neuen Krematorien in Birkenau wurde mit allen Mitteln forciert. Zwei waren mit unterirdischen Gaskammern ausgestattet, in denen man je ca. 4000 Menschen gleichzeitig töten konnte. An die beiden anderen, etwas kleineren Krematorien waren zwei dreiteilige Gaskammern zu ebener Erde angebaut worden. Außerdem befand sich in jeder dieser Mordfabriken eine gewaltige Halle, wo sich die »Ausgesiedelten« zu entkleiden hatten. Im Krematorium eins und zwei waren diese Hallen ebenfalls unterirdisch. Eine etwa zwei Meter

breite Steintreppe führte hinab. Bevor jedoch alle vier Krematorien überhaupt fertiggestellt waren, war bei dem bereits in Betrieb genommenen Krematorium eins der Schornstein wegen Überbeanspruchung geborsten und reparaturbedürftig. Die Krematorien eins und zwei waren mit je fünfzehn Öfen für je vier bis fünf Leichen ausgestattet. Die Zentral-Bauleitung des KZ Auschwitz war so stolz auf ihre Leistung, daß im Vestibül ihres Hauptgebäudes eine Zusammenstellung von Bildern aus dem Krematorium öffentlich ausgehängt wurde. Man ließ vollkommen außer acht, daß die Zivilisten, die dort aus- und eingingen, durch eine Großaufnahme von fünfzehn säuberlich nebeneinander liegenden Verbrennungsöfen wohl weniger zu Betrachtungen über das technische Können der Bauleitung als vielmehr zum Nachdenken über die doch sehr zweifelhaften Einrichtungen des Dritten Reiches angeregt werden würden. Grabner sorgte zwar sehr bald dafür, daß diese eigenartige Propaganda sofort eingestellt wurde, konnte jedoch nicht verhindern, daß die Bauleitung dieses Bauvorhaben mit zahlreichen Zivilarbeitern durchführte, die natürlich die Anlagen der Krematorien genauestens kannten und draußen von dem Geschehen berichteten.
Im Frühjahr 1944 erlebte Auschwitz seinen Höhepunkt. Lange Eisenbahnzüge pendelten zwischen dem Nebenlager Birkenau und Ungarn hin und her. Alle ungarischen Juden sollten schlagartig vernichtet werden. Der frühere Kommandant von Auschwitz, SS-Sturmbannführer Höß, der nun Chef der Amtsgruppe D 1 des SS-Wirtschafts- und Verwaltungshauptamtes in Berlin war, leitete als verantwortlicher Mann die Aktion. In Birkenau war zu jener Zeit SS-Hauptsturmführer Kramer Kommandant, der später in Belsen sein Wesen trieb. Eine bis zu den neuen Krematorien führende dreigleisige Eisenbahnanlage ermöglichte es, daß ein Zug entladen wurde und der nächste schon einfuhr. Im Durchschnitt trafen täglich 10 000 Menschen in Birkenau ein. Alle vier Krematorien arbeiteten auf Hochdruck. Doch bald waren von der pausenlosen Höchstbeanspruchung wieder die Öfen durchgebrannt und nur das Krematorium drei rauchte noch. Es half nichts, die Scheiterhaufen mußten wieder errichtet werden, um die sich hinter den Krematorien zu Tausenden türmenden Leichen verbrennen zu können. Die Gaskammern wurden zur Entlüftung wieder aufgerissen, wenn kaum das letzte Stöhnen verstummt war. Die Lagerstraßen waren schon wieder verstopft mit unendlichen Kolonnen neuer Opfer. Die Sonderkommandos waren verstärkt worden und arbeiteten fieberhaft daran, die Gaskammern immer wieder zu entleeren. Auch eins der weißen Bauernhäuschen war wieder in Betrieb genommen worden. Es trug die Bezeichnung Bunker 5 und Moll trieb dort sein blutiges Handwerk. Die Krematorien eins und zwei leitete SS-Ober-

scharführer Hußfeld, der schon in Lublin die notwendigen Erfahrungen im Massenmord gesammelt hatte. SS-Oberscharführer Voß war für die Vergasungen und Verbrennung der Leichen in den Krematorien drei und vier verantwortlich. Es ging pausenlos. Man hatte kaum die letzte Leiche aus den Kammern gezogen und über den mit Kadavern übersäten Platz hinter den Krematorien zur Brandgrube geschleift, als schon in der Halle die nächsten zur Vergasung ausgezogen wurden ... Es war kaum möglich, in der Geschwindigkeit die zahllosen Kleidungsstücke aus den Auskleidungsräumen abzutransportieren. Manchmal krähte noch unter einem Kleiderbündel das Stimmchen eines Kindes, das man vergessen hatte. Es wurde herausgezerrt, hochgehalten und von irgendeinem der völlig vertierten Henkersknechte durch den Kopf geschossen. Höß trieb die meist betrunkenen SS-Leute, die in diesen fünf Vernichtungsstellen Dienst hatten, zu höchster Eile an. Die Russen hatten schon ganz Ostungarn besetzt. Es war keine Zeit zu verlieren. Lublin, das berüchtigte Schwesterunternehmen von Auschwitz, befand sich schon in russischer Hand, fiel also bei dieser Aktion mit seinen Gaskammern aus. Man sprach davon, daß Höß schon das Ritterkreuz zum Kriegsverdienstkreuz winke. Wenn man die Zahl derjenigen, die innerhalb dieser wenigen Wochen ermordet wurden, mit einer halben Million angibt, dann dürfte das eher zu tief als zu hoch gegriffen sein. Dazwischen kamen natürlich immer noch die regulären Transporte aus Polen, Theresienstadt usw. Die Stimmung der Häftlinge aller Nationalitäten im Lager war angesichts dieses Massenmordens völlig niedergeschlagen. Dieses furchtbare Sterben, das selbst Auschwitz in dieser Form noch nicht erlebt hatte, löste bei allen Depressionen aus. Viele verloren ihre letzten Anverwandten, die sich aus der Slowakei oder aus Polen in das bis 1944 verschont gebliebene Ungarn gerettet hatten.

Die Wochen der Ungarnaktion waren aber der wahnwitzigste Höhepunkt und zugleich die Wende in der Geschichte dieses Vernichtungslagers. Es dauerte nicht mehr allzu lange und die Judenvergasungen mußten eingestellt werden. Die Deutschen waren aus allen einst besetzten Gebieten wieder zurückgedrängt worden. Die Zeit, während der die Häftlinge in grauer Trostlosigkeit in die Zukunft blickten, war vorbei. Sie wußten, daß der Tag ihrer Befreiung nicht sehr lange auf sich warten lassen würde und diese Gewißheit ließ sie mit aller Energie durchhalten. Auch die SS-Leute empfanden teilweise schon manchmal ein leises Unbehagen bei der Mahlzeit von Restbeständen griechischer Feigen oder ungarischer Würste. Sie begannen innerlich die Tätowierung unter dem Arm zu verfluchen und wurden im Umgang mit Häftlingen sanft. Das Geschehene ließ sich jedoch nicht mehr ungeschehen machen. Aus den Personalakten wurden alle Schreiben herausgerissen, die irgend etwas mit »Sonderbehandlung« oder »gesonderter Unterbringung« zu tun hatten. Ebenso wurde auf Befehl des Reichssicherheitshauptamtes in Berlin mit Schriftstücken verfahren, in denen etwas von Prügelstrafen stand.

Oftmals trafen wenige Stunden nach der Abwicklung eines Transportes in Auschwitz Blitz-Fernschreiben vom Reichssicherheitshauptamt oder vom SS-Wirtschafts-Verwaltungshauptamt ein, die von SS-Sturmbannführer Eichmann oder SS-Obersturmbannführer Liebehenschel, dem späteren Kommandanten von Auschwitz und schließlich von Berlin, unterzeichnet worden waren. Es handelte sich darum, daß, während der Transport schon von Paris oder einem anderen Ausgangspunkt nach Birkenau rollte, durch Interventionen der Auslandspresse einer befeundeten oder verbündeten Macht oder durch eigene Feststellungen sich ergeben hatte, irgendeine Person sei arisch oder dürfte aus anderen Gründen auf keinen Fall mit dem RSHA-Transport in das Vernichtungslager. Alle Personen standen auf der vom Transportführer der Abteilung Aufnahme übergebenen Liste, die auch in dem Büro der Aufnahme aufbewahrt wurde. Diejenigen, die als Häftlinge ins Lager zum Arbeitseinsatz eingeliefert worden waren, wurden in der Registratur der Abteilung II erfaßt. Für diese Personen wurden Personalbögen oder nur Karteikarten ausgestellt. Hinter der Rubrik »Einweisungsgrund« stand »gemäß Erlaß des RSHA Nr. . . .« Die Nummer war abhängig von dem betreffenden Land, aus dem der Transport kam. Außerdem wurden die Neuaufgenommenen in einer Zugangsliste zusammengestellt, die nach Haftnummern geordnet war. Die Person, nach deren Verbleib in derartigen Blitz-Fernschreiben gefahndet wurde, suchte man zuerst in der Zugangsliste. Wenn sie dort unauffindbar blieb, dann war es schon zu spät. Eine Gegenprobe auf der Transportliste bei der Aufnahmeabteilung bestätigte, daß sie mit dem Transport eingetroffen und als arbeitsunfähig sonderbehandelt wurde. Man darf sich nun nicht etwa unter den Arbeitsunfähigen nur Krüppel, Greise und Schwerkranke vorstellen. Bei dem Gedränge auf der Rampe, wo der diensthabende Arzt die Sondierung vornahm, ging es ziemlich willkürlich zu. Höchstens 10 bis 15 % eines jeden Transportes blieben durchschnittlich als Arbeitsfähige im Lager.
Wenn Anfragen des Reichssicherheitshauptamtes eintrafen, die längere Zeit zurückliegende Transporte betrafen, dann war in der Regel gar nichts mehr festzustellen. Ältere Transportlisten wurden nämlich vernichtet. Über das Schicksal der betreffenden Person war dann in Auschwitz nichts mehr in Erfahrung zu

bringen. Der Nachgefragte »sitzt nicht ein und hat auch nicht eingesessen« oder »ist nicht karteimäßig erfaßt«, wie es in der Antwort allgemein formuliert wurde. Jetzt, nach der Räumung von Auschwitz und der Verbrennung aller Schriftstücke und Akten, ist über den Verbleib von Millionen Menschen undurchdringliches Dunkel gebreitet. Es existieren keine Transport- oder Zugangslisten mehr.

### *Lokaltermin in Auschwitz beantragt*

Am 8. Juni, dem 53. Verhandlungstag, gibt der als Nebenkläger auftretende Frankfurter Rechtsanwalt Ormond die Bereitschaft der polnischen Regierung bekannt, dem Frankfurter Schwurgericht zur besseren Wahrheitsfindung eine Ortsbesichtigung des Konzentrationslagers zu ermöglichen. Einzelheiten bedürften der Vereinbarung durch bevollmächtigte Vertreter.

Ormond begründet seinen Antrag auf »Besichtigung des Tatortes Auschwitz« unter anderem damit, daß noch so präzise Zeugenaussagen, noch so gute Skizzen und Schaubilder nicht den persönlichen Eindruck ersetzen könnten. Er sei sich über die rechtlichen, technischen und vielleicht auch politischen Schwierigkeiten seines Antrages im klaren, jedoch der Meinung, sie könnten bei gutem Willen auf deutscher und polnischer Seite überwunden werden.

Landgerichtsdirektor Hofmeyer weist vor allem auf völkerrechtliche Bedenken hin. Er erklärt, daß die Amtshandlung eines deutschen Richters im Ausland möglicherweise eine Souveränitätsverletzung des betreffenden Staates darstelle. Ormond erwidert, das Schwurgericht werde aus der überreichten Vollmacht seines polnischen Gesprächspartners ersehen, daß die polnische Regierung diese Frage prüfen werde.

Rechtsanwalt Dr. Laternser greift die vom Vorsitzenden geäußerten völkerrechtlichen Bedenken auf; selbst wenn die polnische Regierung eine Ortsbesichtigung erlauben sollte, stünden ihr doch grundsätzliche Bedenken von deutscher Seite entgegen. Die Bundesrepublik werde niemals einer richterlichen Tätigkeit auf ausländischem Boden zustimmen, da sie – seiner Meinung nach – einen Rechtsbruch darstelle. Rechtsanwalt Schallock teilt diese Bedenken nicht und befürwortet den Antrag des Nebenklägers.

Der Zeuge Wilhelm Prokop, 67 Jahre alt, stammt aus Loslau. 1939 war er verhaftet und zu drei Jahren Zuchthaus verurteilt worden »wegen Zugehörigkeit zu polnischen Verbänden in Polen«. Nach seiner Entlassung ließ ihn die Gestapo nach Auschwitz einliefern, wo er von Anfang Juli 1943 bis Oktober 1944 sein Dasein fristete, und zwar in der SS-Apotheke auf Block 9. Capesius, mit Brille, schreibt eifrig mit.

»Auf dem Dachboden war ein Raum, wo man Medikamente sortiert hat«, im Keller gab es einen Waschraum und mehrere Kessel. »Die weiteren Räume waren nicht zugänglich. Ich hatte aber Gelegenheit festzustellen, was da war.«

Da waren vier nackte Wände und »ich war sehr verwundert, warum geht man in einen nackten Keller?« Doch dann sah er mehr: einen kleinen Schrank mit einer eisernen Tür:

»Dort war das Zyklon-Gas aufbewahrt.«

»Wer hatte den Schlüssel für diesen Schrank in Verwahrung?«

»Dr. Capesius.«

Der frühere SS-Lagerapotheker bestreitet strikt, daß Zyklon-B-Gas in der Lagerapotheke aufbewahrt worden sei, für solche Aussage hat er nur ein Lächeln.

Der Zeuge: »Ich habe in ihm einen Menschen gesehen, für den ein Häftling nur eine Nummer war, einzig und allein dazu bestimmt, ausgelöscht zu werden.«

Der Angeklagte schüttelt den Kopf, lacht vergnügt.

»Eines Tages drohte er mir mit dem Tod.«

Capesius war, wie der Zeuge sagt, eines Tages auf der Rampe, um Medikamente zu organisieren, die sich im Gepäck der Häftlinge befanden. Mit verschiedenen Koffern und Taschen kehrte er zurück. »Ich bekam den Befehl, diese Koffer abseits zu stellen.« Beim Auspacken der Gepäckstücke sei Capesius dann dabeigewesen.

»Er begann, sich an eine große Kofferkiste heranzumachen. Er öffnete sie, ich habe gesehen, daß diese Kiste mit wohlsortierten Medikamenten gefüllt war. Ich habe damals gedacht, da ist ja eine ganze Apotheke drin in der Kiste.«

Die Medikamente verschwanden in der SS-Apotheke, sagt der Zeuge.

»Dann kam die Reihe an die anderen Koffer. Zu meinem Erstaunen waren erstklassige neue Anzüge darin.«

Der Angeklagte lacht.

Im zweiten Koffer befanden sich Wäsche, Schuhwerk und andere Sachen, jedenfalls keine Medikamente. Er, Prokop, habe wohl etwas »dumm geschaut«, als er dies gesehen habe.

»Das hat Capesius bemerkt, und er hat zu mir gesagt: ›Prokop, Sie wissen, wozu Sie hier sind. Eher oder später sind Sie ein Kandidat des Todes (Capesius lächelt). Es liegt in Ihrer Hand, wann dieser Zeitpunkt eintritt. Es ist in Ihrem Interesse, diesen Zeitpunkt so weit wie möglich hinauszuschieben. Sollten Sie jedoch etwas bemerkt haben und darüber sprechen, so kann dieser Zeitpunkt eher eintreten, als Sie vermuten. Ich hoffe, Sie

haben mich richtig verstanden.‹ – Ich hatte ihn sehr gut verstanden.«
Capesius freut sich, der Zeuge scheint ihm Spaß zu machen. Da mahnt ihn der Vorsitzende:
»Herr Dr. Capesius, das ist eigentlich kein Grund zum Lachen. Das war doch eine Todesdrohung?«
»Oder eine Warnung zur Vorsicht«, bemerkt Dr. Laternser.
Der Zeuge hat es so verstanden: Capesius drohte mit einer Kugel in den Kopf, mit der Gaskammer.
Was mit den Koffern wurde?
»Capesius gab mir den Befehl, diese beiden Koffer so zu stellen, daß sie nicht sofort auffielen. Er ließ sich die Stelle zeigen und befand sie gut. Am nächsten Tag waren die beiden Koffer schon weg.«
Eine Seite des Dachbodens sei mit vielen offenen Koffern voller Zähne und Zahnprothesen vollgestellt gewesen.
»Das ist der widerlichste Augenblick, von dem ich gezwungen bin zu berichten.«
Capesius habe sich herumführen lassen und auf der rechten Seite des Dachbodens die gefüllten Koffer gesehen.
»Dabei waren noch Kiefernstücke, Zahnfleisch und Knochenstücke zu sehen. Es war alles in Verwesung übergegangen. Es stank stark. Es war ein makabrer Anblick. Capesius fragte: ›Was ist das?‹ Prokop will ihm erklärt haben, es gehöre eigentlich nicht dorthin, sondern zur Zahnkammer.
»Capesius machte rechtsum, ging auf die Koffer zu, hockte sich daneben und fing mit seinen eigenen Händen an, in diesem stinkenden Zeug herumzuwühlen. Er zog eine Prothese heraus und schätzte ab, wieviel sie wert sei – und ich, ich bin davongelaufen.«
»Was geschah mit diesen Koffern?«
»Ich habe bemerkt, daß der Inhalt Tag für Tag kleiner wurde.«
Der Zeuge hat nicht gesehen, wer sie entleerte, aber:
»Ich habe doch eingangs schon gesagt, wer sich für den Inhalt der Koffer interessierte.«
Der Angeklagte Capesius erklärt, er habe Wilhelm Prokop nicht mit dem Tode bedroht, und auf dem Dachboden habe nur ein einziger kleiner Koffer gestanden. Mit ausgekochten Zahnprothesen.

## *»Phenol pro injectione«*

Der 47 Jahre alte Apotheker Jan Sikorski aus Wauschau war im Mai 1941 verhaftet worden, im Juni des gleichen Jahres fand er sich in Auschwitz wieder. Zunächst arbeitete er im Zementmagazin, dann mußte er Erde planieren für die Buna-Werke. Er erkrankte schwer, kam in den Häftlingskrankenbau. Eines anderen Tod gab ihm eine Überlebenschance:

»Im Winter wurde der Häftling, der in der Apotheke arbeitete, erschossen. Danach wurde von dem Chef der Apotheke, Krömer, befohlen, alle Apotheker im Lager sollten sich melden. Wir kamen zu dritt, alle drei waren Polen. Der Apotheker Krömer wählte mich von diesen dreien, und ich begann dort zu arbeiten. Er unterwarf mich einer kleinen Prüfung und sagte, Sie sind wohl ein Apotheker, aber ohne viel Ahnung. Das stimmte sogar.«

Alle Anforderungen der Auschwitzer SS-Apotheke sind, so berichtet der Zeuge, nach Berlin gegangen, auch eine Bestellung »Phenol pro injectione« sei darunter gewesen. Er habe leider vergeblich versucht, sie aufzuheben: »Zur Erinnerung. Es gab wohl nicht viele Apotheker in der Welt, die eine solche Anforderung geschrieben haben.« 1943 erkrankte der SS-Apotheker Krömer und »danach kam Dr. Capesius«.

»Wer war noch in der Apotheke beschäftigt?«

Der Zeuge zählt sie alle auf, den Vertreter von Capesius, die Unteroffiziere, die Häftlinge, über fünfzehn Personen, die meisten mit Namen und Beruf. Da war der Besitzer eines kleinen Tabakladens in Berlin (»er erzählte uns immer davon«); ein Schulfreund des SS-Mannes Krömer, Häftling, weil Jude; ein dicker ungarischer Weinhändler; Drogisten; Apotheker; ein vom Schicksal zusammengewürfeltes Ensemble auf der Bühne des Todes von Auschwitz.

Jawohl, Capesius habe die auf vorgedruckten Formularen niedergeschriebenen Anforderungen unterschrieben, bestimmt habe er auch Phenol angefordert. Ob jedoch die Worte »pro injectione« dabeigestanden haben, wisse er heute nicht mehr.

»Welche Mengen von gereinigtem Phenol wurden angefordert?«

»Zuerst kleine Mengen, später zwei bis fünf Kilogramm im Monat.«

»Wozu wird es im allgemeinen im Arzneischrank verwendet?«

»Wie es in Deutschland ist, weiß ich nicht. Bei uns in Polen wird es ganz wenig gebraucht.«

Mit Glyzerin wende man es als Ohrentropfen an.

»Ja, das hat uns auch der Dr. Capesius erzählt. Das sei die Bestimmung des Phenols gewesen.«

Hofmeyer rechnet nachdenklich vor: zwei bis fünf Kilogramm im Monat, das Kilogramm zu tausend Gramm, auf ein Gramm mehrere Tropfen:

»Da hätte man ja ganze Armeen an den Ohren heilen können.

Halten Sie es für möglich, daß diese Mengen tatsächlich bestellt wurden, um Ohrentropfen herzustellen?«
»Für diese Zwecke hätten wir bis zwanzig Gramm pro Jahr gebraucht.«
»Wo stand denn die Vorratsmenge?«
»In einem gelben Schrank in der Ecke der Apotheke. Manchmal wurde es auch, die größeren Vorräte, im Keller aufbewahrt.«
Capesius habe die Anforderung bekommen und dann gesagt, das müsse erledigt werden. Danach wurde es von irgend jemand abgeholt: »Bestimmt weiß ich, daß der Angeklagte Klehr es einige Male geholt hat.«
»Der Dr. Capesius hat uns gesagt, er habe weder von großen Mengen Phenol gewußt, noch, daß damit Menschen getötet wurden.«
»Wenn ich an seiner Stelle wäre, hätte ich heute das gleiche gesagt.«
Auch das Zyklon-B-Gas sei, zumindest in der ersten Zeit, in der Apotheke aufbewahrt worden, später im sogenannten Theaterbau und im Alten Krematorium.
»Soweit ich mich erinnere, hat Capesius auch einmal gesagt, er möchte damit nichts zu tun haben. Er wollte das an die Verwaltung zurückgeben. Er hat das auch so getan.«
»Wer hatte die Schlüssel zu den Räumen, in denen das Gas aufbewahrt wurde, a) in der Apotheke, b) im Theatergebäude, c) im Alten Krematorium?«
»Diese Schlüssel besaß alle Dr. Capesius. Soweit ich informiert bin, hatte er die Schlüssel in einer Schublade seines Schreibtisches.«
Ohne Wissen des Dr. Capesius habe in der Lagerapotheke nichts gemacht werden können, sagt der Zeuge.
»Muß er gewußt haben, welche Menge Zyklon B verbraucht worden ist?«
»Ganz bestimmt hat er es gewußt.«
Auch dieser Zeuge kann dem Angeklagten nicht bestätigen, daß nur ein einziger kleiner Koffer mit Goldzähnen auf dem Dachboden der Apotheke gestanden habe. Als der Zeuge die Koffer zum erstenmal sah, seien es mindestens fünfzehn gewesen. Capesius habe ihn rufen lassen und befohlen, daß »alles geordnet wird«, was sich in den Koffern befand. »Er sagte: er nimmt das an sich.«
Von unmittelbaren Tätlichkeiten des Angeklagten gegenüber den Häftlingen hat der Zeuge nichts zu berichten, im Gegenteil:
»Capesius hatte unter den Häftlingen einen guten Ruf. Er war ein sachlicher Mensch.«

*Lokaltermin in Auschwitz oder nicht?*

Der Erste Staatsanwalt nimmt, nach fünfzehn Tagen, Stellung zu dem Antrag des Nebenklägers Ormond, das Gericht möge den Tatort Auschwitz in Augenschein nehmen. Auch der Vertreter der Anklage läßt nun hören, daß er einen Lokaltermin als unumgänglichen Teil der Beweisaufnahme ansehe, weil nur mit solcher Hilfe eine eindeutige Kenntnis der Gesamtsituation zu erlangen sei, vor allem, was die Beobachtungsmöglichkeiten innerhalb der einzelnen Lagerabschnitte angehe; Zeugenaussagen seien kein vollwertiger Ersatz. Das Schwurgericht möge prüfen, ob die polnische Regierung den Mitgliedern dieses Gerichts und auch den Angeklagten freies Geleit gebe, ob und welche Rechte dem deutschen polizeilichen Begleitkommando eingeräumt würden, ob und in welcher Weise die Öffentlichkeit der Verhandlung gewahrt bleibe, ob ein sicheres Geleit durch die Transitländer erwartet werden dürfe. Großmann weist darauf hin, daß ein etwaiger Lokaltermin in Auschwitz kein Novum in der Prozeßgeschichte sei; mehrfach seien Amtshandlungen eines deutschen Schwurgerichts im Ausland getätigt worden, zum Beispiel während des Zweibrücker Rothaar-Prozesses.

Verteidiger Laternser wundert sich. Eine solche Stellungnahme habe er nicht erwartet. »Offenbar hat sich die Staatsanwaltschaft nicht genügend Gedanken gemacht.« Was die materielle Seite angehe, so zeichne den Antrag auf Augenschein nach zwanzig Jahren ein Widerspruch in sich aus. Die naturgemäßen Gegebenheiten seien nicht mehr die gleichen. Er denke dabei nur an den Aufwuchs, an Bäume und Sträucher. Das Lager diene jetzt musealen Zwecken, Wiederinstandsetzungsarbeiten seien vorgenommen worden, die das ursprüngliche Bild erheblich verändert hätten. Gewisse Verdeutlichungen hätten zweifellos ihren Sinn; wenn sie etwa der Abschreckung dienten vor künftigen Lagern, so sei dies ein vernünftiger Zweck. Sie seien aber nicht geeignet, sichere Beweisanzeichen für Erkenntnisse dieses Gerichtes zu liefern.

Auch formell habe er mannigfaltige Bedenken. Jeder Verteidiger müsse die Gelegenheit haben, an einem Lokaltermin teilzunehmen, doch sei in diesem Falle zu fragen, ob eine Reise hinter den Eisernen Vorhang zumutbar sei. Er macht darauf aufmerksam, »daß, wenn aus grundsätzlichen Erwägungen heraus sich ein Verteidiger auf den Standpunkt stellt, diese Reise sei ihm nicht zumutbar und er nicht reist, daß dies ein erfolgreicher Revisionsgrund gegen das Urteil des Schwurgerichts ist. Die Reise nach Auschwitz ist mir aber nicht zumutbar, denn ich weiß nicht, wie sie enden wird.«

Ein heftiger Zusammenstoß zwischen Laternser und Großmann folgt, nachdem der Verteidiger die Stellungnahme der Staatsanwaltschaft als Antrag bezeichnet und der Erste Staatsanwalt dem Verteidiger zugerufen hat: »Sie machen's dauernd falsch.« Laternser wütet: »Sie sollen nicht solche unangemessenen Bemerkungen machen. Ich verbitte mir das!« Großmann, bissig: »Sie können sich verbitten, was Sie wollen.« Im übrigen habe er von dem Verteidiger Laternser keine Zustimmung erwartet, »es wäre auch verwunderlich gewesen, nach seinem bisherigen Verhalten«.
Rechtsanwalt Schallock will nach Absprache mit Dr. Aschenauer ebenfalls einen Beweisantrag auf Tatortbesichtigung in Auschwitz stellen. Er begrüßt die Stellungnahme der Staatsanwaltschaft. Die von Laternser aufgeworfene Frage der Zumutbarkeit bezeichnet Schallock als den Ausdruck einer ganz falschen Einstellung gegenüber den Ländern hinter dem Eisernen Vorhang. Man könne gegen den Kommunismus sein, aber zum Beispiel nicht von vornherein Zweifel in ein Wort setzen, das die polnische Regierung gegeben habe.
Rechtsanwalt Gerhardt erregt sich, ohne so recht deutlich zu werden. Er müsse ganz energisch widersprechen. »Daß wir kein Vertrauen zu Diktaturen haben, wie Spanien oder Polen, ist doch klar«. Er erinnert an die »Auferstehung« in der Zone und in Ungarn und bemerkt, daß die Diktatur Polen das zu tun pflege, was sie für nötig halte. Wenn aber ein Repräsentant der Zone hier auftreten könne, dann sei dies nur »ein Beweis für die Schwäche unserer Demokratie«.
Auch Rechtsanwalt Zarnack zeigt sich verwundert, »allerdings im entgegengesetzten Sinne«, nämlich darüber, daß sich die Staatsanwaltschaft allein von rechtlichen Überlegungen habe leiten lassen, doch er begrüßt es. Politische Erwägungen habe das Gericht nicht anzustellen, »sonst hätten wir die politische Justiz«. Danach zitiert er aus dem Aufsatz »Die Barbarei der Strafjustiz«, geschrieben im Jahre 1928 vom Senatspräsidenten des damaligen Kammergerichts Adolf Baumbach:
›Die Strafjustiz ist zur Dirne der Politiker geworden. Was Wunder, wenn in solchem Sumpf der Moder des Verbrechens blüht. Dabei sind sie alle, alle ehrenwerte Leute.‹
Zarnack hält eine Ortsbesichtigung für notwendig, die vorgebrachten politischen Bedenken kann er nicht teilen.

Auf Antrag Dr. Aschenauers wird eine Rede Himmlers auszugsweise verlesen, gehalten am 4. Oktober 1943 vor SS-Führern in Posen. Staatsanwalt Vogel meint, da möge man aber noch einen Absatz verlesen, der offensichtlich von dem Verteidiger ausgespart worden sei. Und in eben diesem Absatz heißt es, so ist zu hören: »Ich meine jetzt die Judenevakuierung, die Ausrottung des jüdischen Volkes. Es gehört zu den Dingen, die man leicht ausspricht. – ›Das jüdische Volk wird ausgerottet‹, sagt ein jeder Parteigenosse, ›ganz klar, steht in unserem Programm, Ausschaltung der Juden. Ausrottung, machen wir.‹ Und dann kommen sie alle an, die braven achtzig Millionen Deutschen, und jeder hat seinen anständigen Juden. Es ist ja klar, die anderen sind Schweine, aber dieser eine ist ein prima Jude. Von allen, die so reden, hat keiner zugesehen, keiner hat es durchgestanden. Von euch werden die meisten wissen, was es heißt, wenn hundert Leichen beisammen liegen, wenn fünfhundert da liegen oder wenn tausend da liegen. Dies durchgehalten zu haben, und dabei – abgesehen von Ausnahmen menschlicher Schwäche – anständig geblieben zu sein, das hat uns hart gemacht. Dies ist ein niemals geschriebenes Ruhmesblatt unserer Geschichte.«

### *Dr. Buchheim zum Befehlsnotstand*

Dr. Hans Buchheim vom Institut für Zeitgeschichte in München spricht über »Das Problem des Befehlsnotstandes bei den vom nationalsozialistischen Regime befohlenen Verbrechen in historischer Sicht«.
Er unterscheidet zwei Arten der Legitimation von Befehlen im nationalsozialistischen Reich, zwei verschiedene Wurzeln der Gehorsamspflicht: Da war der strikte militärische Gehorsam, soweit die Befehlsgewalt auf militärische Zwecke beschränkt blieb und in die Disziplin einer umfassenderen staatlichen Ordnung eingefügt war. Bis zum Jahre 1918 beachtete das Militär die Pflicht staatsbürgerlicher Loyalität, dann aber begann mit den »Freikorps« eine Entwicklung, die in Widerspruch zur staatlichen und sittlichen Ordnung geriet und so der Perversion verfiel. Die neuen Träger soldatischer Traditionen standen zum Staat nicht mehr in einem Verhältnis der Unterordnung, sondern in freiwilliger Partnerschaft, sagt Buchheim. Befehlsgewalt und Gehorsamspflicht leiteten sich nicht aus einer übergeordneten staatlichen Normativität her, sondern beruhten auf politischer Überzeugung, oft auch auf der Autorität einzelner, in jedem Fall aber auf einem freiwilligen Konsens. Die politischen Absichten brauchten sich nur zu ändern und es entstand eine militärische Organisation, die sich von der staatlichen Ordnung frei machte, in Gegensatz zu ihr trat. Die soldatische Tradition geriet auf eine schiefe Ebene, die zum Landsknechtstum und politischen Kampfverbänden führte, in extremen Fällen bei den Nationalsozialisten sogar zum politischen Gangstertum. In den Verbänden von SA und SS wurde diese Entwicklung vollendet.

Die Tötung politischer Gegner war nicht reiner Mord, sondern nur mehr politische Notwendigkeit. Diese Verschmelzung von militärischer Ordnung und politischer Zielsetzung begann eineinhalb Jahre nach der Machtübernahme.

Ein besonderes Beispiel dafür, daß der Unterschied von Pflichten, die aus dem weltanschaulichen Konsens erwuchsen, und solchen, die von Staats wegen allgemein verbindlich waren, seinerzeit dennoch bewußt war, findet Buchheim im Protokoll einer Sitzung, die der Generalgouverneur Hans Frank am 30. Mai 1940 nach Krakau einberufen hatte. Thema dieser Zusammenkunft war die von Hitler befohlene Ermordung der polnischen Intelligenz. Frank begrüßte damals

». . . ein Befriedigungsprogramm, das zum Inhalt hatte, nunmehr mit der Masse der in unseren Händen befindlichen aufrührerischen Widerstandspolitiker und sonst politisch verdächtiger Individuen in beschleunigtem Tempo Schluß zu machen und zu gleicher Zeit mit der Erbschaft des früheren polnischen Verbrechertums aufzuräumen. Ich gestehe ganz offen, daß das einigen tausend Polen das Leben kosten wird, vor allem aus der geistigen Führerschicht Polens. Für uns alle als Nationalsozialisten bringt aber diese Zeit die Verpflichtung mit sich, dafür zu sorgen, daß aus dem polnischen Volk kein Widerstand mehr emporsteigt . . . Wir werden diese Maßnahme durchführen, und zwar, wie ich Ihnen vertraulich sagen kann, in Ausführung eines Befehls, den mir der Führer erteilt hat . . . Meine Herren, wir sind keine Mörder . . ., wir können leicht Hunderte von Todesurteilen hier unterzeichnen; aber ihre Durchführung deutschen Männern, anständigen deutschen Soldaten und Kameraden zu übertragen, das bedeutet eine furchtbare Belastung.«

Frank empfahl, einen Erlaß, der den Polizeiorganen die Rücksichtnahme auf die »physische Situation der mit solchen Exekutionen betrauten Männer« zur Pflicht machte, unter allen Umständen zu berücksichtigen:

». . . . jeder Polizei- und SS-Führer, der nun die harte Pflicht hat, diese Urteile zu vollstrecken, muß auch hundertprozentig die Gewißheit haben, daß er hier in Erfüllung eines Richtspruches der deutschen Nation handelt. Daher wird auch für diese Fälle das summarische Standgerichtsverfahren durchgehalten, damit auf keinen Fall der Eindruck einer willkürlichen Aktion oder ein ähnlicher Eindruck entsteht.«

Hier wird deutlich unterschieden, so stellt Buchheim fest, zwischen den Pflichten des nationalsozialistischen Kämpfers, der auf Grund eines Führerbefehls durchführt, was die »geschichtliche Stunde« fordert, und denjenigen Polizei- und SS-Angehörigen, die amtlich oder dienstlich verpflichtet sind, Exekutionen zu vollziehen. Als Bindeglied zwischen den beiden Pflichtenkreisen stand die Phrase vom Richtspruch der deutschen Nation, mit der, ähnlich wie mit dem »Gesetz der Geschichte« oder dem »Lebensrecht des Volkes«, eine normative Grundlage vorgetäuscht wurde.

Buchheim bejaht die Frage generell, ob die an den nationalsozialistischen Massenverbrechen Beteiligten ein Unrechtsbewußtsein gehabt hätten. Die Suspendierung dieses Unrechtsbewußtseins sei jedoch erleichtert worden zum Beispiel durch die Anschauung, es sei dem Menschen erlaubt, seine Mitmenschen zu Objekten biologischer Manipulationen zu machen und mit biologischen Züchtungsmaßnahmen nach Vorbild der Kreuzung von Pflanzen oder Vieh wertvolles Erbgut zu vermehren und minderwertiges auszumerzen. Buchheim hebt hervor, es habe nicht ausbleiben können, daß man »Untermenschen« und »Schädlinge im Volkskörper« mit der Mentalität eines Kammerjägers und Desinfektors umgebracht habe. Fördernde Momente für die Suspendierung des Unrechtsbewußtseins seien auch die Vortäuschung einer Kampfsituation (der Krieg wurde als Krieg des Judentums gegen das deutsche Volk hingestellt) und die Herausnahme sowohl der Opfer als auch ihrer Mörder aus der normalen sozialen Umwelt gewesen.

Buchheim stellt fest, daß es eine ganze Reihe von Möglichkeiten gegeben habe, sich der Ausführung verbrecherischer Befehle zu entziehen:

1. Unter vorgeblicher Anerkennung der objektiven Richtigkeit der weltanschaulich begründeten Befehle sowie der Treuepflicht einzugestehen, daß man subjektiv den daraus resultierenden Anforderungen nicht gewachsen sei.
2. Unter vorgeblicher Anerkennung der objektiven Richtigkeit der weltanschaulich begründeten Befehle sowie der Treuepflicht sachliche Einwände zu erheben, die auf den geistigen Horizont und die Mentalität der Vorgesetzten zugeschnitten waren.
3. Sich der Befehle ohne Abgabe ausdrücklicher Erklärungen stillschweigend zu entziehen.

»Die Möglichkeiten waren zahlreicher und realer, als von den Betroffenen heute in der Regel eingestanden wird.«

Buchheim sieht eine Befehlsnotstandssituation bei den nationalsozialistischen Massenverbrechen nicht für gegeben, da normative Befehle nicht vorgelegen hätten. Aus der Tatsache, daß die SS gegenüber anderen mit Willkür und Härte verfuhr, den Schluß zu ziehen, daß sie sich in gleicher Weise auch gegen ihre eigenen Leute verhalten hätte, sei völlig unbegründet.

Es bleibe die Frage zu beantworten, warum Menschen ohne verbrecherische Neigung nicht ernsthafte Wege suchten, von der Ausführung verbrecherischer Befehle entbunden zu werden. Der Gutachter sieht den Grund für die Teilnahme an verbrecherischen

Taten in einem schuldhaften sozialen Beharrungsvermögen und in dem Mangel an Mut, sich in der sozialen Umwelt »unmöglich« zu machen. Dieser Mangel an Mut wiege um so schwerer, »als 1. der Eintritt in die SS freiwillig war, 2. Der Eintretende mindestens eine Allgemeinvorstellung von der fragwürdigen Besonderheit dieser Organisation haben mußte und 3. es wenigstens bis zum Beginn des Krieges durchaus möglich war, aus der SS wieder auszutreten.«

### *». . . für die Tötung Tausender . . . verantwortlich«*

Aus der verlesenen Aussage des SS-Arztes Dr. Fritz Klein, die dieser im Mai 1945 vor den Engländern machte, wird bekannt, daß sich Klein an den Angeklagten Dr. Lucas zu erinnern wußte, den er mit anderen Ärzten des Lagers, so mit Wirths und Mengele, aufzählte. Es heißt dann: »Alle Ärzte, die ich zuvor erwähnt habe, haben an der Aussonderung (Selektion) teilgenommen.«
Klein, der später hingerichtet wurde, unterschrieb in seiner Aussage auch ein Schuldgeständnis: »Ich sehe ein, daß ich für die Tötung Tausender, vor allem in Auschwitz, verantwortlich bin, ebenso wie alle anderen, von oben herunter.«
Die Angeklagten haben es zur Kenntnis genommen.

Der Zeuge Werner Krumme, 55 Jahre alt, aus München, war vor zweiundzwanzig Jahren »wehrunwürdig«, weil er eine Jüdin zur Ehefrau hatte. Am 15. September 1942 wurde er verhaftet, wegen des Versuchs, zwei Töchtern eines Breslauer Rechtsanwaltes zur Flucht zu verhelfen. Die vier Menschen kamen nach Auschwitz, am 31. Januar 1943, die Ehefrau des Zeugen erlitt den Tod, die zwei Mädchen überlebten wie der Zeuge. Krumme sagt aus, daß er gewisse Erleichterungen genossen habe: »Ich konnte mich frei bewegen im Lager, innerhalb der kleinen Postenkette.«
Aber es war kein Privileg, das die SS vergab, »es war einfach so, daß die wenigen deutschen nichtjüdischen Häftlinge auf der Schreibstube gebraucht wurden«.
Krumme gibt an, daß er in Auschwitz selbst den Einlieferungsschein seiner Frau gesehen habe, mit dem Aufdruck »SB«, Sonderbehandlung. Dieser Vermerk bedeutete den Tod.
»Man brachte meine Frau um, einfach, um mich wieder wehrwürdig zu machen.«
Im März 1943 sei ihm ein Zettel in die Hand gedrückt worden mit dem Bescheid, sich auf der Politischen Abteilung einzufinden. Der Untersturmführer Grabner habe ihm dort eröffnet, daß

seine (des Zeugen) jüdische Ehefrau nicht mehr am Leben sei, und angefügt:
»Seien Sie froh, daß Sie das Judenschwein los sind.«
»Dann befahl er mir, ein Gesuch aufzusetzen zwecks Einziehung zur Wehrmacht.«

*Kaduk: Ich gebe keine Erklärungen mehr ab*

Der Zeuge Friedrich Eder, vom Herbst 1943 bis Januar 1945 in Auschwitz inhaftiert. Es sei ein Sonntagnachmittag im Sommer gewesen. Einen Teil der Zigeuner habe man damals im Stammlager untergebracht, und die Häftlinge seien auf der Lagerstraße »spazierengegangen«. Plötzlich habe sich der Ruf verbreitet: Kaduk kommt, Kaduk kommt.
»Ich sah den Herrn Kaduk kommen, seine Pistolentasche aufmachen und sah, wie er die Pistole herausgenommen hat. Ich hörte dann, wie geschossen wurde.« Später sei ein Mann weggeschleift worden, »zu der Stelle, wo die Leichen hingelegt wurden. Es wurde auch gesagt: Kaduk hat ihn erschossen.«
»War Ihnen denn der Kaduk bekannt?«
»Kaduk war unter den Häftlingen der Schrecken des Lagers. – Kaduk war ein Begriff. Er hat immer gleich geschlagen, er war bei allen Exekutionen dabei, Kaduk war der Mann, der immer vorne dran stand.«
Hofmeyer ruft den Angeklagten auf: »Nun, Kaduk, wie ist das gewesen?«
Der Angeklagte, mit vorgeschobenem Kinn zum Mikrophon eilend, die Schultern hochgezogen, schnarrt:
»Ich gebe keine Erklärung ab. Ich gebe keine Erklärung mehr ab. Wenn ich nicht glaubwürdig bin, gebe ich keine Erklärung ab.«

Die Bundesregierung wird sich mit dem Auschwitz-Prozeß befassen müssen. Landgerichtsdirektor Hofmeyer teilt am 16. Juli mit, daß sich auf Grund seines Berichtes über die Lokaltermin-Anträge der hessische Justizminister Dr. Lauritzen mit dem Bundesminister für Justiz, Dr. Bucher, in Verbindung gesetzt habe, um eine Stellungnahme des Auswärtigen Amtes zu erwirken.

Am 23. Juli, dem 68. Tag des Prozesses, beginnt die Verhandlung mit einer von Staatsanwalt Kügler erhobenen Nachtragsanklage gegen den ehemaligen Lageradjutanten Mulka. Der Angeklagte soll im September 1942 in Auschwitz drei jüdische Häftlinge aus Mordlust erschossen haben, als die seinem Arbeitskommando angehörenden Gefangenen Strohsäcke aus dem

Lager trugen. Mulka erklärt sich in gesetzten Worten höflich mit der Erhebung der Nachtragsanklage einverstanden. Im übrigen beziehe er sich auf seine Aussagen vor der Polizei und dem Untersuchungsrichter. Damals hatte der Angeklagte wissen lassen: »Ich habe nie einen Schuß im Lager abgegeben.«

Der Zeuge Ludwig Kowalczyk aus Krakau bestätigt, was schon einige Zeugen aussagten: Daß nach einem Bombenangriff britischer Flieger im September 1944 verwundete Häftlinge »regelrecht behandelt wurden« und nach der Operation sagten, wie erstaunt sie seien, daß man sie mit solcher Hingabe gepflegt habe. Sie bekamen auch Blumen und eine Tafel Schokolade. Der Zeuge erinnert sich an die Rede eines SS-Offiziers, der nachdrücklich darauf hinwies, ›wie barbarisch sich die Engländer gegenüber armen Häftlingen benehmen‹.
»Was geschah mit den Häftlingen?«
Auch diese Häftlinge seien auf Befehl der Kommandantur ins Gas geschickt worden.
»Niemand wußte warum.«
Kowalczyk weiß von tödlichen Experimenten an weiblichen Insassen des Lagers, aber nicht, ob sich einer der Angeklagten daran beteiligt hat. Von einer der im Frauenblock des Stammlagers untergebrachten Insassin habe er erfahren, daß diese weiblichen Häftlinge künstlich befruchtet und auch sterilisiert worden seien. »Sie bat mich, ihr Gift zu besorgen. Aber die Widerstandsgruppe im Lager verweigerte das Gift mit der Begründung, daß der Krieg bald zu Ende sei und deshalb auch für diese Frauen noch eine Chance zum Überleben bestehe.«
(Die Widerstandsgruppe der Häftlinge des Lagers Auschwitz bemühte sich in erster Linie, die Lebensbedingungen der Inhaftierten mit den gegebenen Möglichkeiten zu erleichtern. So sorgte sie zum Beispiel dafür – oft auf dem Wege der Korruption –, daß Medikamente für Kranke zur Verfügung gestellt werden konnten und zusätzliche Verpflegung oder Kleidung. Sie ließ vom Tod Bedrohte untertauchen und hielt eine Nachrichtenverbindung nach draußen aufrecht. Mit einem etwaigen Widerstand durch Waffengewalt hat sie sich, der völligen Aussichtslosigkeit wegen, nicht befaßt.)

Es gibt jetzt noch zwanzig Angeklagte, von denen sich acht auf freiem Fuß befinden: Höcker, Dylewski, Broad, Schoberth, Breitwieser, Lucas, Frank und Schatz. Das Verfahren gegen den erkrankten ehemaligen SS-Sanitäter Gerhard Neubert ist am 23. Juli endgültig abgetrennt worden, da Neubert innerhalb der zehntägigen Frist nicht wieder verhandlungsfähig sein wird. (Der Angeklagte ist am 14. Dezember 1965 im zweiten Auschwitz Prozeß, Strafsache 4 Ks 3/63, wieder vor ein Frankfurter

Schwurgericht gestellt und am 16. September 1966 wegen Beihilfe zum Mord in fünfunddreißig Fällen zu drei Jahren und sechs Monaten Zuchthaus verurteilt worden. Das Urteil ist noch nicht rechtskräftig, da Staatsanwalt und Verteidigung Revision einlegten.)

Der 65 Jahre alte Pariser Kaufmann Simon Gotland belastet vor allem den Angeklagten Baretzki. Der aus Warschau stammende Zeuge, der 1929 auswanderte und französischer Staatsbürger wurde, war nach dem Einmarsch der deutschen Truppen mit anderen französischen Juden verhaftet und nach Auschwitz verschleppt worden. Dort mußte er im Sommer 1942 einige Wochen lang Massengräber für die Vergästen ausheben und die Leichen mit Kalk bestreuen, bevor die zehn Meter langen und acht Meter breiten Gruben wieder zugeschüttet wurden. Er war noch in zahlreichen anderen Kommandos beschäftigt, darunter zweimal im Kommando »Kanada«, das die Häftlinge aus den Viehwaggons trieb und ihr Gepäck auf die Rampe warf.

»Einmal kam ein Zug mit dreitausend Menschen an. Es waren alles Kranke. Baretzki sagte: ›Du hast zehn bis zwanzig Minuten Zeit, sie aus den Waggons zu treiben.‹ Eine Frau gebar ihr Kind. Ich wickelte es in Kleidungsstücke und legte es neben der Mutter auf den Boden. Dann brachte ich der Mutter aus einem anderen Waggon ein Lebensmittelpaket. Baretzki kam mit dem Stock auf mich zu und schlug mich und die Frau. ›Was spielst du mit dem Dreck‹, schrie er mich an. Das Kind fiel auf den Boden, und er trat es zehn bis fünfzehn Meter mit dem Fuß fort wie einen Fußball. Dann befahl er mir: ›Bring die Scheiße hierher.‹ Da war das Kind tot.«

»Können Sie das mit ruhigem Gewissen beschwören?«

»Ich kann aus reinem Herzen beschwören, daß es hundertprozentig schlimmer war, als ich es schilderte. Ich bin kein schlechter Mensch, vielleicht waren sie krank, als sie dies taten. – Meine Wunden waren schon vernarbt, jetzt bluten sie wieder.«

Der Angeklagte Mulka hat sich, obwohl ihm die Justiz zwei Pflichtverteidiger stellt, aus Hamburg als Wahlverteidiger noch den Rechtsanwalt Dr. Müller kommen lassen. Die Frage des Vorsitzenden, ob er denn in der Lage sei, einen Wahlverteidiger zu bezahlen, beantwortet Mulka mit der Erklärung, seine Familie bringe das Geld schon auf. Der Anwalt bemerkt, er könne allerdings nur einmal in der Woche am Prozeß teilnehmen. Deshalb wird davon abgesehen, einen der beiden Pflichtverteidiger seines Amtes zu entheben. Die »kontinuierliche Verteidigung des Angeklagten« sei sonst nicht gewährleistet, heißt es.

Bei der Vernehmung des ehemaligen SS-Mannes Richard Böck aus Günzburg an der Donau kommt es zu einem Zwischenfall.

Der Angeklagte Mulka, der für den Einsatz von Lastwagen beim Transport der Todesopfer zu den Gaskammern nicht verantwortlich gewesen sein will, fühlt sich beleidigt.
Der Zeuge, der bei der Fahrbereitschaft des Lagers Kraftfahrer war, berichtet, daß bei Beginn der Vergasungen sechs große Lastwagen – mindestens Fünftonner – angeschafft wurden, um bei ankommenden Transporten die Todesopfer zu den Krematorien zu fahren. Staatsanwalt Kügler will von Mulka wissen, wer die Anschaffung dieser Lastwagen veranlaßt habe.
Mulka erklärt, da ihn der Staatsanwalt als unwahr bezeichnet und sogar gesagt habe, er sei kein Soldat, sondern nur Angehöriger eines uniformierten Mordkommandos gewesen, gebe er auf Fragen der Staatsanwaltschaft und des Nebenklägers Kaul keine Antworten mehr.
Kügler: »Ich stelle fest, daß sie nicht nur kein Soldat waren, sondern auch noch verlogen und feige sind.« Der Verteidiger Mulkas, der Hamburger Rechtsanwalt Dr. Müller, fordert Kügler auf, sich bei Mulka zu entschuldigen und kündigt eine Anzeige wegen Beleidigung an, als Kügler erklärt, er denke nicht daran.
Der Vorsitzende: »Ich muß derartige Beschimpfungen eines Angeklagten zurückweisen.« Der Staatsanwalt könne später im Plädoyer aussprechen, was er von dem Angeklagten halte.

### *»Das ist ein ganz großer Lügner«*

Der 43 Jahre alte Kraftfahrer Helmut Pommereinke aus Bettelbach, zählte in Auschwitz zunächst zu den Bewachern, die auf den rings um das Lager stehenden Türmen Posten standen; später wurde er der Fahrbereitschaft zugeteilt, wo er jedoch nur Lebensmittel und Material gefahren, aber niemals Häftlinge zu den Gaskammern transportiert habe. Die Fahrbereitschaft unterstand nach seinen Worten Mulka, der die Fahrbefehle für Fahrten außerhalb des Lagers unterschrieben habe. Für die Todesfahrten im Lager selbst seien keine Fahrbefehle ausgestellt worden, sagt der Zeuge.
Der 53 Jahre alte Filmvorführer Bernhard Walter aus Fürth als Zeuge, ein ehemaliger KZ-Bewacher, der sich bereits 1934 zu den Wachmannschaften von Dachau meldete, weil er als SS-Mann arbeitslos geworden war. Der erste Auschwitz-Kommandant Höß habe ihn 1940 nach Auschwitz gerufen, um dort den Erkennungsdienst einzurichten, dessen Leiter er geworden sei. Obwohl Walter fünf Jahre lang Leiter dieses Erkennungsdienstes und die letzten Monate vor dem Zusammenbruch auch noch »Spieß« in der Kommandantur war, will er dort nie gesehen haben, daß ein Häftling umgebracht wurde. Seine Tätigkeit

habe darin bestanden, Häftlinge für den Erkennungsdienst zu fotografieren, zu registrieren und sie später eventuell auch zu identifizieren, wenn sie auf der Flucht erschossen worden seien oder sich selbst umgebracht hätten.
Daß Walter nichts von den in Auschwitz verübten Verbrechen gesehen haben will, scheint einige Angeklagte zu amüsieren. Staatsanwalt Kügler macht den Zeugen darauf aufmerksam. Er habe erst bei der dritten Vernehmung vor der Staatsanwaltschaft zugegeben, auch Spieß der Kommandantur von Auschwitz gewesen zu sein. Walter erwidert: »Ich hatte das völlig aus dem Gedächtnis verloren.«
»Waren Sie jemals auf der Rampe, wenn Transporte ankamen?«
»Nein!«
»Herr Walter, Sie können die Aussage verweigern, wenn Sie sich selbst belasten würden.«
Da springt der Angeklagte Baretzki auf: »Dazu muß ich etwas sagen: Den Mann habe ich doch selbst auf der Rampe gesehen. Das ist ein ganz großer Lügner. Ich erinnere mich noch ganz genau an das Motorrad, das er gefahren hat.«

## *Andreas Rapaport — lebte sechzehn Jahre*

Der Zeuge Josef Glück, jetzt Kaufmann in Haifa, früher Textilfabrikant in Klausenburg, ist am 10. Mai 1944 verhaftet worden: »Weil ich Jude war.« Mit dem letzten Transport verließ er am 11. Juni Klausenburg mit 2800 Leidensgenossen, vierhundert davon wurden in Auschwitz zur Arbeit selektiert, die anderen gingen ins Gas. Mit ihm waren seine Frau, seine zwei Kinder, seine Mutter, seine Schwester und deren zwei Kinder, sein Bruder, seine Schwiegermutter, seine Schwägerin.
»Sie sind der einzige von all denen, die Sie genannt haben, der übriggeblieben ist?«
»Ja.«
Einen Augenblick lang steht das Wort noch im Saal, unwiderruflich urteilend und doch unschlüssig, wohin und an wen es sich wenden solle, damit es nicht nur gehört, sondern auch begriffen werde. Der alte Mann sitzt reglos. Langsam schlägt der Vorsitzende ein Blatt seiner Akten um.
Ja, der Zeuge hat den Apotheker Capesius auf der Rampe von Birkenau bei Selektionen gesehen, und zwar handelnd. Glück hat, wie er sagt, den Capesius gleich erkannt und den Mithäftlingen gegenüber erwähnt: »Der Capesius ist ein Landsmann von uns, ich kenne ihn aus Klausenburg.«
Aber Capesius habe nur gefragt, ob man arbeiten wolle, ja oder nein. Die Nein-Sager habe er nach links geschickt in den Tod,

die anderen nach rechts in das Lagerleben. Glück bekundet, daß er den ehemaligen Lagerapotheker mehrmals auch »bei Selektionen im Lager«, und zwar in Begleitung des Dr. Mengele, gesehen habe: so Anfang Oktober 1944. Mengele kam mit drei Offizieren, »darunter war auch Capesius«, zur Baracke Nr. 11. Jüdische Kinder im Alter zwischen sechzehn und achtzehn Jahren seien dort untergebracht gewesen, »sie waren alle gesund«.

»Sie haben wohl geahnt, was ihnen bevorstand, und flohen. Da hat sie der Lagerführer mit Hunden wieder zusammengetrieben. Das war an einem jüdischen Feiertag. Nach zwei Tagen sind dann Lastwagen gekommen, auf die Lastwagen hat man diese Buben heraufgesetzt und ins Gas geschickt. Dabei hat man gelacht. Man hielt es wohl für sehr komisch, daß die Kinder nach ihren Müttern schrien.«

Den Zeugen übermannt die Erinnerung. Erregt ruft er aus, er habe der Zeitung entnommen, »daß diese Herren nicht wüßten, was in Auschwitz geschehen sei«. Sie, die Häftlinge, hätten es schon nach zwei Tagen gewußt, ja selbst die Kinder. Dann greift er in sein Jackett, entnimmt der Brieftasche ein kleines Foto, reckt es mit starrem Arm den Richtern entgegen und ruft weinend:

»Kinder haben sich die Arme aufgeritzt und mit Blut an die Barackenwände geschrieben; wie mein Neffe hier, dieses Kind: Andreas Rapaport – lebte sechzehn Jahre.«

Das Kind habe ihm zugerufen: ›Onkel, ich weiß, daß ich sterben muß, sag meiner Mutter, daß ich bis zum letzten Moment an sie gedacht habe.‹

»Dieser kleine Bub, er wußte, daß er sterben muß nach zwei Tagen. Er wußte nicht, daß seine Mutter schon vergast war.«

Der Zeuge namens Glück ist erschöpft zusammengesunken. Weinend sitzt er an seinem Tisch, in der Hand das Bild seines Neffen Andreas Rapaport – »lebte sechzehn Jahre«.

Josef Glück hat eine weitere Selektion erlebt, am 13. August 1944, im Frauenlager, wo er an einer Wasserleitung arbeitete; Mengele und Capesius seien dabeigewesen. Bei dieser Selektion sei seine Frau in den Tod geschickt worden.

Auch bei der Vernichtung des Zigeunerlagers habe er Capesius gesehen; er habe sich bei den wenigen kräftigen Zigeunern aufgehalten, die nicht ins Gas gegangen seien.

»Wissen Sie bestimmt, daß Sie sich nicht täuschen können? Haben Sie den Dr. Capesius verwechselt mit Dr. Klein?«

»Nein.«

»Es ist kein Zweifel daran, daß Sie Capesius im Lager gesehen haben bei verschiedenen Selektionen?«

Nein.«

»Und Sie können sich auch gar nicht irren?«
»Nein.«
Capesius möchte eine kurze Erklärung abgeben:
»Ich kann nur wiederholen, ich war auf der Rampe, habe aber nie selbst selektiert. Der Transport war nach den Bekundungen dieses Zeugen in aller Frühe angekommen, die Lampen haben noch gebrannt. Zu dieser Zeit war ich nie auf der Rampe, sondern immer nur zu normalen Dienststunden. Ich habe niemals im Lager geschlagen; ich habe niemals im Lager mit Dr. Mengele irgendeine Tätigkeit ausgeübt. Mengele war immer mit Dr. Klein zusammengewesen, der aus meiner Heimat stammt und Ungarisch sprach.«
Der Vorsitzende faßt es zusammen und wendet sich an den Zeugen:
»Sie sagen, Sie haben ihn gesehen, und Sie bleiben dabei?«
»Ja.«
»Sie bleiben auch dabei, daß Sie ihn im e-Lager (dem Zigeunerlager) gesehen haben?«
»Ja.«

Der Zeuge Dr. Walter Loebner ist Gynäkologe in Haifa. Vor dem Einmarsch der deutschen Truppen floh der praktische Arzt und Kurarzt aus Marienbad nach Prag, dort wurde er am 18. April 1939 festgenommen, »wegen des Verdachtes des Hochverrates gegen das deutsche Volk«.
»Ich fragte, wie kann ich als Tscheche Hochverrat gegen das deutsche Volk begehen? Das wurde mit Ohrfeigen beantwortet, und es blieb dabei.«
Im Oktober 1942 kam Loebner mit allen Juden aus Sachsenhausen nach Auschwitz (»nur die Graveure und Graphiker wurden zurückbehalten. Später habe ich erfahren: zum Zwecke der Pfund-Fälschungen«). Loebner hat Capesius ein einziges Mal gesehen, in der Lagerapotheke, als er für die Bekämpfung einer Malaria-Epidemie tausend Tabletten Chinin angefordert habe. Er habe »natürlich nur von Erkältungskrankheiten« gesprochen, denn man habe gewußt, daß Epidemien meist mit radikaler Ausrottung bekämpft worden seien.
Capesius habe geantwortet: ›Wozu brauchen Sie diese Riesenmengen Chinin. Die brauchen Sie doch nur für Ihre Huren im Lager zu Abtreibungszwecken.‹
»Sonderbarerweise hat er sich auf eine Diskussion eingelassen.«
Zum Schluß wurden die tausend Tabletten aber doch gestrichen. Capesius habe nicht gewußt, daß sie der Malaria-Bekämpfung hätten dienen sollen.
Von der Verteidigungslinie, hinter der sich Capesius bisher bewegte, daß er nämlich von allen Belastungszeugen mit dem La-

gerarzt Dr. Klein verwechselt werde, von solcher Abwehr hält der Zeuge Loebner wenig.
»Eine Verwechslung ist meiner Meinung nach unmöglich.«
Er schildert beide. Den Apotheker Capesius als breitschultrig, mit starken Backenknochen, breitem Gesicht, den Arzt Klein als »klein, so wie der Name sagt, schmächtig, ich glaube weißhaarig. — Ich habe sie miteinander gesehen, es hat ein großer Unterschied bestanden.«

Der Kaufmann Hersz Kugelmann wurde Anfang August 1943 verhaftet, als seine Heimatstadt Benzburg »judenrein gemacht wurde«. Drei Tage lang hatte er sich in einem Bunker mit allen Mitgliedern seiner Familie und Verwandtschaft verborgen halten können, dann entdeckten die Häscher das Versteck der zweiundfünfzig Personen. Der Zeuge erleidet einen Weinkrampf, eine bange, erschrockene, mitleidvolle Stille ist jäh im Saal; spröd und zerbrochen dann wieder die Stimme des Mannes, der schildert, wie auf der Rampe die Frauen und Kinder von den Männern getrennt wurden, wie herumgeschrieen wurde, wie man sich aufzustellen hatte für den Marsch ins Gas.
»Meine Frau ist auch ins Lager gekommen, wie ich, und meine Schwägerin, alle anderen ins Gas.«
»Waren auch Kinder dabei?«
»Ja«, sagt der Zeuge und schlägt die Hände vor das Gesicht, »meine zwei.«
»Wie alt waren die Kinder?«
Der Mann weint und weint und schweigt, und niemand kann ihm helfen, und er sagt leise:
»1935 und 1938 geboren.«
Dann bittet er »das Hohe Gericht um Entschuldigung«.
Kugelmann belastet Baretzki, den man den »Stotterer« und den »Krummen« genannt habe. Er selbst sei von dem ehemaligen Blockführer übel mißhandelt worden. Die Angeklagten erheben sich nach Aufforderung, der Zeuge soll Baretzki identifizieren. Vor ihrer Mitte bleibt Kugelmann stehen; am dritten oder vierten, den er ansieht, bleibt sein Blick hängen. Er hebt den Arm, deutet mit dem Finger und sagt: »Das müßte er sein, Nr. 12.«
Es ist Baretzki.
Der Angeklagte bemerkt: »Ich habe das alles nicht gemacht, Herr Vorsitzender. — Ich habe auch keinen Schnaps getrunken. Ich war nie betrunken in Auschwitz.«
Der Zeuge: »Wir haben keine Blutprobe gemacht in Auschwitz, aber gerochen hat er wie zehn Brauereien zusammen.«

Der Angeklagte Capesius hat Fragen an den »Herrn Kollegen Szewczyk«, wird aber gehalten, den Zeugen mit »Herr Zeuge«

anzureden. Der Angeklagte beginnt, weit auszuholen, da fällt ihm sein Verteidiger Laternser ins Wort, spricht, das Mikrophon zuhaltend, längere Zeit auf ihn ein. Capesius erklärt danach, daß er sich auf frühere Aussagen beziehe. Er hat sich in Auschwitz »nicht bereichert« und sich »keinerlei Sachen angeeignet«.
Und was die von Szewczyk im Keller der Lagerapotheke bemerkten Kartons mit dem Zyklon-B-Gas betrifft, das war eine Sendung eines »Ovomaltine-Ersatzpräparates vom Schweizer Roten Kreuz«.
Capesius: »Da ist der Zeuge einer Verwechslung zum Opfer gefallen.«
Landgerichtsdirektor Hofmeyer will es vom Zeugen nochmals wissen: ob es eine Verwechslung sein könne?
»Nein, ausgeschlossen.«

## *»Nein, die schickt man ins Gas«*

Der Zeuge Jonas Friedrich beschuldigt den Angeklagten Kaduk, selbständig Häftlinge zum Gang in die Krematorien selektiert zu haben. Kaduk erwidert, das seien für den Arbeitseinsatz bestimmte Häftlinge gewesen. Dem Vorsitzenden leuchtet das nicht ein; es habe sich doch meist um Muselmänner gehandelt: »Die schickt man ja wohl nicht zur Arbeit.«
Der Angeklagte Kaduk denkt da nicht lange nach und entgegnet mit fester Stimme:
»Nein, die schickt man ins Gas.«

Nathan Jakubowitz, Friseurmeister in Antwerpen, im Zeugenstand. Zweimal gelang ihm die Flucht vor den Nationalsozialisten 1933 nach Belgien und später von dort nach Frankreich. Ein paar Jahre ist das Glück noch mit ihm, er wird von der Organisation Todt dienstverpflichtet, schneidet Haare auf einer Baustelle bei Bologna. Dann fährt er nach Antwerpen, gerät dort in eine Razzia, wird verhaftet und trotz des Widerspruches seines Vorgesetzten nach Auschwitz verschleppt.
Er nennt sich den »Retter von Auschwitz«. Eine Typhus-Epidemie war ausgebrochen, Jakubowitz besprach sich mit einem Freund und hatte eine Idee: »Ich habe gesagt, in vierundzwanzig Stunden ist Auschwitz gerettet.« Er benötige nur fünftausend Zigaretten; für jede abgelieferte Laus eine Zigarette, und das Lager sei läuse- und typhusfrei.
Na, meint begütigend der Vorsitzende, er könne sich nicht vorstellen, daß nur fünftausend Läuse ... jaja, sagte der Zeuge, er habe dann auch die Forderung erhöhen müssen: fünf Läuse für eine Zigarette.

»Am nächsten Tag kam die Meldung: Auschwitz läusefrei. Darauf bin ich der Lagerfriseur geworden.«
Einmal, ein einziges Mal, sei er dem Kaduk ganz nahe gewesen. Der Mann, der schlimmer als Iwan der Schreckliche gewesen sei, habe sich von ihm rasieren lassen. ›Du verdammter Jud‹, habe Kaduk gesagt, ›wenn du mir noch so einen kleinen Schnitt gibst, bist du erledigt, dann kriegst du einen Genickschuß.‹ Jakubowitz habe in Gedanken von seiner Familie Abschied genommen und ein extra breites Messer gewählt. Warum?
»Wenn ich sehe, daß Kaduk Blut hat auf der Backe, dann schneide ich ihm die Kehle durch«, entschloß sich der Lagerfriseur, wie er heute bekundet.
»Aber der liebe Gott hat nicht gewollt, es wurde eine tadellose Rasur. Vielleicht wäre es besser gewesen, ich hätte ihn umgebracht. Ich wäre der Held von Auschwitz geworden, und es wären viele, viele tausend gerettet worden.«

## *»Wollten Sie dieses Mädchen retten?«*

Eine große, hagere Frau nimmt Platz: Helene Goldmann aus Miami. Die Neununddreißigjährige ist eine alte Frau. Sie lebte früher in dem Teil der Tschechoslowakei, der später an Ungarn fiel. Sie war Modezeichnerin. Seit Auschwitz kann sie nicht mehr arbeiten. Im Frühjahr 1944 wurde sie verhaftet, im Mai kam sie nach Auschwitz. »Dort erwarteten uns SS-Leute, Gestapo-Leute und Dr. Lucas.«
Damit richtet sich das Interesse auf einen Angeklagten, um den es lange ruhig war, der bisher kaum belastet wurde.
Vorsitzender: »Wieso wußten Sie, daß er Dr. Lucas war?«
»Das war so. Ich hatte ein Baby auf dem Arm. Es hieß, Mütter können bei ihren Kindern bleiben, deshalb gab mir meine Mutter damals das Baby und zog mich so an, daß ich etwas älter aussah. Als mich Dr. Lucas sah, merkte er wohl, daß es mir nicht gehört. Er nahm mir das Baby weg und warf es meiner Mutter zu.«
»Woher wußten Sie denn den Namen?«
»Er wurde von einem Offizier mit Dr. Lucas angeredet.«
»Woran erkannten Sie, daß es ein Offizier war?«
»Die anderen SS-Männer sahen nicht so schick aus.«
Am Nachmittag ihres Ankunfttages habe die Zeugin dann von einem Mithäftling erfahren, daß ihre Mutter und ihre drei Geschwister nicht mehr lange leben würden, wenn der Mann auf der Rampe der Dr. Lucas gewesen sei. Ein zweites Mal habe sie Lucas noch gesehen, als er sie für ein Küchenkommando ausgesucht habe.

»Ich habe ihn seitdem nicht mehr wiedergesehen, aber ich warte seit zwanzig Jahren darauf.«
Vorsitzender zu Lucas: »Es wird gesagt, Sie waren auf der Rampe.«
Lucas: »Das stimmt nicht. Ich bin es nicht gewesen.«
Nebenkläger Ormond: »Herr Dr. Lucas, versuchen Sie, ehrlich zu sein. Ich werfe Sie sowieso nicht in einen Topf mit den anderen. Wollten Sie vielleicht dieses Mädchen, das damals besonders hübsch und jung war, retten?«
Nach einer Pause sagt Lucas in die atemlose Stille:
»Die Zeugin ist einem Irrtum erlegen.«
Der Ergänzungsrichter, Landgerichtsrat Hummerich: »Ob Sie vielleicht den Mut hatten, die Zeugin zu retten?«
Lucas schweigt.

Zeugen der Verteidigung, ehemalige SS-Männer aus Auschwitz, aber sie leiden an Erinnerungsschwächen. Der Hamburger Arzt Dr. Kurt Uhlenbroock führt den Reigen an. Auch gegen ihn hatte die Frankfurter Staatsanwaltschaft im Auschwitz-Komplex ermittelt, später aber das Verfahren eingestellt.
Im Zuge eines Kriegsgerichtsverfahrens sei er im August/September 1942 für mehrere Wochen nach Auschwitz gekommen. Eine Kontroverse mit einem früheren Chef, der ihn »allein vorn im Feldlazarett eingesetzt« habe, sei der Grund gewesen, in ein Verfahren verwickelt zu werden. Der Vorwurf, daß er die Verwundeten im Feldlazarett nicht ordnungsgemäß behandelt habe, sei entkräftet worden. Den Freispruch bestätigt auch Staatsanwalt Kügler anhand der Offizierskartei.
Doch der Zeuge, dessen Name schon einige Male in diesem Prozeß gefallen ist, steht in einem anderen Zusammenhang vor diesem Gericht. Er soll nach Auffassung der Staatsanwaltschaft in den wenigen Tagen, die er in Auschwitz war, und zwar vom 17. August bis zum 16. September, die Funktion des Standortarztes ausgeübt haben. Staatsanwalt Kügler zitiert aus den Akten, daß der Zeuge vom 17. August bis zum 25. November 1942 vom Wirtschaftsamt D 3 kommandiert war.
Kügler: »Das Amt setzte die Ärzte in den Konzentrationslagern ein.«
Der Staatsanwalt liest aus dem Beförderungsvorschlag vom 19. September 1943 vor: ». . . sein ärztliches Können und seine Zuverlässigkeit stellte er in Auschwitz unter Beweis.«
Dem Zeugen wird vorgehalten, daß er auch Bücher und Medikamente bestellt haben müsse, wenn seine Unterschrift stimme.
Beides könne stimmen, räumt der Zeuge ein.
Nebenkläger Ormond: »Ist es nicht richtig, daß Sie dort Standortarzt waren?«

Zeuge: »Nach meiner Meinung war damals Dr. Wirths Standortarzt!«
Der Vorsitzende: »Die Frage ist nicht beantwortet worden, waren Sie Standortarzt?«
»Nach meiner Erinnerung nicht!«
Der Angeklagte Klehr: »Ich kenne den Dr. Uhlenbroock nicht als Standortarzt, ich habe ihn nie kennengelernt.«
Der Vorsitzende: »Das verstehe ich nicht, ich denke, der Zeuge soll bekunden, daß Sie von ihm Befehle entgegengenommen haben?«

Christoph Herpel, Regierungsamtmann in Seeheim, ehemals Schreiber in der Auschwitz-Kommandantur, weiß von einem damaligen Gerücht, daß »da Leute verbrannt wurden«. Allerdings war Viehabfall in der Nähe »und das roch auch«. Nur der Fahrer des ersten Lagerkommandanten Höß, Leopold Heger aus Dischingen bei Heidenheim, ist genauer. Alle Fahrbefehle für Fahrten, die er als stellvertretender Fahrdienstleiter einzuteilen hatte, seien vom Kommandanten, meistens aber vom Adjutanten gekommen, erklärt er jetzt als Zeuge.
Ob es Fahrten für die Gaskammern gab?
»Dafür gab es keine schriftlichen Befehle.«
»Gab es mündliche?«
»Ja.«
»Von wem?«
»Vom Kommandanten oder vom Adjutanten.«
Damit berichtet zum erstenmal ein Zeuge über die direkte Verbindung zwischen Fahrbereitschaft, die für den Transport des Giftgases und den Transport der Häftlinge in die Krematorien zuständig war, und Adjutanten, also den Angeklagten Mulka und Höcker. Eine solche Verbindung hatten beide Angeklagten bisher energisch bestritten.
Vorsitzender: »Nun frage ich Sie, ob unter den Adjutanten, die Ihnen den Befehl gegeben haben, auch einmal Mulka war?«
»Muß doch wohl, denn ohne Befehl ging kein Wagen raus!«
Der Vorsitzende will vom Angeklagten Mulka wissen, ob er einen Fahrbefehl nach Dessau ausgestellt habe. In Dessau wurde das Giftgas Zyklon B produziert.
Mulka: »Mir ist nur ein einziger Vorgang bekannt, bei dem ich einen Fahrbefehl nach Dessau zur Abholung von Desinfektionsmitteln ausgestellt habe.«
Vorsitzender, in den Akten blätternd: »Da hab' ich aber mehrere hier. Ist das Ihre Unterschrift? Sie können sich ja davon überzeugen.«
Mulka eilt zum Richtertisch.
»Was heißt hier auf dem Fahrbefehl Material für die Judenumsiedlung? Was haben Sie darunter verstanden?«

Mulka, nach verlegener Pause: »Na ja, Zyklon B.«
Vorsitzender: »Sehen Sie, Sie haben bisher immer den Standpunkt vertreten, daß Sie mit den Vergasungen nichts zu tun hatten. So ist es doch nicht. Sie haben doch hier einiges unterschrieben.«

*Eine Visitenkarte von Capesius*

Dr. Lajos Schlinger, Arzt aus Klausenburg.
Vorsitzender: »Sind Sie verheiratet?«
»Ich habe keine Frau, sie ist in Auschwitz geblieben!«
Er hat den Angeklagten Capesius gekannt. »Mir scheint, seit 1939. Er war als Propagandist der Bayer-Firma dort tätig. Er hat mich zwei- bis dreimal besucht.« Dabei habe er Capesius jedesmal zehn bis zwanzig Minuten gesprochen; er habe ihn außerdem in den Straßen von Klausenberg gesehen.
Mitte Juni 1944 kam der Zeuge nach Auschwitz.
»Unsere Gruppe war die letzte, die von Klausenburg deportiert wurde; wir Ärzte, wir waren zwölf aus Klausenburg, wir hatten das Ghettospital mitgenommen.«
Capesius notiert eifrig.
»Wir sind nachts angekommen. Wir warteten zwei bis drei Stunden, etwa gegen vier bis fünf Uhr früh wurden unsere Waggons geöffnet, wir wurden rausgejagt. Es war eine höllische Situation, weil wir die kranken Leute aus dem Spital – es waren etwa zwei- bis dreihundert – mitgenommen hatten. Viele Schwerkranke waren dabei, die nicht einmal auf den Füßen stehen konnten. Wir wurden rausgejagt, mit Gewalt. Als unsere Waggons geöffnet wurden und wir rauskamen, waren schon viele andere geöffnet. Die kranken Leute lagen und saßen auf der Erde, Männer schrien, Frauen weinten, Kinder brüllten. Es war eine schreckliche Situation. Auf einmal sah ich an der Rampe den Dr. Capesius. Mit großer Freude bin ich zu ihm gelaufen, ich habe ihn begrüßt. Meine erste Frage war: ›Wo sind wir eigentlich?‹ Er sagte mir: ›In Mitteldeutschland.‹ Das glaubten wir nicht, wir hatten unterwegs Schilder in slawischer Sprache gesehen.
Ich habe ihn gefragt, was wird mit uns sein? ›Es wird alles gut sein‹, sagte Capesius. Ich habe ihm gesagt, daß meine Frau nicht ganz gesund sei. Da fragte er: ›Sie ist nicht ganz gesund? Dann soll sie hier stehen.‹ Es war schon eine formierte Gruppe von schwerkranken Leuten. Ich ging zu meiner Frau: ›Du mußt dorthin gehen und dich hinstellen!‹ Sie hat ihre Nichte gefaßt und ist zur Gruppe der Kranken hingegangen. Und meine Frau mit dem siebzehn Jahre alten Mädchen habe ich niemals mehr gesehen.«

Der Zeuge war nur sechs Tage in Auschwitz, dann kam er mit einem Arbeitskommando nach Kaufering.
Vorsitzender: »Es besteht für Sie kein Zweifel, daß das auf der Rampe Capesius war?«
»Nein, ich habe ja mit ihm gesprochen, es war damals eine große Freude für mich, ihn zu sehen.«
Schlinger überreicht dem Gericht eine Visitenkarte von Capesius, mit dessen Unterschrift und einem Neujahrsglückwunsch: »Von seinem letzten Besuch in Klausenburg.«
Der Angeklagte gibt zu, daß es seine Visitenkarte ist, doch meint er, daß die damals zu Hunderten geschrieben und durch die Kartei verteilt worden seien. Er jedenfalls habe diese Karte dem Zeugen nie gegeben.
Ein Geschworener: »Kennen Sie den Zeugen überhaupt?«
Capesius: »Nein!«

Landgerichtsdirektor Hofmeyer hofft, am 24. September, daß die letzten Beweisanträge in den nächsten Tagen gestellt werden: »Wir müssen doch langsam zum Ende kommen.«
Der Staatsanwalt: »Wir werden in den nächsten drei Wochen weitere Zeugen benennen müssen.«
Landgerichtsdirektor Hofmeyer legt dem Angeklagten Mulka ein Dokument vor, in dem auf die erforderliche dringende Fertigstellung der Krematorien in Birkenau hingewiesen wird. Die damit beschäftigten Häftlinge hätten auch am Sonntag, dem 31. Januar 1943, zu arbeiten.
Ob die Unterschrift unter dem Schreiben die seine sei? Der Angeklagte Mulka besieht sich das Schreiben, etwas ratlos, so will es scheinen, prüft lange und sagt dann: »Ja, das ist meine Unterschrift.«
Ob er es auch diktiert habe, ob das Zeichen Mu sein Zeichen sei?
»Ja«, meint der ehemalige Adjutant zögernd, er habe es wohl auch diktiert.
Staatsanwalt Kügler fordert den Angeklagten auf – auch angesichts der niederen Dienstgrade, die mit ihm auf der Anklagebank sitzen –, endlich die Wahrheit zu sagen.
Mulka, spitz: »Alle meine Einlassungen entsprechen der Wahrheit.«
Kügler: »Bisher haben Sie jedenfalls überhaupt nichts von Vergasungen gewußt.«
Mulka: »Dazu habe ich mich auch schon geäußert.«
Am 9. Januar hatte Mulka auf die Frage, woher er von Vergasungen der nicht arbeitsfähigen Häftlinge gewußt habe, geantwortet:
»Man sprach darüber.«

Der polnische Zeuge Zdzislaw Mikolajski aus Krakau war als Häftling in der Zahnstation des Konzentrationslagers tätig, sein letzter Vorgesetzter war der Angeklagte Dr. Frank. Auch den Mitangeklagten Dr. Schatz hat er gekannt, der wohl Ende 1943 gekommen sei, zwei bis drei Monate nach Frank. Anhaltspunkt für diese Zeit sei die Erinnerung an einen Jagdausflug des Dr. Schatz auf Hasen, bei dem er seinen eigenen Hund getroffen habe. »Die Kameraden haben noch das Schrot aus den Wunden des Hundes geholt.«
Der Zeuge bestätigt, daß man im SS-Zahnrevier mit dem Einschmelzen des den vergasten Häftlingen ausgebrochenen Zahngoldes beschäftigt gewesen sei. Die Zähne habe ein Häftling ins Labor gebracht, gereinigt und danach einem Stabsscharführer übergeben, ohne jegliche Quittung. Später, als dieser Häftling entlassen worden sei, »verlangte der Chef, daß ich und ein anderer Häftling die Zähne ausbrechen sollten. Ich wollte aber nicht und habe dem Chef gesagt, auch wenn ich in ein anderes Kommando käme, ginge ich nicht nach Birkenau«.
Mit dem Leiter der Zahnstation habe man reden können, und er habe schließlich bestimmt, »daß ein Häftling aus der Häftlingszahnstation nach Birkenau gehen mußte«. Der Vorsitzende fragt nach Unregelmäßigkeiten, der Zeuge erinnert sich, daß ein eigens von Berlin mit der Abholung des Goldes beauftragter Sonderbevollmächtigter eines Tages mit einem Koffer voll Zahngold »durchgegangen« sei. Man habe ihn in Düsseldorf verhaftet. Nach diesem Vorfall habe dann Dr. Frank das Gold in Empfang genommen, und zwar in schon geschmolzenem Zustand. Es sei der Verwaltung übergeben worden. Geholfen hätten ihm dabei Dr. Schatz und ein SS-Mann namens Unrat.
»Haben Sie Anhaltspunkte dafür, daß Dr. Frank und Dr. Schatz im Krematorium gewesen sind?«
»Dr. Frank und Dr. Schatz pflegten sehr häufig nach einer Nacht des Dienstes in die Zahnstation zu kommen und ihre Gasmasken und Sachen abzulegen. Sie gingen dann schlafen. Sie sagten auch, daß sie in Birkenau gewesen seien. Sehr häufig nahmen Schatz und Frank, bevor sie nach Birkenau fuhren, ihre Gasmasken mit. Dr. Schatz nahm sogar seinen Stahlhelm mit. (Der SS-Mann) Franz Mang scherzte darüber oft und sagte, er (Schatz) sehr aus wie ein kleiner Pilz.«
»Wieso wußten Sie, daß sie aus Birkenau kamen und dort die ganze Nacht Dienst taten?«
»Unrat und Mang sind auch nach Birkenau gegangen, und die haben davon erzählt.«
Eines Tages hat der Zeuge, wie er sagt, den SS-Mann Josef Simon gefragt, warum er so niedergeschlagen sei, und er habe geantwortet: ›Ich bin in Birkenau gewesen. Das, was ich dort

gesehen habe, geht weit über meine Vorstellungen hinaus. Das sind keine SS-Männer mehr, das sind Banditen, das sind Mörder.‹ Simon habe erklärt, wenn er auch bestraft werde und wieder an die Ostfront müsse, er gehe nicht mehr nach Birkenau.
»Was geschah mit diesem Simon?«
»Nichts, er ging nie wieder hin. Und die anderen drückten sich auch.«
Franz Mang sei wenig später in guter Laune erschienen und habe erzählt, es sei ihm gelungen, von Birkenau wegzukommen: Sein Chef werde ihn selbst vertreten.
»Wer war der Chef?«
»Dr. Frank.«

### *»Ihr habt die Schulung nötiger als Brot«*

Jäher, unerwarteter Szenenwechsel: Der Angeklagte wird zum Ankläger. Über eine Stunde lang hatte der Zeuge Gerhard Wiebeck, heute Rechtsanwalt, früher Staatsanwalt und Richter in Angelegenheiten der SS, so herumgeredet; auch davon, daß er nach dem Rechten habe sehen wollen in Auschwitz. Doch kamen nur einige unvollkommene Untersuchungen über Korruption dabei heraus, Ermittlungen in fataleren Dingen verliefen schnell im Sande. Diesem Zeugen, der sich gut windet und dreht, sagt nun der Angeklagte Baretzki, kein großes Kirchenlicht, aber mit Schläue im Gehirn, mit einem Sinn für Zuständigkeiten:
»Sie waren doch in Auschwitz. Warum haben Sie denn das nicht gesagt den Leuten, was da geschehen ist. Da sind doch Tausende von Menschen umgebracht worden. Warum haben Sie denn da nichts gesagt, daß das Unrecht ist.«
Da steht er nun, der Zeuge und Rechtsanwalt, der damals nichts zu Ende ermittelt und wenig gesehen und – schweigend – gebilligt hat; da steht er nun, konfrontiert mit jenem, der die Hand an einem kleinen Hebel der Tötungsmaschinerie hatte, während er, der SS-Untersuchungsrichter, nach kurzem Aufenthalt, unberührt und mit weißer Weste, der »riesigen, weißlich-gelblichen Wolke und dem penetranten, widerlichen Geruch – meiner Ansicht nach der Geruch von Leichenverbrennungen« – wieder den Rücken kehrte, in einer Zeit, da die Mordmaschine mit ihren höchsten Touren lief.
Dem Zeugen fällt nichts ein, der Vorsitzende kommt zu Hilfe. Das habe Baretzki doch wohl auch ohne Rechtsanwalt herausbekommen können, daß Töten ein Unrecht sei. Das habe der Zeuge ihm doch damals sicher nicht zu sagen brauchen. Aber der Angeklagte bedarf dieses Hinweises nicht. Er weiß, so sagt er, daß es ein Unrecht gewesen sei, Tausende von Menschen täglich um-

zubringen. Aber sie seien ja auch täglich belehrt worden, von Schulungsoffizieren, über die Gründe der ganzen Judenvernichtung. Sie hätten gefragt, warum die Juden getötet würden, und es sei geantwortet worden, weil sie Brunnen vergifteten, Sabotage trieben und Brücken sprengten.

Und die Frauen und Kinder? Warum sie auch?

»Da hat man uns zur Antwort gegeben: Wenn ihr im ersten Schuljahr seid, dann benutzt ihr das Schulbuch vom ersten Schuljahr und nicht das vom fünften.«

Der Vorsitzende: »Auf deutsch: das versteht ihr noch nicht.«

»Jawohl.«

Der Zeuge spreche viel über Korruption und Gold, nicht ein Wort über die Tötungen im Lager, sagt Baretzki, davon habe er aber doch auch gewußt und nichts getan.

»Was Hitler gemacht hat, war alles Gesetz. Heute ist es kein Gesetz.«

Die Schulungsoffiziere hätten immer wieder behauptet:

»Ihr habt die Schulung nötiger als Brot.«

Es stimmt nachdenklich, wie da der kleine Untersuchungshäftling und Angeklagte Baretzki vor einem steht, der es nach des Angeklagten Meinung damals hätte »wissen müssen«; vor einem Mann zugleich, der nie in die Verlegenheit kam, Hand anzulegen an die Juden; der sich nur zur Information bis in die Gaskammern führen ließ, sich die Hände wusch, dem Lager den Rücken kehrte und weiterhin Recht sprach für eine Ordnung, der Auschwitz seiner Meinung nach offensichtlich nur bedingt zugeordnet war. An Fällen der Korruption versuchte er, Redlichkeit zu beweisen, Mord und Totschlag aber, das waren »justizfreie Hoheitsakte«: »Ich hatte nichts aufzuklären, was mit Gefangenen zu tun hatte.« Dann läßt er sich vereidigen und verläßt erhobenen Hauptes den Gerichtssaal. Der Angeklagte Baretzki verfolgt den Abgang sicherlich mit gemischten Gefühlen.

Zuvor bewegt sich der Zeuge Wiebeck seiltanzend über den Abgründen seiner Vergangenheit. Er tat Dienst bei den Gestapo-Stellen Kassel und Trier, später bei der Treuhandstelle Posen, seine militärische Ausbildung erfährt er Anfang 1943 beim SS-Ausbildungsregiment Prag, danach wird er versetzt zum Hauptamt der SS-Gerichtsbarkeit, wird SS-Richter in Breslau, ist zeitweise tätig in Kattowitz, der Nebenstelle. Zweimal hat er von dort Verbindung zu Auschwitz: irgend etwas mit einem Ring; einmal eine ganz normale Leichenschau; ein SS-Mann war unter den Zug gekommen. Die Gerichtsbarkeit über die Häftlinge hatte das Reichsjustizministerium.

Der Vorsitzende: »Kein Mensch von den deutschen Richtern und Staatsanwälten ist je nach Auschwitz reingekommen. Das hätte ich auch mal sehen wollen, wie das gewesen wäre.«

Wiebeck kann sich dann eines Falles erinnern, als er gegen einen SS-Mann verhandelte, der versucht hatte, eine Jüdin in einer Holzkiste aus Auschwitz herauszubringen. Er habe ihn angeklagt »wegen militärischen Ungehorsams und wegen Zolldelikts«. Der Zeuge ist auch bei dieser Schilderung höchst vorsichtig, es bedarf mehrerer Fragen, bis er bekundet: »Ich habe die Todesstrafe beantragt.«
Im Sommer 1944 kommt er zusammen mit dem SS-Richter Dr. Morgen nach Auschwitz, um in einer Angelegenheit zu ermitteln, in die der erste Lagerkommandant Höß am Rande verwickelt war: Er hatte ein Liebesverhältnis mit dem Häftling Eleonore Hodys; der Kommandant suchte Zerstreuung bei einer erklärten Feindin des Volkes. Zur Zeit der Untersuchung sei Baer schon Chef des Lagers gewesen, und habe unmißverständlich erklärt: »In den Schornstein damit.«
Der Zeuge berichtet, daß es Morgen gelungen sei, die Frau aus Auschwitz wegzuschaffen und zu retten. Gegen Höß selbst sei nicht ermittelt worden, in einem Tagebuch der Hodys aber seien Belastungen Grabners, des Chefs der Politischen Abteilung zu finden gewesen, und er habe damals behauptet: »Der Bericht der Hodys ist der Schlüssel zum Fall Grabner.«
Herausgekommen ist bei den Wiebeckschen Untersuchungen nichts, ja es wird auch nicht klar, wie intensiv untersucht worden ist. Den Angeklagten Boger hat er damals auch vernommen: »Er war sehr nett zu mir«, sei aber nicht bereit gewesen, über seinen Kollegen auszusagen, habe sogar erklärt: »Wir haben für Führer und Reich noch viel zu wenig umgebracht.«
Nebenkläger Ormond will wissen, ob Wiebeck damals von der Boger-Schaukel gehört habe.
»Die Untersuchung dieser Angelegenheit war nicht gestattet. Ich hörte, die Vernehmungen dieser Art seien aus staatspolitischen Gründen notwendig.«
Was denn eigentlich habe bekämpft werden sollen?
»Korruptionsdelikte und außerhalb der Generallinie liegende Handlungen der SS, zum Beispiel eigenmächtige Tötungen.«
»Heißt das, daß die Generallinie da endete, wo die eigenmächtigen Tötungen anfingen?«
»Man kann es so ausdrücken.«

## *Der erste sowjetische Zeuge*

Der erste Zeuge aus Rußland, der Moskauer Arzt und Journalist Alexander Lebedjew berichtet von dem Schicksal der sowjetischen Kriegsgefangenen in Auschwitz. Die unterstanden nach den Bekundungen Lebedjews dem Angeklagten Stark.

»Er war ein gut angezogener junger Mann. Sein Gesicht war sympathisch, und er schien gut zu sein. Aber was er tat, überzeugte mich, daß er ein pathologischer Sadist war. Er zwang die Gefangenen, sich auszuziehen, und schlug ihnen auf die Geschlechtsteile.«
Lebedjew sagt aus, daß Stark »im Zusammenhang mit der Vernichtung von 25 000 russischen Kriegsgefangenen« stehe, denn er sei »für die Bearbeitung der sowjetischen Kriegsgefangenen« – so habe der deutsche Ausdruck gelautet – zuständig gewesen. Als ihn der Vorsitzende fragt, woher er das wisse, erwidert der Zeuge: »Aus den Archiven.« Dabei klopft er auf seine Aktentasche und sagt, er habe das Material mitgebracht. Aber es handele sich um russische Übersetzungen. Die Originale befänden sich im Staatsarchiv und in Händen des Petersburger Professors Alexejew, der in Berlin auf seine Vernehmung warte. (Die Verlesung dieser Originaldokumente wird vom Gericht später abgelehnt.)

*Ein kleines Mädchen vor der Schwarzen Wand*

Der Zeuge Farber aus Prag:
»An einem Herbsttag 1943 sah ich ganz früh im Hof an der Wand von Block 11 – nicht an der Schwarzen Wand – ganz allein ein kleines Mädchen stehen. Es hatte so ein bordeauxrotes Kleidchen an und einen kleinen Zopf. Die Händchen hielt es an der Seite, wie ein Soldat. Es schaute auch einmal an sich herunter und wischte sich den Staub von den Schuhen. Dann stand es wieder ganz still da. Darauf sah ich, wie Boger in den Hof kam. Er nahm das Kind an der Hand – es ging ganz brav mit – und stellte es mit dem Gesicht gegen die Schwarze Wand. Es schaute sich noch einmal um. Boger drehte ihm den Kopf wieder gegen die Wand, ging zurück und erschoß das Kind mit seinem Gewehr. Ich kannte Boger, denn ich sah ihn oft, wie er mit seinem Rad und dem Gewehr in den Block 11 fuhr.«
»Wie alt war das Kind?«
»Sechs bis sieben Jahre. Ein kleines ...«, die nächsten Worte sind nicht mehr zu verstehen.
»Die Leichenträger sagten später, es war ein polnisches Kind, dessen Eltern einen oder zwei Tage vorher auch dort erschossen worden seien.«
Er möchte »noch eine Sache von Block 11« erzählen, da er im Gerichtssaal einen SS-Mann wiedererkannt habe. Farber berichtet von einer vierköpfigen Familie, die ebenfalls im Hof von Block 11 umgebracht worden sei, ein etwa 35 Jahre alter Mann,

der einen Jungen an der Hand gehalten, und eine jüngere Frau, die ein kleines Kind auf dem Arm getragen habe.
»Nach etwa einer halben Stunde kam der SS-Mann und schoß sofort dem Kind, das die Mutter auf dem Arm trug, mit seiner Pistole in den Kopf. Die Mutter fiel mit ihrem Kind zu Boden. Er erschoß die Mutter, den Mann und auch den Jungen. Hier sehe ich den SS-Mann wieder.«
Farber zeigt auf Dylewski, der aufsteht.
»Ich kannte ihn unter dem Namen Klaus. Die Polen nannten ihn Klauski.«
»Woher kannten Sie den Namen?«
»Von den Häftlingen. Ich kannte auch Stiewitz und Palitzsch. Aber die sehe ich nicht hier.«
Der aus Israel als Zeuge erschienene Alex Rosenstock war als Dentist gleichfalls Häftlingspfleger in Auschwitz, bevor er dort im Frühjahr 1943 auf die Häftlingszahnstation nach Birkenau kam, wo der SS-Zahnarzt Dr. Frank sein Vorgesetzter war. Rosenstock wollte aus dem Lager fliehen und hatte deshalb oft von einer direkt neben der Rampe liegenden Waschbaracke aus durch einen Türspalt beobachtet, wie die Güterzüge mit den Häftlingen ins Lager rollten. Es war ihm jedoch nicht gelungen, sich in einen der leeren Wagen zu schleichen und so aus dem Lager zu entkommen. Während seiner Beobachtungen habe er mindestens sechsmal Dr. Frank gesehen, wie dieser auf der Rampe über Leben und Tod der neu eintreffenden Häftlinge entschieden habe. Von den jeweils mindestens tausend Menschen zählenden Transporten seien lediglich etwa zehn Prozent nicht sofort in die Gaskammern getrieben worden.
»Da besteht kein Irrtum, daß es Dr. Frank war. Er war ja Ihr Chef?«
»Ja!«
»Wie bestimmte es Dr. Frank?«
»Mit der Hand.«
Landgerichtsdirektor Hofmeyer zeigt dem Zeugen ein Foto, das bei einer der Selektionen auf der Rampe gemacht wurde. Als Rosenstock darauf den einen Stock in der Hand haltenden SS-Mann als den Angeklagten Baretzki bezeichnet, ruft Baretzki: »Das kann man doch feststellen, ob ich das bin.«
»Er stellt es ja fest«, meint lakonisch der Vorsitzende.
Baretzki will die Identität durch »einen Bildsachverständigen« bewiesen haben.
Die Zeugin Sarah Nebel aus Israel erkennt in dem ehemaligen SS-Apotheker Dr. Capesius den SS-Offizier, der am 3. Juni 1944 in Auschwitz-Birkenau ihre zwei Brüder, ihre Schwester und ihren Vater mit vielen anderen Häftlingen in die Gaskammern schickte.

»Dr. Capesius kenne ich noch aus Bukarest, wo ich von 1935 bis 1938 lebte. Wir wohnten im gleichen Haus; ich im Parterre und Dr. Capesius im zweiten Stock. Er war Vertreter der Bayer-Werke. Manchmal sprach ich mit ihm und seiner Gattin.« Die Zeugin hat Capesius zuletzt im Jahre 1939 in einem Park ihrer Heimatstadt in Siebenbürgen getroffen und dort mit ihm und seiner Frau eine Tasse Kaffee getrunken. Fünf Jahre später war sie Anfang Juni 1944 zusammen mit achttausend anderen jüdischen Frauen, Männern und Kindern zur Zeit der ungarischen Judenvernichtung aus Siebenbürgen im Viehwaggon nach Auschwitz verschleppt worden. Es war Nacht, als sie auf der hell erleuchteten Rampe des Massenvernichtungslagers Birkenau aus den Wagen gejagt wurde.
»Dann mußten wir zur Rampe gehen, wo sie uns teilten. Dort stand ein SS-Offizier. Ich erkannte ihn sofort – Dr. Capesius. Ich freute mich, als ich ihn sah. Aber als ich vor ihm stand, fragte er nur: ›Wie alt bist du?‹ und schickte mich nach rechts.« Ihre Geschwister und ihr Vater wurden nach links der großen Gruppe der Todeskandidaten zugeteilt, die anschließend sofort in die Gaskammern getrieben wurden. Sie selbst habe zunächst nicht den Mut gefunden, den sie ohne ein Zeichen des Wiedererkennens anblickenden SS-Offizier anzusprechen. Aber dann habe sie ihn doch bitten wollen, sie nicht von ihrer Familie zu trennen. Sie habe zu ihm gehen wollen; ein SS-Mann habe ihr den Weg versperrt.
»›Ist das nicht Dr. Capesius?‹ fragte ich den Soldaten. Er machte große, erstaunte Augen und sagte: ›Das ist der Apotheker Dr. Capesius. Woher kennen Sie ihn?‹ Ich sagte, aus Rumänien. Aber andere Häftlinge drängten mich ab.«
Capesius bestreitet nach wie vor, jemals auf der Rampe über Leben und Tod der Häftlinge entschieden zu haben. »Das Wohnen stimmt. Aber die Schilderung 1939 mit meiner Frau ist nicht existent. Ich war nie nachts auf der Rampe. Daß meine Landsleute dies in x Exemplaren behauptet haben, ist keine Bestätigung. Darüber ist in Rumänien ein Komplott geschmiedet worden.«
»Die Zeugin kommt aus Israel«, stellt Landgerichtsdirektor Hofmeyer fest.

## *Dylewski und Dr. Frank verhaftet*

Nebenkläger Ormond trägt am 5. Oktober vor, es seien in den letzten Tagen derart belastende Aussagen gegen einige Angeklagte gemacht worden, daß es nach Auffassung der Nebenklage nicht mehr verantwortet werden könne, diese Angeklagten weiterhin auf freiem Fuß zu belassen.

»Deshalb stelle ich die folgenden Anträge: 1. Gegen den Angeklagten Dr. Frank ergeht Haftbefehl. 2. Gegen den Angeklagten Dr. Schatz ergeht Haftbefehl. 3. Der Haftbefehl vom 12. Dezember 1960 gegen den Angeklagten Dylewski wird wieder in Vollzug gesetzt; der Beschluß vom 22. März 1961, gemäß dem der Angeklagte gegen eine Kaution von 15 000 Mark von der Untersuchungshaft verschont bleibt, wird aufgehoben. 4. Der Haftbefehl vom 6. April 1959 gegen den Angeklagten Broad wird wieder in Vollzug gesetzt; der Beschluß vom 23. Dezember 1960, gemäß dem der Angeklagte gegen eine Kaution von 50 000 Mark von der Untersuchungshaft verschont bleibt, wird aufgehoben.«

Das Gericht entscheidet:

Schatz und Broad werden nicht in Untersuchungshaft genommen; die Zeugenaussagen ergaben keine neuen Gesichtspunkte und rechtfertigen keinen dringenden Tatverdacht. Die beiden Angeklagten Dylewski und Dr. Frank werden in Untersuchungshaft genommen; nunmehr bestehe dringender Tatverdacht, wegen der Höhe der zu erwartenden Strafe sei auch Fluchtgefahr gegeben. Sechs Angeklagte sind noch auf freiem Fuß: Höcker, Broad, Schoberth, Breitwieser, Lucas und Schatz.

## *25 000 Ermordete in 24 Stunden*

Der 42 Jahre alte Prager Beamte Filip Müller, der in der eigentlichen Mitte des Vernichtungslagers Birkenau arbeiten mußte, vor den Vergasungsanlagen und den Verbrennungsöfen, berichtet als Zeuge »warum ich noch hier sitze, wie ich überlebte«.

Im Sommer 1942 ist es ihm gelungen, aus dem »Sonderkommando« des Alten Krematoriums im Stammlager Auschwitz mit Hilfe eines SS-Mannes, »dem ich Zuwendungen machte«, in das Arbeitslager Monowitz versetzt zu werden. Aber er erkrankte, durfte während seiner Genesung im Schonblock Kartoffeln schälen, wurde vom Lagerführer Aumeier aufgespürt und in das Sonderkommando der Krematorien von Birkenau, »in die Todesfabrik«, kommandiert. Der Zeuge bekundet und bleibt in der Befragung dabei, daß es 1942 zu keiner Selektion des sogenannten Fischel-Kommandos gekommen sei. Erst 1943 sei dieses Sonderkommando selektiert worden, und zwar vor dem Block 13 im Abschnitt B II d des Lagers Birkenau.

Der Vorsitzende: »Es wurde bisher anders dargestellt. Wir haben gehört, daß alle drei bis vier Monate die Angehörigen des Sonderkommandos umgebracht worden seien.«

»Ich habe eine ganze Menge Literatur gelesen, die sich mit dieser Frage befaßt. So steht es in der Literatur.«

Er wisse nur von einer Selektion. Es seien die Häftlinge ausgesucht worden, die besonders kräftig gewesen seien. Es habe geheißen, sie kämen zur Arbeit nach Lublin.
»1944 kommt es zu einer weiteren Selektion, und diese Selektion wurde durchgeführt einige Wochen vor dem Aufstand des Sonderkommandos. Das, was ich jetzt sagen werde, habe ich nur gehört. Es hieß, diese Häftlinge seien vergast worden in der Effektenkammer von Auschwitz — sie wurden verbrannt durch Angehörige der SS. Es wurde gesagt: Das sind Verbrennungen der Zivilbevölkerung, die im Verlauf der Bombardierung umgekommen ist.« (Auschwitz war im Jahr 1944 von alliierten Flugzeugen mit Bomben belegt worden. Auch zahlreiche Häftlinge und SS-Leute waren dabei ums Leben gekommen.)
Der Zeuge erklärt sein Überleben vor allem damit, daß er zwanzig Jahre alt gewesen sei, »daß ich jung war und leben wollte; daß mich hauptsächlich bestärkt hat die ständige Vorbereitung zum Aufstand, wobei ich das so sah, daß nur einige gerettet werden konnten und daß ich dabei war«.
1944, zur Zeit der Ankunft der Judentransporte aus Ungarn, sei die Todesfabrik mit höchster Kraft gelaufen. Das Sonderkommando habe etwa neunhundert Mann umfaßt, »es wurde an verschiedenen Arbeitsstätten gearbeitet, ununterbrochen. Es kam in vierundzwanzig Stunden zur Vergasung von 25 000 Menschen. In 46 großen Öfen wurden die Leichen verbrannt.«
Die zweite Selektion dieses Jahres sei praktisch die Niederwerfung des Aufstandes gewesen. »Einhundertfünfzig bis zweihundert Häftlinge blieben übrig.«
Müller bestätigt dem Nebenkläger Ormond, daß den Vergasungen immer ein Arzt beigewohnt habe.
»Warum?«
»Es war ein Arzt dabei, auf dessen Befehl das Öffnen der Gaskammern erfolgte, wobei die Situation so aussah, daß beim Öffnen der Tür die hineingepreßten Leute buchstäblich herausfielen.«
»Trugen die Ärzte Gasmasken oder trugen sie sie bei sich?«
»Es ist einige Male passiert, daß nach dem Öffnen der Gaskammer der Arzt die Gasmaske aufsetzte, er schritt hinein, kam wieder zurück, hat die Gasmaske abgenommen und ist weggegangen.«
Das den Vergasten ausgebrochene Zahngold sei im Krematorium II eingeschmolzen worden. Für einige Zeit seien zwei Häftlinge, ein Slowake namens Feldmann und ein polnischer Jude namens Katz, eigens zu diesem Zweck ins Krematorium beordert worden. Eines Tages sei ein Auto vorgefahren mit zwei SS-Leuten, und der Fahrer habe gesagt: »Der Chef ist hier.« Der Zeuge wird diesen »Chef« wenig später unter den Angeklagten wiedererkennen.

Ormond: »Wissen Sie, auf welche besondere Art kleine Kinder in Birkenau den Tod gefunden haben?«
»Es kam vor, als Mitglieder des Sonderkommandos die Toten herauszogen, daß bei einigen Kindern noch das Herz geschlagen hat. Es wurde gemeldet, und es kam dann dazu, daß die Kinder erschossen worden sind.«
Ob es noch eine andere Art gegeben habe, Kinder zu töten?
»Es war 1944, daß es zu solchen Szenen gekommen ist unter Oberscharführer Moll. Er nahm das Kind von der Mutter weg, hat es weggetragen, was ich gesehen habe im Krematorium IV, wo es zwei große Gruben gegeben hat. Er hat die Kinder hineingeworfen in das kochende Fett von diesen Leuten. Dann ging er zu seinem ›Diener‹, einem Franzosen, einem Meister des Federgewichts, und sagte wörtlich: ›Es ist möglich, sich satt zu essen.‹ (So die Übersetzung des Dolmetschers.) ›Meine Pflicht habe ich erfüllt.‹«
Der Zeuge bestätigt, daß Häftlinge des Sonderkommandos, die zur Vergasung bestimmte Menschen gewarnt hatten, lebend verbrannt wurden.
In den Auskleideräumen vor den Gaskammern hätten sich Wäschehaken und Bänke befunden. In verschiedenen Sprachen, auch in Ungarisch, sei an den Wänden zu lesen gewesen: »Wasch dich«; Pfeile wiesen in die Richtung »zum Bad«. Die hintere Tür sei die Tür zur Gaskammer gewesen. Säulen hätten in den Krematorien I und II von der Decke zum Fußboden der Gaskammer geführt, »mit durchbrochenem Blech umgeben, innen eine Spirale. Wenn das Gas oben hineingeworfen wurde, sollte die Spirale die richtige Verteilung des Gases bewirken. In den Krematorien III und IV wurde das Gas von einem kleinen Fenster in der Mauer eingeworfen, von der Seite, im Vergasungsraum gab es keine imitierten Brausen.«
Nach der Erinnerung des Zeugen wurden die Vergasungen im Oktober 1944 eingestellt.
Müller erinnert sich, daß verschiedene »Experimente« in den Krematorien vorgenommen worden seien. So sei ein Buckliger in ein Faß mit verschiedenen Salzen und Säuren gesteckt worden, um sein Skelett zu gewinnen; SS-Männer hätten den in den Krematorien Erschossenen Fleisch aus den Oberschenkeln geschnitten; »was damit gemacht wurde, weiß ich nicht«.
Staatsanwalt Kügler: Ob es richtig sei, daß Häftlinge das in den großen Verbrennungsgruben von den Leichen heruntertropfende Fett auf neue Leichen hätten schütten müssen?
»Das ist vollkommen richtig.«
Die vierzig Meter langen und ungefähr sechs bis acht Meter breiten und zweieinhalb Meter tiefen Gruben hatten an den Enden Vertiefungen, in die das Menschenfett hineingeflossen ist.

Mit diesem Fett mußten die Häftlinge die Leichen übergießen, damit sie besser brannten.
Die Verteidigung des Angeklagten Frank will wissen, ob dem Zeugen von dritter Seite Bilder der Angeklagten vorgelegt worden seien, ob er in Frankfurt mit einzelnen Personen über seine Aussagen gesprochen habe; die Staatsanwaltschaft vermutet, der Zeuge solle aufs Glatteis geführt werden. Laternser bleibt unnachsichtlich: Mit wem der Zeuge gesprochen habe? Nebenkläger Kaul meint, er könne mit dem Portier gesprochen haben im Hotel und mit dem Taxichauffeur.
Landgerichtsdirektor Hofmeyer verhindert Streit: »Wir wollen erst mal dem Zeugen Gelegenheit geben, ob er einzelne Angeklagte wiedererkennt.«
Die Angeklagten kommen aus ihren Sitzreihen hervor, stellen sich im Halbrund auf, die Hände auf dem Rücken. Der Zeuge blickt sie prüfend und geraume Zeit schweigend an. Dann hebt er langsam die Hand: »Stark!« – »Boger!« – »Klaus!« (wobei er auf Dylewski weist) – Dann: »Ich kenne ihn nur so, sein Gesicht, mit Brille«; der Zeuge steht vor Broad. Er geht langsam weiter, bleibt vor Frank stehen. »Das ist der Chef von Feldmann.« – Vor Schlage: »Und das ist der Blockführer von Block 11.« – »Und das ist Bednarek.«
»Kennen Sie den zweiten von links?« (Es ist Dr. Schatz.)
»Nein.«
»Den zweiten von rechts?« (Baretzki.)
»Nein.«

## *Noch keine Entscheidung über den Lokaltermin*

15. Oktober 1964, 100. Tag

Ein Tag wie andere in dem Verfahren »gegen Mulka und andere«, kein Grund zum Jubiläum. Die letzten Beweisanträge werden gestellt, später erweist sich, es werden wahrscheinlich erst die vorletzten gewesen sein.
Nebenkläger Ormond erinnert an seinen Antrag vom 8. Juni auf gerichtlichen Augenschein in Auschwitz. Seines Wissens hätten das Auswärtige Amt und das Bundesjustizministerium grundsätzlich keine Bedenken, wenn versucht werde, mit den Angeklagten zum Lokaltermin zu fahren. Im Bundesjustizministerium sei man auch der Meinung, das Beweismittel sei erreichbar; man werde alles tun, um den Wünschen des Gerichts zu entsprechen. Es sei aber zunächst vom Gericht zu erwarten, daß ein solcher Beschluß auf Abhaltung eines Lokaltermins ergehe. Ormond ersucht darum, daß dieser Beschluß nun nicht länger hinausgeschoben werde, zumal das Ende der Beweisaufnahme auf den 15. November terminiert worden sei. Die

Frage, ob die Angeklagten gezwungen werden könnten, am gerichtlichen Augenschein teilzunehmen, bejaht Ormond. Voraussetzung sei selbstverständlich die Zusage des sicheren Geleits. Es bestehe keinerlei Anlaß zu Mißtrauen, wenn Polen eine solche Zusicherung gebe. Einem Lokaltermin in Auschwitz stehe auch das Grundgesetz nicht entgegen: Von Auslieferung könne keine Rede sein, wenn alle Gewähr gegeben sei, daß die Angeklagten wieder nach Deutschland zurückkehrten. Ormond stellt den Hilfsantrag, im Falle der Ablehnung seines Antrags entweder durch ersuchte oder beauftragte Richter und einige Geschworenen den Augenschein wahrnehmen zu lassen.
Der Vorsitzende entgegnet, daß über den Antrag deshalb noch nicht entschieden sei, »weil das Beweismittel bisher als unerreichbar angesehen werden muß«. Er wolle aber sobald wie möglich den Untersuchungsrichter Düx darüber als Zeugen vernehmen, ob der Augenschein überhaupt lohne, »mit Rücksicht auf die Zeichen der Zeit, die sich in Auschwitz eingegraben haben«. Danach werde er die Entscheidung des Gerichts verkünden. Rechtsanwalt Zarnack, der sich dem Antrag des Nebenklägers angeschlossen hatte, unterstützt das Drängen auf eine Entscheidung; Rechtsanwalt Dr. Laternser widerspricht mit Nachdruck der Auffassung, daß die Angeklagten auch gegen ihren Willen gezwungen werden könnten, an einer Ortsbesichtigung im Ausland teilzunehmen. Die Übernahme von Sicherungsmaßnahmen durch polnische Polizeikräfte zum Schutz der Prozeßbeteiligten sei vom rechtlichen Gesichtspunkt aus schon eine Auslieferung.
Der Zeuge Max Kasner, 50 Jahre alt, aus Teplitz. Er entgeht in Auschwitz als einziger einer Gruppe von fünfzig bis sechzig für den Gastod ausgesuchten Häftlingen, weil er sich in strammer Haltung vor dem SS-Arzt aufstellt und ebenso stramm wieder hinausgeht, als ein zum Tode Selektierter.
»Kurz vor der Tür hat eine Stimme gerufen: ›Halt, bleiben Sie stehen.‹ Ich hörte die Worte: ›Dieser Mann kann ja noch arbeiten.‹ Dieser Moment hat mir das Leben gerettet.«
Er sei wieder auf den Krankenblock zurückgekommen, wo ihn ein polnischer Pfleger mit den Worten empfangen habe: »›Sieh durchs Fenster, du wirst ein Theater sehen, wie du es noch nicht kennst.‹ – Nach einer Weile, nach etwa einer Stunde, flogen die Leichen meiner Kameraden im hohen Bogen auf die Lastwagen.«
Der Zeuge beschreibt, wie er eines Tages mit Kameraden etwa dreihundert Leichen auf Lastwagen zum Abtransport in die Krematorien habe verladen müssen.
»Wir bekamen um den Arm eine Schlinge, die Schlinge am anderen Ende des Seils legten wir um den Arm des toten Häft-

lings und schleiften ihn so durch den Sand zum Wagen. Ich kann Ihnen nicht schildern, wie furchtbar es ist, auf Leichen zu treten, auf Leichen herumzumarschieren, um sie zu ordnen, bis der Wagen voll war.«

Vor dem Krematorium I seien die Toten abgeladen und auf die gleiche Weise über den mit Wasser gespritzten Zement zu den Öfen geschleift worden.

»Aber das schlimmste, was ich in Auschwitz je erlebt habe, war dies«: Mit acht Mann sei er in den Hof des Bunkerblocks befohlen worden, um Tote wegzuschaffen.

»Auf der linken Seite lagen etwa siebzig tote Frauen, ganz ausgesucht schönes Menschenmaterial. Schön noch im Tode. Was uns grauen ließ, war etwas, das nur Kannibalen fertigbrachten. Den toten Frauen waren die Brüste abgeschnitten, und aus allen Weichteilen, etwa an den Schenkeln, war mit großen tiefen Schnitten das Fleisch herausgeschnitten worden. Der Hof fiel so schräg ab, und die Kanalisation war verstopft mit Blut, und wir wateten weit über die Fußknöchel im Blut. Sie müssen sich vorstellen, daß wir Pfleger weiß gekleidet waren. Wir sahen aus wie die Fleischhauer. Ich kann Ihnen nicht schildern, wie fertig wir waren. Ich habe viel gehungert, aber ich konnte an diesem Abend nicht ein einziges Stückchen Brot herunterbekommen. Ich fühlte ein Würgen in der Kehle, wie ich es jetzt wieder fühle.«

Der Zeuge, in furchtbarer Erregung: »Ich kann Ihnen das Grauen nicht schildern, das uns diese Bestien dort angetan haben.«

## *Ortsbesichtigung in Auschwitz*

Der Beisitzer des Schwurgerichts, Amtsgerichtsrat Hotz, verkündet am Nachmittag des 22. Oktober völlig unerwartet den Beschluß des Schwurgerichts, daß ein Mitglied des Richterkollegiums als beauftragter Richter im ehemaligen Konzentrationslager Auschwitz eine Ortsbesichtigung vornehmen solle, falls durch staatliche Vereinbarungen zwischen Bonn und Warschau eine Ortsbesichtigung in Auschwitz ermöglicht – also die polnische Regierung einem deutschen Richter erlauben werde, in Polen einen Hoheitsakt auszuüben.

Landgerichtsdirektor Hofmeyer fragt, wer von den sechs noch auf freiem Fuß befindlichen Angeklagten an dieser Ortsbesichtigung teilnehmen werde, da er dann für sie beim polnischen Justizminister freies Geleit erwirken wolle. Hofmeyer stellt fest, daß bei einer Ortsbesichtigung durch einen beauftragten Richter die in Untersuchungshaft befindlichen Angeklagten nicht mit nach Auschwitz fahren dürfen.

## *Hundertfünfzig von knapp Dreizehntausend*

Der 51 Jahre alte sowjetische Zeuge Nikolaj Wassiljew, Dreher in Moskau. Seine Aussage beschäftigt sich meist mit der allgemeinen Lageratmosphäre, seine eigenen Erfahrungen belasten die Angeklagten nicht zusätzlich, von Bednarek abgesehen. Was aber an brutaler Behandlung der Gefangenen, und vor allem der sowjetischen Kriegsgefangenen, in Auschwitz zu erfahren war, mag er erfahren haben, manches sicherlich am eigenen Leib. Allein Namen kennt er nicht, hatte mit kaum einem der Angeklagten Kontakt, obwohl er sich von Anfang Oktober 1941 bis zum 25. Oktober 1944 im Lager befand. Wassiljew ist einer der 150 Russen, die ihre Kriegsgefangenschaft in Auschwitz überlebten, hundertfünfzig von knapp dreizehntausend, wie der Zeuge sagt. Diese Zahl sei ihnen über die ständigen Zählappelle bekanntgeworden. (Der Zeuge Lebedjew hatte von 25 000 getöteten sowjetischen Kriegsgefangenen gesprochen.)

## *Mulka wieder auf freiem Fuß*

Der ehemalige SS-Hauptsturmführer und Adjutant des ersten Auschwitz-Kommandanten Höß, der Hamburger Kaufmann Robert Mulka, ist am 23. Oktober auf Antrag seines Verteidigers, Dr. Eggert, wieder auf freien Fuß gesetzt worden.

Das Schwurgericht lehnte es hingegen ab, den ehemaligen Arrestaufseher Bruno Schlage wegen Krankheit wieder aus der Untersuchungshaft zu entlassen. Nach dem amtsärztlichen Zeugnis sei die Krankheit Schlages nicht so schwerwiegend, daß sie nicht auch im Untersuchungsgefängnis behandelt werden könnte.

Von den sieben Angeklagten, die sich auf freiem Fuß befinden, erklärt sich nur Lucas zur Teilnahme an einer Ortsbesichtigung in Polen bereit.

## *Asche der Ermordeten auf die vereisten Wege*

Jehuda Bacon, Lehrer der Kunstakademie in Jerusalem, berichtet von der Arbeit der Kinder im Lager. Er war zusammen mit neunzehn Kindern als Vierzehnjähriger vor einen Pferdewagen gespannt worden und dieses sogenannte Rollwagenkommando mußte unter anderem im Winter aus den Krematorien die Asche der Toten holen.

»Wir holten die Asche aus Krematorium III und schütteten sie auf die vereisten Wege. Wenn keine Menschen in den Gaskammern waren, erlaubte uns der Capo, uns dort aufzuwärmen.«

Bacon war im Alter von zwölf Jahren mit seinen Eltern, Geschwistern und vielen anderen Verwandten zunächst in das Ghetto von Theresienstadt und nach einem Jahr im Dezember 1943 nach Auschwitz verschleppt worden. Er überlebte als einziger. Zusammen mit achtzig anderen Kindern war er bei der Liquidierung des Theresienstädter Familienlagers in den von der Strafkompanie belegten Block 13 gesteckt worden, in dem der ehemalige Funktionshäftling und heutige Angeklagte Bednarek der Blockälteste war.

Der Zeuge sagt, daß Bednarek »für die Verhältnisse in Auschwitz korrekt zu den Jugendlichen« gewesen sei, jedoch die erwachsenen Häftlinge oft schwer mißhandelt und mit Schemeln auf sie eingeschlagen habe. Der heute 35 Jahre alte Zeuge lernte in Birkenau auch den Angeklagten Baretzki kennen, der von den erwachsenen Häftlingen wegen seiner brutalen Mißhandlungen sehr gefürchtet worden sei, sich aber ebenfalls wie Bednarek den Kindern gegenüber »milde« benommen habe. So habe Baretzki einmal ihm, Bacon, und neun anderen jugendlichen Häftlingen befohlen, mit auf die Blockführerstube zu kommen, und sie seien angstvoll gefolgt: »Aber Baretzki holte eine Wurst, schnitt sie in zehn Teile, gab sie uns und sagte dann: ›Haut ab!‹«

## *Keine Veranlassung zu verschärften Vernehmungen*

Was mag der Angeklagte Boger denken, wenn ihm, dem Untersuchungshäftling, ein Mann als Zeuge präsentiert wird, der für geraume Zeit im Krieg sein weisunggebender Vorgesetzter war, und zwar der Chef der Sicherheitspolizei Kattowitz?

Dr. Johann Thümmler, 58 Jahre alt, aus Aalen, ehemals Leiter der Gestapostelle Chemnitz, dann Kommandeur von Polizei, Sicherheitsdienst und Gestapoleitstelle Kattowitz und Vorsitzer des Standgerichts im Lager Auschwitz, später von einer Spruchkammer zu zweieinhalb Jahren Arbeitslager verurteilt, heute leitender kaufmännischer Angestellter, verschämt verschweigt er bei wem – wahrlich eine gelungene Karriere. Herr Thümmler gibt sich seriös und gerecht, trägt seine weiße Weste unübersehbar, hat keine Schuldkomplexe, da ist alles in Ordnung.

Den Vorsitz des Standgerichts in Auschwitz übernahm er von seinem Vorgänger Mildner im Herbst 1943. Es standen ausschließlich Partisanen vor dem Tribunal. Drei Personen bildeten das Gericht: er, der Vorsitzer, der Leiter der Kriminalpolizei und ein Beisitzer vom Sicherheitsdienst. Verhandelt wurde in einer Baracke.

»Sind Sie durch das Tor gekommen mit der Inschrift ›Arbeit macht frei‹?«
»Dabei bin ich überfordert.«
»War es in Block 11?«
»Da bin ich überfordert.«
»Waren Sie auch mal im Hof?«
»Vielleicht einmal. Dort soll eine Mauer gewesen sein, ich habe sie aber nicht mehr in der Erinnerung.«
»Eine schwarzgestrichene Mauer muß doch auffallen.«
»Ich habe keine Erinnerung.«
Er sei also der Vorsitzer gewesen, stellt Landgerichtsdirektor Hofmeyer fest; ob denn auch ein Verteidiger dabeigewesen sei?
»Wenn einer gewünscht wurde.«
»Wurde mal einer gewünscht?«
»Es kam selten vor.«
»Wenn es vorkam?«
»Ja, dann wurde er bestellt.«
»Wer war es?«
»Auch ein Beamter der Dienststelle.«
Thümmler erklärt, den Verhandlungen seien monatelange Vernehmungen vorausgegangen.
»Auch verschärfte Vernehmungen?«
»Dazu bestand keine Veranlassung.«
»Aber die Vernehmungen in Kattowitz sollen die schlimmsten gewesen sein?«
»Ich weiß nicht ...«, kommt nachdenklich die Antwort.
Verschärfte Vernehmungen seien nicht nötig gewesen: »Ich habe jedenfalls nichts erfahren, ich habe von verschärften Vernehmungen nichts gehört. Die Tatbestände waren auch so klar, daß es keiner verschärften Vernehmungen bedurfte.«
Hofmeyer weist den Zeugen darauf hin, daß Geständnisse ein Hauptbestandteil des Urteils seien; ob der Zeuge sich je darum gekümmert habe, wie es zu diesen Geständnissen gekommen sei?
Es habe sich immer um Partisanengruppen gehandelt: »Da gab es nichts zu leugnen. Geringere Fälle kamen gar nicht zur Anklage.«
Hofmeyer: »Na, ja ... wer hat denn das beurteilt, ob es geringe Fälle waren?«
»Das hat mein Vertreter beurteilt und dann zum Polizeigericht gegeben.«
»Wenn ein Urteil auf Geständnissen aufgebaut wird, muß ein Richter doch bei der Art und Weise, wie diese Geständnisse herbeigeführt wurden, größte Bedenken gehabt haben.«
»Ja, selbstverständlich.«

»So selbstverständlich ist mir das nicht, denn es geschah aber doch!«

»Ich kann natürlich nichts dafür, wenn der eine oder andere meiner Leute dennoch mißhandelt hat.«

Der Zeuge beruft sich darauf, seinen Leuten eingeschärft zu haben, bei allen Vernehmungen korrekt aufzutreten. Er sei »ziemlich ahnunglos« nach Kattowitz gekommen, habe keine Ahnung von dem großen Vernichtungslager gehabt. Schließlich habe er beim Reichsführer selbst, pardon: bei Himmler, einen Bericht vorgetragen, der dazu habe dienen sollen, die Verhältnisse in Auschwitz zu ändern. Er sei auf militärische Dinge abgestellt gewesen; das Lager mit seinen Zehntausenden von Häftlingen habe er unter anderem eine Riesengefahr für die Truppe genannt.

Staatsanwalt Vogel will wissen, ob bei diesen Verhandlungen auch Zeugen gehört wurden.

»In der Regel nicht. Wenn alles klar war und die Angeklagten alles zugaben, dann nicht. Wir fragten, ob alles stimme, und sie sagten alle: ja.«

»Es gab also nur Todesurteile und KZ-Einweisungen?«

»Ja, Freisprüche gab es praktisch nicht. Es wurden nur Verfahren eröffnet, wenn alles klar war.«

Die schriftlichen Urteile wurden von Thümmler persönlich zum oberschlesischen Gauleiter Fritz Bracht gebracht.

»Wie lang war denn so ein Urteil?«

»Eine halbe bis eine Seite, es enthielt nochmals den Tatbestand.«

»Also nach unseren heutigen Begriffen den Anklagetenor?«

»Und das Geständnis.«

Das Urteil wurde vom Protokollführer des »Standgerichts«, einem Beamten des gehobenen mittleren Dienstes, »entworfen«, der Vorsitzende begnügte sich mit der Unterschrift. »Aber manchmal wurde auch etwas abgeändert.«

»Stimmt es, daß oft Bagatelldinge mit dem Todesurteil geahndet wurden?«

»Das war bei meinem Vorgänger so.«

Auf energische Fragen des Landgerichtsrats Hummerich gibt der Zeuge zu, daß er sich um die ordnungsgemäße Vollstreckung des Urteils nicht gekümmert hat; daß die Beschuldigten »zum Teil« in Auschwitz festgehalten wurden; daß sie Häftlingskleidung trugen; daß sie zwischen Urteil und Vollstreckung wiederum im Lager saßen. Ja, er hat sich die Mühe gemacht, die Angeklagten zu fragen, wie ihre Geständnisse zustande gekommen seien:

»Sie haben es niemals gesagt.«

Ob er niemals Anzeichen bei den Beschuldigten erkannt habe, die auf entsetzliche Behandlung hätten schließen lassen?

Der Zeuge: »Nein.«
Der ehemalige Gestapochef Thümmler macht es klar: Die Gestapo- und SD-Gerichtsbarkeit in Kattowitz ist unter seiner Ägide ein sauber und korrekt arbeitendes Instrument der nationalsozialistischen Rechtspflege gewesen. Kein Häftling hatte Grund zur Klage, keiner hat je geklagt.
Der Erste Staatsanwalt: »Wer bestimmte die Zusammensetzung des Standgerichts?«
»Ich.«
»Wer bestimmte den Ankläger?«
»Ich.«
»Wer bestimmte den Verteidiger?«
»Ich.«
»Sie bestimmten also alles?«
»Es gab keine andere Möglichkeit.«
In vierzig Prozent der Fälle seien die Beschuldigten »auf unbestimmte Zeit« ins Konzentrationslager Auschwitz eingewiesen worden, und zwar mit der Begründung, daß die Vernehmungen neu aufzunehmen seien. Nebenkläger Raabe findet heraus, daß die sachlichen Weisungen an den Leiter der Politischen Abteilung von der Dienststelle Thümmler ausgegeben worden sind.
»Es war aber Sache meines Vertreters«, meint der Zeuge. Nein, den Angeklagten Boger kennt er »nicht mit Bewußtsein«. Einen anderen?
»Es kann sein, daß ich mit dem einen oder anderen gesprochen habe.«
Ob der Angeklagte Boger den Zeugen kenne?
»Persönlich nicht, dem Namen nach ja.« Anweisungen der Gestapostelle Kattowitz hat er bekommen, doch:
»An die Unterschrift kann ich mich nicht erinnern.«
Broad: »Ich kenne nur die Zeit von Herrn Dr. Mildner.«
Dylewski: »Ich kenne auch nur den Namen Dr. Mildner.«

Der Zeuge Viktor Lederer, 49 Jahre alt, in Eger geboren, heute in Prag wohnend, kam am 23. April nach Auschwitz, nachdem er zuvor etwa ein Jahr lang wegen »politischer Tätigkeit« im Zuchthaus Bayreuth gesessen hatte. Seine Frau und seine Kinder waren am 10. Juli 1942, im Zusammenhang mit den Repressalien nach der Ermordung Heydrichs, mit unbekanntem Ziel verschleppt worden. Der Zeuge hat sie nie wiedergesehen.
Lederer erinnert sich an eine große Selektion – seiner Meinung nach am 18. August 1943, doch besteht er darauf, daß keiner sich hinter dem Datum verschanze, es könne auch ein anderer Tag gewesen sein. Er habe manche Selektion erlebt, diese aber sei ihm gegenwärtig wegen des Schicksals eines jungen Franzosen, der oft von seinen Eltern erzählt habe. Die Häftlinge seien

angetreten, und als man die Nummern der Selektierten aufgerufen habe, sei der kleine junge Franzose vorgetreten, »als der Angeklagte Kaduk vor ihm stand. Er hat vor Kaduk niedergekniet und um sein Leben gefleht. Kaduk reagierte, wie es im Lager üblich war: mit Tritten ins Gesicht und auf den Körper. Ich werde nie das Gesicht des Jungen vergessen, der noch nichts erlebt hatte im Leben und der um sein Leben flehte. Von diesem Tag an war Kaduk für mich ein Begriff von nazistischer Roheit.«

Der Zeuge berichtet, daß nach mißglückten Fluchtversuchen die wieder eingefangenen Häftlinge ein Pappschild um den Hals trugen mit der Beschriftung: »Hurra, hurra, ich bin schon wieder da«; daß oft beim Ausrücken zur linken Seite die Musikkapelle aufgespielt habe, während zur Rechten, auf Holzbrettern, hingerichtete Häftlinge als Abschreckung ausgestellt gewesen seien.

Kaduk hebt zu seiner obligatorischen Erklärung an: »Herr Vorsitzender, ich persönlich habe im Stammlager Auschwitz keine Häftlinge selektiert. – Ich persönlich habe nicht entschieden. Ich war nicht zuständig gewesen.«

Kurz darauf, nachdem der Zeuge Lederer nochmals nach dem Vorfall mit dem französischen Häftling gefragt worden war und ihn wiederum bestätigt hat, kommt Kaduk in Erregung: »Herr Zeuge, und ich behaupte, das ist nicht wahr. Der Zeuge soll bei der Wahrheit bleiben, was ich getan habe, hab' ich getan. Ich sehe nicht ein, daß ich hier der letzte bin; daß alles auf mich geschoben wird. Wenn ich Gefangene ins Gas geführt habe, habe ich niemand geschlagen.«

## *»Die Waldseekarten«*

Alfred Weczler, 46 Jahre alt, Beamter in Preßburg, ist einer der wenigen, die aus dem Konzentrationslager Auschwitz fliehen konnten. Am 13. April 1942 wurde er eingeliefert, zwei Jahre später, am 7. April flüchtete er. Er berichtet, daß in der Zeit von August 1942 bis 8. Juli 1943 dreißigtausend Häftlinge von Block 7, einem Revierblock des Lagers Birkenau, in die Gaskammer geschickt worden seien. »Das war in der Zeit, in der ich dort war.« Er beschuldigt den Angeklagten Klehr, bei Selektionen für runde Zahlen gesorgt und in der Baracke Nr. 8 Phenolinjektionen gemacht zu haben. Der Angeklagte Boger habe vor Exekutionen stets das Urteil verlesen. Wilhelm Boger nickt zweimal. Alle zehn bis vierzehn Tage seien vor dem Küchengebäude Häftlinge erhängt worden, fährt der Zeuge fort. Einmal habe man fünf erschossene Lagerinsassen auf Stühle gesetzt.

»Dann mußten zwölftausend Häftlinge vor ihnen promenieren. Im Parademarsch.«
Von Weczler, dem mit dem heute in England lebenden Slowaken Dr. Vrba die Flucht aus Auschwitz gelang, erfuhr die Welt zum erstenmal von den in Auschwitz verübten Greueltaten. Zusammen mit Vrba verfaßte Weczler damals in Preßburg in deutscher Sprache ein sechzigseitiges Protokoll, das von dem Rabbiner Weißmandel nach Budapest geschmuggelt und von dort, in zahlreiche Sprachen übersetzt, in alle Welt verschickt worden war. Übersetzungen erhielten unter anderem der Papst, der amerikanische Präsident und der schwedische König. Weczler überreicht jetzt dem Schwurgericht die nach dem Kriege in Buchform herausgegebene und im Jahre 1944 an Truman geschickte englische Übersetzung.
Der als Nebenkläger auftretende Frankfurter Rechtsanwalt Raabe erklärt, diese von dem Zeugen mitverfaßte Dokumentation über die Greuel von Auschwitz habe dazu geführt, daß Hunderttausenden ungarischen Juden des Leben gerettet worden sei, denn auf die aus aller Welt bei Horthy eintreffenden Proteste hin habe der ungarische Reichsverweser den sofortigen Deportationsstop der ungarischen Juden angeordnet.
Weczler schildert, daß man ihm zunächst in Preßburg die berichteten Greuel nicht geglaubt habe. Aber er habe damals eine der sogenannten Waldseekarten mitgebracht und damit bewiesen, wie die SS in Ungarn den an den ungarischen Juden eingeleiteten Massenmord habe tarnen wollen. Die ersten in Auschwitz eintreffenden Juden hätten auf diesen den Stempel von Waldsee tragenden und vordatierten Karten ihren in Ungarn zurückgebliebenen Angehörigen ihre Ankunft in diesem angeblich in Thüringen liegenden Ort anzeigen müssen. Sie seien schon lange tot gewesen, als die vordatierten Karten später in ihre Heimat geschickt worden seien.

### *Broad wieder verhaftet*

Der Zeuge Fabian aus Prag schildert Erschießungen an der Schwarzen Wand: »Der Pole Stachik kam auf dem Fahrrad in den Block 28 und rief: Leichenträger! Zwei Tragbaren! Eine Kiste! Zwei Kisten! – Wenn er eine Kiste rief, wußten wir, es wird eine kleine Hinrichtung; eine Familie mit Kind. Wenn er Tragbahre rief, gab es eine große Hinrichtung. Manchmal kamen wir hin, da waren sie schon erschossen, aber dies kam nur bei kleinen Hinrichtungen vor. Wenn große Hinrichtungen waren, stellten wir uns in einer Ecke von Block 11 auf. Die unten ausgesucht wurden, wurden in den Waschraum gejagt und mußten sich entkleiden. Das Fenster war mit einer Decke zugezogen. Unter dem Fenster stand im Hof der Stab der SS. Es ging alles im Laufschritt. Ein gewisser Jakob nahm zwei Häftlinge am Oberarm und führte sie im Laufschritt zur Schwarzen Wand. Dann mußten wir schon ebenfalls mit der Bahre laufen, und wir stellten uns hinter die SS-Männer, die exekutierten. Wenn die Häftlinge erschossen waren – sie wurden mit einem nicht viel Geräusch machenden Flobertgewehr in den Kopf geschossen – fielen sie um. Ich packte sie an den Händen oder den Beinen und legte sie auf die Bahre. Dann rannten wir zu dem Kanal an Block 10, und die Toten wurden von der Bahre gekippt. Während dies geschah, wurden schon die zwei nächsten erschossen. Dies ging alles sehr schnell. Die Erschießung von hundert Häftlingen dauerte nicht lange. – Einmal geschah folgendes. Ich trug vorn. Auf einmal hörte ich eine Stimme hinter mir: ›Herr Oberscharführer, Sie haben schlecht geschossen‹ – Stiewitz hatte geschossen, und er sagte: ›Halt's Maul, dann bekommst du noch eine.‹ – Wir mußten die Trage absetzen, und Stiewitz schoß ihn nochmals in den Kopf.«

Fabian schweigt einen Augenblick: »Ich bin etwas verstört. Es wirkt noch nach.«

»Sahen Sie, daß Kaduk und Boger ebenfalls an den Erschießungen teilnahmen?«

»Das kann ich bejahen. Boger sah ich öfter. Das Gewehr wurde auf dem Rücken verborgen.«

»Wie weit standen die SS-Männer entfernt?«

»Jakob stellte die beiden Häftlinge direkt an die Wand, und die SS-Leute legten das Gewehr direkt an den Kopf. Wenn eine große Hinrichtung war, schossen zwei. Manchmal schoß auch Schlage, und es waren noch weitere dort.«

Hofmeyer: »Boger! Bleiben Sie immer noch dabei, daß Sie keine Menschen erschossen hätten?«

Boger springt auf: »Jawohl! Herr Vorsitzender!«

»Na! Dann nehmen Sie mal wieder Platz«, sagt der Richter. Ob Fabian den Arrestaufseher Schlage bei Erschießungen beobachtet habe?

»Das sah ich einmal im Waschraum. Der Mann mußte eine Kniebeuge machen, und er schoß ihn in den Kopf. Dann kam das Kind und dann die Mutter. Sie wurden von dem elften Block in den Waschraum geführt. Auf das kleine Kind mußte noch wiederholt geschossen werden. Es schrie und war nicht sofort tot. Dann sah ich Schlage auch an der Schwarzen Wand bei Erschießungen.«

»Wann war es, als Schlage die Familie erschoß?«

»Im Frühjahr 1944. Ich erinnere mich genau.«

»Wurden bei den Erschießungen vorher Urteile verlesen?«

»Bei diesen Hinrichtungen wurde nie etwas verlesen.«
Hofmeyer will wissen, was mit den Unglücklichen geschah, die noch lebend auf den Leichenhaufen geworfen wurden, und erfährt, daß Schlage die noch atmenden Häftlinge nach der Exekution aus dem Leichenberg ziehen ließ und ihnen nochmals in den Kopf schoß.
»Befand sich einmal ein Zigeuner darunter?«
»Den Vorfall habe ich schon sehr oft erzählt; im Lager und später. Der Zigeuner lebte noch, und Schlage sagte: Steh auf! Das werde ich nie vergessen. Er wollte aufstehen, aber Schlage sagte, bleib liegen. Dann wurde er ins Herz und beide Schläfen geschossen. Er lebte immer noch. Ich weiß nicht, wie viele er noch bekam. Zuletzt bekam er einen Schuß in den Hals. Schwarzes Blut kam heraus. Es war das Ende. Schlage sagte, er hat ein Leben wie eine Katze.«
»Schlage! Was sagen Sie dazu?«
»Herr Direktor! Derartiges ist mir nicht bekannt. Ich habe auch nie in Block 11 geschossen.«
»Wo denn?«
»Nirgends.«
Für den noch auf freiem Fuß befindlichen Pery Broad bringt die weitere Vernehmung des Zeugen Fabian die Wiederverhaftung im Gerichtssaal. Fabian hat bei der Gegenüberstellung mit dem Angeklagten in Broad den SS-Mann wiedererkannt, der an der berüchtigen Schwarzen Wand im Lager ebenfalls Häftlinge erschoß. Er könne sich noch genau an eine Massenexekution im Sommer 1944 erinnern, erklärt Fabian, als gegen Schluß auch Frauen erschossen worden seien. Damals habe sich Broad mit den Worten vorgedrängt: »Laßt sie mir, es ist eine junge«, und diese Frau sowie noch weitere Frauen erschossen.

Der Zeuge Jean Weiß. Man fragt sich, unter welchen Belastungen dieser Mann lebt, wie er überhaupt weiterleben kann, welche Visionen ihn heimsuchen mögen des Nachts. Er war in Auschwitz ein Spediteur des Todes, Leichenträger und -packer, sein Eilgut waren Tote, alles ging im Trab. Von der Schwarzen Wand zu der Stelle, wo das Blut aus den noch warmen Körpern in den Ausguß lief und wieder zurück, dorthin, wo gerade die nächsten Gemeuchelten zusammengebrochen waren; blutbespritzt: »Wir sahen aus wie die Metzger«, sagt Jean Weiß. Und in dem Zimmer, wo Klehr mit der Phenolspritze hantierte, hielt er, zusammen mit einem anderen Häftling, die Selektierten fest, denen der »Sanitätsdienstgrad« das Ende bereitete.
»Wir mußten hinter sie treten, den linken Arm waagrecht abhalten, den rechten Arm vor die Augen legen. Der andere trat dann vor ihn, erfaßte die Füße und trug ihn hinaus.«

Jean Weiß hatte noch einen anderen Kelch zu leeren. Der Zeuge weint, dann berichtet er:
»Es war am 28. September 1942. Ich weiß nicht als wievielter mein Vater dran war. Die Tür öffnete sich, und mein Vater kam mit einem Häftling herein. Klehr sprach mit meinem Vater. Klehr sagte ihm: ›Du bekommst eine Spritze gegen Typhus.‹ Dann weinte ich und mußte meinen Vater selbst hinaustragen. Klehr hatte es eilig. Er spritzte gleich zwei Häftlinge ab, da er zu seiner Kaninchenzucht wollte.«
Klehr habe ihn am nächsten Tag gefragt, warum er denn geweint habe. ›Ich hätte ihn leben lassen‹, habe Klehr geantwortet, nachdem er den Grund erfahren habe. Warum er (Weiß) es nicht gesagt habe?
Der Vorsitzende: »Warum haben Sie es denn nicht gesagt?«
Der Zeuge: »Ich hatte Angst, daß Klehr sagt: ›Setz dich daneben.‹«
»Wurde der andere, der mit Ihrem Vater kam, auch getötet?«
»Ja.«
Wie die Leichenträger zu ihrer Arbeit gerufen worden seien?
»Ich war in Block 28; von Block 11 kam ein Schreiber und rief: ›Leichenträger‹. Meistens blieb er auf dem Gang stehen. Dann kamen die Herausgerufenen und einer fragte, wohin es gehen solle. Der Schreiber sagte dann, wieviel Tragbahren mitgenommen werden sollten, eine Tragbahre oder zwei, und der Capo bestimmte, welche Leichenträger gehen sollten. Ich bin fast jedesmal gerufen worden.«
Der Zeuge schildert, daß sie im Hof zwischen den Blöcken 10 und 11 mit den Tragbahren warteten, bis die Angehörigen der Politischen Abteilung erschienen und die zum Tode bestimmten nackten Häftlinge. Bei einer »großen Hinrichtung« war ein SS-Arzt anwesend, sonst nicht. »Wenn er dort war, sagte der Arzt: ›Ab‹, und wir mußten die Leichen holen. Wir mußten sie auf die Tragen werfen, den zweiten umgekehrt auf den ersten, zum Block 10 laufen, dort auskippen und wieder zurücklaufen.«
»Wer war zugegen? Haben Sie welche gekannt?«
»Ja, Boger, Kaduk, Stiewitz, Palitzsch. Ich kenne noch einen, den ich unter den Angeklagten gesehen habe, aber ich weiß seinen Namen nicht.«
»Zeigen Sie ihn mal.«
Der Zeuge geht auf Dylewski zu und hebt die Hand gegen ihn.
Bei »kleinen« Hinrichtungen habe nur einer geschossen. Er erinnere sich aber einer Hinrichtung am 28. Oktober 1942, bei der 285 Häftlinge erschossen worden seien. Das Datum habe er sich so genau gemerkt, weil es der tschechoslowakische Staatsfeiertag gewesen sei.

»Es haben sechs oder acht Mann geschossen. Sie wechselten sich dauernd ab. Es dauerte nicht lange, etwa zwei bis zweieinhalb Stunden. Wir waren völlig vernichtet, wir waren voll Blut wie die Metzger.«
Von den Angeklagten seien Kaduk und Boger bei dieser Erschießung dabeigewesen. Der Vorsitzende macht darauf aufmerksam, daß Boger darauf bestehe, zu dieser Zeit noch nicht in Auschwitz gewesen zu sein. Der Zeuge erwidert: »Er war schon dort.« Auch bei der Erschießung von einzelnen Häftlingen, die der Zeuge mit Namen nennt, sei Boger beteiligt gewesen, zusammen mit Kaduk, Stiewitz und »auch dem, der auf Block 11 war« (der Zeuge meint den Angeklagten Schlage).
Der Vorsitzende: »Sagen Sie mal, Angeklagter Boger, wollen Sie denn jetzt immer noch bestreiten, daß Sie in Auschwitz jemand erschossen haben?«
»Herr Vorsitzender, ich habe nichts zu dementieren«, beginnt Boger, unsicher und ohne die Festigkeit, die er der Stimme sonst gibt.
»Sie sollen auch nichts dementieren, sondern Sie sollen uns sagen, ob Sie geschossen haben.«
»Nein, ich habe weder in Block 11 noch sonst irgendwo in Auschwitz einen Schuß abgegeben.«
Der Zeuge: »Ich habe ihn doch selbst gesehen. Das ist eine Zigeunerei.«
Zwei Zeugen aus Oradea in Rumänien, die schon abgeschrieben waren, sind doch gekommen. Paul Pajor, Apotheker, beschuldigt Capesius, den er 1940 als ersten Propagandisten der Bayer-Werke kennengelernt habe (»Er sagte immer, ich lasse Ihnen das Packpapier von Bayer da, da brauchen Sie kein Geld auszugeben«), auf der Rampe von Auschwitz selektiert zu haben. »Es war für mich unglaublich, daß er es war. Er sprach mich auf ungarisch an: ›Sind Sie nicht ein Apotheker?‹ – ›Ja‹, antwortete ich. – ›Haben Sie nicht in Oradea eine Apotheke?‹ – Als ich auch dies bejahte, machte er mit dem Kopf eine Bewegung und sagte, ich solle nach rechts gehen.« Die Röntgenassistentin Marianne Adam bekundet ebenfalls, Capesius selektierend auf der Rampe gesehen zu haben. Er sei ihr nicht bekannt gewesen, sie habe ihn auch nie wieder getroffen, der Name sei ihr von einer Freundin, deren Vater ihn gekannt habe, gesagt worden. Die Zeugin soll Capesius identifizieren. Er steht in der linken Hälfte des Halbkreises, den die Angeklagten in der Mitte des Saales gebildet haben, vorn in der ersten Reihe. Die Zeugin geht stracks auf ihn zu, wendet sich zwei Schritte zur Seite, kehrt wieder zurück, bleibt vor ihm stehen und sagt: »Das ist Dr. Capesius.« Dafür, daß sie ihn ein einziges Mal in ihrem Leben gesehen hat, findet sie sich erstaunlich schnell zurecht, mit einem einzi-

gen Blick sozusagen und ohne einen zweiten einem anderen Angeklagten zu gönnen. Die Szene stimmt nachdenklich.
Der Pole Gerard Wloch, 45 Jahre alt, Nationalökonom in Kattowitz, kam am 18. Dezember 1940 nach Auschwitz. Er arbeitete im Abbruchkommando, später in der Tischlerei, zuletzt im Häftlingsblock Nummer 11. Im vorgelegten Bunkerbuch erkennt der Zeuge seine Schrift: »Hier beginnen meine Eintragungen, am 12. Februar 1942 – das ist meine letzte Eintragung: am 10. Dezember 1942.« Alle drei bis sechs Wochen sei es zu sogenannten Bunkerentleerungen gekommen; eine »Kommission« habe dabei entschieden, wer erschossen wurde, im Bunker blieb oder ins Lager zurückkam. Von den Angeklagten nennt der Zeuge als Mitglied dieser Kommission Stark und Dylewski. Er, der Zeuge, habe die Gefangenen mit ihren Nummern aufgerufen, und die Kommission habe entschieden, entweder Grabner, der Leiter der Politischen Abteilung, oder aber, wenn dieser nicht dabeigewesen sei, die den Fall des Zeugen bearbeitenden Angehörigen der Politischen Abteilung. »Jawohl«, er hat erlebt, daß Dylewski und Stark solche Entscheidungen getroffen haben. Einmal habe er vom ersten Stock aus eine Exekution vor der Schwarzen Wand beobachtet, und zwar, weil ein Bekannter von ihm erschossen worden sei. Sieben bis acht Menschen seien damals exekutiert worden.
»Wer hat geschossen?«
»Stark.«
Staatsanwalt Vogel macht das Maß für den Angeklagten Stark an diesem Tag voll. (Stark, der beschuldigt wird, verantwortlich dafür zu sein, daß mehrere Häftlinge in mit Wasser gefüllten Baugruben ertränkt wurden, hat immer wieder energisch bestritten, daß es Wasser in Baugruben gegeben habe.) Ob sich der Zeuge an mit Wasser gefüllte Baugruben erinnere?
»Ja, das war so.«

Der ehemalige SS-Sanitäter Hantl gibt als erster die Taktik auf, die bisher alle Angeklagten stets beachtet haben: nie einen Mitangeklagten zu belasten.
Es geht um die Frage, ob die Zeugen glaubhaft sind, die bekundet haben, daß der ehemalige SS-Sanitäter Klehr auch am Heiligen Abend 1942 eigenmächtig Häftlinge durch Phenolinjektionen ins Herz umbrachte. Klehr hatte behauptet, er sei nur bis zum Herbst 1942 der für den Häftlingskrankenbau verantwortliche SS-Sanitäter gewesen. Nach dieser Zeit sei er nur noch zum Besuch seiner SS-Kameraden im Häftlingskrankenbau aufgetaucht, könne also dort Weihnachten 1942 nicht gemordet haben.
Der Vorsitzende läßt das Vernehmungsprotokoll eines in Wien

lebenden ehemaligen Häftlings verlesen, der es, weil invalide, abgelehnt hatte, als Zeuge nach Frankfurt zu kommen. Hans Sauer bescheinigte bei seiner richterlichen Vernehmung in Wien dem früheren Sanitäter Hantl menschliche Züge, sagte aber, daß Hantl ebenfalls wie sein Vorgänger Klehr eigenmächtig kranke Häftlinge zum »Abspritzen« ausgesucht und sie auch eigenmächtig mit der Phenolspritze umgebracht habe.

Hantl erklärt, er habe nie selbst Häftlinge umgebracht, sondern auf Anordnung des SS-Arztes nur dabeigestanden, wenn zwei Häftlinge auf diese Weise ihre Kameraden umgebracht hätten. Auch habe er nie diese Todeskandidaten ausgesucht, da das der SS-Arzt selbst getan habe. Er habe im März/April 1943 im Häftlingskrankenbau den ehemaligen SS-Sanitäter Nierzwicki abgelöst, der zuvor zusammen mit den jetzigen Mitangeklagten Klehr und Scherpe im Häftlingskrankenbau Dienst gemacht habe. Klehr habe erst im Februar 1943 den Häftlingskrankenbau verlassen.

Klehr: »Herr Direktor, es ist unwahr, daß ich zusammen mit Hantl Dienst machte.«

»Aber Hantl sagte, er sei bereits im Dezember 1942 in den Krankenbau gekommen«, hält ihm der Vorsitzende vor, und Hantl bestätigt nochmals: »Ich will Herrn Klehr ja nicht beschuldigen, daß er abgespritzt hat. Aber wie ich im Dezember 1942 kam, war er noch dorten« (im Krankenbau). Und zu Klehr gewendet wiederholt er: »Herr Klehr, ich habe Sie nie in einer Weise beschuldigt. Ich sagte nur, daß Sie dorten waren. Wir waren im Dezember zu dritt da: Klehr, Scherpe und Nierzwicki.«

Klehr: »Scherpe hat mich abgelöst. Der muß es ja wissen. Ich kam nur ab und zu noch einmal ins Dienstzimmer.«

Scherpe behauptet, er habe Weihnachten im Häftlingskrankenbau nicht Dienst gemacht, da er zu dieser Zeit selbst verhaftet gewesen sei.

»Natürlich war er dorten«, sagt Hantl.

Klehr ruft, er müsse doch am besten wissen, wann er dort gewesen sei. Aber Landgerichtsdirektor Hofmeyer bezweifelt das; Klehr habe schon zu verschiedene Angaben gemacht. Klehr entschuldigt sich mit der Erklärung: »Ich bin in Auschwitz so oft abgelöst worden, daß es mir heute nach zwanzig Jahren schwerfällt, den genauen Termin anzugeben.«

Zuvor wurden einige Befehle verlesen, die entweder von dem Angeklagten Mulka als dem früheren Adjutanten des Lagerkommandanten mit abgezeichnet worden waren oder allein dessen Unterschrift trugen. Mit diesen Befehlen wurde zum Zwecke des beschleunigten Baus der Krematorien angeordnet, daß die Häftlinge auch sonntags arbeiten mußten; ihre tägliche

Arbeitszeit wurde auf zwölf Stunden verlängert. Mulka, der früher behauptete, ihm sei vom Bau der Krematorien nichts bekannt gewesen, gibt jetzt zu: »Sicher wußte ich, daß dort gebaut wurde, aber ich war nicht daran beteiligt. Ich gab nur Anordnungen des Kommandanten weiter. Aber an dem Bau war ich sicher nicht beteiligt.«
»Sie setzten doch als Obersturmführer die Arbeitszeit von 6 bis 18 Uhr fest, und der Befehl trägt nur Ihre Unterschrift«, hält ihm Landgerichtsdirektor Hofmeyer vor.
Mulka: »Nur auf Anordnung des Kommandanten.«

## *Verteidiger Stolting II: Massiver Druck der Presse*

Einige Verteidiger bringen vor, daß die am Buß- und Bettag in Frankfurt eröffnete Auschwitz-Ausstellung geeignet sei, Prozeßbeteiligte zu beeinflussen. Steinacker macht auf die Möglichkeit aufmerksam, daß Zeugen und Geschworene die Ausstellung besichtigten und danach nicht mehr vorurteilsfrei seien. Laternser schließt sich an, wünscht, daß die Zeugen aufgefordert werden, vor ihrer Einvernahme auf einen Besuch der Ausstellung zu verzichten; Eggert weist darauf hin, daß die Beeinflussung noch viel weiter gehe: Neben den Fotos von Angeklagten seien Texte zu lesen, in denen Beschuldigungen als Tatsache geschildert würden; Schallock berichtet, daß schon vor Beginn des Prozesses Zeugenaussagen über den Angeklagten Boger von einer Rundfunkstation wiedergegeben worden seien, was ebenfalls als Versuch massiver Beeinflussung angesehen werden müsse.
Staatsanwalt Kügler entgegnet, die Öffentlichkeit habe ein Recht, sich über die schon Geschichte gewordenen Vorgänge in Auschwitz zu informieren; Nebenkläger Ormond, der zu den Initiatoren der Ausstellung gehört, nennt die Verteidigung daran interessiert, das Interesse der Öffentlichkeit abzuwürgen; mit derselben Begründung könne man auch die Presseberichterstattung verbieten. Laternser beharrt darauf, daß die Ausstellung ein unzulässiger Eingriff in das schwebende Verfahren sei, möchte den Generalstaatsanwalt Dr. Bauer darüber aussagen hören, weshalb er die Ausstellung unterstütze.
Der Staatsanwalt nennt die Argumente der Verteidigung private Meinungen, für die es keine rechtliche Grundlage gebe. Verteidiger Dr. Stolting II erklärt, auch der Auffassung zu sein, »daß eine solche Ausstellung durchaus zulässig ist, aber in Verbindung mit der massiven Darstellung der Presse nur als ein von außen geführter massiver Druck auf die Verteidigung angesehen werden kann«. Stolting II klagt, er wisse nicht, ob er überhaupt noch in der Lage sei, zu verteidigen, »wenn der massive Druck

der Presse nicht unterbleibt, und muß möglicherweise darum bitten, daß ich von der Pflichtverteidigung entbunden werde«. Dr. Fertig hält die Ausstellung im gegenwärtigen Zeitpunkt für eine schlechte Sache, es sei Pflicht der Prozeßbeteiligten, eine derartige Einflußnahme zu unterbinden.

## *Der Auftritt des Stefan Baretzki*

Der Zeuge spricht von »Unannehmlichkeiten« und meint damit die Sträflingsarbeit, die er im Kommando Straßenbau des Konzentrationslagers Auschwitz zu tun hatte. Es klingt nach Ärger im Beruf oder nach Laufereien vor Behörden. Ob jeder, der es hörte, ahnte, daß Fußtritte, Faustschläge, Schlimmeres gemeint waren? Fußtritte, Faustschläge, Schlimmeres?
Der Zeuge Josef Bodek, 42 Jahre alt, Nationalökonom in Oppeln, gibt Antwort; ruhig, bescheiden, sichtlich willens, sich nicht mit der Erinnerung an Auschwitzer Alltagssorgen aufzuhalten. Am 27. Februar 1943 wird er nach Auschwitz gebracht. Ende des Jahres ertappt man ihn, als er im Kochgeschirr für seinen Blockführer besseres »SS-Essen« davonträgt. Der »Schweinehund« wird zur Strafarbeit versetzt, muß Kies schaufeln im Kommando Kiesgrube.
»Es war eine schwere Arbeit. Es war kalt, und die Hände wurden so steif, daß man die Finger nicht mehr gerade bekam.«
Weiter, weiter, was waren in Auschwitz klamme Finger, frierende Häftlinge? Da wehte eine Kälte, die tiefer ging.
Ja, den Angeklagten Baretzki kennt er aus seiner frühesten Lagerzeit, vom »Sportmachen«, was dieser zusammen mit einem anderen Blockführer betrieb. Auf den schlamm- und dreckbedeckten Höfen im Lager, »es war sehr schwer, wir mußten auf dem grundlosen Boden hüpfen und uns rollen, und wenn jemand nicht nachkommen konnte, wurde er mit Füßen getreten und mit der Peitsche geschlagen«.
»Sind dabei auch Menschen ums Leben gekommen?«
»Jawohl, Ältere und Kranke.«
Sie hatten auch Kranke im Kommando, denn bis zum Jahr 1944 heilte man in Auschwitz mit Gas, und aus Angst vor solcher Therapie meldeten sich die Kranken nicht. Das Ende war dennoch fast ebenso gewiß.
Bodek erinnert sich der Liquidierung von Kranken eines Tages im Jahr 1944, irgendwann zwischen April und September.
»Es spielten sich höllische Szenen ab. Sie wußten, daß sie in den Tod gehen sollten.«
Von Waschraum des Krankenblocks aus, wo sie sich der Kleider zu entledigen hatten, wurden sie, wie der Zeuge aussagt, nackt

auf die wartenden Lastwagen getrieben, »Blockführer und andere SS-Leute standen Spalier und jagten sie auf die Autos. Baretzki war einer der aktiven Treiber unter denjenigen, die mit der Peitsche agiert haben.«
Auch Broad habe er gekannt.
»Von ihm wurde gesagt, daß er einen eleganten Tod mit Handschuhen bedeutet. Er war in der Blockführerstube des Zigeunerlagers tätig, Ende 1943.«
Bodek erinnert sich, daß Broad einen polnischen Offizier zur Hinrichtung abholte.
»Wieso kannten Sie Broad?«
»Nach einer gewissen Zeit kannten die Häftlinge ihre Quäler eben und besonders die Angehörigen der Politischen Abteilung.«
»Woher haben Sie den Namen Broad erfahren?«
»Heute läßt sich das nicht mehr sagen: woher?«
Der Angeklagte Baretzki lächelt, als der Zeuge erwähnt, der frühere Blockführer sei ein guter Fußballspieler gewesen. »Ziemlich kräftig gebaut und O-beinig.« Ja, er habe sogar einmal mit den Häftlingen ein wenig mitgekickt, auch ein Tor geschossen, wenn er sich recht erinnere. Leutseligkeiten in Auschwitz.
Dann ist Baretzki bereit. Es ist ein hörenswerter Auftritt, ein sehenswerter zugleich. Wie er da steht, die Worte den sich überschlagenden Gedanken hinterherstürzen läßt, mit temperamentvoller Zunge und herrischer Gestik der Hände. Er ist weder Prager noch Wiener. Aber ein bißchen vom Josef Schwejk ist in ihm und ein wenig vom Herrn Karl. Er ist der nervöse, kaltschnäuzige Bruder der beiden, mit schlimmer Vergangenheit.
Getan hat er nichts. Der Gerichtsdirektor, die Nebenkläger mögen es endlich begreifen. Der Zeuge kann ihn niemals gesehen haben im Lager zur fraglichen Zeit, denn just da war er noch im Wachkommando.
»Und von dort kommt keiner ins Lager rein. Der kann ja gar nicht reinkommen, der hat ja keinen Ausweis.«
»Vielleicht waren Sie abkommandiert?«, sinnt der Vorsitzende.
»Ja, meinen Sie, man hatte eine Woche so und eine Woche so zu tun in Auschwitz?« weist ihn der Angeklagte Baretzki zurecht.
Auch war er niemals Rottenführer dort, potz Blitz, »da müßten die mir ja heute noch nachzahlen«. Heiterkeit auf allen Gesichtern ringsum von Capesius bis Klehr. Baretzki bellt heraus, was ihm gerade in den Sinn kommt. Und langsam beginnt ihm dabei die Uniform wieder zu passen, langsam setzt sich der andere Baretzki ins Bild; der Blockführer Baretzki.
Da gibt es Verlegungshäftlinge und Überstellungshäftlinge, und sonntags wurde natürlich nicht verlegt. Die Häftlinge durften die Unterkünfte nicht versauen, standen tagsüber im Freien,

schliefen nachts im Waschraum, zu essen gab's erst wieder am Montag was. Nein, nein, Verlegung, das bedeutete verlegt, und Überstellung bedeutete überstellt. Was überstellt heiße?
»Ja, in die Gaskammer. Die kamen ja gar nicht erst ins Lager herein. Die konnte ja gar keiner hereinlassen. Denn da ist ja ein Unterschied zwischen Verlegung und Überstellung.«
Das muß man sich praktisch vorstellen, bitte sehr. Da kamen zwei Autos zum Lagertor, einer schließt auf, öffnet, der Wagen fährt durch, der Posten schließt, hängt das Vorhängeschloß wieder vor; derweil hat der Fahrer einen Kreis geschlagen mit seinem Wagen, nach links oder nach rechts, die Leute heruntergejagt, die haben sich ausgezogen. Ja. Und dann die Begleitpapiere, da waren Scheine für Verlegungen und für Überstellungen, ein schlimmes Durcheinander, das muß man wieder heraussuchen, man kann ja doch nicht Überstellte und Verlegte gleich behandeln. »Der Alte frißt mich ja auf.«
Nein, ganz recht: »Die Leute, die überstellt sind, die leben ja praktisch nicht mehr.«
Aber des Stefan Baretzkis Zweifel bleiben, ob es überhaupt sinnvoll sei, solche Aufschlüsse zu geben. Glaubt doch der Nebenkläger Ormond, man könne möglicherweise auch das Schutzhaftlager betreten haben, ohne ständig darin tätig gewesen zu sein.
»Ja, meinen Sie, ein Spieß von der Kommandantur kommt ins Schutzhaftlager herein? Das gibt's doch gar nicht. Dann kann doch nicht jeder Mensch herein ins Lager. Wo gibt's denn das?«
Was heißt hier Kinder von SS-Angehörigen im Lager? Ein Kind ist ein Kind, doziert der Angeklagte mit erhobener Hand, und Kinder, das sind viele Kinder. Und dann wiederholt er solche Feststellung noch dreimal. Und das eine Kind, das sei das Kind vom Lagerführer Schwarzhuber gewesen, das durchs Lager ging, um seinen Vater zu besuchen. Mit einem Schild um den Hals.
»Damit sie es nicht schnappen und weg in die Gaskammer damit!«
Es ist zu sehen: wie dieses Kind durch das Todeslager geht, am Rande der Gaskammern und Krematorien, durch ein kleines Schild vor der Ermordung gefeit.
Rechtsanwalt Gerhardt liefert einen Beitrag besonderer Art. Der Zeuge hat erwähnt, daß er sich in den Krankenbau gemeldet habe, nachdem im Lager erzählt worden sei, Arier würden nicht vergast. Den Verteidiger stimmt das nachdenklich:
»Hatten Sie denn keine Angst, ins Krankenrevier zu gehen?«
Und dann formuliert er den Grund seines Erstaunens:
»Er war doch kein Arier. Er ist doch Pole.«

Stanislaus Kaminski, ein 39 Jahre alter Pole, berichtet, daß er als Sechzehnjähriger nach Auschwitz verschleppt worden sei wegen Zugehörigkeit zu einer polnischen Jugendorganisation. Im Spätsommer 1941 habe er die Tötung mehrerer Häftlinge in einer Kiesgrube erlebt.
»Während der Arbeit ist einer der hier anwesenden SS-Leute erschienen und hat alle Capos zusammengerufen.«
»Wer war das?«
Der Zeuge sieht hinüber zu den Angeklagten und sagt: »Dylewski.« Dieser habe die Anweisung gegeben, alle in diesem Kommando arbeitenden Juden zu liquidieren.
»Wieso wissen Sie das?«
»Weil ich das gehört habe; ich stand in unmittelbarer Nähe.«
In welcher Sprache Dylewski gesprochen habe. Er habe deutsch gesprochen:
»Diese drei Worte: ›Juden‹, ›tot‹ und ›schlagen‹ habe ich verstanden. Ich weiß nicht, ob ich es grammatikalisch richtig ausgedrückt habe.«
Der Vorsitzende weist auf Nuancen der deutschen Sprache hin; ob es ein Befehl oder nur so eine Redensart gewesen sei in dem Sinne: die sollten eigentlich alle totgeschlagen werden.
»Ich habe es so verstanden, daß es ein Befehl gewesen ist.«
»Auch nicht eine Drohung?«
»Nein, denn gleich darauf sind die Capos losgelaufen und haben angefangen, die Juden zu töten.«
Er erinnere sich, daß ein Capo sich für einen jugendlichen Juden eingesetzt habe, »er war vielleicht fünfzehn, sechzehn Jahre alt und hatte leichtere Arbeit zu tun, er besserte Werkzeuge aus«.
Der Capo habe den Jungen gerufen; »Dylewski hat ihn sich angeschaut. Dann machte er mit der Hand ein Zeichen, daß er zurückgehen sollte zur Arbeit. In diesem Augenblick schoß Dylewski.«
Ja, der Jude sei sofort tot gewesen.
»Wir haben ihn Jakubek genannt, den kleinen Jakob.«
Der Angeklagte Dylewski möchte sich erklären.
»Was soll ich dazu sagen, Herr Vorsitzender. Ich bin im Frühjahr 1941 zum Studienurlaub gewesen. Ich war der letzte Mann in der Politischen Abteilung und habe erst Mitte September dort angefangen. Mit der Beaufsichtigung dieser Strafkompanie (in der Kiesgrube) hatte ich gar nichts zu tun.
Der Zeuge: »Und ich bestehe darauf, daß es Wahrheit ist, was ich sage.« Im übrigen gehöre seiner Meinung nach der September noch zum Spätsommer.

Entlastungszeugen für den Angeklagten Lucas. Die Schwester,

Frau Leni Ochs: »Ich war noch sehr jung damals. Er schrieb täglich. Der Vater war immer sehr aufgeregt bis Post da war. Der Vater sagte: ›Er ist sehr in Not.‹«
Die französische Ärztin Dr. Louise Le Porz lobt den Angeklagten, dem sie im Konzentrationslager Ravensbrück begegnet ist:
»Seine Einstellung unterschied sich in jeder Weise von der anderer deutscher Militärärzte. Er hat uns nicht als unwürdige Menschen betrachtet, er hat mit uns gesprochen. Er hat sogar die Kranken untersucht.«
Lucas habe den Häftlingen Medikamente zugeschoben, selbst Nahrungsmittel aus der eigenen Zuteilung zugesteckt.
»Das scheint heute eine ganz natürliche Sache zu sein. Damals war es etwas Unerhörtes, einen SS-Mann zu finden, der solche Zeichen von Menschlichkeit zeigte.«
Der nächste Zeuge ist anderen Zuschnitts, Repräsentant der früheren SS-Gerichtsbarkeit, zurückhaltend, höflich, kühl. Rechtsanwalt Dr. Hansen — vom Vorsitzenden nicht einfach »Herr Zeuge« genannt, wie meist die Zeugen, sondern ordentlich mit Titel und Namen angesprochen — berichtet gelassen von der SS-Gerichtsbarkeit, die derjenigen der Wehrmacht nachgebildet gewesen sei. Auf solches Vorbild legt er Wert, betont später die Parallele nochmals. Der Dr. Hansen war Richter am Obersten ZbV-SS-Gericht und in solcher Eigenschaft tätig unter anderem in einem Verfahren, das im Oktober 1944 in Weimar gegen den Leiter der Politischen Abteilung des Lagers Auschwitz, Grabner, angestrengt worden war, und zwar mit der Beschuldigung, zweitausend Häftlinge willkürlich zur Exekution ausgesucht zu haben.
Wenn er also erfahren habe, sagt der Vorsitzende, daß Menschen ohne rechtliche Grundlage getötet worden seien, so habe das doch die Einleitung eines Verfahrens gefordert. »Ist das geschehen, wenn nein, warum nicht.«
Das ist schnell beantwortet. Hansen persönlich war nicht mit diesen Angelegenheiten befaßt, läßt er wissen; er hatte das Sonderdezernat für Korruptionsfälle (ebenfalls der Wehrmacht nachgebildet), er war nie in Auschwitz, mit der Materie nicht betraut, hatte nur zufällig über die Anklage Grabner zu befinden. Der SS-Richter Dr. Morgen hatte ihn unterrichtet, daß Hintergrund dieser Anklage die Massentötungen in Auschwitz seien, gleichzeitig aber erkennen lassen, daß es auf Grund von Anordnungen der höchsten Staatsführung geschehe. Offen sei geblieben, ob auf Hitlers Befehl selbst oder auf Befehl anderer Stellen.
»Damit stand fest, daß die Aktionen sich außerhalb des Machtbereichs der Justiz abspielten.«
Dies wisse der Herr Vorsitzende wohl selbst:
»Es ist doch völlig unmöglich gewesen, daß ein Gericht ein

Verfahren einleitete gegen die oberste Staatsführung. Die Anklage gegen Grabner war wahrscheinlich das Äußerste, was in der damaligen Zeit überhaupt möglich war.«
Schnell weiter, das sind höchst unbequeme Visionen.
Wie sich denn Grabner verteidigt habe? Er habe sich auf besondere Exekutionsbefehle des Reichssicherheitshauptamtes berufen, denen die besondere Anordnung beigefügt gewesen sei, »sie sofort wieder zu vernichten«. Daran sei man nicht so ohne weiteres vorbeigekommen, man habe neu ermitteln müssen, die Verhandlung vertagt. Danach habe er, Hansen, mit dieser Sache nichts mehr zu tun gehabt, sich gelegentlich erkundigt, interessehalber; er wisse nicht, was aus Grabner geworden sei, könne sich nicht an den damaligen Zeugen Boger erinnern, nicht mal mehr an Grabner, sehe nur noch den »hereinrauschenden« Höß vor sich. So großspurig dieser aber gekommen sei, so kleinlaut habe er den Saal wieder verlassen. Nach Schluß der Verhandlung habe er dem Auschwitz-Kommandanten nochmals die Meinung gesagt, jawohl.
Im übrigen seien die Ermittlungen aber sehr schwierig gewesen, »die Konzentrationslager bildeten einen Staat im Staat, kein SS-Richter hatte so ohne weiteres Zutritt«. Die Widerstände seien von überall her gekommen, Rückhalt hätte die SS-Gerichtsbarkeit nur bei Obergruppenführer Bender im Stab Himmlers gehabt, der direkt dazu aufgefordert habe, sich an ihn zu wenden.
»Aber es war oft eine Frage, wer zuerst durch die Tür 'reinkam: Bender oder Kaltenbrunner. Der erste bekam meistens recht.«
Auf Fragen bestätigt der Zeuge, daß der ehemalige Leiter der Lagergestapo in Auschwitz angeklagt war, immer dann Exekutionen angesetzt zu haben, wenn der Arrestbau überbelegt gewesen sei.
»Die Todesfälle sollten getarnt worden sein mit fingierten Krankengeschichten und fingierten Todesursachen.«
»Das hat man damals schon festgestellt?«
»Das war damals Gegenstand der Anklage.«
Ja, man wußte von den Ungesetzlichkeiten, war empört, auch entsetzt. Rechtsanwalt Raabe will wissen, ob der Zeuge mit solcher Kenntnis denn weiter Recht gesprochen habe, als SS-Richter tätig gewesen sei?
»Ja«, antwortet der Zeuge.
Der Angeklagte Boger meint, »es ist im großen und ganzen so, wie es der Zeuge dargestellt hat. Grabner sollte fertiggemacht werden«, fügt er noch hinzu, »er sah ganz erbärmlich aus«. Dem Zeugen Hansen ist das nicht aufgefallen.
Boger: »Denn damals war es doch schon wie heute: die kleinsten Hasen sitzen hier und die großen – naja.«

Staatsanwalt Vogel zitiert, bei den Selektionen seien ein Arzt, Aumeier, Schwarz und Hofmann dabeigewesen.
Davon will aber der Angeklagte Hofmann gar nichts wissen.
»Mit diesen Erschießungen habe ich nichts zu tun. Das mit den kleinen Hasen stimmt, Aumeier und Höß haben die Sache gefördert, nicht ich.«
Staatsanwalt Vogel: »Weshalb waren Sie bei Bunkerentleerungen dabei?«
»Was sollte ich denn machen?«
»Sie waren doch nicht der Putzer von Aumeier?«
»Ich wollte auch mal wissen, was los ist. Dann habe ich auf den Moment gewartet, bis ich in Weimar aussagen konnte.«
Dümmeres wurde selten gesagt von einem der Angeklagten in diesem Prozeß: der Schutzhaftlagerführer Hofmann wollte auch mal wissen, was eigentlich los war in Auschwitz.
»Ich weiß gar nicht, wie Boger dazu kommt, zu sagen, daß ich Entscheidungen getroffen habe, wer erschossen werden soll.«
»Nein«, meint nun auch Boger, »ich habe es nur so gemeint, wie Hofmann gesagt hat. Aumeier und Schwarz haben sich doch von Hofmann nichts sagen lassen. Gegen die war der doch gar nichts.«
Wenn man sie so reden hört an diesem Tag, dann waren für die Mordmaschine Auschwitz — abgesehen von Hitler und der Obersten Führung — genau vier Mann zuständig: Höß, Aumeier, Schwarz und Grabner. Vier Zuständige, vier Tote. Vielleicht noch Palitzsch, auf den man an diesem Tag nicht kam. Aber auch der ist tot.

## *Frachtbriefe für ungarische Juden*

Aus erster Hand erhält das Schwurgericht von dem Frankfurter Bundesbahnoberinspektor Willi Hilse die Bestätigung, daß von Mai bis Mitte Juli 1944 in endlosen Güterzügen über vierhunderttausend ungarische Juden nach Auschwitz verschleppt wurden. Hilse war seit September 1942 im Bahnhof Auschwitz stellvertretender Stationsvorstand und für die Güterabfertigung sowie die Wageneinteilung verantwortlich. Die Zahl von über vierhunderttausend ungarischen Juden errechnete er an Hand der Wehrmachtsfrachtbriefe, mit denen die Ungarntransporte abgefertigt wurden, denn über jeden in einen Viehwaggon gepferchten Menschen mußte mit der SS oder der Wehrmacht — so genau weiß es der Zeuge nicht mehr — später abgerechnet werden.
Als Staatsanwalt Vogel den ehemaligen Gestapoangehörigen Boger fragt, ob die von dem Zeugen errechnete Zahl von über

vierhunderttausend ungarischen Juden stimme, antwortet der Angeklagte: »Da gibt es doch nichts in Abrede zu stellen. Das trifft mit Sicherheit zu.« Eine Gesamtzahl der in Auschwitz umgebrachten Menschen, die er kurz nach dem Kriege bei einer Vernehmung durch die Amerikaner mit »weit über vier Millionen« angegeben hat, will er nicht nennen. Boger meint, er habe damals lediglich gesagt, es seien insgesamt vier Millionen Menschen nach Auschwitz verschleppt worden, da ihm die Amerikaner vorgehalten hätten, dort seien zehn Millionen Menschen umgebracht worden. In diesen vier Millionen seien auch alle die Häftlinge enthalten, die wieder in andere Lager verlegt worden seien und überlebt hätten.

»Wie viele sind denn nach Ihrer Schätzung in Auschwitz umgebracht worden? Sie hatten doch einen guten Überblick!«

Boger: »Ich glaube, daß es ungefähr den Berechnungen von Höß (erster Auschwitz-Kommandant) nahekommt.«

»Also zweieinhalb Millionen Menschen?«

»Zwei Millionen oder eine Million«, Boger macht eine Handbewegung, »wer will das heute sagen?«

Hilse kann nur über die Ungarntransporte exakte Angaben machen, denn nur sie liefen über Wehrmachtsfrachtbriefe. Nach diesen Frachtbriefen wurden in jedem Viehwagen sechzig Menschen »befördert«; pro Zug seien es im Durchschnitt sechzig Wagen gewesen und insgesamt seien von Mai bis Mitte Juli 1944 – dann sei er versetzt worden – etwa 120 dieser Elendszüge in das Massenvernichtungslager gerollt.

Nur einmal war Hilse auf der Rangierlok mit ins Lager gefahren, um dort irgend etwas wegen der Frachtbriefe zu besprechen. Er sei sofort von der Maschine gestiegen und in das Büro des Lagers gegangen.

»Ich kam beinahe nicht mehr raus, da ich keinen Ausweis hatte.«

Anfang Dezember 1964, 118. Tag
bis Anfang Mai 1965, 154. Tag

Nach langwierigen Überlegungen und Verhandlungen ist es nun entschieden: Ein Beauftragter des Frankfurter Schwurgerichts und zahlreiche Prozeßbeteiligte werden am 12. Dezember zu einer »amtlichen informatorischen Ortsbesichtigung im ehemaligen Konzentrationslager Auschwitz« nach Polen fahren. Landgerichtsdirektor Hans Hofmeyer teilt mit, daß der polnische Justizminister Marian Rybicki die Einwilligung zu dieser Ortsbesichtigung gegeben habe. Als beauftragter Richter wird Amtsgerichtsrat Hotz vom 13. bis zum 15. Dezember in Auschwitz tätig sein. Von den Prozeßbeteiligten werden die vier Staatsanwälte Dr. Großmann, Kügler, Vogel und Wiese mitfahren, die Nebenkläger Ormond, Raabe und Dr. Kaul sowie die Verteidiger

Dr. Eggert, Schallock, Dr. Staiger, Steinacker, Joschko, Bürger, Erhard, Gerhardt, Dr. Zarnack, Göllner, Knögel, Dr. Reiners und Naumann. Von den Angeklagten wird nur einer der noch auf freiem Fuß befindlichen fünf Angeklagten teilnehmen, der Arzt Dr. Franz Lucas.

Verteidiger Aschenauer erklärt, der angebliche SS-Arzt Lucas auf dem von einer Zeugin vorgelegten Foto sei offensichtlich der von den Polen zum Tode verurteilte SS-Standartenführer Franz Xaver Kraus, auch habe zur SS-Uniform im Krieg kein Dolch mehr gehört, sondern die Pistole.

Der Vorsitzende liest die Überschriften der einzelnen Abschnitte des Fotoalbums vor und in der naiven Korrektheit sind die perfekten Mordmechanismen von Auschwitz zu erkennen:

»Umsiedlung der Juden aus Ungarn — Ankunft eines Transportes — Aussortierung — Männer bei Ankunft — Frauen bei der Ankunft — Nach der Aussortierung noch einsatzfähige Männer — Noch einsatzfähige Frauen — Nicht mehr einsatzfähige Männer — Nicht mehr einsatzfähige Frauen und Kinder — Nach der Entlausung — Einweisung ins Arbeitslager — Effekten.«

Es sind Fotos von Menschen, die noch wenige Augenblicke zu leben haben; es sind Fotos von Kindern, die ängstlich, aber immer noch hoffend, in die Kamera sehen. Dazwischen die strammen Gestalten der Bewacher.

»Merkwürdige Geschenkgaben, die man sich damals machte«, murmelt der Vorsitzende und klappt das Buch zu.

Der Pole Adam Karwowski bestätigt als Zeuge, daß der Angeklagte Klehr im Krankenrevier des Konzentrationslagers auch dann noch Dienst getan habe, als dort auch der SS-Sanitäter Hantl und der Sanitätsdienstgrad Nierzwicki tätig gewesen seien. Im Februar und März 1943 sei Klehr noch »ganz bestimmt« im Krankenrevier anzutreffen gewesen. Den Angeklagten Hantl hat der Zeuge nicht in schlechter Erinnerung: »Er war einer der anständigen SDG's. Er hat niemals geschrien und niemals jemand geschlagen. Er sah so aus, als ob er seine Pflichten mit sehr großem Widerwillen erfüllte.« Auch dieser Zeuge beschuldigt den Angeklagten Klehr, selbständig und ohne Arzt selektiert zu haben.

Landgerichtsdirektor Hofmeyer verkündet am 3. Dezember den Beschluß des Gerichts, den Haftverschonungsbeschluß gegen den Angeklagten Mulka wieder aufzuheben, da er nach der Aussage des Zeugen Dr. Vrba dringend verdächtig sei, am Tod eines Häftlings schuldig zu sein. Es wird verfügt, den Angeklagten »Mulka erneut in Untersuchungshaft zu bringen.«

Der 250. Zeuge, der im Frankfurter Auschwitz-Prozeß am 119. Verhandlungstag dem Schwurgericht von der Staatsanwaltschaft präsentiert wird, müßte viel zu berichten haben. Der 56 Jahre alte Schlosser Josef Hofer aus Önsbach im Kreis Bühl gehörte 1943 zur Politischen Abteilung in Auschwitz und war in der Aufnahme dafür verantwortlich, daß die für arbeitsfähig befundenen und ins Lager aufgenommenen Häftlinge registriert wurden. Er stand auf der Rampe, wenn die Elendszüge eintrafen, und zählte jeden der ins Lager Verschleppten.

Aber die Aussage Hofers läßt sich schnell zusammenfassen, mit seinen eigenen Worten: »Es lief alles automatisch und war so ziemlich geheim. Was ich doch noch erfuhr, weiß ich heute nicht mehr.«

Nebenkläger Raabe bemerkt nach weiteren ausweichenden Antworten Hofers: »Die Verhandlung wird ja zur Farce, wenn wir uns das bieten lassen.«

Der Zeuge gibt nun zu, auf der Rampe von Auschwitz die verschleppten Männer, Frauen und Kinder gezählt und seinem Vorgesetzten Stark genaue Meldung gemacht zu haben.

»Und was geschah weiter?«

»Das weiß ich nicht. Stark war für den Schriftverkehr verantwortlich.«

Auch Broad, Dylewski und Boger habe er gekannt, wisse aber nicht, was sie in Auschwitz getrieben hätten.

## *Keine Spur mehr von Millionen Füßen*

14. Dezember, Ortsbesichtigung in Auschwitz

Die hölzernen Deckel, mit Dachpappe bespannt, lassen sich leicht abheben. Ein paar Meter tief geht der Blick hinunter auf den Betonfußboden. Der Raum ist knapp fünf Meter breit und zwanzig lang. Er ist gekalkt. Schwere Betonträger halten die Decke. Drei Türen führen hinein und heraus. Dies ist die Gaskammer des Alten Krematoriums im Stammlager 1 des Konzentrationslagers Auschwitz.

Durch die eisenbeschlagenen Tore gelangt man zu den Verbrennungsöfen. Zwei große Buchen, die viel gesehen haben müssen, vor dem Eingang. Am hinteren Ende der wallumschütteten Anlage ein kleiner Pfad, der letzte Weg für die zum Gastod bestimmten. Dahinter die Grundmauern des Gebäudes der Politischen Abteilung, und in deren Mitte der Galgen, an dem der Lagerkommandant Höß am 16. April 1947 gehenkt wurde, wie es der Spruch eines polnischen Gerichtes befand, mit dem Blick auf sein Lager. Ein Foto auf einer Holzwand: Himmler besucht das Lager, begleitet oder geführt von einem Mann in krachledernen Seppelhosen. Über dem flachen Bunker ragt der massige Schornstein; rauchlos, erkaltet; in den Feueröfen brennt kein

Feuer, über die Eisenfugen quietscht keine Lore mehr mit ihrer armen Fracht.
Nebenan, mit guter Sicht zur Gaskammer: SS-Revier und Kommandanturgebäude, alles noch außerhalb des Lagers: ein paar Schritte weiter die dunkelbraune »Blockführerstube«, eine Holzbaracke am Lagereingang. Kioskfenster zur Lagerstraße hin, eins wie ein Fahrkartenschalter. Der doppelte Drahtzaun umgürtet von hier aus das weite Geviert, in dem die Backsteinbaracken der Häftlinge lagen, achtundzwanzig.
Vor den Wirtschaftsgebäuden die Eisenträger, von drei Bohlen gestützt, für die Massenerhängungen, daneben der Unterstand für die Rapportführer des Lagers, mit burgähnlichen Zinnen verziert, die »Kaduk-Kapelle«. Die Häftlingspaketstelle und Maulwurfshaufen im Gras zwischen den Blocks und lachende Kinder und ernste Soldaten und Omnibusladungen von Menschen, die Auschwitz besuchen. Eine böse Vergangenheit nistet hier in jedem Mauerwinkel, verbirgt sich in den Blöcken, klingt im Pfeifen der Lokomotiven, die in der Nähe tagein und tagaus fauchend umherfahren, beklemmend gegenwärtige Erinnerung an damals.
Aber das Leid, die Marter, die Trostlosigkeit, die Erniedrigung und Verzweiflung, das Hohngelächter und die Teilnahmslosigkeit, die Kumpanei und die Trauer, die zum Alltag dieses Ortes gehörten, sind schwerlich spürbar. Die Schatten der Toten haben den Besuchern Platz gemacht, die da kommen und gehen, rasch von den Fremdenführern hierhin und dorthin getrieben, in die engen Gänge des Bunkers 11 gedrückt, auf den Lagerstraßen defilierend.
Wer hier ahnen will, was der Mensch dem Menschen antat, der gehe allein. Dann mag er die Lagerkapelle hören, die aufspielte beim Ein- und Ausmarsch der Häftlinge, und das tausendfältige Schlurfen müder Füße; dann mag er verstehen, was der polnische Häftling, den wir im Lager trafen, meinte, als er ganz sachlich, ohne Bewegung, wie ein Stein, wenn der sprechen könnte, sagte: »Und hier war das Bordell. Deutscher auf Deutsche, Pole auf Polin.« Und hinzufügte: »Wir mußten lernen: Adolf Hitler ist am 20. April geboren. Man hat es uns mit Prügeln beigebracht.«
So nah war das alles in Auschwitz

Der Block 11, der Bunkerblock. Rechts nach der Eingangstür die Blockführerstube. Aus der Mitte des Blocks zum Hof heraus sechs Stufen. Von da waren es noch zwanzig Schritte zur Schwarzen Wand, zwanzig Schritte vor dem letzten Schritt. Die Delinquenten wurden aus den Kellerzellen geholt, finsteren Verliesen, in denen der stärkste Mut wohl zerbrochen ist. Eine rote und eine weiße Nelke an der Drahtabsperrung einer hofseitigen Zelle. Trauer

um einen lange aus dieser Welt Gegangenen, und jäh ahnen wir, welch grausamer Zellengenosse allen, die hier litten, die Angst gewesen sein muß, indes draußen mit sanftem Knall die Kleinkalibergewehre ihre Arbeit taten. In der Zelle 21 schnitt einer seinen Namen in die Tür: Kolodziej, Juzef, geboren am 1. 2. 1925.
Im letzten Winkel des Kellers die Stehzellen, die das gemeinste Gehirn in Auschwitz erfunden haben muß. Wie ein Hund hatte der Verurteilte hineinzukriechen – oft vegetierten vier Häftlinge in einem dieser Löcher – und bei völliger Dunkelheit auf nicht ganz einem Quadratmeter Boden seine Strafe zu stehen. Ein kaum wahrnehmbares Luftloch, einige Quadratzentimeter groß. Es heißt, daß mancher hier wahnsinnig geworden sei.
Oben, im ersten Stock des Blocks 11, ist zu lesen, weshalb der Häftling, zum Beispiel, dieser unmenschlichen Strafe unterworfen wurde: »Zehnmal Stehzelle für Eduard Steppel, geboren in Antwerpen, weil er in einem Privatgarten innerhalb der großen Postenkette beim unerlaubten Obstpflücken ertappt worden ist.« Daneben liegt eine Seite des Bunkerbuches mit den Namen der am 14. Oktober 1943 erschossenen Häftlinge: von Wladislaw Mata bis Joseph Rakio, von der laufenden Nummer 1763 bis 1797. Der jüngste war siebzehn Jahre jung, der älteste 68 Jahre alt. Draußen in den Gängen starren uns aus einer langen Reihe von Fotografien die Augen der Erschossenen unverwandt und fragend an.
Der große Todesacker liegt zweieinhalb Kilometer abseits. Wie Grabmäler stehen die Trümmer der Baracken-Schornsteine des riesigen Lagers Birkenau unter dem verhangenen Dezember-Himmel. Einen Kilometer lang, dazwischen die drei Geleise der Rampe. Verschlammte Wege durchqueren das Lager, von den Betonpfeilern baumelt der Stacheldraht, die Wachtürme verwittern, in den Teichen der Kläranlage ist Eis. Am Ende der Schienen die zyklopischen Trümmer der Gaskammern und der Verbrennungsanlagen, die Auskleideräume, wo sich die endlosen Kolonnen der Menschen entkleideten, ihre Sachen an einen Haken hingen, damit sie sie auch wiederfänden nach der angeblichen Dusche. In den großen Gräben, in denen man die Leichen verbrannte auf Scheiterhaufen, wuchert Gras. Wenige Meter neben dem vierten Krematorium das Birkenwäldchen, wo Abertausende auf ihre letzte Stunde warteten.
Ringsum lebt das Land. Gänseschnattern und Vogelruf und weiße Dampfwolken am Horizont. Und immerfort das traurige Lied der Lokomotiven. Nur im Lager, im zerstörten, ist es still und einsam. Auf den Wegen ist keine Spur mehr von Millionen Füßen, die hier in den Tod gingen. Der Wind hat sie verweht, die Sonne ausgeblichen, der Regen verwaschen. Aber wer die

Augen schließt, sieht sie gehen. Gehen und niemals wiederkehren.
An solchen Orten informieren sich die Prozeßbeteiligten des Frankfurter Auschwitz-Verfahrens, ob ihre Vorstellung, die sie bisher gewonnen haben, dem Zeugnis der Vergangenheit entspricht.
Es ist dieser Vergangenheit nicht auszuweichen — auch wenn im ehemaligen SS-Revier des Konzentrationslagers Auschwitz ein gutsortiertes kaltes Büfett und kühler Wodka über den ursprünglichen Zweck dieses Hauses täuschen können. Aber da sind viele, die diese rotbraune Versammlung von Ziegelhäusern inmitten des Stacheldrahtes, der mit sechstausend Volt geladen war, und die öde Plaine von Birkenau mit dem Birkenwäldchen und den malerischen alten Bäumen wieder mit Schrecken füllen.
»Die Kinder spielten«, sagt der Pole, »mit einem Ball und warteten ahnungslos, bevor man sie in den Vergasungsraum führte. Eine Aufseherin kam, klatschte in die Hände und rief: ›Schluß jetzt, Kinder, jetzt geht's duschen.‹ Und dann liefen sie das Treppchen hinunter in den Raum, wo sie sich entkleideten. Und die Aufseherin nahm ein kleines Mädchen auf den Arm und trug es hinab. Und das Kind deutete auf den Hoheitsadler an der Mütze der SS-Frau und fragte: ›Was ist das für ein Vögelchen?‹ Das war das letzte, was ich von ihm hörte und sah.«
Professor Sehn, Leiter des Kriminologischen Instituts der Universität Krakau und Beauftragter der polnischen Regierung gibt dem Richter Hotz den Weg frei zur Ortsbesichtigung: »Herr Amtsgerichtsrat, walten Sie Ihres Amtes.« Hotz dankt: Man erkenne und anerkenne die Einmaligkeit der Situation, daß ein deutscher Richter in Polen, »und gerade auf diesem Boden«, die volle Gerichtsbarkeit ausüben dürfe.
Zwei Justizwachtmeister begleiten die Delegation und ein Spezialist für Tatortaufnahmen vom Landeskriminalamt in Wiesbaden. Es wird vermessen und protokolliert: »Es wird festgestellt, daß die Entfernung soundsoviel Meter beträgt... es wurde eine Tatortaufnahme gemacht.« Genaue Untersuchungen gelten vor allem den ›Sicht- und Hörbarkeitsverhältnissen im Bunkerblock 11‹. Man ermittelt, daß die Verständigung aus den Stehzellen zu den Nachbarzellen gut war, daß im Hof des Blockes, wo sich die berüchtigte Schwarze Wand befand, gehört werden konnte, wenn unten im Keller die Nummern der zu Erschießenden aufgerufen wurden; man protokolliert, daß die Schwarze Wand auch im ungünstigsten Fall von den Stuben im Erdgeschoß bei geschlossenem Fenster eingesehen werden konnte, wenn auch nicht immer ganz.
Punkt um Punkt recherchiert Amtsgerichtsrat Hotz, unter Ausschluß der Öffentlichkeit. Die Staatsanwälte lassen wissen, daß

die meisten Zeugenaussagen nun in einem anderen, deutlicheren Licht stünden. Es scheint auch die Meinung vorzuherrschen, daß keiner, der je in Auschwitz zur Bewachung oder Verwaltung des Lagers gehörte, glaubwürdig erklären kann, er habe von allem, was rings um ihn vorging, nichts gewußt. Die Kommandanturgebäude hatten gewissermaßen Logenplätze zum Alten Krematorium, von einem Wachtturm zum anderen konnte man quer durchs Lager sehen.

Die Arbeit der Prozeßbeteiligten wird von keiner Demonstration, auch nicht von der eines einzelnen gestört. Die Delegation aus Frankfurt bewegt sich am Ort der unbegreiflichen Greuel in einem Raum fast abstrakter Sachlichkeit.

»Sodann begab sich das Gericht zu den Gräben, wo die Leichen verbrannt wurden«, soll ins Protokoll genommen werden. Ein Verteidiger hat Bedenken. Es müsse doch wohl heißen, »wo die Leichen verbrannt worden sein sollen«. Man bedenkt die Bedenken und formuliert: »Wo die Leichen verbrannt worden sein sollen.« Das Gericht tut eine spröde Arbeit, abseits allen Gefühls und aller Erinnerung. Messungen mit dem Bandmaß, Blickwinkel, Hörproben, Fotos. Der Justizwachtmeister hierhin und dorthin: »125 Meter von der Waschbaracke zur Rampe.« Die Verteidiger bezweifeln, daß man über diese Entfernung Menschen erkennen konnte; ein polnischer Polizist mit Schirmmütze möchte nicht posieren für einen Versuch. Ob man den Hauptmann fragen soll? Wenn der Offizier posieren wolle, so stehe dem dies frei. Er wolle jedenfalls nicht, sagt der Mann.

So mag ein Verkehrsunfall aufgenommen werden, mit der gleichen Akribie, mit der gleichen protokollgemäßen Sprache. Aber es muß sein. Hier sind Feststellungen zu treffen und keine Visionen zu protokollieren — und mögen sie greifbar geworden sein zwischen den Geleisen der Todesrampe von Auschwitz.

Als Ergebnis dieser Ortsbesichtigung zählt nur, was protokollarisch festgestellt worden ist. Der Blick von A nach B ist wichtig, nicht der von B nach A, auch wenn A noch in dem Zustand sein sollte, in dem B sein müßte für die rechte Beurteilung, aber nicht mehr ist. Der Klehr-Block, wo mit Phenol getötet wurde, hat seine Schrecken verloren; die Wände sind herausgebrochen, der Waschraum, wo die Leichen lagen, der Gang mit dem schwarzen Vorhang, hinter dem die Häftlinge auf ihren Tod warteten — das alles ist zur staubigen Baustelle geworden. Hinter den Fenstern schauen die Prozeßbeteiligten von Block zu Block und ob man wohl erkenne, wer in den Stuben steht.

Aber es ist auch sicher geworden, daß die Häftlinge durchaus Möglichkeiten hatten, die Vorgänge vor der »Schwarzen Wand« zu beobachten, aus Fenstern, aus Gucklöchern, die man sich schuf, indem man Backsteine aus der Wand brach. Nur in einem ein-

zigen Fall konnte ermittelt werden, daß eine belastende Aussage offensichtlich nicht zutrifft: Der Angeklagte Breitwieser kann bei der Vergasung der russischen Kriegsgefangenen im Keller des Blocks 11 nicht in der von dem Zeugen Petzold geschilderten Weise gesehen worden sein.
Am 16. Dezember verlassen das Gericht, in Person des Amtsgerichtsrats Hotz, und die Prozeßbeteiligten das frühere Konzentrationslager Auschwitz. Dichter Nebel liegt über der Stätte millionenfachen Mordes. Kein Häftlingsorchester spielt mehr auf, keine Glocke von der »Kaduk-Kapelle« kündet die gefürchtete Lagersperre an. Nur die rauhen Pfiffe der Lokomotiven und das dumpfe Rollen ihrer Wagen und die metallischen Schläge beim Rangieren hallen noch immer wie damals.

21. Dezember 1964, 121. Tag

Das Verfahren gegen Mulka und andere dauert nun ein Jahr. Die Angeklagten haben die ihnen zur Last gelegten Verbrechen in überwiegendem Umfang bestritten. Die Verteidigung hält die Zeugenaussagen zum größten Teil für anfechtbar; die Ankläger sind der Ansicht, daß die Bekundungen der Überlebenden des Lagers, die richterlichen Feststellungen am Tatort die Vorwürfe der Anklageschrift in großem Umfang bestätigen. Nicht nur im Kreis der Prozeßbeteiligten, auch von den am Rande stehenden wird derweilen das Verfahren juristisch, moralisch und politisch bewertet, werden Urteile vor dem Urteil gefällt. Inzwischen geht der Prozeß, von Landgerichtsdirektor Hofmeyer und seinen Mitrichtern kühl und sachlich geführt, seinen Gang.
Der 50 Jahre alte Menne Kratz — der zweite Zeuge in diesem Verfahren, der seine tätowierte Häftlingsnummer ablesen muß, bevor er sie nennt — ist am 15. Juni 1943 »aus rassischen Gründen« ins Konzentrationslager Auschwitz eingeliefert worden. Nach acht bis vierzehn Tagen Quarantäneblock und vier bis sechs Wochen Sträflingsarbeit im Kommando Bauhof wird er »ungefähr im März 1943« der SS-Zahnstation zugeteilt. Der gelernte Zahntechniker gehört von da an bis zur Auflösung des Lagers zu den »kommandierten Häftlingen«. Dieses Sonderkommando der Zahnstation war damit beschäftigt, die den getöteten Häftlingen herausgebrochenen Zähne auszuschmelzen. Die zusammengeschmolzenen Goldplatten wurden an die SS-Zahnärzte, auch an Dr. Frank, abgeliefert.
»Wie war Ihr Verhältnis zu Dr. Frank?«
»Er war zu mir anständig, namentlich im Gegensatz zu anderen SS-Leuten. Er hat sich zu mir persönlich sehr anständig benommen.«
Der Zeuge Kratz versichert, daß Frank ihn im Spätsommer 1944 aus dem Bunkerblock herausgeholt und wieder zur Zahnstation

zurückgebracht habe. Frank habe ihn als Kalfaktor beschäftigt; er habe bei dem Zahnarzt saubergemacht, für ihn Essen geholt und »diese leichte Vorzugsstellung bis zum Schluß behalten«.
Der Zeuge weiß nicht, ob Frank auf der Rampe beschäftigt war, bestätigt nur, daß dieser hin und wieder mit einem Sanitätskraftwagen davongefahren sei. Er nehme an, daß Frank die verschiedenen Zahnstationen des Nebenlagers besucht habe. Auch mit Schatz sei er, der Zeuge, relativ gut ausgekommen, »er hat mir nichts getan«. Frank sei aber beliebter gewesen.
Staatsanwalt Kügler will wissen, ob darüber geredet wurde, daß Frank bei Selektionen an der Rampe beteiligt war; Kratz antwortet, Häftlinge hätten darüber gesprochen. Es sei ein offenes Geheimnis gewesen, daß auch die Zahnärzte auf der Rampe Dienst getan hätten, er habe es Frank aber »einfach nicht zugetraut«.
Kügler: »Das offene Geheimnis bezog sich sowohl auf Frank wie auf Schatz?«
Der Zeuge: »Jawohl.«
Der Angeklagte Frank erklärte, daß er schon um die Jahresmitte 1944 nach dem Konzentrationslager Dachau versetzt worden sei; der Zeuge glaubt, sich »fest zu erinnern«, daß nach Franks Weggang nur noch kurze Zeit bis zur Auflösung des Lagers Auschwitz verstrichen sei.
Der Vorsitzende fordert Mulka auf, zu erklären, was ein Stabsführer gewesen sei.
Mulka: »Ich kenne den Begriff eines Stabsführers nicht.«
»Ja, Sie haben's doch selbst geschrieben!«
»Ich kenne den Begriff eines Stabsführers weder bei der Waffen-SS allgemein noch bei der Waffen-SS in Auschwitz. Ich glaube, das gab es nur bei der Allgemeinen SS.«
Aber der Staatsanwalt Kügler hat da ein Dokument zur Hand, mit dem er erst später kommen wollte, von dessen Verlesung er sich aber gerade zu diesem Zeitpunkt die bessere Wirkung verspricht. Es ist ein Originalstandortbefehl aus dem Jahre 1942, nicht ganz vollständig, und es heißt darin unter anderem:
»Der bisherige stellvertretende Adjutant und SS-Obersturmführer Mulka übernimmt mit sofortiger Wirkung die Stellung des Stabsführers im KL Auschwitz. In dieser Eigenschaft führt und leitet er die gesamten Dienstgeschäfte des Kommandanturstabes. Es sind ihm unterstellt:
1. Adjutantur
2. Führerpersonalien und sonstige Personalfragen
3. Gerichtsabteilung als Gerichtsoffizier
4. Abteilung VI – Truppenbetreuung
5. Schulung und Ausbildung der Aufseherinnen des FKL (des Frauenkonzentrationslagers).«

»Da haben Sie die Erklärung, Herr Mulka«, sagt der Vorsitzende, »was Stabsführer ist. Und nun sagen Sie, Sie haben den Begriff im Konzentrationslager nicht gekannt.«
Mulka versucht eine Abwehr; ja, aber diese Unterschrift sei der seinigen nicht sehr ähnlich. Nebenkläger Kaul präsentiert eine zweite. Ja, meint Mulka, diese sei von ihm. Nun, meint der Richter, da heiße es ebenfalls: »Stabsführer.«
Mulka bleibt eine Antwort schuldig. Seine Glaubwürdigkeit hat einen schweren Schlag erlitten an diesem Tag.

Landgerichtsdirektor Hofmeyer läßt das Protokoll verlesen, das bei der Inaugenscheinnahme des Konzentrationslagers Auschwitz durch den Amtsgerichtsrat Hotz und andere Prozeßbeteiligte dort angefertigt worden ist. Von siebenunddreißig Fotos illustriert, werden darin die Feststellungen fixiert, die mit Metermaß und bei Hör- und Sichtproben Mitte Dezember am Ort des ehemaligen Konzentrationslagers getroffen worden sind. Das Protokoll enthält genaue Lagebeschreibungen und von Zentimeterangaben unterstützte Schilderungen verschiedener Häftlingsblocks sowie der Arrestzellen im berüchtigten Bunkerblock 11. So wird festgehalten, von welchen Punkten aus die Schwarze Wand eingesehen werden konnte, welche Geräusche aus den Stehzellen in die benachbarten Zellen dringen konnten. Protokolliert und damit auch verlesen wurde auch die Szene, von deren Wiedergabe wir im Bericht über die Inaugenscheinnahme in Auschwitz Abstand genommen haben, weil sie so peinlich schien: Der Justizbeamte, der veranlaßt worden war, in die Stehzelle 1 zu kriechen und sich von dort aus durch die geschlossene Holzklappe und durch die Tür des Stehzellenraumes 22 sowie die Tür der benachbarten Zelle 23 den anderen Prozeßbeteiligten bemerkbar zu machen, hatte aus voller Brust gesungen: »Sah ein Knab' ein Röslein steh'n.« War in Krakau noch versichert worden, daß der arme Mann sicher nicht gewußt habe, was er habe rufen oder singen sollen, wobei seinem einfachen Sinn wohl dieses Lied eingefallen sei, so heißt es jetzt im Protokoll, daß er es auf Anweisung gesungen habe.
Der Zeuge Milton Buky, Kaufmann in Los Angeles, im Dezember 1942, »ich glaube am 12.«, kam er nach Auschwitz, arbeitete alsbald im Sonderkommando, das bei der Vergasung und Verbrennung der Häftlinge und der Judentransporte tätig werden mußte. Vierhundert bis neunhundert Personen hätten jeweils in einem Kommando gearbeitet.
»Wenn die Zahl dieses Sonderkommandos herabgesetzt wurde, was geschah dann?«
»Sie sind umgebracht worden.«
Buky berichtet, daß es nach seiner und seiner Leidensgenossen

Ankunft in Auschwitz die erste Aufgabe des neu zusammengestellten Sonderkommandos gewesen sei, die Leichen der Angehörigen des vorangegangenen Kommandos zu verbrennen. Diese Häftlinge wie auch die Menschen, die später getötet worden seien, »sind in kleinen Häuschen vergast worden«, in der Nähe der späteren Krematorien, »bis die Krematorien im Jahr 1943 gebaut worden sind«. Der Zeuge arbeitete im Krematorium II, das seiner Erinnerung nach als erstes entstand, vor dem Krematorium I; nach III und IV ist er niemals gekommen. Bis zum Bau dieser großen Krematoriumsanlagen hätten die SS-Leute Kaduk und Moll die Leitung der Vergasung und Verbrennung von Häftlingen gehabt. Buky glaubt, daß Kaduk damals Unterscharführer gewesen sei, sie hätten ihm aber immer einen höheren Rang gegeben. »Ich glaube schon, daß ich ihn wiedererkennen würde, obwohl es zwanzig Jahre her sind.« Nein, er hat keine Fotos gesehen, »ich habe nur viel gelesen über den Schweinehund«.
Kaduk rutscht unruhig auf seinem Platz hin und her, sieht sich im Saal um, blickt den Zeugen unbeweglich an, mit verschränkten Armen auf seinem Pulttisch liegend.
Die zur Vergasung Bestimmten seien mit Lastwagen zu den zwei ehemaligen Bauernhäusern gefahren worden, hätten sich ausziehen und anstellen müssen. Kaduk sei der »Befehlshaber« gewesen. »Moll nicht immer«. Mit Hunden habe man die Menschen in die Gaskammern getrieben.
»Sie gingen nicht immer alle 'rein. Entweder wollten sie nicht, manchmal waren es auch zuviel. Die wurden draußen erschossen, in ihrer Kleidung.«
»Wer hat das gemacht?«
»Meistenteils hat das der Kaduk gemacht.«
Am Anfang sei es schwer gewesen, hinzusehen, »aber später war ich diesen Anblick gewöhnt«.
Es sei öfter vorgekommen, und es seien stets mehrere Menschen gewesen, vor allem Alte und Kranke. Ein Mann, der von der Sauna gekommen sei, habe das Zyklon eingeworfen; jedesmal sei auch ein Auto »mit dem Roten Kreuz« angekommen.
»Ich habe zuerst angenommen, der Rotkreuzwagen sei gekommen, um sich um die Kranken zu kümmern.«
Der Vorsitzende, am 1. Januar zum Senatspräsidenten befördert: »Kaduk hat uns bisher immer versichert, er sei nie in Birkenau gewesen.«
Der Zeuge: »Das ist eine Lüge.«
Kaduk habe damals die Mitglieder des Sonderkommandos eingeteilt: Gruppe 1 sei die Gasmaskengruppe gewesen, die die Leichen aus den Häusern herausgezogen habe, Gruppe 2 habe die Leichen bis zu den Loren geschleppt, Gruppe 3 habe sie aus-

geladen und Gruppe 4 zu den Feuerstellen gebracht. Wie der Zeuge bekundet, sind die Leichen damals in großen Gruben verbrannt worden.
»Die übriggebliebenen Knochen wurden zerhackt und ins Wasser geworfen.«
Der Zeuge beschuldigt in diesem Zusammenhang den Angeklagten Kaduk der Ermordung eines zehn- bis elfjährigen Jungen: »Kaduk nahm ihn an der Hand, beruhigte ihn, dann führte er ihn zu einem Graben und erschoß ihn.«
Buky will Kaduk auch während des »Todesmarsches« nach der Räumung des Lagers erlebt haben und erfährt, daß Kaduk behauptet, auf diesem Marsch nicht dabeigewesen zu sein.
Der Zeuge: »Wenn er sagt, er war nicht in Birkenau, dann kann er das schon sagen.«
Auf Frage des Amtsgerichtsrates Hotz erwidert Buky, daß Kaduk acht Monate bis zu einem Jahr sein Vorgesetzter gewesen sei; er wisse sich so genau nicht zu erinnern. Kaduk hingegen beharrt darauf, daß er vom 28. Oktober 1942 bis zum 21. August 1943 wegen einer Malariaerkrankung im Lazarett gelegen habe.
Der Verteidiger Jugl findet heraus, der Zeuge sei bis jetzt der einzige gewesen, der von Kaduks Anwesenheit in Birkenau berichtet habe, »mit einer einzigen Ausnahme«. Aber der Vorsitzende merkt an, daß bislang durchaus nicht erst eine Aussage über Kaduks Anwesenheit auch in Birkenau gehört worden sei.
Der Zeuge: »Ich kann nur versichern, er war in Birkenau.«
Verteidiger Gerhardt moniert Zeitunterschiede in Aussagen des Zeugen, nach denen Baretzki einen Häftling so geschlagen habe, daß er am nächsten Tag, beziehungsweise am übernächsten Tag oder einige Tage später, gestorben sei.
»Wann ist er denn nun gestorben?«
Der Zeuge erwidert, er habe so genau den Todestag nie gewußt und angegeben. Der Zeuge habe ferner, so fährt Gerhardt fort, bei der Gegenüberstellung nicht gesagt: »Das ist Kaduk«, sondern: »Ich glaube, das ist Kaduk.«
»Na ja«, meint der Zeuge, »der ist jetzt so fettgefressen.«
Der Angeklagte Kaduk bestreitet alle Darstellungen des Zeugen:
»Herr Vorsitzender, ich habe in Birkenau gar nichts zu tun gehabt. Bei der Evakuierung war ich nicht im Stammlager, ich kam später zum Transport.«
Ein Zeuge habe ausgesagt, daß er, Kaduk, am 18. Februar 1945 einen gewissen Ackermann erschossen habe: »Da kann der Kaduk ja nicht zugleich gewesen sein im Stammlager und in Birkenau. Es war nur ein Kaduk gewesen, und das bin ich.«
Es habe ja doch Fahrzeuge gegeben, und er habe wohl hin und her fahren können.

Kaduk: »Ich bin zu Fuß nach Mauthausen gegangen.«
Der Vorsitzende zweifelnd: »Na, Herr Kaduk.«
Der Angeklagte: »Ja, wenn Sie mir nicht glauben wollen.«

Verdankt der polnische Ministerpräsident Cyrankiewicz sein Leben dem Angeklagten Dylewski? Der Zeuge Dr. Hundhausen, Honorarprofessor in Aachen, berichtet über ein Gespräch zwischen Cyrankiewicz und Bertold Beitz im Januar 1961. Man habe zunächst über Dinge gesprochen, die nicht mit diesem Prozeß in Zusammenhang gestanden hätten. Beitz habe später einen Brief, dem ein Paßfoto beigelegt gewesen sei, dem polnischen Ministerpräsidenten übergeben und gefragt: ›Kennen Sie diesen Mann? – Stimmt das, was der Mann hier sagt?‹ Cyrankiewicz habe mit großem Ernst geantwortet: ›Ja, das stimmt. Er hätte mich töten können, das hat er aber nicht getan. Er hätte mit mir machen können, was er wollte.‹ Weder der Name Auschwitz noch der Name Dylewski sei dabei gefallen.
Dylewski: »Das Schreiben stammte von meiner Frau. Sie hat auch das Bild beigefügt. Ich selbst war ja in Haft.«

Als Zeuge berichtet der Ludwigsburger Kriminalobermeister Alfred Aedtner über die erste Vernehmung des Angeklagten Stark und bekundet, daß das ehemalige Mitglied der Politischen Abteilung des Konzentrationslagers Auschwitz seine Teilnahme an dort verübten Verbrechen freimütig zugegeben habe. Insbesondere habe sich Stark nicht darauf berufen, vom Kommandanten Höß gezwungen worden zu sein, Giftgas zum Zwecke der Vernichtung der Gefangenen in das kleine Krematorium zu werfen. Dabei müsse bemerkt werden, daß »Stark sehr aussagewillig war, und viel mehr erzählt hat, als wir wußten«. So, daß er mit Gefangenen zum Krematorium gegangen sei und ihnen dort eröffnet habe, sie würden gebadet und sollten »mal dorthin schauen«. In diesem Augenblick habe sie Palitzsch in das Genick geschossen. Aedtner kann nicht bestätigen, daß Stark bei seiner ersten Vernehmung davon gesprochen hat, die damaligen Taten habe er als Unrecht angesehen. Er selbst, Aedtner, sei deshalb so beeindruckt gewesen, weil er zum erstenmal von einem unmittelbar Beteiligten über die Vorgänge bei einer Vergasung gehört habe. Stark habe genau geschildert, wie die Gaskörner auf die Menschen gefallen seien und wie diese zu schreien begonnen hätten. Er wisse sich hingegen nicht zu erinnern, daß Stark bemerkt habe, er sei von Höß gezwungen worden, das Gas in die Luftschächte einzuwerfen. Am Protokoll könne nicht gezweifelt werden, denn Stark sei einer der wenigen Angeklagten gewesen, die ihre Aussage selbst formuliert hätten.
Der Zeuge erinnert sich, der Angeklagte habe davon gesprochen,

das Zyklon B sei manchmal im Korridor der Politischen Abteilung aufbewahrt worden, im allgemeinen aber im SS-Revier; Stark habe berichtet, Zögernde in die Gaskammer geschoben zu haben, dies aber sofort verbessert; nicht er habe geschoben, sondern hinter ihm stehende SS-Männer.
Der Vorsitzende: »Ist es nicht richtig, was hier gesagt worden ist?«
Stark: »Es ist alles richtig, jawohl.«
Warum er denn nichts über die gegen ihn gerichteten Drohungen ausgesagt habe, die von ihm in der Hauptverhandlung geschildert worden seien: »Wie ist es denn nun richtig?«
»Wie ich es in der Hauptverhandlung geschildert habe.«
»Warum haben Sie es damals bei Ihrer ersten Vernehmung nicht gesagt?«
»Es kam mir damals nicht in Erinnerung.«
»Es liegt doch nahe zu sagen: Da hat einer hinter mir gestanden. Ich mußte das machen ... Sie haben auch dem Vernehmungsrichter nicht gesagt, daß Sie zur Vergasung durch alle möglichen Androhungen genötigt worden sind. Sie bleiben also dabei, daß Sie von wem gedrängt worden sind?«
»Angefangen hat der Grabner, das hat dann der Kommandant gehört ...«
Der Angeklagte schildert, er habe lediglich mit der Prüfung der Namenslisten zu tun gehabt, dann habe sich herausgestellt, daß ein Sanitäter fehlte. Grabner habe gesagt: ›Stark steht doch da 'rum, der soll helfen.‹
»Ich sagte: ›Hier ist doch der Quackernack zuständig.‹ Grabner antwortete, ich solle hinaufgehen und nicht lange reden, und der Kommandant rief: ›Los, los, hinauf, sonst gehe ich mit hinein.‹«
Auf die Frage, ob er das alles nicht als Unrecht empfunden habe, nicht als menschenwürdig, antwortete der Angeklagte mit einem gedehnten »Ja«.
»Ja, wenn Sie es nicht als Unrecht empfunden haben, warum haben Sie sich überhaupt geweigert?«
»Ja, an sich war der Quackernack zuständig.«
Stark verweist darauf, daß er beim Eintritt in die SS sehr jung gewesen sei und auf Grund seiner Erziehung in der SS keine andere Einstellung zu dieser »Sache aus dem Krieg, von der du noch nichts weißt«, haben konnte.
Der Angeklagte bekundet weiter, daß er vom 1. Dezember 1942 bis zum 31. März 1943 auf Studienurlaub in der Heimat gewesen und am 1. April zum Ausbildungs- und Lehrbataillon in Dachau versetzt worden sei. Aus seiner Wehrmachtsrolle ergibt sich aber, daß er erst am 25. Mai 1943, auf Grund einer Verfügung des Reichssicherheitshauptamtes vom 22. Mai, versetzt worden ist.

Stark glaubt, er könne sich irren, dann sei er am 1. April, statt versetzt, abkommandiert worden.
Staatsanwalt Kügler hält dem ehemaligen Adjutanten Höcker vor, daß alle kleinen Unterführer in Auschwitz gewußt hätten, was sich dort abgespielt habe. »Sie wollen uns nun sagen, daß das alles spurlos an Ihnen vorübergegangen ist?«
»Hierzu kann ich Ihnen sagen, Herr Staatsanwalt, ich habe nicht ein einziges Mal an diesen Dingen teilgenommen und bin mit diesen Dingen nicht in Berührung gekommen.«
Der Staatsanwalt, sarkastisch: »Ja, das war alles in Birkenau, zehn Kilometer weg.«
Höcker, kühl: »Fünf Kilometer.«
Der Staatsanwalt Kurt Hinrichsen von der Zentralstelle Ludwigsburg, 39 Jahre alt, ist vom Nebenkläger Kaul benannt worden. Er soll über die Folgen aussagen, die SS-Angehörige trafen, die rechtswidrigen Befehlen nicht nachgekommen sind. Hinrichsen berichtet, daß er sich mit der Frage des Befehlsnotstandes speziell befaßt habe, vielen Behauptungen nachgegangen sei, »gleichwohl aber keinen Fall feststellen konnte, in dem die Nichtbefolgung eines rechtswidrigen Befehls eine Schädigung an Leib und Leben nach sich zog«.
Wohl seien in solchen Fällen die Angeklagten an die Front versetzt – »das wurde schon als Nachteil verstanden« – oder von einer Beförderung ausgeschlossen worden. Wohl seien Warnbeispiele in den Mitteilungen der SS- und Polizeigerichtsbarkeit und in den Informationen des Reichssicherheitshauptamtes, alles in allem vierhunderteins Fälle, an die Truppe gegangen. Ungehorsam sei dabei in zwanzig Prozent dieser Beispiele aufgeführt worden. Der spezielle Fall, daß ein verbrecherischer Befehl nicht befolgt worden und aus diesem Tatbestand eine Strafe hervorgegangen sei, habe darin aber keine Rolle gespielt. Ungehorsam sei nur einmal mit der Todesstrafe belegt worden; es ist zu hören, daß es sich um einen Delinquenten handelte, der betrunken einen Untergebenen bei der Vorführung vermeintlicher Schießkünste erschoß. Rechtsanwalt Aschenauer erklärt, die Warnbeispiele hätten den Sinn gehabt, Angst- und Unsicherheitsgefühle zu schaffen, der Zeuge steht auf dem Standpunkt, daß die ausgestoßenen Drohungen offensichtlich nicht ernst genommen worden sind. Auch sei es nicht einfach zu belegen, daß SD-Untersuchungsführer eine eigene, der SS nicht unterstehende Gerichtsbarkeit ausgeübt hätten.
Der Angeklagte Mulka erinnert sich an die erwähnten Warnbeispiele, »woraus Angst und Schrecken bei jedem einzelnen Mann entstanden vor den Folgen, die bei der Nichtausführung eines Befehls zu erwarten waren«.
Der Amtsgerichtsrat Hotz hat die passende Frage. Da gebe es

doch den Zeugen Wilhelmy, früher Spieß beim Standortarzt von Auschwitz, der einen polnischen Häftling entgegen einem dringlichen Befehl nicht gemeldet habe. Was mit Wilhelmy denn geschehen sei?
Mulka: »Ich weiß nichts darüber.«
»Sie erinnern sich an keine Bestrafung Wilhelmys?«
»Ich erinnere mich nicht.«
Staatsanwalt Wiese berichtet, daß die als Zeugen geladenen und in der Zone wohnenden Eheleute Rump keine Ausreisegenehmigung erhalten haben, weil gegen sie wegen des Verdachts der Begünstigung des Angeklagten Capesius ermittelt werde. Der Begriff der Begünstigung sei anscheinend hier und dort verschieden, moniert Verteidiger Dr. Laternser, der Ost-Berliner Nebenkläger Dr. Kaul erregt sich, Senatspräsident Hofmeyer läßt später den Absagebrief des Generalstaatsanwalts der Zone an den Hessischen Generalstaatsanwalt Bauer verlesen: Am 21. Januar 1965 sei gegen das Ehepaar ein Ermittlungsverfahren wegen des Verdachts der Begünstigung des Angeklagten Capesius eingeleitet worden. Es würden überprüft die persönlichen Beziehungen zu einem in der DDR lebenden Verwandten des Capesius sowie die Kontakte der Rumps zu Herrn Eisler, einem Freund von Capesius. Bis zum Abschluß dieses Ermittlungsverfahrens könne dem Ehepaar Rump das Verlassen der DDR nicht gestattet werden.

Der Ost-Berliner Erich Markowitsch im Zeugenstuhl, 51 Jahre alt. Bei den Angaben zur Person stiftet er Verwirrung. Welches ist nun sein Beruf? Zunächst läßt er wissen, daß er Hafenarbeiter und Lagerarbeiter sei. Der Vorsitzende fragt, ob er es so formulieren solle. Nein, seine jetzige Tätigkeit übt Erich Markowitsch als Minister für Industrie aus, bekundet er. Da hören es die westdeutschen Ohren also wieder, was aus einem kleinen Arbeiterkind in der Zone alles zu werden vermag. Aber die selbstgefälligen Hinweise auf solchen Lebenslauf sind mißgestimmt, scheinen traumatisch. Arme Kerle, diese zonalen Minister, die immerfort gezwungen sind, davon zu reden, daß man in ihnen ein Symbol sehen muß für die sozialistischen Errungenschaften.
Er hat indes viel mitgemacht, der Zeuge Erich Markowitsch. Wegen seiner politischen Einstellung, wegen illegaler Tätigkeit wird er 1933 verhaftet, 1934 verurteilt und nach verbüßter Strafe 1939 in das Konzentrationslager Sachsenhausen verbracht. Am 22. Oktober schickt man ihn nach Auschwitz, zum Arbeitseinsatz im Buna-Lager, wie es geheißen habe. Der Zeuge berichtet sachlich, konkret kann er zu keinem der Anklagepunkte dieses Verfahrens viel beitragen. Er hat im Buna-Lager Monowitz den

SS-Sanitätsdienstgrad Neubert kennengelernt (dessen Verfahren wegen Erkrankung am 13. Juli 1964 abgetrennt worden ist); vierzehn Tage habe diesen einmal der Angeklagte Klehr vertreten.
Der Angeklagte Klehr: »Herr Präsident, ich habe in keiner Zeit vertretungsweise im Buna-Lager Dienst gemacht.«

Standortbefehle aus Auschwitz werden verlesen, die der Angeklagte Mulka in seiner Eigenschaft als Adjutant des Kommandanten unterschrieben hat. Mulka, der immer wieder versucht, seine Rolle als Adjutant bis zur Unkenntlichkeit herunterzuspielen, der von Vergasungen gerüchtweise gehört und allenfalls den schlechten Geruch über dem Lager wahrgenommen haben will, hat nach diesen Standortbefehlen reichlich Detailkenntnisse haben müssen. Die Fülle der Anordnungen verraten etwas von der kleinlichen Reglementierung der Lagermannschaft, aber auch von ihrer Wirkungslosigkeit, da immer wieder daran erinnert werden mußte. Vor allem verraten sie auch die intime Kenntnis des Lagerlebens. So befassen sich die Kommandantur- und Sonderbefehle mit den neuen Reichskarten für Urlauber, auf deren Margarineabschnitte auch Öl zu bekommen sei; mit dem Verbot von Schuhcreme, da großer Mangel herrsche; mit den Dienststunden des UvD; mit der Beobachtung von Wachposten, die auf den Schlagbäumen schaukelten oder durch den Drahtzaun schlüpften; mit dem Angelverbot in der Weichsel und der »Verfügungsstellung von Frauen« wie es hieß, durch die NS-Frauenschaft zur verantwortungsvollen Jugenderziehung und mit dem »Einhaken« von weiblichen Personen.
In einem Befehl wird erläutert, daß Mulka die Adjutantur, die Gerichtsabteilung, die Truppenbetreuung, die Sachbearbeitung für Wirtschaftsfragen und so fort übernimmt; er »vertritt den Lagerkommandanten unmittelbar«. In einem anderen von Mulka mitunterzeichneten Befehl heißt es, daß das Fotografieren der Exekutionen verboten sei und die bereits gemachten Aufnahmen eingezogen werden müßten. Oder: alle an der Vergasung beteiligten SS-Männer sollten sich mehr vorsehen, da jetzt weniger Geruchsstoffe im Zyklon B enthalten seien und das Gas damit gefährlicher sei.

Ein kurzer Blick ist möglich in des Angeklagten Stark anderes früheres Leben, in die Zeit, da der Gestapomann die Bänke der Hörsäle in der Universität Frankfurt drückte und sich der Wissenschaft vom Recht hingab – mehrere hundert Kilometer diesseits von Auschwitz. Der Student im ersten Semester, mit dem Berufsziel »Verwaltungsbeamter«, hörte Germanische Rechtsgeschichte; Deutsches Recht; Familienrecht; Volk und Staat; Deutsche Verfassungsgeschichte; Vertrag und Unrecht im politischen Geschehen des Weltkrieges. Das Wissen wuchs gebührenfrei, die Quästur bescheinigte es am 2. Februar 1943: Sonderförderung der Kriegsteilnehmer. Der junge Student mag der einzige in seinem Semester gewesen sein, der auf eine Vorbildung zurückblicken konnte, die sich vom dargereichten Lehrstoff, bei aller nationalsozialistischen Färbung, wohl doch beträchtlich unterschied. Die Verhaltensforschung des Sachverständigen, der über des Angeklagten Reifebild zur Tatzeit Aufschluß geben soll, wird ein weites Feld vorfinden zwischen dem externen Abitur Starks, seinem Kommando in Auschwitz und seiner Tätigkeit in der Arbeitsgemeinschaft für bürgerliches Recht im Wintersemester 1942/43.

Der Zeuge Johann Frederick Beckmann ist Major der Königlich Niederländischen Landwehr. Politischer Gründe wegen war er im Juli 1942, zusammen mit seinem sechzehnjährigen Bruder und 1250 Mitgefangenen, nach Auschwitz verschleppt worden, wo er bald in der Aufnahmeabteilung als Dolmetscher beschäftigt wurde. (Als er im September 1944 mit den überlebenden Kameraden nach Groß-Posen transportiert wurde, waren, wie der Zeuge sagt, von den 1250 nur noch 90 übriggeblieben.) Der Unterscharführer Stark war sein Vorgesetzter, von Juli 1942 an bis zu dem Tag, an dem er (Beckmann) erkrankte und ins Revier kam – »so im späten Herbst, ganz in der Nähe Winter«. Als er zurückgekommen sei, habe er den Stark nicht mehr angetroffen. Wohl sei dieser noch einmal zurückgekommen, »ich glaube für ein paar Tage«, danach habe es gerüchtweise geheißen, Stark sei an die Ostfront versetzt worden.

»Wie hat er sich Ihnen gegenüber betragen?«

»Sehr gut.«

»Wie anderen gegenüber?«

»Er war eine ziemliche Ausnahme. Das Schlimmste, was ich gesehen habe, war, daß er Häftlinge ein bißchen hüpfen ließ.«

Der Vorsitzende meint, daß es menschlich ja durchaus verständlich sei, wenn der Zeuge, der dem Angeklagten offensichtlich in Auschwitz einiges zu verdanken habe, diesem nichts Böses nachsagen wolle. Er müsse aber dennoch bekunden, wenn ihm etwas bekannt sei, »was nicht richtig war«. Der Zeuge bleibt dabei: Stark war eine Ausnahme.

Nein, Beckmann hat nicht gesehen, daß Stark Juden mißhandelte.

»Ich hatte den Eindruck, daß er sich selbst zu gut fühlte, um sich die Hände zu beschmutzen. Er fühlte sich zu hoch über den Juden.«

Noch ist nicht zu ahnen, welche Wirkungen die Frage haben wird, die Nebenkläger Raabe so leichthin an Baretzki stellt:

»Was können Sie uns über die Tätigkeit von Dr. Lucas auf der Rampe sagen?« Und auch die Antwort »Nichts« läßt noch niemand aufhorchen; sie wurde zu oft gehört. Aber Raabe zeigt sich unbeirrt, und Baretzki hat die wache Spannung dessen im Gesicht, der fühlt, daß da noch einer fragt, obwohl er schon viel weiß.
»Haben Sie nicht gesehen, daß Lucas auf der Rampe selektiert hat?«
»Das kann ich nicht hundertprozentig sagen.«
»Wie darf ich das verstehen? Können Sie es denn achtzigprozentig sagen? Sie waren doch sehr oft auf der Rampe!«
»Ich konnte da ja nicht immer zusehen. Ich hatte auch eine andere Aufgabe. Aber wenn er da war, muß er auch selektiert haben.«
»War er da?«
»Ja.«
»Hat er auch selektiert?«
»Ich nehme an.«
Was Baretzki von den jungen Mädchen wisse, die Lucas trotz dringlicher Bitten von SS-Leuten, sie zu schonen, ins Gas geschickt habe?
»Der Fall war anders.« Als das Theresienstädter Familienlager liquidiert worden sei, »das wußte man ja vorher, also, da waren ja auch Kinder drin, wir haben oft zugeschaut, sie spielten da Kindertheater, wir haben uns gewöhnt an die Kinder«. Es waren so 68 bis 78. Die Buben rettete Schwarzhuber, der Lagerführer, sagt Baretzki, steckte sie ins Männerlager. Die Mädchen wurden nicht herausgeholt, »sie hatten so schöne lange Haare«.
Es habe geheißen, Lucas solle die Mädchen holen.
»Aber das hat er nicht gemacht.«
»Hätte er denn helfen können?«
»Ohne weiteres.«
Raabe erklärt, woher ihm die Kenntnis von solchem Wissen des Baretzki kommt. Ein Untersuchungshäftling habe mitgeteilt, daß Baretzki im Gefängnis über diese Dinge gesprochen habe, noch präziser sogar: Lucas habe Zehntausende von Häftlingen ins Gas geschickt.
Der Vorsitzende: »Dr. Lucas, wollen Sie sich vielleicht dazu äußern?«
»Als das Theresienstädter Lager liquidiert wurde, war ich nicht mehr Lagerarzt in Birkenau.« Zu dieser Zeit sei er Truppenarzt im Stammlager gewesen.
»Und die Selektionen auf der Rampe?«
»Ich habe das schon gesagt, ich war auf der Rampe, aber ich habe nicht entschieden.«
Baretzki steht schon vor dem Mikrophon. Er ist erregt, aber beherrscht, der Zorn des Mannes flackert in ihm, der glaubt, daß

möglicherweise die Angeklagten nicht alle mit der gleichen Elle gemessen werden:

»Dr. Lucas war zu dieser Zeit Lagerarzt im B-Lager. Wenn er hier sagt, daß er Leuten geholfen hat, das war vielleicht 1945, da hat er sich eine Rückfahrkarte besorgt. Fünftausend Mann, die hat er in einer halben Stunde ins Gas geschickt, und heute will er sich als Retter hinstellen.«

Einige der Angeklagten blicken gebannt auf Baretzki, Lucas sitzt mit gesenktem Kopf, schreibt irgend etwas. Es ist sehr still. Die Überraschung, die in diesem Prozeß ein redender Angeklagter hervorruft, ist immer vollkommen. Und Baretzki gar scheint einer zu sein, der eine latente Gefahr ist für seine Mitangeklagten, einer jedenfalls, der schon einmal ausgepackt hat. Er wiederholt nochmals:

»Selektiert hat nur der Arzt. – Und es war nur ein Arzt auf der Rampe.«

Lucas, etwas betreten: »Ich habe mich hier nicht als Retter aufgespielt, das haben Zeugen ausgesagt.«

Raabe beantragt, Lucas in Haft zu nehmen. Nach der Aussage Baretzkis stehe fest, daß Lucas in den letzten vierzehn Monaten nicht die Wahrheit gesagt habe. Verteidiger Aschenauer fordert die Zurückweisung des Antrags. Die Aussage Baretzkis sei in sich widerspruchsvoll, auf Schlußfolgerungen aufgebaut.

Baretzki hat noch etwas. Im Lager Mexiko hätten die Leute auf dem blanken Boden geschlafen, ohne Decken, hätten kein Wasser gehabt, nur ein Faß für tausend Mann. »Da hätte er (Lucas) helfen können, aber er hat nicht geholfen.«

Der Vorsitzende ist nicht gewillt, dem Dr. Lucas alles in die Schuhe schieben zu lassen, pfeift den Angeklagten Baretzki zurück: Da hätten ja doch wohl keine medizinischen Kenntnisse dazu gehört, um zu entscheiden, ob eine Decke gebraucht werde oder Wasser. Warum denn er, Baretzki, nicht für Wasser gesorgt habe? Doch Baretzki hat es getan, wie er sagt, obwohl es gefährlich gewesen sei. In der Mittagszeit sei es ihm hin und wieder gelungen. Im übrigen seien seine Hinweise auf die schlimmen Zustände stets mit der Antwort bedacht worden: ›Sie müssen endlich mal begreifen, daß es sich hier um Juden handelt.‹ Es sei überhaupt nicht zu beschreiben, wie es in Birkenau zugegangen sei. Aber die »Herren« meinten ja, sie hätten von nichts gewußt.

Staatsanwalt Kügler: »Angeklagter Höcker, Sie haben gehört, daß der Angeklagte Baretzki gesagt hat: ›Heute sagen die Herren, sie haben von nichts gewußt.‹ Fühlen Sie sich da nicht auch betroffen?«

Höcker, vormals Adjutant im Konzentrationslager Auschwitz: »Ich habe von Birkenau nichts gesehen.«

Und der Angeklagte Lucas merkt an: »Ich bin kein Lagerarzt in Mexiko gewesen.«
Später wird der eilends aus dem Untersuchungsgefängnis geholte Kaufmann Eugen Lazar gehört. Ja, Baretzki habe sich bei ihm beklagt, daß die angeklagten Offiziere nichts getan haben wollten, daß ›die Kleinen alles ausbaden müssen‹; dann habe er noch gesagt, daß Dr. Lucas Zehntausende ins Gas geschickt habe. Aber er, Baretzki, habe auch Bedenken geäußert: ›Wenn ich heute etwas sagen würde, wer weiß, wenn es morgen alles anders wird, dann könnte man mich erschießen.‹
Wortwörtlich habe Baretzki aber gesagt: ›Ich bin doch nicht blöd, ich bin doch nicht blind gewesen, als der Dr. Lucas auf der Rampe selektiert hat. Heute schieben sie alles auf den Dr. Mengele. Der hat sich für ganz andere Sachen interessiert.‹
Er habe auch gesagt: ›Wenn Dr. Lucas zum Kommandanten gegangen wäre, von wegen nicht selektieren, der hätte ihm was erzählt, der hätte ihm in den Arsch getreten. Jetzt will er den Wohltäter spielen. Ich könnte ihm was anderes erzählen.‹
Baretzki, nochmals aufgerufen: »Das er selektiert hat, das war selbstverständlich.« Natürlich habe er nicht neben ihm gestanden, habe nicht gehört, wie jener gesagt habe, nach links, nach rechts. Da sei er gar nicht in die Nähe gekommen; da wäre sofort gesagt worden: ›Was willst du denn hier?‹
»Heute stellt man das so hin, als ob sie alle Kameraden gewesen wären. Das war nicht so.«
Staatsanwalt Kügler: »Haben Sie gesehen, daß er (Lucas) selektiert hat, daß er dort gestanden hat, wo die Leute sich teilten?«
»Ja, hundertprozentig.«
Der Oberingenieur Kurt Bundzus aus Erlangen berichtet über den Aufbau einer Siemens-Fabrikationsstätte unweit von Auschwitz, die am 20. Mai 1944 ihre Produktion aufgenommen habe. Die von ihm ausgesuchten Facharbeiter seien auf seinen Vorschlag erst einmal »aufgeforstet«, besser verpflegt und gekleidet worden, damit sie die geforderte Arbeit auch wie ein normaler, gesunder Mann hätten leisten können. Die Krankheitsquote dieser Leute sei sehr niedrig gewesen, ein eigener kleiner Gemüsegarten habe für zusätzliche Verpflegung gesorgt. Fluktuationen habe es nicht gegeben. Gesprächsweise sei ihm sogar zu Ohren gekommen, daß »die Häftlinge in der Weichsel badeten«.
Zum Abschluß des Verhandlungstages erklärt das Schwurgericht, daß es den Antrag des Nebenklägers, Rechtsanwalt Raabe, den angeklagten ehemaligen SS-Lagerarzt Dr. Franz Lucas im Gerichtssaal zu verhaften, zurückweise. Nach Meinung des Gerichtes hat sich der Verdacht nicht weiter verstärkt, daß der Angeklagte Lucas an der Rampe selektierte. Außerdem besteht nach Meinung des Schwurgerichtes bei diesem Angeklagten keine Fluchtgefahr.

Herren aus der Leitung des ehemaligen IG-Farben-Konzerns sind geladen, um auszusagen über die Verstrickungen zwischen SS und diesem Unternehmen, insbesondere auch über Zustände und Zuständigkeiten im Auschwitzer Buna-Werk des Konzerns in Monowitz. Vorstandsmitglied Dr. Heinrich Bütefisch hatte entschieden, der Verhandlung ohne Angabe von Gründen fernzubleiben; Dr. Dürrfeld, einst Werksleiter in Monowitz, verwies unter Beilegung eines Attestes auf ein gebrochenes Rückgrat, auf einen Wirbelsäulenbruch.

Im Zeugenstand der frühere Vorsitzer des Aufsichtsrats der IG Farbenindustrie AG, Dr. phil. Carl Albert Krauch, Chemiker, 77 Jahre alt, wohnhaft in Falkengesäß bei Beerfelden im Odenwald. »Jawohl, ehrenamtlich« war er Generalbevollmächtigter für Sonderaufgaben im Rahmen des Vierjahresplans. Senatspräsident Hofmeyer bemerkt, daß vermutet werde, er, Krauch, könne Auskunft geben über die Befehlsgewalten im Bereich des Konzentrationslagers Auschwitz; darüber, ob etwa die Kommandantur im Stammlager Auschwitz direkt dem Arbeitslager Monowitz vorgesetzt gewesen sei, ob sie die direkte Befehlsgewalt über alle Lager gehabt habe.

»Das stimmt, außerhalb des Werks.«

»Moment, nicht so schnell«, das solle wohl heißen, die IG habe außerhalb des Werks keine Befugnisse mehr gehabt.

»Jawohl.«

Aber die Frage nach der Zuständigkeit kann der Zeuge nicht schlüssig beantworten. Seiner Meinung nach hatte die Kommandantur I die Oberaufsicht, »es ist ein Schluß von mir, den ich nicht belegen kann«.

Es werde behauptet, daß die nicht mehr voll arbeitsfähigen Häftlinge von den Adjutanten Mulka und Höcker in Vereinbarung mit der IG zur Ermordung ausgesondert worden seien.

»Das hat in den Nürnberger Prozessen keine Bestätigung gefunden.«

»Kennen Sie Mulka und Höcker?«

»Nur aus dieser Verhandlung.«

»Was soll zwischen der IG und der KZ-Verwaltung vereinbart worden sein bezüglich der Häftlinge, die nicht mehr arbeitsfähig waren?«

»Das ist mir nicht bekannt.«

Krauch ist »einmal durch das Werk gegangen und hatte den Eindruck, daß da kein Unterschied war zwischen diesen Leuten und anderen Fremdarbeitern«. Es habe nicht viele Ausfälle gegeben, Kranke seien in die Krankenambulanz gekommen, in schweren Fällen, »zum Beispiel bei einer Blinddarmoperation«, ins Stammlager beordert worden. An Entkräftung habe keiner gelitten. Schon in den Nürnberger Verfahren sei ein Krankenbuch vorge-

legt worden, aus dem hervorgegangen sei, daß Häftlinge bis zu 240 Tagen im Krankenrevier Monowitz gelegen hätten.
»Es hat ja ein Interesse daran bestanden, eingelernte Arbeiter zu erhalten.«
Der Zeuge erklärt, daß Himmler über Kranefuß, Jahre vorher, wegen der Verwendung von Häftlingen – »das waren meist asoziale Elemente, so politische Häftlinge« – an ihn herangetreten sei, die IG möge Werke gründen, in denen die Gefangenen arbeiten könnten. Er, Krauch, habe das abgelehnt. In der chemischen Industrie komme es in erster Linie auf Teamarbeit an, und »ich halte es für untragbar, daß hinter einem Mann einer mit einem Polizeiknüppel steht.«
Ob das Lager vom Internationalen Roten Kreuz besucht worden sei?
»Ich habe mich erkundigt, und es wurde mir gesagt: Jawohl, es wurde besucht und für gut befunden.«
Fünfzigtausend Menschen seien im Lager Monowitz untergebracht gewesen, das Buna-Werk selbst habe die Produktion nie aufgenommen.
Die Fragen des Nebenklägers Kaul fordern stereotypen Widerspruch des Rechtsanwalts Laternser heraus. Kaul wirft ein, daß die Verteidigung im Grunde doch dankbar sein müsse, wenn bewiesen werde, daß die IG und nicht die Angeklagten für die Zustände in Auschwitz verantwortlich zu machen seien. Laternser winkt ab: »Wir sind Ihnen nicht dankbar.«
Kaul macht darauf aufmerksam, daß der Zeuge bekundet habe, er wisse nicht, wer von seiten der SS und IG miteinander verhandelt habe, während es doch in einer früheren Erklärung, von Krauch unterschrieben, heiße: ›Bütefisch zusammen mit Dürrfeld verhandelten über die Frage der Einsetzung von KZ-Häftlingen.‹
Der Zeuge teilt nichts mit über die Gründe dieser Divergenz. Kaul will wissen, ob der Zeuge den Antrag gestellt habe, die jüdischen Bewohner von Auschwitz raschestens auszusiedeln und deren Wohnungen für Angestellte des Buna-Werks frei zu machen. Laternser beantragt, dem Nebenkläger das Fragerecht zu entziehen, »weil er es laufend mißbraucht«. Der Antrag wird zurückgewiesen. Gegen die Kaulschen Fragen wird schließlich global Widerspruch durch Laternser und einige Anwälte, die sich anschließen, eingelegt; das Schwurgericht läßt jedoch einige Fragen zu:
»Ob Ihnen bekannt ist, daß arbeitsunfähige Häftlinge ausgesondert wurden zum Zweck ihrer Tötung?«
»Nein, nicht bekannt.«
»Ob Ihnen der Wochenbericht 90/91 vom 8. 2. 1943 bekannt ist, besonders das Datum 10. 2. 1943?« (An dem die Werksleitung

von der Möglichkeit unterrichtet wurde, schwache Häftlinge abzuschieben.)
»Der Wochenbericht ist mir nicht bekannt.«
»Ob Ihnen bekannt ist, daß abgeschobene Häftlinge selektiert wurden zum Zwecke ihrer Vernichtung.«
»Das ist mir nicht bekannt.«
Wieso er wisse, wie in seiner eigenen Erklärung niedergelegt, wer über den Einsatz der Häftlinge verhandelt habe?
»Das ist mir bekanntgeworden durch die Nürnberger Verhandlung: Dürrfeld und Bütefisch mit dem General Wolff.« (Wolff ist 1964 in München zu fünfzehn Jahren Zuchthaus verurteilt worden wegen Beihilfe zum Mord an dreihunderttausend Menschen.)
»Und in Auschwitz selbst, wer hat da verhandelt?«
»Darüber ist mir nichts bekannt.«
Auch die Angeklagten Mulka und Höcker können nichts beitragen. Der eine hat nur ein einziges Mal, »bei einer gesellschaftlichen Veranstaltung, den Dr. Dürrfeld kennengelernt. Das entspricht völlig der Wahrheit, und wenn der Staatsanwalt mir nicht glauben will, dann kann ich ihm nicht helfen.« Der andere kann ebenfalls nicht sagen, wer Verbindungen zur IG hatte. Er jedenfalls hat noch nicht einmal »ein einziges Mal telefoniert« mit den Leuten im Buna-Werk.

Die Jahre vom 12. November 1942 bis zum 18. Januar 1945 verbringt Hanoch Hadas, 53 Jahre alter Zeuge aus Israel, im Vernichtungslager Birkenau. Da marschiert nach der Bekundung des Zeugen eines Tages das Kommando »Zerlegerbetrieb« von der Arbeitsstätte zurück ins Lager, in Hundertschaften. »Irgend etwas war passiert, ich weiß nicht was, die ersten paar Hundert waren schon durch, da wurden die Kolonnen angehalten und mußten ein paar Stunden stehen«, in der Höhe des Wasserteiches. Dann sei Baretzki gekommen mit zwei SS-Männern, »die den Weg absperrten zwischen dem Lagerzaun und einer Schreibstube«.
»Baretzki begann mit dem Stock zu schlagen und hat befohlen, ins Wasser zu springen.«
»Was war das für ein Wasser?«
Es war ein Feuerlöschteich, wie der Zeuge meint. Die ersten Häftlinge sprangen, sagt der Zeuge, teils aus eigenem Entschluß, teils, weil die hinter ihnen stehenden sie nach vorne stießen.
»Ich habe gesehen, daß man aus dem Wasser drei Tote herausgeholt hat. Dann hat die Feuerwache noch gesucht mit Haken. Man hat gesagt, es seien noch zwei Tote darin gewesen. Das habe ich aber nicht gesehen.«

»Warum hat man den Trupp angehalten?«
»Ich weiß es nicht. Man hat gesagt, es hat einer gefehlt. Genau weiß ich es nicht.«
»Wann kann das ungefähr gewesen sein?«
»Entweder im Herbst 1943 oder 1944 im Frühling. Es war noch kalt. Genau kann ich das nicht sagen, wann es war.«
Baretzki habe an einer Ecke des Löschwasserteiches gestanden, »und wenn einer an dieser Seite 'raus wollte, dann hat er ihm auf die Hände getrampelt«.
Ob er keine Zweifel habe?
»Ich habe keinen Zweifel daran. Ich kannte Baretzki, und ich habe Baretzki gesehen.«
Was denn der Angeklagte Baretzki dazu zu sagen habe?
Baretzki: »Herr Präsident, das stimmt nicht. Das habe ich niemals gemacht.«
Hofmeyer bemerkt, zwei andere Zeugen hätten schon das gleiche ausgesagt: »Und Sie sagen: ›Das ist gar nicht wahr.‹«
»Herr Präsident, das Wasser durften wir gar nicht anrühren.«
Nicht einmal die SS-Leute hätten darin baden dürfen, geschweige denn die Häftlinge. Jaja, sinnt Hofmeyer, dem Vergnügen habe das ja auch zweifellos nicht dienen sollen.
Baretzki schüttelt den Kopf: »Ja, was meinen Sie? Die hätten mich ja direkt eingesperrt.«

Die nächsten Zeugen gehörten dem ehemaligen Siemens-Schuckert-Kommando an. Sie sind von der Verteidigung benannt worden zur Stützung der Meinung, »daß sich der Angeklagte Bednarek als Blockführer besonders anständig und ordentlich benommen hat«, wie es der Vorsitzende zusammenfaßt. Doch werden die Aussagen stattdessen zu schweren Belastungen für Bednarek.
»Ich wiederhole, daß alles nicht wahr ist, was der Zeuge sagt«, ist die stereotype Antwort des Angeklagten, »ich habe keinen Menschen erschlagen.«
Die Zeugen haben es anders in Erinnerung.
Der 61 Jahre alte Maschinen-Ingenieur Pinkas Schwarzbaum aus Tel Aviv schildert: »Bednarek schlug auf dem Hof einen Menschen mit der Schaufel.« Dann habe der Zeuge mit drei anderen Häftlingen den alten Mann vom Hof in den Waschraum tragen müssen, zum Duschen. Das sei auch eine der Spezialitäten des Angeklagten gewesen, Häftlinge im Winter unter die kalte Dusche und dann auf den Hof zu stellen, zu schlagen und wieder unter die Dusche bringen zu lassen. Schwarzbaum: »Wir brauchten ihn nicht mehr auszuziehen, weil er schon tot war.«
Der 39 Jahre alte Diplom-Ingenieur Zeew Steinfeld aus Tel Aviv: »Da sah ich auf dem Ofen einen Mann stehen, einen Zigeuner.

Ich werde das Bild nicht vergessen. Obwohl Bednarek auf ihn einschlug, versuchte er nur, sich mit einer Hand vor den Schlägen zu schützen und mit der anderen schob er sich ein Stück Brot in den Mund. Und er wurde so lange geschlagen, bis er immer leiser wurde. Als ein lebloses Paket wurde er auf die Straße geworfen.«
Bednarek: »Das ist nicht wahr. Ich habe keinen Menschen erschlagen.
Vorsitzender: »Die Zeugen belasten doch sonst niemand. Sie sagen, daß sie von den Angestellten der Firma Siemens ordentlich behandelt wurden. Sie belasten doch nicht einfach jeden, der mit ihnen in Verbindung gekommen ist. Warum sollten sie denn gerade einen Häftling belasten?«
Bednarek: »Die Zeugen sagen nur aus Rache aus, deshalb sitze ich auch heute hier.«
Zeuge: »Ich habe keine Schläge von ihm bekommen. Bei mir ist es bestimmt keine Rache.«
»Heute bleibt alles an uns hängen«, ruft Baretzki.

Mit weitausholender Geste sagt Hofmann: »Ich kannte sie alle, die da oben. Da ist der Saal hier zu klein, um alle die unterzubringen, die vor mir standen. Aber wo sind die Herren, die da oben standen. Die waren die Schuldigen, die am Schreibtisch saßen und nur telefonierten.«
Kaduk gibt zu: »Wir hatten keinen guten Ruf in Auschwitz gehabt, wir Blockführer und Rapportführer, ich auch nicht.« Aber die da oben hätten es leicht gehabt, Befehle herauszugeben wie zum Beispiel, daß keine Häftlinge geschlagen werden dürften.
»Alles wird auf uns geschoben und die Sanis. Die Ärzte und die ganzen Offiziere haben die ins Gas geschickt, und nun müssen wir alles ausbaden. Den letzten beißen die Hunde, nicht wahr. Und das sind wir.«

### *»Da war der Traum von der Suppe ausgeträumt«*

Erich Altmann, 60 Jahre alt, Exportkaufmann in Lyon, heute Zeuge vor diesem Gericht, 1933 aus Deutschland emigriert, wurde als Urlauber, von Palästina kommend, in Luxemburg vom Krieg überrascht. Die Franzosen internieren ihn; das zur Rückreise nach Palästina berechtigende Visum läuft ab; die Erneuerung würde Monate dauern. Er meldet sich zur Fremdenlegion; nach dem Waffenstillstand mit der Vichy-Regierung wird er nach Frankreich entlassen; es wird ihm versichert, daß man ihn nicht antasten werde. In Südfrankreich arbeitet er als Fotograf; am 28. August 1942 verhaftet ihn die Gestapo aus rassischen

Gründen in St. Etienne. Sein Weg als Häftling führt ihn durch mehrere Lager bis in die Nähe von Sosnowitz. Dort wird den Gefangenen erklärt, im Winter könnten sie nicht bleiben, sie kämen in eine Schuhfabrik: ›Musik an die Spitze.‹

»Wir waren einfältig genug, das zu glauben und zogen singend nach Auschwitz.«

Dort sei ihm die Lage jedoch schnell klargeworden, und er habe die Devise von Auschwitz rasch kennengelernt: »Nie einer zu wenig, immer nur einige weniger.«

Eines Tages habe es aber geheißen, es würden für ein Siemens-Kommando Facharbeiter gesucht, und bei der Vorstellung sei ihm etwas höchst Bemerkenswertes widerfahren:

»Da war ein Mann, der sagte ›Herr Altmann‹ zu mir.«

Bis dahin sei er nämlich eine Nummer gewesen, die Nummer 159 923. Und dann sei einer gekommen und habe ihn mit »Herr« angeredet. Der Zeuge wiederholt es, als ob er nicht ganz sicher sei, daß solcher Vorfall auch heute noch für außergewöhnlich gehalten werde.

Die Angehörigen des Siemens-Kommandos seien in Birkenau zunächst in den Block 11 gekommen, hätten nicht zu arbeiten brauchen, den jetzigen Angeklagten Bednarek habe der Siemens-Oberingenieur Bundzus angewiesen, diese Häftlinge besser zu verpflegen. Der Vorsitzende wendet ein, daß Bundzus als Zeuge ausgesagt habe, ihm sei der Zutritt zum Straflager nicht möglich gewesen.

Der Zeuge: »Da muß ich leider sagen, das stimmt nicht.«

Altmann erinnert sich, daß es eines Morgens um sechs Uhr zu einer Selektion gekommen sei, wobei auch einige Angehörige des Siemens-Kommandos zur Vergasung bestimmt und auf Lastwagen getrieben worden seien. Bundzus sei in diesem Augenblick dazugekommen und habe diese Männer gerettet: ›Das sind meine Siemens-Leute, die kommen nicht in die Selektion.‹

Senatspräsident Hofmeyer will wissen, wie es komme, daß der Zeuge den Blockältesten Bednarek so gut mit Namen kenne, sogar mit Vornamen. Altmann erklärt, er habe in den dreiunddreißig Monaten seiner KZ-Haft viele Blockälteste gekannt, die fast ausnahmslos ihren Mitgefangenen geholfen hätten. »Emil Bednarek war etwas anderes.« Er habe sie sofort angefahren: ›Ihr kommt hierher von Siemens und glaubt, ihr habt Sonderrechte. Aber ihr habt euch der Disziplin zu fügen, die in der Strafkompanie herrscht.‹ Und schon habe er angefangen zu schlagen.

Der Zeuge Altmann schildert einzelne Vorgänge während seiner Zeit in Block 11 des Vernichtungslagers Birkenau. Zum Beispiel die Austeilung der Suppe. Natürlich habe es ein Gedränge gegeben. Da schlug man die Häftlinge mit der Suppenkelle auf den

Kopf, zwang sie in die Kniebeuge, befahl ihnen heranzuhüpfen. Dann bekamen sie ihren Schlag und mußten wieder weghüpfen.
»Natürlich schwappte die Suppe über, lief über die Hände, wir konnten nicht hüpfen, fielen um, bekamen Fußtritte. Da war der Traum von der Suppe ausgeträumt.«
Der Zeuge beschuldigt Bednarek, daß er etwa dreißig Angehörige des Siemens-Kommandos auf dem Gewissen habe.
»Wo er uns etwas antun konnte, hat er es getan. – Der Stubendienst hat nichts getan ohne Bednarek, er war der Patron, er war der Chef. Emil Bednarek ist mir als besonderer Sadist im Gedächtnis geblieben.«
Bednarek: »Herr Präsident, das ist nicht wahr, was der Zeuge sagt.«
Altmann bittet den Vorsitzenden, den Angeklagten zu veranlassen, daß dieser die Erklärung von Angesicht zu Angesicht wiederhole. Bednarek steht auf, kommt nach vorn, der Zeuge fragt mit erhobener Stimme: »Sie kennen mich nicht mehr?«
Bednarek schweigt. Der Zeuge deutet mit dem Finger auf Bednarek, fährt ihn an: »Sie kennen mich nicht mehr; Sie haben nie englischen Unterricht bei mir gehabt?«
Bednarek: »Ich habe nie Englisch gelernt.«
Der Zeuge: »Ja, das glaube ich Ihnen, da waren Sie viel zu dumm dazu.«
Der Vorsitzende schickt Bednarek zurück auf den Platz, beruhigt den Zeugen, der drohende Tumult bricht nicht aus. Indes macht Verteidiger Laternser seine Ankündigung wahr, daß er, falls der Präsident die ungebührliche Behandlung der Angeklagten durch die Zeugen nicht unterbinde, die Verhandlung aus Protest verlassen werde, und schreitet gemessen aus dem Saal.

Der Arzt Dr. Lucas. Was ist ihm jetzt zu glauben, nach dem Tag, da er sich zu einem überraschenden Geständnis entschloß, nachdem er Monate geleugnet hatte, auf der Rampe je selektiert zu haben? Wie Lucas am 11. März, dem 143. Tag des Prozesses, mit leiser, stockender Stimme zugibt, entspricht diese frühere Einlassung nicht der Wahrheit. Der Angeklagte legt das Motiv für seine Haltung dar: »Ich habe mich damals so eingelassen, weil ich keine Entlastungszeugen hatte und befürchtete, daß ich, wenn ich es so darstellte, wie es gewesen ist, eingesperrt würde.«
Oder ist da noch ein anderer Grund? Die Überlegung, daß die Verteidigungslinie bröckele, daß völlige Passivität in Auschwitz so ganz glaubwürdig auch nicht sein könne? Ein Vertreter der Nebenklage, Rechtsanwalt Christian Raabe, hält es dem Angeklagten vor: »Wir müssen Ihnen Stück für Stück herausbrechen

aus Ihrem Gedächtnis. Wie sollen wir Ihnen denn dann glauben?«

Doch der Angeklagte hat wieder zur gewohnten Zurückhaltung gefunden; er weiß nicht, wie lang die Züge waren, die auf die Rampe von Birkenau einliefen, und nicht, wie stark die Transporte. Er gibt nur zu, »drei- bis viermal an Selektionen in Auschwitz teilgenommen« zu haben, nach schwerer Auseinandersetzung mit dem Lagerführer Kramer. Lucas erläutert seine damalige Haltung: »Als ich nach Auschwitz kam, habe ich das, was dort geschah, sofort als Verbrechen bezeichnet.« Er habe sich zu drücken versucht, Magen- und Darmkoliken vorgetäuscht, darauf hingewiesen, daß er auch augenkrank sei. Als die großen Ungarn-Transporte zu rollen begonnen hätten, sei er aber wiederum auf die Liste der Selektionsärzte gesetzt worden; seine abermalige Weigerung, zu selektieren, habe der SS-Hauptsturmführer Kramer scharf zurückgewiesen und erklärt: ›Ich weiß Bescheid, daß gegen Sie ein Verfahren wegen Häftlingsbegünstigung läuft. Ich gebe Ihnen jetzt den Befehl, auf die Rampe zu gehen, und wenn Sie ihm nicht nachkommen, werde ich Sie sofort auf der Stelle abführen lassen.‹

»Was das bedeutete, war eindeutig.«

Lucas gesteht, daß er sich danach gefügt habe: »Ich war auf der Rampe. Ich sollte die arbeitsfähigen Menschen dort aussuchen. Ich habe so ausgesucht, daß viele Nichtarbeitsfähige ins Lager gekommen wären.« Kramer habe aber die Selektion überwacht und viele dieser Leute wieder herausgezogen und auf die andere Seite geschickt, auf den Weg in die Gaskammern.

Der Angeklagte Boger bestätigt diese Darstellung im großen und ganzen. Er erinnere sich eines Tages im Frühjahr 1944, an dem Kramer außerordentlich erregt gewesen sei. Der Lagerführer Schwarzhuber habe zu berichten gewußt: ›Er hatte eine Kontroverse mit Lucas wegen der Rampe.‹ Es sei bekanntgeworden, daß Lucas sich geweigert habe, auf der Rampe zu selektieren, es dann auf Druck aber getan habe.

»Es war eine einmalige Angelegenheit, die natürlich Aufsehen erregt hat. Danach ist Lucas nicht mehr lange in Auschwitz geblieben; wir wußten nicht, wo er hingekommen ist.«

Staatsanwalt Vogel wendet sich an den früheren Adjutanten Höcker. Er habe jetzt gehört, daß dieser Fall damals allgemeines Aufsehen erregt habe. Ob auch ihm etwas davon bekannt gewesen sei?

Höcker: »Nein.«

Nebenkläger Raabe will erklärt haben, wie es komme, daß Kramer, nachdem er einmal aufmerksam geworden sei, Lucas nur drei- bis viermal gezwungen habe, auf der Rampe zu selektieren, nicht mehrere Male.

»War es wirklich nicht mehr?«
Lucas: »Nein, es waren nicht mehrere Male. Dann kam ja meine Versetzung nach Mauthausen.«
Boger wolle ihn noch Juni/Juli 1944 gesehen haben, fährt Raabe fort, ein Zeuge noch später: im Oktober. Lucas: »Ja, ich kann dazu nichts sagen.«
Der Angeklagte Baretzki wird aufgerufen, der ausgesagt hatte: ›Fünftausend Mann, die hat er in einer halben Stunde ins Gas geschickt, und heute will er sich als Retter hinstellen.‹ Lucas habe ihn mit solcher Einlassung ja wohl der Lüge geziehen.
Baretzki: »Ich habe keinen gesehen, der zum Dienst an der Rampe gezwungen worden wäre. Ich habe gesehen, daß er die ganze Aktion mitgemacht hat.«
»Die ganze Ungarn-Aktion?«
Baretzki: »Ja, selbstverständlich.« Lucas sei erst nach dieser Aktion versetzt worden, also im September 1944.
Verteidiger Aschenauer erinnerte an dieser Stelle vorsorglich daran, daß der Zeuge Dr. Szymanski erklärt habe, dem Dr. Lucas schon im August 1944 in Mauthausen begegnet zu sein.
Der Vorsitzende will wissen, warum Lucas den Dienst an der Rampe denn so furchtbar gefunden habe; er habe den Menschen doch auch Hilfe bringen können.
Lucas: »Es blieben ja doch welche ...«
Hofmeyer: » ... die für den Tod bestimmt wurden.«
Lucas: »Ja.«

Der 74 Jahre alte Diplomingenieur Max Faust hatte die Leitung sämtlicher Bauarbeiten im Auschwitzer Buna-Werk des IG-Konzerns. Über die Verhandlungen wegen des Einsatzes von Häftlingen vermag er nichts zu sagen. Seiner Erinnerung nach verhandelte Dr. Bütefisch in Berlin mit dem SS-General Wolff.
»Ich habe mich von der Beschäftigung mit den Häftlingen nach Möglichkeit distanziert. Ich war Bauingenieur und nur Bauingenieur. Ich habe das dem Herrn Dürrfeld überlassen.« Er jedenfalls habe mit der Kommandantur in Auschwitz nicht verhandelt.
Im übrigen seien von den zwölftausend Beschäftigten beim Aufbau des Buna-Werkes nur fünf- bis sechshundert Häftlinge gewesen. Der Zeuge beklagt sich, daß er seit 1952 in allen Zeitungen herumgezogen werde, »und ich kann mich nicht dagegen wehren«, nur weil er 1942 gezwungen gewesen sei, als Vertreter der IG-Farben den »Reichsführer SS Himmler über die Baustelle zu führen«. Man könne ihm doch nicht zum Vorwurf machen, daß »ich damals den Herrn Himmler zwei Stunden geführt habe«.

Medizinaldirektor Dr. Lechler (Frankfurt) erstattet das psychiatrische Gutachten über den Angeklagten Stark. Er nennt ihn einen körperlich und seelisch unauffälligen jungen Mann. »Er ist ein Beispiel dafür, wie ein durchschnittlich begabter, durchaus normal und unauffällig veranlagter junger Mensch bereitwillig das mit sich geschehen läßt, was man als eine Umkehrung des Gewissens bezeichnen kann. – Er ist ein Beispiel für die Anfälligkeit des Menschen, sich zum Werkzeug totalitärer Machthaber pervertieren zu lassen. – Das, was als Gewissensregung noch tief unter einer seelischen Hornhaut vorhanden war, wurde damit abgetan, daß man Mitleid als Schwäche bezeichnete.«
Bestürzend sei das Mißverhältnis zwischen der Persönlichkeit des Angeklagten und seinen Taten, »unter der Einwirkung der Verführung wurde er zu dem, was er in Auschwitz war«. Das Gutachten solle jedoch nicht die persönliche Verantwortung des einzelnen und damit die persönliche Schuld leugnen. »Indem wir die Voraussetzungen des Paragraphen 105 bejahen, soll nur die Bedeutung der Umweltbedingungen bei der Entstehung der Taten gewürdigt werden. Es soll dem Rechnung getragen werden, daß Stark mit sechzehn Jahren unter den alleinigen Einfluß der SS kam.«
Professor Dr. Karl Luff vom Gerichtsmedizinischen Institut der Frankfurter Universität empfiehlt auch für den Angeklagten Schoberth die Anwendung des Paragraphen 105 des Jugendgerichtsgesetzes (Anwendung des Jugendstrafrechts auf Heranwachsende), und zwar aus allgemeinen und grundsätzlichen Erwägungen. Die Voraussetzung, daß der rechte Weg, von dem Goethe gesprochen habe, auch beleuchtet sein müsse, sei in der damaligen Zeit doch wohl nicht gegeben gewesen. Eine Jugend, die systematisch zum Haß angehalten worden sei, müsse in Ausreifung und Entwicklung entscheidend gehemmt genannt werden. Vor allem treffe dies auf einen Menschen wie Schoberth zu, der geistig zähflüssig zu nennen sei; wie er selbst sage: ›dumm auf alle Fälle, weil ich alles geglaubt habe‹. Luff erklärt, daß ein Sachverständiger auch einmal den Mut haben müsse, zu sagen: »Da bin ich überfragt, ich kann mich nicht entscheiden.« Nach fast einem Generationsalter habe er ein wirklich fundiertes Gutachten über den Angeklagten nicht anfertigen können.

Überraschend haben am 25. März, dem 145. Prozeßtag, auch Dr. Bernhard Lucas und Karl Höcker dort Platz nehmen müssen, wo die Angeklagten sitzen, die sich in Untersuchungshaft befinden. Drei nur noch sind auf freiem Fuß: Breitwieser, Dr. Schatz und Schoberth. Schon am Vortag war Lucas in seinem Haus in Elmshorn aus dem Bett heraus verhaftet worden. Das Gericht hatte einen entsprechenden Antrag der Nebenkläger Ormond und Raabe im Februar zweimal abgelehnt; selbst das Geständnis des Angeklagten, »unter Zwang« drei- bis viermal an Selektionen aktiv teilgenommen zu haben, hatte die Entscheidung, der bisherige Tatverdacht gegen Lucas habe sich nicht verstärkt, auch Fluchtgefahr sei nicht gegeben, nicht ändern können. Die Beschwerde der Nebenkläger gegen diesen Beschluß ließ aber das Oberlandesgericht Frankfurt anders entscheiden; wie zu hören ist, soll sich nach dessen Ansicht die Prozeßlage im Fall Lucas grundlegend geändert haben:

Vierzehn Monate habe der Angeklagte seine Beteiligung an Selektionen trotz belastender Aussagen bestritten, dann aber am 11. März 1965 seine Teilnahme zugegeben. Er werde daraufhin mit der Mindeststrafe von drei Jahren Zuchthaus rechnen müssen. Seine Behauptung, vom Lagerkommandanten gezwungen worden zu sein, sei kaum geeignet, die Strafbarkeit nach Paragraph 52 auszuschließen, da nicht erkannt werden könne, daß Befehlsverweigerung zu einer auf andere Weise nicht abwendbaren Gefahr für sein Leben geführt habe. Es müsse auch damit gerechnet werden, daß die Fluchtgefahr zunehme, da der Angeklagte nicht nur mit einer mehrjährigen Zuchthausstrafe, sondern auch mit dem Verlust seiner bürgerlichen Existenz zu rechnen habe.

Der frühere Lageradjutant Höcker wird nach der Mittagspause auf Antrag des Staatsanwalts Kügler verhaftet, nachdem der zum drittenmal vor diesem Gericht vernommene ehemalige »Spieß« der Auschwitz-Kommandantur, Bernhard Walter, unter Eid bekundet, daß Höcker alle aus Berlin eintreffenden Fernschreiben entweder persönlich entgegengenommen oder auf seinem Schreibtisch vorgefunden habe. Höcker habe den Inhalt der Fernschreiben dann telefonisch an die einzelnen Abteilungen weitergegeben, unter anderem auch die Meldungen über sogenannte RSHA-Transporte, Transporte jüdischer Häftlinge, die zum überwiegenden Teil ins Gas geschickt wurden. Höcker sei deshalb dringend verdächtig, an der Tötung einer unbestimmten Zahl von Häftlingen mitgewirkt zu haben, Fluchtgefahr sei wegen der zu erwartenden Strafe nicht ausgeschlossen.

Einige der Angeklagten reden an diesem Tag, und es ist zu erkennen, daß die Verteidigungsfront keine gerade Linie mehr ist. Keiner kann sich mehr so ganz auf den Nachbarn verlassen; Kaduk widerspricht Boger, der »Spieß« gar dem Adjutanten. Ergänzungsrichter Hummerich hat bohrende Fragen, auf die zunächst Mulka die rechten Antworten nicht bereit hat. Ja, er sei der Sachbearbeiter gewesen für die Wirtschaftlichkeit der Betriebe, und die Leiter seien jeden Tag bei ihm gewesen, »um irgendwelche Dinge vorzutragen«. Nein, an Sabotage kann er sich nicht erinnern. Es war immer alles in Ordnung in Auschwitz. Nur ein-

mal, »soweit mir erinnerlich ist«, sei irgend etwas mit Möbeln gewesen, sagt Mulka; nicht genügend Kapazität, es fehlten die Gerätschaften.
Ob denn die Arbeit mal verschleppt worden sei, ob Werkzeuge gefehlt hätten?
»Das ist nie vorgekommen.«
Hummerich wendet sich Boger zu, der von der Eingliederung der Politischen Abteilung in die Organisation des Reichssicherheitshauptamtes berichtet. Alle Tötungsaktionen im Gebiet des Konzentrationslagers seien eine Angelegenheit der Abteilung II, der Politischen Abteilung, gewesen. Eine einzige Ausnahme habe es gegeben: während der Eichmann-Aktionen sei der Kommandant dem Reichssicherheitshauptamt unterstellt gewesen. Die arbeitsfähigen Juden, »die RSHA-Juden«, waren nach Bogers Bekundung keine Schutzhäftlinge, wurden nicht identifiziert.
»Sie konnten also jederzeit weggegriffen werden zum Töten?«
»So war es. Sie wurden erkennungsdienstlich nicht verarbeitet.«
»Es wurde also gar nicht daran gedacht, daß sie überleben könnten?«
»Das glaube ich auch.«
Die weitere Befragung durch Hummerich löst ein überraschendes Geständnis des Angeklagten Boger aus, der zugibt, vor der Schwarzen Wand »in einem einzigen Fall zweimal« Häftlinge erschossen zu haben. Boger will den Vorfall als eine Art von Mut- und Gehorsamsprobe empfunden haben.
»Schildern Sie das mal.«
»Ich habe ... 1943 ... bei Bunkerentleerungen bin ich wiederholt zugegen gewesen ... einmal ...«
Boger bricht ab. Er hält den Blick gesenkt, atmet tief und hörbar, schweigt geraume Zeit. Seine sonst so flüssige Rede kehrt nach der selbst auferlegten Pause nicht zurück. Aus Bruchstücken seiner Sätze ist zu entnehmen, daß der damalige Leiter der Politischen Abteilung, Grabner, bei einer aus irgendwelchen Gründen abgebrochenen Bunkerentleerung den Befehl gegeben habe: ›Geben Sie das Gewehr ab. Es schießt weiter Oberscharführer Boger.‹ Er habe daraufhin zwei Häftlinge, deren Namen er nicht mehr kenne, erschossen. Grabner habe danach weitere Ablösungen befohlen.
»Das war der Einzelfall, wo ich befehlsgemäß an Erschießungen teilnahm.«
Später habe er sich geweigert, an solchen Dingen teilzunehmen.
»Ich habe gesagt, entweder bin ich hier und arbeite im Erkennungsdienst. Beides zusammen kann ich nicht verkraften.«
Boger läßt hören: »Für uns kleine Leute war keine Möglichkeit gegeben, irgend etwas zu verhindern.«

Es sei ihm immer wieder erklärt worden: ›Wenn Sie nicht wollen, dann gehen Sie dahin, wo Sie hingehören‹ – »und damit war nicht die Front gemeint«.
Es seien doch eine Menge Zeugen hier gewesen, »die vom bösen Boger sprechen«.
»Ja, natürlich. Ich bin der einzige noch. Der Boger wurde geschnappt. Da ist ja klar, daß sich der ganze Haß auf mich auslädt.«
»Wie wurden die Leute herausgezogen, vor der Exekution?«
»Damit hatte ich persönlich gar nichts zu tun.«
Der Vorsitzende: »Kaduk, Sie wollten etwas sagen.«
Der Angeklagte Kaduk will nicht bestätigen, was Boger aussagt: »Wir bekamen den Bescheid von der Politischen Abteilung: Morgen früh um 8.30 müssen Häftlinge am Block 24 an der Glocke antreten; die rücken dann nicht aus. Dann wurden sie vor die Schwarze Wand geführt und erschossen. Von der Politischen Abteilung war immer jemand dabei.«
Weshalb Boger bisher immer gesagt habe, daß kein einziger Mensch durch ihn in Auschwitz zu Tode gekommen sei?
»Herr Präsident, wenn eine solche Fülle auf mich zukommt, dann ist es unmöglich, sich von Anfang an festzulegen.«
»Sie bleiben dabei, nur in zwei Fällen geschossen zu haben, und dabei, daß nie jemand nach verschärften Vernehmungen gestorben ist?«
»Ja.«
Landgerichtsdirektor Perseke: »Wer waren die anderen Angehörigen der Politischen Abteilung, die geschossen haben?«
Boger: »Darüber möchte ich keine Aussage machen.«
Hofmeyer: »Ich bin heute völlig überrascht von diesen Geständnissen.«

Den Angeklagten mag in diesen Tagen eine zweifache Bedrängnis erwachsen: zum einen nähert sich die Hauptverhandlung ihrem Ende und damit einer Stunde, die sie angesichts der ihnen vorgeworfenen Taten fürchten müssen; zum anderen haben sie gerade jetzt genug Anlaß, darüber nachzudenken, wie glatt doch manchem der »hohen Herren«, denen sie willfährig, aber auch unter erpresserischem Zwang dienten, wie ohne allen Seelenskrupel solchen Männern die Rückkehr aus der fernen Welt des braunen germanischen Heldenlebens in die heutigen Niederungen biederer Bürgerlichkeit gelang. Aus manchem der Angeklagten bricht's heraus. Aber dem Aufruhr des kleinen Mannes ist meist ein rasches Ende beschieden. Er möge sich doch wieder setzen, so etwa wird ihm bedeutet, indes der Herrenmensch von damals, für das niedere Auschwitz-Personal einst im SS-Olymp residierend, erhobenen Hauptes den Saal verläßt.

Der Zeuge Bruno Streckenbach (kaufmännischer Angestellter), 63 Jahre alt, hat einflußreichere Tage hinter sich.
Der Vorsitzende: »Sie waren beim Personalchef im Reichssicherheitshauptamt?«
»Ich war selbst Personalchef«, bekundet der Zeuge.
Der ehemalige SS-Obergruppenführer bemerkt, daß das KZ-Personal »nicht zum Aufgabenbereich des Reichssicherheitshauptamtes gehörte«. Lediglich die Sicherheitspolizei, die Staatspolizei und der Sicherheitsdienst, in den Konzentrationslagern also die Angehörigen der Politischen Abteilung, seien ihm unterstellt gewesen. Zur Frage des Befehlsnotstandes erklärt Streckenbach: »Ich glaube nicht, daß jemand, der einen Befehl verweigert hätte, unbedingt mit einem Verfahren hätte rechnen müssen. Himmler und Heydrich hätten wohl kein reguläres Verfahren zugelassen. Die Sache wäre durch Befehl liquidiert worden.«
Erlebt hat der Zeuge einen solchen Fall jedoch nicht.

Der Zeuge Gustav Adolf Noske (Syndikus), 62 Jahre alt, war SS-Obersturmbannführer im Sicherheitsdienst, Abteilungsleiter im Reichssicherheitshauptamt, Leiter der Gestapostelle Düsseldorf, Einsatzkommandoführer im Osten. Auch er wird zur Frage des Befehlsnotstandes gehört. Er möge berichten, was er über einen Befehl wisse, gegen Kriegsende die Insassen eines Gefangenenlagers zu erschießen.
»Einen solchen Befehl habe ich nicht gesehen.«
Der Zeuge erklärt es. Der höhere SS- und Polizeiführer Gutenberger habe ihm den Befehl gegeben, alle in Mischehen lebenden Personen zu erfassen und zunächst an einem Ort, der noch ausfindig zu machen sei, zu sammeln und dann unauffällig zu erschießen. Da sei er, der Leiter der Gestapostelle Düsseldorf, aber sehr entsetzt gewesen.
»Ich versuchte Einwendungen, aber er schnitt mir das Wort ab.«
Noske kehrte zu seiner Dienststelle zurück, wie er sagt, »schloß mich ein, wurde aber mit allem nicht ganz fertig, da ich keine Lösung finden konnte«.
Noske will einen Vertrauten in seinem Kreis gehabt haben, »er war genauso entsetzt«, und gemeinsam habe man nach einem Ausweg gesucht. Schließlich seien die Gefährdeten gewarnt worden, hätten sich ins Innere des Reichs abgesetzt. Von zwölftausend Personen seien nur sechs- bis achthundert übriggeblieben, »die zwar erfaßt wurden, auf die der Befehl aber nicht angewendet werden konnte«.
Der Zeuge spricht von Diadochen-Kämpfen zwischen den höheren SS- und Polizeiführern und den Angehörigen des Reichs-

sicherheitshauptamtes. Gegen Ende des Krieges hätten die SS- und Polizeiführer versucht, die verlorengegangene Macht in den Tagen zunehmender Entmachtung des Reichssicherheitshauptamtes wieder zurückzugewinnen. Noske bekundet weiter, daß er nach Hintertreibung des Befehls, die Partner der Mischehen festzusetzen, in Düsseldorf verhaftet, aber dem SS-Gericht in Oranienburg, also dem RSHA sozusagen, ausgeliefert worden sei. Ein früherer Freund habe dort das Verfahren niederschlagen können; er, Noske, sei dann als Artilleriebeobachter an der Front eingesetzt worden.
Der Angeklagte Klehr: »Herr Zeuge, Sie waren doch Obersturmbannführer. Wollen Sie etwa behaupten, daß ein kleiner Mannschaftsdienstgrad genauso abgeschnitten hätte wie Sie?«
Zeuge: »Da bin ich überfragt.«
Klehr: »Ja, heute weiß keiner mehr was.«
Der Vorsitzende: »Das erleben wir ja jeden Tag hier. Und nicht nur bei den Zeugen.«
Klehr: »Wir hatten ja nicht so einen Kopf wie Professoren. Wir sind ja nur kleine SS-Männer gewesen.«

## *»Tödliche Gefahr für die Wehrmacht«: die Juden*

»Ich habe mich bemüht, das Schlimmste zu verhindern«, sagt der Zeuge Erwin Schulz, früher als SS-Standartenführer Chef des Einsatzkommandos 5 in der Einsatzgruppe C, Ukraine; im Nürnberger Einsatzgruppenprozeß wurde er zu zwanzig Jahren Zuchthaus verurteilt, später wurde die Strafe auf fünfzehn Jahre reduziert, im Januar 1954 entließ man ihn, heute ist er kaufmännischer Angestellter. Der Zeuge Schulz teilt die näheren Umstände seiner Bemühungen nicht mit, hingegen was sonst zu seinen Zuständigkeiten gehörte: Seine Aufgabe war es, für den Schutz des rückwärtigen Heeresgebietes zu sorgen. Ob dazu auch die Aufgabe gehört habe, unbewaffnete Zivilisten zu töten?
»Ja, uns wurde gesagt, daß die jüdische Bevölkerung eine tödliche Gefahr für die Wehrmacht sei und alle männlichen Juden, soweit sie sich nicht im Arbeitseinsatz befänden, zu erschießen seien.«
Eines Tages sei er dann zum Einsatzgruppenchef befohlen worden, der ihm »zu meinem Entsetzen« befohlen habe, »auch Frauen und Kinder zu erschießen, damit dem deutschen Volk keine Rächer entstünden«. Schulz bekundet, daß er daraufhin nach Berlin gefahren sei, zum Personalchef des Reichssicherheitshauptamtes, Streckenbach, einem Freund, und ihm erklärt habe, daß er da nicht mitmachen könnte. Heydrich habe jedoch

durch Streckenbach wissen lassen: ›Da läßt sich nichts mehr ändern.‹

Schulz: »Ich bat dann um meine Ablösung, da man an dieser Aufgabe zerbrechen oder verrohen mußte.«

Schulz wurde, wie er sagt, schließlich der Führung seines Einsatzkommandos entbunden, übernahm eine SS-Führerschule in Berlin und war bei Kriegsende Inspekteur der Sicherheitspolizei in Salzburg.

Die Staatsanwaltschaft benennt und präsentiert einen der letzten Zeugen dieses Verfahrens: Michael Angelo Musmanno, Richter am Obersten Gericht Pennsylvaniens und 1947 Vorsitzer des amerikanischen Tribunals im sogenannten Nürnberger Einsatzgruppen-Prozeß. Bei seinen damaligen Untersuchungen im Zusammenhang mit Hitlers Tod habe er etwa zweihundert Leute aus dessen engster Umgebung befragt. Eine der bestinformiertesten Personen der Nazi-Hierarchie sei Walter Schellenberg gewesen, Generalmajor der SS und Abteilungsleiter des Amtes IV (Gestapo) im Reichssicherheitshauptamt. Schellenberg habe, wegen der KZ-Greuel befragt, geantwortet, daß es in jeder Nation schlechte Menschen gebe, Personen, die sadistisch veranlagt seien: sie hätten sich für die Exekution wehrloser Zivilisten zur Verfügung gestellt, »weil sie es wollten«.

Der Zeuge: »Ich habe ihn insbesondere gefragt, ob er meine, wenn jemand sich geweigert hätte, unbewaffnete Personen zu töten, daß er dies dann auch nicht hätte zu tun brauchen. Schellenberg antwortete: ›Das meine ich genau.‹«

Musmanno bekundet, er habe festgestellt, daß sogar Ohlendorf, der zum Tode verurteilte Chef der Einsatzgruppe D — die nach seiner eigenen Aussage im ersten Jahr des Rußlandkrieges neunzigtausend Menschen tötete —, Familienväter zu Exekutionen nicht heranzog, »weil er befürchtete, daß sie ihre Gefühle überwältigen könnten«. Die Tätigkeit der SS sei auf maximale Wirksamkeit gegründet gewesen.

Nicht aus Mitleid, nicht aus Sympathie seien viele von verbrecherischer Tätigkeit befreit worden, sondern weil von ihrer Weigerung die Wirksamkeit des ganzen Systems gefährdet worden wäre. Musmanno erinnert auch an den Fall eines SS-Oberscharführers Graf, der sich geweigert habe, ein Sonderkommando bei der Exekution unbewaffneter Zivilisten zu führen.

»Er hatte Unbequemlichkeiten, aber er wurde nicht erschossen. Er saß sieben Monate vor mir in Nürnberg ... ich sprach ihn völlig frei, und er ging als freier Mann aus dem Gerichtssaal.«

»Den Verteidigern wurde jede Freiheit gegeben, um sich Beweismaterial zu beschaffen. Aber es gab keinen Beweis dafür, daß irgendein Mitglied der Einsatzgruppen erschossen wurde, weil es sich geweigert hatte, Zivilisten zu erschießen.«

Ein Geschworener scheidet am 5. April wegen Krankheit aus, eine Geschworene rückt an seine Stelle. Nun werden vier Frauen und fünf Männer — unter ihnen drei Berufsrichter — über das Urteil befinden, das im Falle eines Schuldspruches mit Zweidrittelmehrheit gefaßt werden muß.
Senatspräsident Hofmeyer teilt mit, daß die kommissarische Vernehmung von fünfundzwanzig polnischen Zeugen angeordnet werde, weil sie der Ladung vor das Gericht in Frankfurt keine Folge geleistet hätten. Die Amtshandlung werde kraft eines besonderen Rechtshilfeabkommens von polnischen Gerichten vorgenommen, vor denen polnisches Recht gültig sei. Es sei deshalb für die Verteidiger nicht möglich, mit den Zeugen außerhalb der Amtshandlung zu sprechen. Als Termin für die Vernehmung wurden die Tage vom 21. bis zum 27. April festgesetzt.

Der Justitiar Dr. Werner Best, 61 Jahre alt, wohnhaft in Mülheim/Ruhr. Ob er Chef des Hauptamtes Sicherheitspolizei im Reichsministerium des Innern gewesen sei? Nein, er war bis Ende Mai 1944 Leiter des Amtes Recht, Verwaltung und Organisation im Reichssicherheitshauptamt. Die Frage des Ergänzungsrichters Hummerich, ob er auch dem Amt IV (Gestapo) vorgestanden habe, verneint Best.
Der Zeuge Best war genannt worden, weil er orientiert sei über die Folgen von Befehlsverweigerung im Zusammenhang mit widerrechtlichen Tötungen.
»Ich kann nur sagen, daß mir nie ein Fall von Befehlsverweigerung bekanntgeworden ist und daher auch kein Fall einer Bestrafung.«
Der Fall Otto von Stülpnagel?
»Ich kann daran nur zeigen, daß offene Befehlsverweigerung als unmöglich angesehen wurde.«
Auch der General von Stülpnagel habe befohlene Geiselerschießungen, »die exzessiv waren im Verhältnis 50:1 und mehr«, nicht verhindert. Seine Beweggründe habe er gelegentlich in die Worte gekleidet: ›Was soll ich tun? Wenn ich nein sage, stehe ich an der Wand.‹
Auch er, Best, sei gar nicht erst auf solche Gedanken gekommen, als ihn, den Reichsbevollmächtigten in Dänemark, im Herbst 1942, der Befehl erreicht habe, die dänischen Juden deportieren zu lassen.
»Ich entschied mich dafür, die Aktion zu verraten«, nachdem er in Berlin mit seiner Warnung vor den politischen Folgen nicht durchgedrungen sei. Von sechstausend Juden seien damals nur 477 verhaftet worden. Allen anderen sei die Flucht gelungen.
»Sie haben aber damals gemeldet, Dänemark sei judenfrei?«
»Natürlich, was wollte ich sonst melden?«

Staatsanwalt Kügler: »Ist es nicht richtig, daß der Verrat von Duckwitz ausgegangen ist?«
»Jawohl«, aber er, Best, habe den Termin an Duckwitz weitergegeben, damit dieser die Betroffenen warne. (Duckwitz war damals Schiffahrtssachverständiger an der deutschen Gesandtschaft in Kopenhagen.)
Ob er denn nach der mißlungenen Judenaktion in Dänemark von seinen Vorgesetzten nicht zur Verantwortung gezogen worden sei. Nein, er sei es nicht.
»Ist denn die Tatsache allein, daß die ganzen Juden entkommen sind, keine Veranlassung gewesen, den Fall zu untersuchen?«
Für die Aktion selbst sei er nicht mehr zuständig gewesen; dafür seien von Berlin »Ad-hoc-Beamte« eingesetzt worden, da sich auch der Militärbefehlshaber General von Haneggen geweigert habe, für diese Aktion Wehrmachtsangehörige zur Verfügung zu stellen.
»Wer hatte denn den Befehl gegeben zur Judenaktion?«
»Ich erinnere mich an den Zusammenhang nicht so genau. Es kann aber eigentlich nur so sein, daß er von Berlin über mich an den General herangetragen wurde, der dann abgelehnt hat.«
»Hat es wegen dieser Ablehnung irgendwelche Folgen gegeben?«
»Nein.«
Kaul nennt den Zeugen einen schon in der Weimarer Republik wesentlich tätigen Nationalsozialisten, der unter anderem auch die berüchtigten Boxheimer Dokumente – die schon 1931 von rücksichtslosem Durchgreifen gegenüber Gegnern des Nationalsozialismus sprachen –, entworfen habe, und widerspricht der Vereidigung. Senatspräsident Hofmeyer gibt diesem Widerspruch statt: Der Verdacht, daß der Zeuge an Taten, die auch den Angeklagten zur Last gelegt würden, mittelbar beteiligt sei, könne nicht von der Hand gewiesen werden. Der Justitiar Dr. Best geht, den feinen Anflug eines Lächelns im Gesicht.

Auf Antrag des Ost-Berliner Nebenklägers Dr. Kaul wird das ehemalige Vorstandsmitglied der IG-Farbenindustrie Dr. Ambros in den Zeugenstand gerufen. Ambros behauptet, er kenne Mulka und Höcker nicht und sei damals der Meinung gewesen, daß über die Gestellung von Arbeitskräften lediglich von dem zuständigen Arbeitsamt mit der KZ-Verwaltung verhandelt worden sei. Diese damalige Auffassung sei ihm später durch den Text des Nürnberger Urteils auch bestätigt worden.
Ambros bleibt dabei, nie etwas davon gewußt zu haben, daß von der IG aus auch direkt mit der Verwaltung des Konzentrationslagers über Häftlingsarbeit beim Aufbau des Bunawerkes verhandelt worden ist, obwohl Kaul dem Zeugen vorhält, daß dies

der ehemalige IG-Direktor Dr. Dürrfeld bei seiner Vernehmung zugegeben habe.
Ambros bezeichnet es auch als falsch, wenn der ehemalige IG-Direktor Dr. Bütefisch an Eides Statt versichert habe, er (Ambros) sei der Betriebsführer von Monowitz gewesen. Er sei nur für den technischen Aufbau des Bunawerkes verantwortlich gewesen und habe dessen Standplatz an der Weichsel in der Nähe von Auschwitz aus rein technischen Gründen ausgewählt — weil es dort neben dem benötigten Wasser auch Kalk und Kohle gebe. Daß dort auch ein Konzentrationslager war, will Ambros erst erfahren haben, nachdem er den Standplatz für das neue Werk bereits vorgeschlagen habe.
Ihm sei auch nicht bekanntgeworden, daß man später darüber verhandelt habe, nur kräftige Häftlinge dem Bunawerk zur Verfügung zu stellen und die Arbeitsunfähigen abzuschieben. Als Kaul dem Zeugen vorhält, er sei doch in Nürnberg verurteilt worden, weil er noch zusätzliche Sklavenarbeit gefordert habe, erklärt Ambros: »Mir ist heute noch unklar, warum ich verurteilt wurde.«

Josef Mikusz, polnischer Beamter in Oberschlesien, beschuldigt Lucas, im Frauenlagerabschnitt Mexiko — »das hieß so, weil die Frauen dort nackt herumgegangen sind« — selektiert, Arbeitsunfähige von den anderen getrennt zu haben. Den Angeklagten Broad trifft der Vorwurf, bei der Liquidierung des Zigeunerlagers dabeigewesen zu sein. Welche Anhaltspunkte der Zeuge dafür habe?
»Ich habe ihn gesehen.«
»Sie haben keinen Zweifel daran, daß Sie Broad mit eigenen Augen gesehen haben?«
»Ich habe keinen Zweifel.«
Nein, der Zeuge hat nie gesehen, daß Pery Broad geschlagen hat: »Er war immer so wie in weißen Handschuhen.«
Senatspräsident Hofmeyer: »Herr Broad, Sie haben gehört, daß das, was Sie immer zu Ihrer Verteidigung vorgetragen haben, hier bestritten wird: nämlich, daß Sie am 1. August gar nicht mehr in Auschwitz gewesen sind.«
Broad: »Ich kann nur wiederholen, Herr Vorsitzender, daß ich in der Nacht, in der die Zigeuner ermordet wurden, nicht dabei war.«
Lucas: »Ich hatte damit nichts zu tun. Meines Wissens war der Lagerabschnitt Mexiko zu meiner Zeit nicht belegt.«
»Wie erklären Sie sich denn, daß die Aussagen eines Mitangeklagten (Baretzki) und dieses Zeugen, mit dem er sich in Polen ja nicht absprechen konnte, übereinstimmen?«
»Ich habe dafür keine Erklärung.«

Bednarek rechtfertigt sich. Auch er habe unter Druck gestanden, sei selbst geschlagen worden, habe mit den Häftlingen »Sport« machen müssen, in jedem Block hätten Spitzel herumgesessen.
Kügler: »Wie erklären Sie sich, daß die SS-Leute, die Sie unter Druck setzten – ich glaube Ihnen das –, nicht als Zeugen genannt werden, sondern immer nur Häftlinge, die Sie belasten?«
Der Angeklagte, obwohl er sich mit seinen Verteidigern »schon besprochen« hat »deswegen«, weiß es auch nicht. Aber er fügt hinzu:
»Ich lebe heute noch in derselben Angst wie früher, als ich im KZ war.«
Staatsanwalt Kügler »ist es gleich, wie Sie sich verteidigen, aber ich bin als Staatsanwalt auch gehalten, darauf zu achten, daß zu Ihrer Verteidigung nichts versäumt wird«.
Nebenkläger Raabe wird ganz deutlich und spricht von einer »unauflöslichen Pflichtenkollision«: daß die Verteidiger einerseits prominente SS-Leute zu verteidigen haben und andererseits einen Häftling. Wenn aber die SS-Leute mit durchschlagendem Erfolg verteidigt werden sollten, dann müßte der andere Mandant wohl belastet werden.
Der Vorsitzende findet, es sei Sache der Verteidigung, darüber zu befinden, und der Verteidiger des ehemaligen Häftlings und der ehemals »prominenten SS-Leute« findet das auch.

Kaduk hält sich eine Verteidigungsrede; er hat nie einen Häftling mißhandelt, geschweige denn totgeschlagen. Die kriminellen Funktionshäftlinge hätten das getan. »Ich gebe zu, daß ein schweres Verbrechen in Auschwitz begangen wurde«, fährt er fort, »aber nicht von uns«.
Der Staatsanwalt: »Wollen Sie uns nicht noch irgend etwas sagen, nachdem Sie sich jetzt freigesprochen haben?«
»Es geht nicht um die Tat, die wir begangen haben«, sinniert der ehemalige Rapportführer, »sondern um die Herren, die uns ins Unglück gestürzt haben. Die meisten gehen noch frei herum, wie der Globke. Das tut einem weh.«
Kaduk kritisiert, daß in der Bundesrepublik »immer noch diese Prozesse stattfinden«, kommt wieder auf Auschwitz zu sprechen und sagt, er habe dort nur getrunken, weil er das Elend nicht mehr habe mitansehen können:
»Ich bereue, was dort geschehen ist, aber ich kann es nicht ändern.«

6. Mai 1965, 154. Tag

Senatspräsident Hofmeyer erklärt die Beweisaufnahme gegen Mulka und andere für geschlossen.

## Die Plädoyers

*»Die Wahrheit ist die härteste Anklage«*

7. Mai 1965, 155. Tag

Mit einem Zitat des Bundespräsidenten aus seiner Bergen-Belsen-Rede — »Uns erweist keiner von denen einen Dienst, die unserem Volk zureden, es müsse endlich einmal Schluß sein mit dieser Schattenbeschwörung aus den Tagen einer furchtbaren Vergangenheit« — beginnt Oberstaatsanwalt Dr. Großmann sein Plädoyer, das unter anderem einen historischen Rückblick auf die Zeit der nationalsozialistischen Judenverfolgung gibt.

Großmann erklärt, die Zahlenangaben über die allein in Auschwitz getöteten, überwiegend jüdischen Menschen schwankten um zweieinhalb Millionen und mehr. Die genaue Zahl der Ermordeten werde sich jedoch — wie die Zahl der Opfer der Angeklagten — wohl niemals mehr feststellen lassen. In den Konzentrationslagern von Lublin, Treblinka und Majdanek seien schon weit über eine Million Menschen umgebracht worden. Aber alle diese Vernichtungszentren, ebenso die Ghetto-Liquidierungen und selbst die Tragödie von Warschau stünden im Schatten des Infernos von Auschwitz, wo allein im Frühjahr 1944 in wenigen Wochen vierhunderttausend ungarische Juden ihren Weg in die Gaskammern hätten antreten müssen.

In Auschwitz sei durch keinerlei Kriegsrecht gedeckter Mord verübt worden, der schon aus rein gesetzlichen Gründen geahndet werden müsse. Der Oberstaatsanwalt sieht in der bloßen Anwesenheit der Angeklagten in Auschwitz eine Mittäterschaft sowie eine Beihilfe zum Massenmord für gegeben an; das Gesamtverhalten der Angeklagten bilde eine natürliche Handlungseinheit. Die Bindung der Angeklagten zur SS und dem »Fließband der Todesmaschinerie von Auschwitz« sei gewollt gewesen.

Großmann räumt jedoch auch ein, daß das Persönlichkeitsbild der Angeklagten nicht vom Nationalsozialismus und der SS losgelöst betrachtet werden dürfe. Es lägen keine erkennbaren Anhaltspunkte dafür vor, daß sich die Angeklagten ohne diese Bindungen im Sinne der jetzt gegen sie erhobenen Anklage schuldig gemacht hätten. Aber von den Angeklagten, von denen Mulka als der älteste damals sechsundvierzig und Stark als der jüngste damals neunzehn Jahre alt gewesen sei, müsse erwartet werden, daß sie das Widerrechtliche der verlangten Handlungen hätten erkennen und die zu ihrer Vermeidung notwendigen Maßnahmen hätten ergreifen können.

Auf den Befehlsnotstand hätten sich die Angeklagten schließlich berufen, nachdem sie zunächst geschwiegen, bestritten und ba-

gatellisiert hätten. Die Beweisaufnahme habe einwandfrei ergeben, daß die Angeklagten ohne konkrete Gefahr für Leib und Leben den verbrecherischen Befehlen hätten ausweichen können, wobei bei einer direkten Befehlsverweigerung eventuelle Strafversetzung in eine Bewährungseinheit oder die Einweisung in ein Konzentrationslager nicht als konkrete Lebensgefahr für einen ehemaligen SS-Mann angesehen werden könne.
»Die Rechtsordnung muß von dem Bedrohten verlangen«, erklärt Großmann, »daß er die Maßnahmen ergreift, die der durchschnittliche, sittlich denkende Mensch unter den gegebenen individuellen Begleitumständen ergreifen würde. Charakter- oder Willensschwäche entschuldigen nicht.« Der Oberstaatsanwalt erinnert in diesem Zusammenhang an Zeugenbekundungen, daß sich SS-Männer lieber an die Front gemeldet hätten als in Auschwitz Dienst zu tun oder direkt aus dem Massenvernichtungslager geflohen seien. Großmann bezweifelt, daß die meisten Angeklagten überhaupt den ernsthaften Willen gehabt hätten, aus Auschwitz wegzukommen. Da sie, soweit sie sich zur SS gemeldet hätten, nicht unverschuldet in ihre jetzige Lage geraten seien, müßten sie auch das volle Risiko tragen. In Auschwitz seien Millionen Menschen »ohne auch nur die geringste Voraussetzung für einen Richterspruch ermordet worden«, das Schwurgericht möge nunmehr nach den wiedergewonnenen Prinzipien der Rechtsstaatlichkeit einen gerechten Spruch über die Mörder von gestern fällen.

Staatsanwalt Wiese nennt den Angeklagten Wilhelm Boger des Mordes schuldig und beantragt, ihn nach § 211 des Strafgesetzbuches zu lebenslangem Zuchthaus zu verurteilen und ihm die bürgerlichen Ehrenrechte auf Lebenszeit abzuerkennen. Boger, so sagt der Ankläger, habe seinen Tatbeitrag zur Vernichtung sogenannten lebensunfähigen Lebens geleistet.
Die Verbrechen des Angeklagten reichten von seiner Teilnahme bei Erschießungen vor der »Schwarzen Wand« bis zu todbringenden Folterungen während sogenannter verschärfter Vernehmungen. Der Angeklagte sei aktiv bei den Selektionen auf der Rampe tätig gewesen und habe sich besonders bei den »Bunkerentleerungen« hervorgetan, denen Häftlinge vor der Schwarzen Wand immer dann zum Opfer gefallen seien, wenn wegen Überfüllung im Arrestbunker für neue Häftlinge habe Platz gemacht werden müssen. Von zahlreichen Zeugenaussagen werde der Angeklagte der ihm zur Last gelegten Verbrechen überführt. Seine eigene Einlassung stehe dazu freilich in krassem Widerspruch, doch: »Was soll man von der Wahrheitsliebe des Angeklagten sagen, der den Zeugen ins Gesicht sagt, er sei nicht dabeigewesen.«

Zur rechtlichen Würdigung führt Wiese aus, daß Boger als Mitglied der Politischen Abteilung des Konzentrationslagers Auschwitz mit allen Aktionen befaßt war, die zur Vernichtung der dorthin verschleppten Menschen vorgenommen wurden. »Er war ein williger und stets dienstbereiter Mitarbeiter mit einer politischen Weltanschauung, die schlechthin die Verneinung von Menschenwert und Menschenwürde bei jedem politischen Gegner, bei der jüdischen Rasse oder Angehörigen eines sogenannten Ostvolkes auf ihre Fahnen geschrieben hatte. Die Tötung dieser Menschen erfolgte ohne jedes Gerichtsverfahren unter Geheimhaltung nach außen im Rahmen einer organisierten Massentötung. Eine solche Wertung steht auf tiefster sittlicher Stufe und ist als gemein und verächtlich zu bezeichnen. Wer sich daher, wie der Angeklagte, aus einer solchen Vorstellung heraus zur Tötung eines Menschen bestimmen läßt, handelt aus niedrigen Beweggründen.«

Boger sei sich der Rechtswidrigkeit seines Handelns bewußt gewesen. »Das von dem Angeklagten bei der Tötung der Häftlinge gehandhabte willkürliche und menschenunwürdige Verfahren entsprach — und dies war ihm bekannt — nicht geordnetem staatlichem Wirken und ließ seine Ungesetzlichkeit auch unter den bestehenden Lager- und Kriegsverhältnissen offen zutage treten.«

Der Angeklagte sei als Täter zu bestrafen. Wenn ihm auch in der Politischen Abteilung deren unmittelbarer Leiter vorgesetzt gewesen sei, so sei die Stellung des Angeklagten doch so selbständig und sein eigenes Interesse an dem Erfolg seiner Arbeit doch so groß gewesen, daß von Beihilfe keine Rede sein könne. Zur Art der Boger in dem Vernichtungsprogramm zugewiesenen Aufgaben habe der Angeklagte selbst erklärt, kleine Fälle habe er nie bearbeitet. Wiese zitiert zur Frage der besonderen Aktivität Bogers ein Urteil des Bundesgerichtshofes vom 19. Dezember 1962: »Wer aber politischer Mordhetze willig nachgibt, sein Gewissen zum Schweigen bringt und fremde verbrecherische Ziele zur Grundlage eigener Überzeugung und eigenen Handelns macht ... kann sich deshalb nicht darauf berufen, nur Tatgehilfe seiner Auftraggeber zu sein. Sein Denken und Handeln deckt sich mit dem seiner Auftraggeber. Er ist regelmäßig Täter.«

Es könne nicht sicher ausgeschlossen werden, daß der Angeklagte seine Mitwirkung an dem Vernichtungsprogramm in Auschwitz trotz Kenntnis des verbrecherischen Zwecks deshalb als verbindlich angesehen habe, weil es sich um Befehle der höchsten Staatsautorität handelte. Ein derartiger Irrtum sei jedoch nicht identisch mit einem Tatbestandsirrtum, sondern könne nur im Rahmen der Grundsätze beachtet werden, die der Bundesgerichtshof zum

Verbotsirrtum entwickelt habe. Dieser – zugunsten des Angeklagten unterstellte – Verbotsirrtum sei jedoch leicht vermeidbar gewesen. »Auch der Glaube in eine unbedingte Gehorsamspflicht gegenüber Befehlen der höchsten Staatsführung, insbesondere gegenüber sogenannten Führerbefehlen, entband den Angeklagten nicht von der Verpflichtung, sich vor seinem Gewissen darüber Rechenschaft abzulegen, ob das befohlene Tun mit den allgemeinen Geboten des rechtlichen Sollens zu vereinbaren war. Bei einer sorgfältigen Gewissensanspannung hätte er insbesondere auch auf Grund seiner besonderen Vorbildung zu der Einsicht gelangen können und müssen, daß die der Massentötung unschuldiger Menschen und damit einer verbrecherischen Ungeheuerlichkeit dienenden Befehle ungeachtet ihres Charakters höchster staatlicher Anordnungen absolutes Unrecht waren.«

Boger könne sich ebenfalls nicht auf einen übergesetzlichen entschuldigenden Notstand berufen, da er sich in einer solchen Konfliktlage überhaupt nicht befunden und – subjektiv – aus ihm heraus auch nicht gehandelt habe. Der Angeklagte habe sich auch nicht im Nötigungsnotstand und nicht im allgemeinen Notstand befunden. Weder sei er mit unwiderstehlicher Gewalt oder Drohung mit einer gegenwärtigen und nicht abwendbaren Gefahr für Leib und Leben zu seinem Verhalten genötigt worden, noch habe er Anordnungen in einem unverschuldeten, auf andere Weise nicht zu beseitigenden Notstand zur Rettung aus einer Gefahr für Leib und Leben durchgeführt. »Unabdingbare Voraussetzung für die Anwendung dieser Bestimmungen im Rahmen des sogenannten Befehlsnotstandes ist es, daß der Wille des Täters durch Gewalt oder Drohung gebeugt, ihm die Tat demnach wider seinen Willen abgenötigt worden ist. Dies ist jedoch nicht der Fall gewesen.«

Der Angeklagte Wilhelm Boger hat für den Strafantrag, der ihn mit lebenslanger Zuchthausstrafe bedroht, ein Lächeln.

20. Mai 1965, 160. Tag

Die Staatsanwaltschaft beendet ihre Beweiswürdigung. Ihre vier Vertreter forderten für sechzehn der zwanzig Angeklagten wegen Mittäterschaft beim Massenmord und zahlreicher eigenhändig verübter Morde lebenslange Zuchthausstrafen und dauernden Ehrverlust. Nur bei zwei Angeklagten, dem ehemaligen polnischen Juristen und heutigen kaufmännischen Angestellten Arthur Breitwieser und dem Landwirt Wilhelm Schoberth, beantragten die Anklagevertreter Freispruch mangels Beweises oder Einstellung des Verfahrens wegen geringer Schuld. Die ehemaligen SS-Sanitäter Herbert Scherpe aus Mannheim und Emil Hantl

aus Marktredwitz, werden von Staatsanwalt Kügler aus subjektiven Gründen lediglich der Beihilfe zum Mord für überführt angesehen. Kügler fordert für sie begrenzte Freiheitsstrafen von je zwölf Jahren Zuchthaus; die bürgerlichen Ehrenrechte sollen ihnen auf die Dauer von fünf Jahren aberkannt werden.
Der als Nebenkläger auftretende Ost-Berliner Rechtsanwalt Professor Kaul, der in Mitteldeutschland wohnende Hinterbliebene von Auschwitz-Opfern vertritt, begründet mit Zitaten des Philosophen Jaspers die Notwendigkeit des jetzigen Prozesses und gibt den Angeklagten darin recht, daß nur die »Kleinen« bestraft würden, während sich die »Großen« der Justiz hätten entziehen können und heute wieder in Amt und Würde seien.

Der Frankfurter Rechtsanwalt Henry Ormond weist darauf hin, daß die Angeklagten fast alle aus gutbürgerlichen Familien stammen, acht von ihnen sogar studiert, zwei die mittlere Reife erworben und die anderen eine kaufmännische oder eine handwerkliche Lehre absolviert hätten. Sie seien alle christlich erzogen worden, was sie jedoch nicht daran gehindert habe, sich gegen alle göttlichen Gebote hemmungslos zu versündigen.
Über die Ärzte, die in Auschwitz so willig Leben vernichtet hätten, urteilt Ormond: »Noch nie in der Geschichte der Menschheit hat es eine solche Korrumpierung, Pervertierung und Bestialisierung des heilkundigen Berufs gegeben, wie es in Auschwitz von den Führern und Unterführern im Sanitätsdienst der Waffen-SS gehandhabt wurde.« Einer der größten Leichenfledderer sei der Angeklagte Capesius gewesen.
Ormond spricht von einer Fabel, als er die angeblich vergeblichen Versuche der Angeklagten, sich an die Front zu melden, beleuchtet und erklärt, es habe in Auschwitz in Hülle und Fülle Gelegenheit zur Leichenfledderei gegeben, so daß die Angeklagten schon aus diesem Grunde dort geblieben seien, um gewerbsmäßig Massenmord zu betreiben. Sie hätten lieber in Auschwitz den unbeschränkten Herrn über die Wehrlosen gespielt, was in ihnen einen Macht- und zugleich auch einen Blutrausch erzeugt habe. »Es schaudert einem bei dem Gedanken, daß das, was auf der Anklagebank sitzt, zwölf Jahre lang als die Elite des deutschen Volkes angesehen wurde und sich als solche betrachtete. Man schämt sich für die deutsche Nation, daß sie so etwas hinnahm.«
Zum Schluß seines Plädoyers sagt Ormond, daß die Mehrheit des deutschen Volkes heute keine Prozesse mehr gegen NS-Gewaltverbrecher führen wolle. Solange jedoch gewisse Wochenzeitungen zwar die Todesstrafe für Taximörder, aber die Einstellung der Verfahren gegen NS-Massenmörder forderten, solange müßten derartige Prozesse geführt werden. Wer sich wie die Angeklagten am millionenfachen Massenmord an Wehrlosen

mit unvorstellbarer Grausamkeit beteiligt habe, der müsse sich vor den deutschen Gerichten verantworten.
Wenn die letzten Überlebenden der Hölle von Auschwitz nicht mehr Zeugnis ablegen könnten — und darauf warte man in gewissen Kreisen —, dann werde Auschwitz in nicht zu ferner Zukunft nur noch eine Legende sein, meint Ormond. Ohne den jetzigen Prozeß, bei dem aus dem Munde der Überlebenden die Wahrheit bekundet worden sei, hätten die Unbelehrbaren ihre Bagatellisierungsversuche fortgesetzt. Daß dies nun nicht mehr möglich sei, werde man neben der Bestrafung der Schuldigen als das große, das bleibende Verdienst dieses mustergültig geführten Prozesses ansehen können.

### *»Dämonisierung der Adjutantenarbeit«*

31. Mai 1965, 163. Tag

Rechtsanwalt Dr. Eggert plädiert als erster Verteidiger. Sein Plädoyer ist kühl und sachlich, nur gelegentlich blinkt ein schwacher Widerschein jener Wortgewitter auf, die während der Beweisaufnahme so oft im Gerichtssaal grollten. Es sei nicht Aufgabe der Verteidigung, so sagt Eggert, die Verbrechen von Auschwitz in irgendeiner Weise zu beschönigen. »Gerade in diesem Verfahren droht aber das Ausmaß der Verbrechen die Frage nach der individuellen Schuld des einzelnen zu überwuchern.«
Es sei die erste Aufgabe der Verteidigung, die während des Verfahrens betriebene »Dämonisierung der Adjutantenarbeit« auf das richtige Maß zurückzuführen. Stärkstes Argument für die Annahme der Verteidigung, daß die Stellung der Adjutanten so entscheidend nicht gewesen sein könne, sei die Tatsache, »daß sich der Angeklagte Mulka während der ganzen Zeit der in Polen durchgeführten Prozesse gegen die Hauptkriegsverbrecher in Internierungshaft befand, daß den Polen sein Name bekannt war, daß die britischen Behörden seine Auslieferung ausdrücklich anboten und daß die polnische Justiz an der Aburteilung keinerlei Interesse zeigte«. Was den Angeklagten Höcker angehe, so sei es der Staatsanwaltschaft in den jahrelangen Ermittlungsverfahren »trotz geradezu weltweiter Bemühungen nicht gelungen«, auch nur einen einzigen Belastungszeugen dafür zu benennen, daß Höcker auf der Rampe oder bei den Vergasungsaktionen unmittelbar tätig geworden sei. Im übrigen habe der Angeklagte Boger in der Hauptverhandlung ausdrücklich erklärt, daß die wahre Macht im Lager nicht bei der Kommandantur, sondern bei der Politischen Abteilung gelegen habe.
Auf die Frage nach dem Chef der Fahrbereitschaft, von der die Fahrzeuge für den Transport von Zyklon B-Gas und Häftlingen gestellt worden sein sollten, habe eine eindeutige Antwort im

Laufe der Beweisaufnahme nicht gegeben werden können. Eine ganze Reihe von Zeugen habe bekundet, daß Wiegand der Chef der Fahrbereitschaft gewesen sei; andere ehemalige Mitglieder der Fahrbereitschaft hätten den Adjutanten zwar als ihren Vorgesetzten bezeichnet, aber weder zu Mulka noch zu Höcker näheren Kontakt gehabt; ein Zeuge habe Mulka sogar nur einmal gesehen und Höcker nur dem Namen nach gekannt. Konkrete Anhaltspunkte dafür, daß Mulka oder Höcker mit der Abstellung von Fahrzeugen bei der Liquidierung etwa des Zigeunerlagers oder des Theresienstädter Lagers etwas zu tun gehabt hätten, »hat die Hauptverhandlung nicht ergeben«.

3. Juni 1965, 164. Tag

Dr. Aschenauers Plädoyer für den Angeklagten Boger. Die konkrete Erwiderung in jenen Punkten, da die Anklage seinen Mandanten überführt glaubt, ist eingebettet in eine mehrstündige grundsätzliche Rede, die den Hintergrund projiziert, vor dem die Taten des Angeklagten zu sehen seien. Es sei eine schwere Aufgabe, ein gerechtes Urteil zu fällen, sagt Aschenauer, da mit politischen und Rechtsproblemen fertig zu werden sei, »die, als das heute in diesem Raum geltende Strafgesetz geschaffen wurde, überhaupt nicht vorhanden waren«. Die Tatsache dürfe nicht übersehen werden, daß die in strafrechtlicher Hinsicht zu überprüfenden Handlungen »in einem totalitären Machtstaat geschehen sind«.

Es sei unbestreitbar, daß Hitlers Wille als Gesetz geachtet worden und der nationalsozialistische Staat ein Staat der totalen Inanspruchnahme gewesen sei. Am besten ergebe sich die Stärke der totalitären Macht im nationalsozialistischen Staat aus der Rolle, die die Justiz in ihm gespielt habe. Weder die Polizei noch die Staatsanwaltschaften, noch die Strafgerichte hätten das systematische Morden verhindern können. So habe der Reichsjustizminister Dr. Schlegelberger, nachdem er über sogenannte Aktionen gegen die Juden in Minsk unterrichtet worden sei, nichts anderes gesagt als: ›Ich kann nichts machen.‹

»Dieses Auschwitz im Zuständigkeitsbereich des Generalstaatsanwalts von Kattowitz war eine der Zwingburgen des nationalsozialistischen Staates ... Außenstelle der Staatspolizeistelle Kattowitz.« Aschenauer spricht von Widerstandsbewegungen im besetzten Polen, die mit Hilfe abschreckender Sofortmaßnahmen – wie Erhängen ohne Kenntnis der Justiz – hätten zerschlagen werden sollen, und möchte solche Betrachtung auch auf Vorgänge im Lager Auschwitz angewandt wissen. »Unlogisch ist es, daß diese polnische Widerstandsbewegung keine Auswirkungen im Konzentrationslager Auschwitz hatte.«

»Wer erinnert sich darüber hinaus nicht an die furchtbare Tragödie der Tötung der Kinder aus Zamosc« – aber keiner der Konferenzteilnehmer, »unter denen sich Keitel, Dr. Stuckart und Dr. Lammers befanden, wehrte sich, als Hitler einen harten Volkstumskampf proklamierte, der keine gesetzlichen Bindungen gestatte und dessen anzuwendende Methoden mit den geläufigen Maßstäben der Reichsverwaltung unvereinbar seien.«
Aber Widerstand fordere man von den im Konzentrationslager »tätigen« Menschen.
Aschenauer skizziert die Gruppen derer, die nach Auschwitz als Häftlinge eingeliefert wurden, und folgert, daß der Mann der Politischen Abteilung, des verlängerten Armes des Reichssicherheitshauptamtes, arbeitsmäßig immer mehr überfordert worden sei. »Die Mittel wiederum, derer sich die Politische Abteilung bediente, wurden rücksichtsloser. Waren die sognannten Sicherheitsbestimmungen hart, so wurden sie brutal angewandt.« In diesen Zusammenhang müsse auch die Boger-Schaukel gestellt werden, die – allerdings in nicht festem Zustand – schon von den Beamten der Gestapoleitstelle Kattowitz gebraucht worden sei: »Auch hier ist eine zentrale Weisung nicht auszuschließen.«

Der Angeklagte Boger sei gleichsam zur Politischen Abteilung gemacht worden, aber: »Das Opfer ist naturgemäß kein klassischer Zeuge.« Auch die Staatsanwaltschaft habe solcher Überlegung offensichtlich Rechnung getragen; mehrere Vorwürfe des Eröffnungsbeschlusses fehlten im Anklagevortrag.
Es sei auf das genaueste zu prüfen, bei welchen Tötungen in Auschwitz niedere Motive vorlägen und also als Mord zu behandeln seien. Ob Verordnungen und Verfügungen des Dritten Reiches, die mit den allgemein anerkannten Rechtssprüchen in Widerspruch stünden, eine staatsrechtliche Bedeutung zukomme, könne hier unerörtert bleiben, zitiert Aschenauer aus einer Entscheidung des Münchener Oberlandesgerichts: »Maßgebend ist vielmehr, ob der Angeklagte unter den damaligen Verhältnissen solche Verordnungen und Verfügungen sowie deren Durchführung als gesetz- und rechtmäßig ansehen konnte und angesehen hat und ob er sich gegebenenfalls in einem entschuldbaren Irrtum darüber befunden hat. ... Beim Angeklagten handelt es sich immerhin nur um einen Polizeibeamten und nicht um einen Juristen.«
Die Staatsanwaltschaft mache es sich leicht; der Tatbestand des § 211 bei den Erschießungen an der »Schwarzen Wand« sei für sie erfüllt, etwaige Verfügungen des Reichssicherheitshauptamtes habe sie indes außer acht gelassen. Sie habe auch nicht geprüft, ob Standgerichtsurteile vorlagen, die später vom sogenannten Generalgouverneur bestätigt wurden. Bei den genannten Exeku-

tionen kann nach Auffassung Aschenauers von vollständig geklärten Tatbeständen nicht gesprochen werden, die bedenkenfrei zu einer Verurteilung wegen Mordes oder Beihilfe zum Mord führen könnten. Dem Angeklagten Boger sei auch seine Erklärung nicht zu widerlegen, daß er bei den sogenannten Bunkerentleerungen über die Exekutionen nicht entschieden habe.
Aus der feststehenden Rechtsprechung des Bundesgerichtshofes zitiert Aschenauer: »Nach § 47 ist der Untergebene strafrechtlich nur verantwortlich, wenn ihm bekannt gewesen ist, daß der Befehl seines Vorgesetzten eine Handlung betraf, welche ein bürgerliches oder militärisches Verbrechen bezweckte. Ein bloßer Zweifel an der Rechtmäßigkeit des Befehls genügt ebensowenig, wie es ausreicht, daß der Untergebene den verbrecherischen Zweck des Befehls hätte erkennen können oder müssen.«
Das sogenannte Führerprinzip der Nationalsozialisten habe mit dem Grundsatz der unbedingten Gehorsamspflicht den deutschen Rechtsbereich beherrscht. Sogar gegenüber den Oberbefehlshabern habe Hitler geäußert: »Es kommt nicht darauf an, ob Sie meine Befehle verstehen, notwendig ist, daß Sie mir Glauben schenken, daß ich die Situation richtig beurteile.« Das Gericht dürfe bei seiner Entscheidung auch nicht vergessen, daß alle Angehörigen der Sicherheitspolizei diesen Eid abgelegt hätten: »Ich schwöre dir, Adolf Hitler, als Führer und Kanzler des Reiches Treue und Tapferkeit. Ich gelobe dir und den von dir bestimmten Vorgesetzten Gehorsam bis in den Tod, so wahr mir Gott helfe.« Solcher Totalität der Idee, der Zielsetzung der nationalsozialistischen Staatsführung hätten sich Verwaltung, Justiz und Wehrmacht gebeugt.
Aschenauer erklärt, daß er dem Sinne nach dem beizupflichten habe, was der Vorsitzende des Schwurgerichts Köln in der Begründung eines Urteils in einem Euthanasie-Prozeß gesagt habe: der Staat habe den Angeklagten in die tragische Lage gebracht und könne heute nicht behaupten, der Angeklagte habe sich schuldig gemacht, weil er den Weisungen des Staates gefolgt sei.
Im Gegensatz zur Staatsanwaltschaft, die für Boger lebenslanges Zuchthaus gefordert hat, stellt Aschenauer damit eine zeitlich begrenzte Zuchthausstrafe, die im Höchstfalle fünfzehn Jahre betragen kann, in das Ermessen des Gerichts.

Rechtsanwalt Dr. Hans Laternser, Richtern, Geschworenen, Anklägern und nicht zuletzt den Zeugen kein sehr bequemer Verteidiger, hält Plädoyer.
Auch ein Verteidiger könne nicht den Versuch unternehmen wollen, die in Auschwitz begangenen ungeheuerlichen Verbrechen abzuschwächen. Die Kenntnis von den Untaten in Au-

schwitz sei ein beschwerendes Wissen. »Und trotz allem müssen Sie, meine Damen und Herren Richter, den Versuch machen, mit einer besonderen Objektivität, Gewissenhaftigkeit und auch Genauigkeit den Angeklagten gerecht zu werden.« Die Probleme, die in diesem außergewöhnlichen Strafverfahren eine Rolle spielten, müßten mit der größtmöglichen Selbständigkeit angegangen werden, ohne Rücksicht darauf, »was man von uns im Ausland oder sonstwo denken mag«.

Die Strafanträge gegen jene fünf Angeklagten, die von Laternser verteidigt werden (Dr. Capesius, Dr. Frank, Dr. Schatz, Broad und Dylewsky) nennt der Anwalt »ganz erstaunlich«. Er erinnert daran, daß es schon einmal in Deutschland eine Zeit gegeben habe, »in der die Staatsanwaltschaft sich durch übermäßige Anträge hervortat und daß bisweilen auch die Richter diesen übermäßigen Anträgen gegenüber die richtige Haltung nicht gefunden, sondern diesen Anträgen sogar nachgegeben haben«. Laternser kann nicht glauben, nach dem Antrag gegen Dr. Schatz, daß diese Zeit endgültig aus den Gerichtssälen verbannt sei. Er fragt, ob etwa im Falle Schatz eine Weisung für den Strafantrag vorgelegen habe, und wendet sich an das Gericht: »Sie sollen einen Angeklagten, gegen den die Staatsanwaltschaft, wie sie selbst zugibt, keine Beweise hat — wie sagte doch der Staatsanwalt: ›Verlangen Sie nicht, daß ich Ihnen einen Zeugen vorstelle‹ — zu lebenslangem Zuchthaus verurteilen. Eigentlich spricht das für sich.«

Jedem der vorgebrachten Beweismittel sei mit größter Skepsis zu begegnen. Ein Zeuge, der sich widerspreche, müsse allein schon dieses Widerspruchs wegen ausscheiden: »Denn welche der widersprechenden Aussagen können Sie nach zwanzig Jahren als richtig bewerten?« Einem Zeugen, der sich erwiesenermaßen in einem erheblichen Punkte irre, sei überhaupt nicht mehr zu folgen: »Woher wissen Sie denn, daß sich ein so irrender Zeuge nicht auch in anderen Punkten irrt?«

Als typisch für eine anzuzweifelnde Zeugenaussage nennt Laternser die Bekundung des Zeugen Rosenstock im Fall Dr. Frank. Nach über zwanzig Jahren habe dieser Mann erklärt, daß er Frank fünfmal bei Tage und einmal nachts selektieren gesehen habe. »Das Ankommen der Transporte war im Sommer 1944 leider etwas Alltägliches. Alltägliches nach zwanzig Jahren zu schildern, und zwar so, er habe Dr. Frank unter anderem fünfmal bei Tage an der Rampe gesehen, ist in so hohem Maße unmöglich, daß man über eine solche Aussage eigentlich zur Tagesordnung übergehen müßte ... und darauf noch ein Urteil bauen? Niemals!«

Laternser bezeichnet die Aussagen der polnischen Zeugen »beweisbar« als filtriert. Der jeweilige Zeuge sei mehrere Male in das polnische Justizministerium bestellt und dort »vernommen« worden. Laternser wirft dem polnischen Justizminister vor, in allen Fällen, »in denen sich Entlastungszeugen gemeldet haben sollten, durch Verweigerung der Ausreiseerlaubnis eine Vernehmung verhindert« zu haben.

Die Staatsanwaltschaft vertrete die Meinung, daß ein Angeklagter, der an einer Selektion teilgenommen habe, der Beteiligung am Mord schuldig sei, erinnerte Laternser und erwidert auf diese Annahme: »Hätte auf der Rampe in Birkenau eine Selektion einer durch Befehl bestimmten Anzahl von Arbeitsfähigen nicht stattgefunden, so wäre jeweils der gesamte Transport der Vernichtung anheimgefallen. Die Selektion auf der Rampe führte also in Wahrheit zu einer Verminderung der an sich geplanten und befohlenen Vernichtung. Das Auswählen von Personen, die ins Lager kommen sollten, konnte also eine Beteiligung am Mord nicht sein, weder Beihilfe noch Mittäterschaft, denn die ausgewählten Personen wurden nicht ermordet.« Diesem Standpunkt sei vielleicht entgegenzuhalten, daß der auf der Rampe Tätige dadurch, daß er nicht mehr Angehörige des Transportes für das Lager auswählte, den Tod anderer verursacht habe. »Ein solcher Standpunkt kann aber nicht zutreffend sein. Einer Entscheidung oder Bestimmung, wer ins Gas geschickt wird, bedurfte es gar nicht mehr, weil diese Entscheidung durch den Befehl Hitlers bereits endgültig getroffen worden war.«

Laternser ist rigoros in der Beurteilung der damaligen Situation: »Die der Beihilfe zum Massenmord beschuldigten Selekteure beteiligten sich damit, daß sie Arbeitsfähige der Zahl nach aussuchten, nicht an einem in Gang befindlichen Verbrechen, sondern sie verkleinerten es um die als arbeitsfähig Ausgewählten.«

Der Verteidiger meint, daß die Angeklagten – soweit ihnen befohlen war, an einer Selektion teilzunehmen – gar nicht auf den Gedanken kommen konnten, einen verbrecherischen Befehl durchzuführen. Von Mittäterschaft könne also überhaupt keine Rede sein; und das gleiche gelte auch für die Frage, ob in der Selektion eine Beihilfe zum Mord gesehen werden könne. Die objektive Seite der Beihilfe verlange nämlich, daß der Gehilfe die Tat durch ein bestimmtes Verhalten tatsächlich gefördert habe, durch Rat oder Tat. Einen Rat habe Hitler aber nicht in Anspruch genommen, und eine Tat habe ebenfalls nicht erfolgen können, weil der Befehl für die Ermordung aller Juden bereits gegeben gewesen sei. »Eine Verringerung der Zahl – durch Auswählen für das Lager – hat den Mord nicht gefördert, sondern ganz im Gegenteil die Zahl der Opfer verringert.« Die bloße Anwesenheit aber auf der Rampe, ohne irgendeine Tätigkeit auszuüben, könne rein begrifflich im Gegensatz zur Annahme der Staatsanwaltschaft keine Teilnahme an einer strafbaren Handlung darstellen.

Um die Frage nach Befehlsnotstand oder Putativnotstand zu beantworten, benötige man keinerlei Zeugen mehr. »Man muß nur ehrlich an die Verhältnisse denken, wie sie damals in dieser Diktatur geherrscht haben. – Weiß die Staatsanwaltschaft denn nicht mehr, daß sie selbst gegen flagrante Rechtsbrüche, wie die Zerstörung der jüdischen Geschäfte und Wohnungen im November 1938, die Tötung der Geisteskranken und schließlich die Ermordung der Juden nicht eingeschritten ist? Sie wußte doch damals schon (oder nicht?), daß es sich dabei um Verbrechen handelte! Welcher Richter oder Staatsanwalt hat damals protestiert oder gar seinen Dienst verlassen? – Wer hätte es denn wagen können, öffentlich gegen die so erbarmungslose Behandlung der Juden zu protestieren? Das ist nur deswegen nicht geschehen, weil es einem Selbstmord gleichgekommen wäre.«

# Schlußworte der Angeklagten

6. und 12. August 1965, 180. und 181. Tag

Die Angeklagten sprechen ihr Schlußwort, bemühen sich, verständlich zu machen, daß sie rechtschaffene Leute sind, trotzdem. Die Vergangenheit haben sie überwunden, auf ihre Art. Es ist schwer, zu denken, sie fänden nächtens den rechten Schlaf nicht mehr, weil ihnen die blutbefleckten Schatten von Auschwitz nicht aus den Augen gehen und die letzten Schritte der zum Tode Verdammten nicht aus den Ohren. Es sprechen Menschen — mit wenigen Ausnahmen —, die sich unschuldig fühlen, so schuldlos fast wie die Opfer von Auschwitz, wie diese einem unentrinnbaren Schicksal überantwortet. Ihr Gewissen, das hatten sie bei ihren Vorgesetzten abgegeben, und es scheint, als hätten sie es nimmermehr gebraucht, nie zurückverlangt. Bis auf den heutigen Tag nicht.

Ernst verweist Senatspräsident Hofmeyer die Angeklagten auf die Möglichkeiten, die sie mit ihrem Schlußwort haben. »Es ist ein Recht, keine Pflicht. Aber jeder mag sich genau überlegen, ob er nicht buchstäblich in letzter Minute das Eis des Schweigens brechen will. Wir wären der Wahrheit ein gutes Stück näher gekommen, wenn Sie nicht so hartnäckig eine Mauer des Schweigens um sich errichtet hätten. Vielleicht ist es dem einen oder anderen von Ihnen während des Verfahrens deutlich geworden, daß es hier nicht um Rache geht, sondern um Sühne.«

Die Angeklagten antworten so, unter anderem:

Robert Mulka, ehemals Adjutant des Lagerkommandanten:
»Hoher Gerichtshof, wenn ich als erster der hier Angeklagten das mir erteilte Schlußwort ergreife, so will ich in subjektiver, objektiver und rechtlicher Hinsicht den Ausführungen meiner Herrn Verteidiger nichts mehr hinzufügen. Ich schließe mich ihren Anträgen vollinhaltlich an.

Mein persönliches Schicksal und dasjenige meiner unglücklichen Familie lege ich vertrauensvoll in die Hände des Gerichts, in der tiefen Überzeugung, daß es sämtliche Umstände, die mich damals in meine Konfliktslage geführt haben, erwägt und berücksichtigt. Insoweit bleibt mir nur die Erwartung und die Bitte auf eine gerechte Entscheidung.«

Karl Höcker, ehemals Adjutant des Lagerkommandanten:
»Hohes Gericht, als ich Ende Mai 1944 nach Auschwitz versetzt wurde, hatte ich keine Vorstellungen von Auschwitz. Was in Birkenau geschah, habe ich erst dort erfahren. Ich hatte nichts damit zu tun und keine Möglichkeit, die Geschehnisse dort zu beeinflussen. Ich habe keinem Menschen etwas zuleide getan, noch sind Menschen durch mich umgekommen. Im Jahr 1952 habe ich mich freiwillig bei der Staatsanwaltschaft in Bielefeld gestellt und meine Angaben gemacht. Hätte das jemand getan, der sich schuldig fühlt? Was hätte ich noch mehr tun sollen? Ich bitte um ein gerechtes Urteil.«

Wilhelm Boger, ehemals Angehöriger der Lager-Gestapo:
»Während der nationalsozialistischen Herrschaft gab es für mich nur den Gesichtspunkt, die gegebenen Befehle der Vorgesetzten ohne Einschränkung auszuführen. Ich bin ohne mein Zutun nach Auschwitz gekommen. Heute sehe ich ein, daß die Idee, der ich anhing, Verderben gebracht hat und falsch war. Verschärfte Vernehmungen sind, wie befohlen, von mir ausgeführt worden. Aber nicht das Auschwitz als grausame Vernichtungsstätte des europäischen Judentums stand damals im Mittelpunkt meiner Betrachtungen, sondern die Bekämpfung der polnischen Widerstandskämpfer und des Bolschewismus.«

Hans Stark, ehemals Mitglied der Lager-Gestapo:
»Ich habe an der Tötung vieler Menschen mitgewirkt. Ich habe mich nach dem Krieg oft gefragt, ob ich zum Verbrecher geworden bin, weil ich als gläubiger Nationalsozialist Menschen umgebracht habe, aber nie eine Antwort gefunden. Ich habe an den Führer geglaubt, ich wollte meinem Volk dienen. Heute weiß ich, daß diese Ideen falsch waren. Ich bedaure meinen damaligen Irrweg, aber ich kann ihn nicht mehr ungeschehen machen.«

Klaus Dylewski, ehemals Mitglied der Lager-Gestapo:
»Ich schließe mich den Ausführungen meiner Herrn Verteidiger an und erkläre am Ende dieses Prozesses noch einmal, daß meine Angaben der Wahrheit entsprechen.
Ich wiederhole, daß ich weder auf der neuen Rampe in Birkenau gewesen bin, noch jemals das Krematorium in Auschwitz betreten habe. Mit besonderem Nachdruck wiederhole ich, daß ich im Hof des Blockes 11 keinen einzigen Menschen erschossen habe. Die Angaben der beiden polnischen Blockschreiber als Zeugen hierzu sind zutreffend, entgegenstehende Aussagen tschechischer Zeugen sind unwahr. Angesichts der besonderen Lage, in der ich mich als Angeklagter in diesem Prozeß befinde, möchte ich meine Worte auf diese Beteuerung beschränken.«

Pery Broad, ehemals Mitglied der Lager-Gestapo:
»Sie wissen, daß ich bestreite, jemals an der Tötung eines Menschen unmittelbar beteiligt gewesen zu sein. Diese Einlassung muß ich wiederholen, weil sie der Wahrheit entspricht. Zu diesem Punkt jedoch drängt es mich, Ihnen noch etwas zu sagen. Sie wissen, daß im Herbst vergangenen Jahres der Zeuge Fabian hier erschienen ist, um mich in unglaublicher Weise zu belasten. Ich bitte das Gericht, sich einmal in die Situation zu versetzen, daß man zu Unrecht mit einem so schweren Vorwurf belastet wird, und ich kann das Gericht nur mit allem Nachdruck bitten, mir zu glauben, daß ich das, was der Zeuge Fabian bekundet hat, nicht getan habe. Das ist alles, was ich noch zu sagen habe.«

Johann Schoberth, ehemals Mitglied der Wachmannschaft:
»Ich wiederhole, daß durch mich in Auschwitz niemand ums Leben gekommen ist.
Ich habe lange darüber nachgedacht, wieso die Zeugin Schaner hier sagen konnte, daß sie mich mit einem Gewehr gehen gesehen hat. Sonntagvormittag hatten wir meist Scharfschießen. Ich war der beste Schütze und habe dadurch eine Flasche Schnaps gewonnen. Deswegen kam ich angetrunken mit dem Gewehr zurück.
Als Hitler an die Macht kam, war ich zehn Jahre alt. Ich war achtzehn, als man mich zur Waffen-SS einberufen hat. Wir wurden so erzogen, daß wir ganze Nazi werden sollten. Ich möchte Sie bitten, zu bedenken, was von unserem Jahrgang 1922 übriggeblieben ist. Ich bin viermal verwundet, achtmal operiert und fünfmal ausgezeichnet worden. Ich weiß nicht, was ich noch sagen soll. Sind wir nicht auch Opfer des Nationalsozialismus?«

Bruno Schlage, ehemals Arrestaufseher:
»Ich brauche hier am allerwenigsten zu lügen. Ich habe nie in meinem Leben einen Menschen verhungern lassen, erschossen oder sonstwie zu Tode gebracht. So gern wie ich leben möchte, mögen meine Mitmenschen auch leben. Wer vor dem Krieg ein Mensch war, ist ein Mensch geblieben, auch wenn er in Auschwitz war. Ich war im Block 11 Aufseher genauso wie heute im Gefängnis einer Aufseher ist. Ich möchte betonen: Ich habe in den Jahren 1928 bis 1938 bei Bauunternehmungen gearbeitet und war in elf Ländern tätig, vorwiegend in Skandinavien. Ich habe Handwerksarbeit geleistet und geleitet. Wenn ich so ein Mensch wäre, wie ich hier hingestellt worden bin, so hätte ich es damals schon sein müssen. Ein Mörder wird nicht in vier bis fünf Jahren erzogen, schon gar nicht, wenn er aus geordneten Familienverhältnissen kommt. Ein Mörder wird geboren. Ich bin unbestraft. Als

ich Soldat wurde, hat man mich gleich belogen. Man sagte, ich käme zu einer Polizeiverfügungstruppe, ich kam aber zur 22. SS-Standarte. Es hat niemals für mich die Möglichkeit gegeben, mich versetzen zu lassen. Ich habe das Pech gehabt, nach Auschwitz zu kommen. Als ich hörte, daß das ein Vernichtungslager war, reichte ich ein Versetzungsgesuch ein. Man sagte mir: ›Das ist doch nicht Ihr Ernst?‹. Das Gesuch wurde zerrissen und in den Papierkorb geworfen. Auf mein zweites Versetzungsgesuch sagte mir der Spieß Nebbe, daß ich dort meine Pflicht zu erfüllen habe, wo ich hingestellt werde. Wenn ich ein drittes Gesuch einreichen sollte, dann kann ich hinter Stacheldraht darüber nachdenken.

Nun frage ich Sie, Hohes Gericht, und alle, die Soldat waren, was hätte ich tun sollen, wenn ich nicht das Leben meiner Familie und mein eigenes Leben gefährden wollte. Meine Antwort lautet, ich mußte, ob ich wollte oder nicht, den Dienst so ausführen, wie meine Vorgesetzten es von mir verlangten. Hohes Gericht, wie ist es heute schwer, mit den Wehrdienst- und Ersatzdienstverweigerern, in normalen Zeiten. Und wieviel schwerer wäre die Strafe für uns ausgefallen, wenn wir die Befehle verweigert hätten, zumal wir uns im totalen Krieg befanden? Meine Antwort ist, wir wären alle wegen Befehlsverweigerung restlos zusammengeschossen worden. Der Eid, den ich damals auf den höchsten Kriegsherrn leisten mußte, war für mich bindend ... Wir hatten keine Möglichkeit, diesen Befehl zu prüfen und abzulehnen. Für uns hieß es, diese Befehle sind sofort auszuführen. Was hatten denn die Schulungen und Vorträge in Auschwitz zu bedeuten? Sie trugen nur zur Vernichtung der Menschen in Auschwitz bei.« Der Angeklagte berichtet über Mordtaten, die von Polen an Mitgliedern seiner Familie verübt worden sind, davon, daß die Frauen »zigmal« vergewaltigt wurden. »Auch hat man im Arbeitslager Pottlitz vierunddreißig ehemalige SS-Männer ohne Urteil erhängt. Ich lebte dort unter meinem richtigen Namen. Wenn ich in Auschwitz etwas verbrochen hätte, so hätte man mich in Pottlitz bestimmt erhängt. Im übrigen schließe ich mich dem Plädoyer meiner Verteidiger vollinhaltlich an und bitte das Gericht, ein Urteil zu fällen, das sich nach innen und außen hören und sehen lassen kann.«

Franz Hofmann, ehemals Schutzhaftlagerführer:
»Herr Präsident, meine Damen und Herren Richter und Geschworenen! Ich stehe heute zum zweitenmal vor dem Schwurgericht, und es ist gerichtsbekannt, daß zu gleicher Zeit ein drittes Verfahren gegen mich läuft. Ich finde weiterhin keine Worte als die: Hohes Gericht, ich schließe mich voll und ganz meinen Verteidigern und ihren Ausführungen an.«

Oswald Kaduk, ehemals Rapport-Führer:
»Hohes Gericht, meine Damen und Herren Geschworenen! Für den Komplex Auschwitz wurde ich vom sowjetischen Militärgericht verurteilt. Ich stehe das zweite Mal vor einem deutschen Gericht. Zweitens möchte ich mich anschließen an die Ausführungen meiner Verteidiger. Sonst hätte ich nichts zu sagen.«

Stefan Baretzki, ehemals Blockführer:
»Hohes Gericht! Ich bin nach Auschwitz gekommen, da hatte ich davon keine Ahnung. Das war im Jahre 1942. 1941 war ich noch gar nicht dort. Die Russen wußten das, die waren sehr genau. Im Sommer 1943, im August, um den 28. herum muß es gewesen sein, da bin ich gekommen. Ich war immer Sturmmann gewesen und bin niemals befördert worden, denn ich bin nie sehr diensteifrig gewesen und bin auch niemals befördert worden, bin immer Sturmmann geblieben, bis Kriegsende. Was der Lagerführer gesagt hat, habe ich ausgeführt, was er gesagt hat, war heilig. Ich habe keinen totgeschlagen und keinen ertränkt in Auschwitz. Sonst habe ich dazu nichts auszuführen, sonst schließe ich mich den Ausführungen meines Rechtsanwaltes an.«

Arthur Breitwieser, ehemals Angehöriger der Desinfektionsabteilung:
»Herr Präsident, Hohes Gericht! Auch ich stehe zum zweiten Male vor Gericht in einem Auschwitz-Verfahren . . . Das in Krakau gefällte Todesurteil wurde einen Tag später durch einen Gnadenerlaß in lebenslängliche Haft umgewandelt . . . Im großen Krakauer Auschwitz-Prozeß habe ich keinen Gebrauch von meinem Recht, ein Schlußwort zu halten, gemacht. Die dort gemachten Aussagen waren für mich so neu und unwahrscheinlich, daß ich nur hätte sagen können, die Beschuldigungen entsprechen nicht der Wahrheit. Ich war wehrdienstuntauglich und wurde trotzdem am 1. September 1939 um fünf Uhr verhaftet und in ein polnisches KZ in Marsch gesetzt. Nach neun Tagen holten uns deutsche Truppen. Ich kam dann zur Waffen-SS. Wegen meiner Frontdienstuntauglichkeit kam ich nach Auschwitz und bin auch deshalb von dort nicht weggekommen. Von Auschwitz kamen nur Leute weg mit Fronterfahrung oder mit Beziehungen. Im Jahre 1959 wurde ich amnestiert. Nach den vierzehn Jahren Haft war ich in einer körperlich sehr schlechten Verfassung und konnte mir nicht gleich eine Existenzgrundlage schaffen. Langsam erholte ich mich. Das wurde aber am 9. Juni 1961 durch meine Verhaftung jäh unterbrochen.
Die gegen mich vorgebrachten Beschuldigungen vor allem des Zeugen Petzold ließen mich resignieren, da er sie wiederholte.

Meine Lage wäre hoffnungslos gewesen, wenn es nicht zu einer Ortsbesichtigung gekommen wäre...
Allgemein ist zu den Zeugenaussagen zu bemerken: Ich kann aus meiner vierzehnjährigen Gefangenschaft kaum einen Namen angeben. Ich wurde in dieser Zeit auch geschlagen, aber ich weiß nicht von wem. Mit allem Nachdruck möchte ich erklären: Ich habe in Auschwitz nicht Schicksal gespielt. Durch mich ist niemand zu Schaden gekommen. Ich habe mich nicht freiwillig zur SS gemeldet und bin ohne mein Dazutun nach Auschwitz geschoben worden. Ich bin als Volksdeutscher aufgewachsen mit allen Schattenseiten einer völkischen Minderheit. Jetzt bin ich fünfundzwanzig Jahre lang mit dem Komplex Auschwitz behaftet, fast mein halbes Leben. Solche Darstellungen, wie sie hier gegeben wurden, machen den kleinen Rest meines Lebens schwer. Ich danke dem Gericht für die Aufmerksamkeit.«

Dr. med. Franz Bernhard Lucas, ehemals Lagerarzt:
»Hoher Gerichtshof! Der Zeitpunkt, an welchem ich gegen meinen Willen zur Dienstleistung in das nationalsozialistische Konzentrationslager abgestellt wurde, leitete einen Lebensabschnitt für mich ein, über den ich niemals hinwegkommen werde. Erpreßt zur Rampe, versuchte ich natürlich bei der Auslese, möglichst vielen jüdischen Häftlingen das Leben zu erhalten. Aber heute wie damals bewegt mich die Frage: Und die anderen?
Ich habe mich durchgerungen, Ihnen die Wahrheit zu sagen. So kann ich nur hoffen, daß Sie zu einem Urteil kommen werden, das mir hilft, mich von der Verstrickung zu lösen und einen neuen Lebensweg einzuschlagen.«

Dr. Willi Frank, ehemals Leiter der Zahnstation:
»Ich war an der Front, bis ich durch eine schwere Lebererkrankung nicht mehr frontdiensttauglich war. Nach meiner Entlassung aus dem Lazarett kam ich auf Umwegen nach Auschwitz gegen einen frontdiensttauglichen Kollegen. Wie ich mich dort benommen habe, haben Ihnen diejenigen Häftlinge gesagt, mit denen ich zu tun hatte. Keiner von ihnen hat mich belastet, ganz im Gegenteil, sie sagten alle, daß ich sie menschlich behandelt habe, mehrere sagen, sie verdankten mir ihr Leben.
Ich habe nie bestritten, auf der Rampe gewesen zu sein. Ich bestreite aber nach wie vor, jemals selektiert zu haben. Meine Aufgabe auf der Rampe sah ich in der Feststellung des zahnärztlichen Personals und des zahnärztlichen Materials. Daß dies keine Ausrede ist, die ich gebrauche, ergibt sich daraus, daß ich allein mit den auf der Rampe ausgesuchten Personen und dem dort sichergestellten Material 20–25 neue Häftlingszahnstationen errichtet habe. Material dafür habe ich ausschließlich von der Rampe,

Berlin hat dafür nichts geliefert. Nachdem ich in Auschwitz war und gesehen hatte, was sich dort ereignet, habe ich jede Gelegenheit wahrgenommen, von dort wegzukommen.
Schließlich gelang mir das. Im Herbst 1944 kam ich dann auch tatsächlich weg und ab Herbst war ich dann wieder bei der Fronttruppe, obwohl ich noch nicht wieder kriegsverwendungsfähig war. Ich habe in Auschwitz keinem Menschen etwas zuleide getan. Ich bitte das Hohe Gericht daher um ein entsprechendes Urteil.«

Dr. Willi Schatz, ehemals Mitglied der Zahnstation:
»Ich war in Auschwitz auf der Rampe, ich habe jedoch nie selektiert. Mir ist es gelungen, nicht schuldig zu werden. Ich habe das Glück gehabt, mich jeder Tätigkeit enthalten zu können. Im übrigen schließe ich mich den Ausführungen meiner Verteidiger an.«

Dr. Victor Capesius, ehemals Leiter der Lagerapotheke:
»Hohes Gericht! Im August 1943 – also gegen Kriegsende – war ich als Apotheker noch rumänischer Hauptmann und hatte die rumänische Staatsangehörigkeit. Ich habe damals nicht gewußt, was überhaupt Auschwitz bedeutet. Dann kam das zwischenstaatliche Abkommen, zwischen Rumänien und Deutschland. Wir Volksdeutschen wurden gemustert. Ich war als SS-untauglich befunden worden. Sie wissen, daß ich mit einer Halbjüdin verheiratet bin. Trotz dieser Tatsachen und trotz des Musterungsergebnisses, demzufolge ich als SS-untauglich befunden worden bin, wurde ich gleichwohl zur Waffen-SS eingezogen. Es bedurfte des weiteren Zufalls, daß 1944 ausgerechnet der Apotheker in Auschwitz erkrankt war, den ich nur vorübergehend vertreten sollte. Es kam der weitere unglückliche Umstand hinzu, daß der erkrankte Apotheker in Auschwitz verstarb, so daß meine als vorübergehend gedachte Vertretung in eine Versetzung umgewandelt wurde.
Als bis dahin rumänischer Hauptmann, rumänischer Staatsangehöriger, mit einer Halbjüdin verheiratet, als SS-untauglich befunden, befand ich mich also Mitte Februar 1944 – im letzten Kriegsjahr – als leitender SS-Apotheker in Auschwitz, von dessen Existenz ich vorher nichts gewußt habe. Man hatte mich also dorthin befohlen, ohne daß ich das geringste dazu getan habe.
In Auschwitz habe ich keinem Menschen etwas zuleide getan. Ich war zu allen höflich und hilfsbereit, wo ich dies nur tun konnte. Auf der Rampe war ich verschiedene Male, um dort das Ärztegepäck für die Häftlingsapotheken zu holen. Selektiert habe ich nie, was ich mit allem Nachdruck betonen muß. Meine Aufgaben als Apotheker habe ich so gut erfüllt, wie es mir die Verhältnisse gestattet haben. Das hat auch der Zeuge Apotheker Sikorski, mein nächster Mitarbeiter, bestätigt.

Daß ich mich an dem Häftlingsgut nicht bereichert habe – das gegenteilige ist eine böswillige Erfindung –, kann ich dem Gericht mit gutem Gewissen versichern. Mein bester Zeuge, der jüdische Häftlingsapotheker von Auschwitz, Strauch, der nach dem Kriege noch mit mir befreundet war, lebt leider seit 1957 nicht mehr. Wenn ich derjenige gewesen wäre, als der ich jetzt hingestellt werde, hätte Strauch es sich nicht leisten können, ein offenes freundschaftliches Verhältnis, dessen Grundlage in Auschwitz gelegt worden war, mit mir nach dem Kriege fortzusetzen.
Ich bin nicht schuldig geworden in Auschwitz. Ich bitte Sie, mich freizusprechen!«

Josef Klehr, ehemals Angehöriger der Sanitätsabteilung:
»Ich kann nicht anders, aber ich muß es nochmals sagen: Ich habe immer nur die Tatsache ausgesagt und die Wahrheit. Niemals war ich im Vergasungskommando, nie habe ich selbständig Selektionen durchgeführt. Als kleiner Mann in Auschwitz bin ich nicht Herr über Leben und Tod gewesen. Nur die Befehle der Ärzte und nur mit tiefem inneren Widerstreben, habe ich ausgeführt. Wenn im Sachsenhausen-Prozeß ein ehemaliger Staatsanwalt aussagt, daß er nur ein Popanz war, was soll ich da als kleiner Mann sagen? Dazu kamen die Schulungsstunden. Ich habe tiefes Mitleid mit den unglücklichen Opfern gehabt, aber ich war ein befehlsunterworfener Soldat. Ich bitte das Schwurgericht, meine damalige Lage nicht zu verkennen und ein gerechtes Urteil zu fällen.«

Herbert Scherpe, ehemals Mitglied der Sanitätsabteilung:
»Hohes Gericht! Ich habe keinem Menschen ein Leid zugefügt, ich bin mir keiner persönlichen Schuld bewußt. Ich schließe mich den Ausführungen meines Verteidigers an.«

Emil Hantl, ehemals Mitglied der Sanitätsabteilung:
»Ich habe, vom ideologischen Standpunkt aus, nach der reinen Vernunft gehandelt, ohne Ansehen der Rasse. Ich habe mir gesagt: der vor mir steht, könnte ich auch sein. Auschwitz ist für mich nicht die Geschichte eines Jahrtausends, sondern mehrerer Jahrtausende. Durch mich ist keiner zu Tode gekommen.«

Emil Bednarek, ehemaliger Häftling:
»Ich habe keinen Menschen getötet und keinen totgeprügelt. Wenn ich jemand bestrafte, beziehungsweise geschlagen habe, so mußte ich es tun, um ihn vor schwereren Maßnahmen zu bewahren. Ich konnte nicht anders. Ich fühle mich vor Gott und den Menschen nicht schuldig.«

# Das Urteil

19. August 1965, 182. Tag

Das Ende des Verfahrens »gegen Mulka und andere« naht. Mit welchen Hoffnungen, mit welchen Befürchtungen werden sich die Angeklagten zur letzten Nacht vor dem Urteil niederlegt haben, in welcher Erregung aufgestanden sein? Die ständige Berührung mit der Öffentlichkeit, wenn auch hinter Gittern sozusagen, mag sie dem Gedanken während der vergangenen zwanzig Monate etwas entfremdet haben, daß der Tag des Urteils doch ein ganz und gar anderer sei als die vorangegangenen Tage. Nun würden ihre Taten gewogen werden, nun würde auf lange Zeit etwas Unabänderliches in ihr Leben kommen, sie nicht mehr schonen mit der Aussicht, es könne sich morgen etwas ereignen, was das Gestern vergessen oder undeutlicher werden lasse. Nun würden sie vor den Tisch ihrer Richter gerufen werden, deren Spruch zu hören.

Als erster der Angeklagten betritt, wie meist, der Arrestaufseher von Block 11 im Konzentrationslager Auschwitz, Bruno Schlage, den Saal. Schnell folgen, begleitet von Polizisten, Scherpe, Hofmann, Klehr, Mulka. Höcker, Baretzki und Capesius verbergen sich hinter dunklen Sonnenbrillen, offenbar scheuten sie das Blitzlichtgewitter der – indes verbannten – Fotografen. Man bespricht sich; Schlage und Scherpe reden mit ihren Anwälten, der lächelnde Boger reicht einen Zettel nach vorn, der Verteidiger dreht und wendet ihn; viel wird die Information vor dem Urteil nicht mehr nützen. Kaduk legt die Hände auf den Rücken, steht aufrecht und ungebeugt, hält längere Zwiesprache mit einem Verteidiger. Der Angeklagte Breitwieser, polnischer Magister juris, sitzt stumm und ernst, mit gefalteten Händen unter dem Kinn, auf seinem Platz. Der Zahnarzt Schatz ist ganz in sich zusammengesunken; es scheint, als werde er kleiner und kleiner.

Neunzig Sekunden vor halb neun treten Richter und Geschworene in den Saal. Vor dem stehenden Auditorium spricht Senatspräsident Hofmeyer wie immer: »Zum Aufruf kommt die Strafsache gegen Mulka und andere.« Noch einmal erheben sich die Angeklagten in der Reihenfolge, die ihnen während der letzten zwanzig Monate so vertraut geworden ist. Sie verbeugen sich, doch nicht Kaduk, der auch diesmal sein selbstgeschaffenes Privileg zelebriert: die Hände an die Hosennaht legt, den Körper reckt, die Brust weitet und das Kinn nach oben wirft.

Die blauen Vorhänge des Saals sind zugezogen, an der Decke gleißt das Neonlicht, eine schwere, bleierne Hitze ist im Saal und eine bedrückende Stille. Senatspräsident Hofmeyer verliest den Spruch seines Gerichts:

»In der Strafsache gegen Mulka und andere wird folgendes Urteil verkündet: Im Namen des Volkes!

Es sind schuldig:

1. der Angeklagte *Mulka*
   der gemeinschaftlichen Beihilfe zum gemeinschaftlichen Mord in mindestens vier Fällen an mindestens je siebenhundertfünfzig Menschen,
2. der Angeklagte *Höcker*
   der gemeinschaftlichen Beihilfe zum gemeinschaftlichen Mord in mindestens drei Fällen an mindestens je tausend Menschen,
3. der Angeklagte *Boger*
   des Mordes in mindestens einhundertvierzehn Fällen und der gemeinschaftlichen Beihilfe zum gemeinschaftlichen Mord an mindestens tausend Menschen sowie einer weiteren gemeinschaftlichen Beihilfe zum gemeinschaftlichen Mord an mindestens zehn Menschen,
4. Der Anklagte *Stark*
   des gemeinschaftlichen Mordes in mindestens vierundvierzig Fällen, davon in einem Fall begangen an mindestens zweihundert Menschen und in einem weiteren Fall an mindestens hundert Menschen,
5. der Angeklagte *Dylewski*
   der gemeinschaftlichen Beihilfe zum gemeinschaftlichen Mord in mindestens zweiunddreißig Fällen, davon in zwei Fällen begangen an mindestens je siebenhundertfünfzig Menschen,
6. der Angeklagte *Broad*
   der gemeinschaftlichen Beihilfe zum gemeinschaftlichen Mord in mindestens zweiundzwanzig Fällen, davon in zwei Fällen begangen an mindestens tausend Menschen,
7. der Angeklagte *Schlage*
   der gemeinschaftlichen Beihilfe zum gemeinschaftlichen Mord in mindestens achtzig Fällen,
8. der Angeklagte *Hofmann*
   des Mordes in einem Fall, des gemeinschaftlichen Mordes in mindestens dreißig Fällen sowie des gemeinschaftlichen Mordes in mindestens drei weiteren Fällen an je mindestens siebenhundertfünfzig Menschen,
9. der Angeklagte *Kaduk*
   des Mordes in zehn Fällen und des gemeinschaftlichen Mordes in mindestens tausend, in dem anderen an mindestens zwei Menschen,
10. der Angeklagte *Baretzki*
   des Mordes in mindestens fünf Fällen sowie der gemeinschaftlichen Beihilfe zum gemeinschaftlichen Mord in minde-

stens elf Fällen, davon in einem Fall begangen an mindestens dreitausend Menschen, in fünf Fällen begangen an mindestens je tausend Menschen und in fünf Fällen begangen an mindestens je fünfzig Menschen,

11. der Angeklagte *Dr. Lucas*
der gemeinschaftlichen Beihilfe zum gemeinschaftlichen Mord in mindestens vier Fällen an mindestens je tausend Menschen,
12. der Angeklagte *Dr. Frank*
der gemeinschaftlichen Beihilfe zum gemeinschaftlichen Mord in mindestens sechs Fällen an mindestens je tausend Menschen,
13. der Angeklagte *Dr. Capesius*
der gemeinschaftlichen Beihilfe zum gemeinschaftlichen Mord in mindestens vier Fällen an mindestens je zweitausend Menschen,
14. der Angeklagte *Klehr*
des Mordes in mindestens vierhundertfünfundsiebzig Fällen und der gemeinschaftlichen Beihilfe zum gemeinschaftlichen Mord in mindestens sechs Fällen, davon in zwei Fällen begangen an mindestens siebenhundertfünfzig Menschen, im dritten Falle an mindestens zweihundertachtzig Menschen, im vierten Falle an mindestens siebenhundert Menschen, im fünften Falle an mindestens zweihundert Menschen und im sechsten Falle an mindestens fünfzig Menschen,
15. der Angeklagte *Scherpe*
der gemeinschaftlichen Beihilfe zum gemeinschaftlichen Mord in mindestens zweihundert Fällen und einer weiteren gemeinschaftlichen Beihilfe zum gemeinschaftlichen Mord an mindestens siebenhundert Menschen,
16. der Angeklagte *Hantl*
der gemeinschaftlichen Beihilfe zum gemeinschaftlichen Mord in mindestens vierzig Fällen und der gemeinschaftlichen Beihilfe zum gemeinschaftlichen Mord in zwei weiteren Fällen an mindestens je einhundertsiebzig Menschen,
17. der Angeklagte *Bednarek*
des Mordes in vierzehn Fällen.

Es werden danach unter Freisprechung im übrigen verurteilt:

1. der Angeklagte *Mulka* zu einer Gesamtzuchthausstrafe von vierzehn Jahren;
2. der Angeklagte *Höcker* zu einer Gesamtzuchthausstrafe von sieben Jahren;
3. der Angeklagte *Boger* zu lebenslangem Zuchthaus und einer Gesamtstrafe von fünf Jahren Zuchthaus;
4. der Angeklagte *Stark* zu zehn Jahren Jugendstrafe;

5. der Angeklagte *Dylewski* zu einer Gesamtstrafe von fünf Jahren Zuchthaus;
6. der Angeklagte *Broad* zu einer Gesamtstrafe von vier Jahren Zuchthaus;
7. der Angeklagte *Schlage* zu einer Gesamtstrafe von sechs Jahren Zuchthaus;
8. der Angeklagte *Hofmann* zu lebenslangem Zuchthaus;
9. der Angeklagte *Kaduk* zu lebenslangem Zuchthaus;
10. der Angeklagte *Baretzki* zu lebenslangem Zuchthaus und einer Gesamtstrafe von acht Jahren Zuchthaus;
11. der Angeklagte *Dr. Lucas* zu einer Gesamtzuchthausstrafe von drei Jahren und drei Monaten;
12. der Angeklagte *Dr. Frank* zu einer Gesamtzuchthausstrafe von sieben Jahren;
13. der Angeklagte *Dr. Capesius* zu einer Gesamtzuchthausstrafe von neun Jahren;
14. der Angeklagte *Klehr* zu lebenslangem Zuchthaus und einer Gesamtstrafe von fünfzehn Jahren Zuchthaus;
15. der Angeklagte *Scherpe* zu einer Gesamtstrafe von vier Jahren und sechs Monaten Zuchthaus;
16. der Angeklagte *Hantl* zu einer Gesamtstrafe von drei Jahren und sechs Monaten Zuchthaus, die durch die erlittene Untersuchungshaft als verbüßt gilt;
17. der Angeklagte *Bednarek* zu lebenslangem Zuchthaus.

Die bürgerlichen Ehrenrechte werden aberkannt:
1. den Angeklagten Boger, Hofmann, Kaduk, Baretzki, Klehr und Bednarek auf Lebenszeit;
2. dem Angeklagten Mulka auf die Dauer von zehn Jahren;
3. dem Angeklagten Schlage auf die Dauer von sechs Jahren;
4. den Angeklagten Höcker, Dr. Frank, Dr. Capesius auf die Dauer von je fünf Jahren;
5. den Angeklagten Dylewski, Broad und Scherpe auf die Dauer von je vier Jahren und
6. dem Angeklagten Hantl auf die Dauer von drei Jahren.

Den Angeklagten Mulka, Höcker, Boger, Stark, Dylewski, Broad, Schlage, Baretzki, Dr. Lucas, Dr. Frank, Dr. Capesius, Klehr und Scherpe wird die in dieser Sache erlittene Polizei- und Untersuchungshaft auf die erkannten zeitigen Freiheitsstrafen angerechnet.

Die Angeklagten Schoberth, Breitwieser und Dr. Schatz werden freigesprochen.

Die Angeklagten tragen die Kosten des Verfahrens, soweit sie verurteilt sind, im übrigen fallen die Kosten der Staatskasse zur Last.«

Mit den Freigesprochenen Breitwieser, Dr. Schatz und Schoberth verläßt auch Hantl den Gerichtssaal als freier Mann; seine Strafe gilt durch die erlittene Untersuchungshaft als verbüßt. Ebenfalls auf freien Fuß gesetzt wird Scherpe; wegen der geringen Dauer der Reststrafe von sechs Monaten besteht nach Meinung des Gerichts keine Fluchtgefahr.

# Die Urteilsbegründung

Senatspräsident Hofmeyer begründet das Urteil. Er beschäftigt sich zunächst besonders mit der Frage, ob der Prozeß legitim sei, und mit den Schwierigkeiten, denen sich das Gericht bei der Ermittlung der Vorgänge im damaligen Vernichtungslager Auschwitz gegenübersah:

»Es ist verständlich, daß in diesen Prozeß der Wunsch hineingetragen worden ist, die Grundlagen zu einer umfassenden geschichtlichen Darstellung des Zeitgeschehens zu schaffen, die Hintergründe, die zu dieser Katastrophe führten, zu erkennen, die politische Entwicklung seit dem Ersten Weltkrieg aufzuzeigen und zu ergründen, die zu diesem furchtbaren Geschehen in Auschwitz führte.

Die verwirrende Vielzahl der hieraus resultierenden Fragen durfte jedoch das Gericht nicht in die Versuchung bringen, den ihm vom Gesetz vorgeschriebenen Weg zu verlassen und sich auf Gebiete zu begeben, die ihm verschlossen sind. Aufgabe jedes Strafverfahrens ist es, die Begründetheit der Anschuldigungen zu überprüfen, die von der Staatsanwaltschaft erhoben werden, und nur die Umstände zu erforschen, die zur Entscheidung über einen Angeklagten geklärt werden müssen. Das Gericht hat nicht das Recht, andere Ziele anzustreben, und würde, wenn es den ihm vorgezeichneten Weg verlassen wollte, in eine Uferlosigkeit geraten, die ihm eine Entscheidung unmöglich machen würde.

Die Staatsanwaltschaft hat zu Beginn ihres Plädoyers die Fragen aufgeworfen: Warum ein Auschwitz-Prozeß? Und: Warum heute noch ein Auschwitz-Prozeß? Diese Fragen werden für die Staatsanwaltschaft von Interesse gewesen sein, als sie sich darüber schlüssig werden mußte, ob sie diesen Prozeß einleiten sollte. Für das Schwurgericht sind derartige Fragen nicht zu stellen. Wenn auch der Prozeß weit über die Grenzen dieses Landes Beachtung gefunden hat und den Namen ›Auschwitz-Prozeß‹ erhalten hat, so blieb er für das Schwurgericht ein ›Strafprozeß gegen Mulka und andere‹. Das heißt, es war für die Entscheidung des Schwurgerichts nur die Schuld der Angeklagten maßgebend.

Das Schwurgericht war nicht berufen, die Vergangenheit zu bewältigen, es hatte auch nicht zu prüfen, ob dieser Prozeß zweckmäßig war oder nicht. Das Schwurgericht konnte nicht einen politischen Prozeß führen, schon gar nicht einen Schauprozeß. Ich muß in diesem Zusammenhang mein Bedauern aussprechen darüber, daß dieses Wort überhaupt gefallen ist. Denn derjenige,

der diesen Prozeß verfolgt hat, weiß, daß dieser Prozeß alles andere war als ein Schauprozeß, bei dem die Entscheidung von vornherein feststeht und das Verfahren selbst nichts anderes ist als eine Farce, um der Öffentlichkeit eine Schau zu geben. Das Gericht hat sich bemüht, die Wahrheit zu erforschen. Die Länge des Prozesses und die zahlreichen Beweiserhebungen, die durchgeführt wurden, sprechen dafür, daß allein die Erforschung der Wahrheit im Mittelpunkt dieses Verfahrens gestanden hat.
Es ist nun hier wiederholt zum Ausdruck gebracht worden, daß es nur die kleinen Leute seien, die hier vor Gericht stünden. Wie bereits zu Anfang gesagt wurde, sind jedoch diejenigen, die das Gesamtgeschehen an den Schreibtischen geplant und befohlen haben, zum größten Teil nicht unter den Lebenden. Hitler, Himmler, Göring, Heydrich, Liebehenschel, Pohl, Baer, Höß, Grabner und eine andere Anzahl von SS-Leuten und Ärzten, wie Dr. Entress und Dr. Klein, sind bereits entweder durch den Richterspruch verurteilt oder durch Freitod aus dem Leben geschieden. Damit aber bleiben nur die noch übrig, die nicht in leitender Stellung waren.
Es wäre auch ein Fehler, zu sagen, daß die ›kleinen Leute‹ deshalb nicht schuldig seien, weil sie selbst das ganze Geschehen nicht eingeleitet haben. Sie waren genauso nötig, um den Plan der Vernichtung der Menschen in Auschwitz durchzuführen, wie diejenigen, die am Schreibtisch diesen Plan entworfen haben.
Bei der Frage der Schuld konnte das Gericht nur die kriminelle Schuld, das heißt die Schuld im Sinne des Strafgesetzbuches untersuchen. Nicht stand für das Gericht die politische Schuld, die moralische und die ethische Schuld im Mittelpunkt seiner Prüfung. Was diese Schuld anbelangt, so hat die Verteidigung von ihrem Recht und ihrer Pflicht, Zweifel an der Zuständigkeit des Gerichtes zu wecken, hinlänglich Gebrauch gemacht. Es ist zunächst überhaupt die Berechtigung für das Schwurgericht bestritten worden, eine Entscheidung über die in der Anklage aufgeführten Punkte zu fällen, und man hat die Meinung vertreten, das Gericht in Frankfurt sei nicht das richtige Gremium, um diese Taten aburteilen zu können, da ein Staat unmöglich bestrafen könne, was er in einer anderen Geschichtsphase befohlen habe. Von anderer Seite ist darauf hingewiesen worden, daß es sich bei dem Deutschen Reich in der Ära des nationalsozialistischen Staates um einen anderen Staat gehandelt habe, der sich seine Staatsmoral und seine Staatsgesetze nach eigenem Gutdünken habe geben können, ohne daß er heute von den Gerichten der Bundesrepublik dafür zur Verantwortung gezogen werden könne.
Diese Rechtsauffassung ist irrig. Die Bundesrepublik Deutschland ist infolge der Kontinuität in der Identität die Nachfolgerin

des Deutschen Reiches. Dieser Staat besteht seit 1871 über die Weimarer Republik bis zur Bundesrepublik und hat immer die gleichen Strafgesetze gehabt. Diese Strafgesetze aber haben den Mord immer unter Strafe gestellt. Dem Nationalsozialismus stand zwar die umfassende Macht im Deutschen Reich zur Verfügung, diese setzte ihn aber nicht in die Lage, aus Unrecht Recht zu machen. Insbesondere konnte er nicht bestimmen, daß eine alle Merkmale einer strafbaren Handlung erfüllende Tat allein deswegen kein Unrecht sei, weil sie von einer bestimmten Person – mochte sie auch der alleinige Machthaber im Staate sein – befohlen wurde. Diesem Kernbereich des Rechts war auch der Nationalsozialismus unterworfen. Das gilt auch insbesondere für die Frage der ›Endlösung der Judenfrage‹.

Wie steht es nun um die individuelle Schuld dieser Angeklagten? Wäre diese Frage vor einundzwanzig Jahren mit umgekehrten Vorzeichen vor einem Standgericht in Auschwitz gestellt worden, sie wäre innerhalb von wenigen Stunden beantwortet gewesen; denn alle Angeklagten waren in Auschwitz, wo unfaßbare Verbrechen verübt wurden, und sie waren Mitglieder der SS. Das stand vom ersten Tag des Prozesses an fest. Dieser Tatbestand aber hätte jedem Standgericht ausgereicht, um die Angeklagten für schuldig zu befinden. Aber gerade darin liegt der Unterschied zwischen der rechtsstaatlichen Rechtsprechung und einer sogenannten Rechtsprechung, wie sie seinerzeit in Auschwitz geübt worden ist. Diese Feststellung der Schuld hat aber das Gericht vor außerordentlich schwere Aufgaben gestellt.

Außer wenigen und nicht sehr ergiebigen Urkunden standen dem Gericht zur Rekonstruktion der Taten der Angeklagten fast ausschließlich Zeugenaussagen zur Verfügung. Es ist eine Erfahrung der Kriminologie, daß Zeugenaussagen nicht zu den besten Beweismitteln gehören. Dies um so mehr, wenn sich die Aussage der Zeugen auf Vorfälle bezieht, die vor zwanzig Jahren oder mehr unter unsäglichem Leid und Qualen von den Zeugen beobachtet worden sind. Selbst der ideale Zeuge, der nur die reine Wahrheit sagen will und der sich bemüht, sein Gedächtnis zu erforschen, ist nach zwanzig Jahren manchen Erinnerungslücken unterworfen. Er gerät in die Gefahr, Dinge, die er tatsächlich erlebt hat, auf andere Personen zu projizieren, und Dinge, die ihm von anderen in diesem Milieu sehr drastisch erzählt wurden, als eigenes Erlebnis aufzufassen. Auf diesem Weg aber gerät er in die Gefahr, Zeit und Ort seiner Erlebnisse zu verwechseln.

Es ist gewiß für die Zeugen eine Zumutung gewesen, wenn man sie heute noch nach allen Einzelheiten ihrer Erlebnisse fragt. Es heißt die Zeugen überfordern, wenn man heute, nach zwanzig Jahren, noch wissen will, wann, wo und wie im einzelnen wer was gemacht hat. Aus diesem Grunde ist auch wiederholt von den Zeugen Erstaunen geäußert worden darüber, daß man von ihnen eine so präzise Wiedergabe des damaligen Geschehens verlangt hat. Es ist selbstverständlich und auch die Pflicht der Verteidigung gewesen, nach diesen Einzelheiten zu fragen. Und es ist durchaus unrecht, der Verteidigung etwa zu unterstellen, sie wolle diese Zeugen der Lächerlichkeit anheimgeben. Im Gegenteil, man muß sich doch nur einmal vergegenwärtigen, welche unendliche Kleinarbeit in einem Mordprozeß unserer Tage geleistet wird, wie aus kleinen Mosaiksteinchen das Bild des wahrhaften Geschehens im Augenblick des Mordes zusammengesetzt wird. Es steht dem Gericht zur Verfügung zunächst die Leiche, das Obduktions-Protokoll, das Gutachten der Sachverständigen über die Ursachen für den Eintritt des Todes und der Tag, an dem die Tat geschehen sein muß, die Einwirkung, die zum Tode des betreffenden Menschen geführt hat. Es stehen zur Verfügung die Mordwaffe, die Fingerabdrücke, die den Täter identifizieren, es steht zur Verfügung der Fußabdruck, den er hinterlassen hat, als er in das Haus des Ermordeten eintrat, und es sind noch vielerlei Einzelheiten vorhanden, die dem Gericht die unabdingbare Gewißheit verschaffen, daß dieser Mensch von einem ganz bestimmten Täter zum Tode gebracht worden ist.

All dies fehlt in diesem Prozeß. Wir haben keine absoluten Anhaltspunkte für die einzelnen Tötungen, wir hatten nur die Zeugenaussagen. Diese Zeugenaussagen waren jedoch mitunter nicht so exakt und präzis, wie das in einem Mordprozeß erforderlich ist. Wenn deshalb die Zeugen gefragt wurden, in welchem Jahr eine Tat geschah oder in welchem Monat, so ist dies durchaus im Sinne der Wahrheitsfindung erforderlich gewesen. Und diese Daten stellten mitunter den einzigen Anhaltspunkt für das Gericht dar, um zu überprüfen, ob das von den Zeugen geschilderte Ereignis sich tatsächlich so zugetragen haben muß, wie der Zeuge es schildert, oder ob der Zeuge hier einem Irrtum oder einer Personenverwechslung zum Opfer gefallen ist. Trotzdem war sich das Gericht natürlich bewußt, daß es eine außerordentliche Belastung der Zeugen gewesen ist, wenn sie angesichts des Lager-Milieus, wo ihnen kein Kalender, keine Uhr und nicht die primitivsten Merkmöglichkeiten zur Verfügung standen, nun noch in minutiöser Form Ausdruck geben sollten über alles, was sie damals erlebt haben. Und trotzdem mußte das Gericht noch feststellen können, ob tatsächlich der einzelne Angeklagte einen wirklichen Mord wo und wann verübt hat. Das eben fordert das Strafgesetzbuch.

Es handelt sich sicher hier um einen normalen Strafprozeß, mag er auch einen Hintergrund haben, wie er wolle. Das Gericht konnte nur urteilen nach den Gesetzen, die von ihm beschworen

worden sind, und diese Gesetze erfordern nach der subjektiven und nach der objektiven Seite eine genaue Feststellung von der konkreten Schuld eines Angeklagten. Gerade die Überforderung der Zeugen beweist, wie unendlich schwer es ist, nach zwanzig Jahren noch konkrete Vorgänge festzustellen und festzuhalten. Wir haben Zeugen vernommen, die dem Gericht zunächst so glaubwürdig erschienen, daß wir sogar Haftbefehl auf ihre Aussage hin ausgestellt haben. Bei einer eingehenden Überprüfung der Zeugenaussagen in stundenlangen Beratungen mußte jedoch festgestellt werden, daß diese Aussagen nicht unbedingt stichhaltig waren und nicht unbedingt der objektiven Wahrheit entsprechen mußten. Gerade für diesen Zweck mußten auch gewisse Zeiten erfragt werden und Urkunden daraufhin überprüft werden, ob der Angeklagte, der von dem Zeugen belastet worden war, zu der bestimmten Zeit überhaupt im Lager Auschwitz untergebracht, ob er dort die Tat begangen haben konnte, oder ob der Zeuge etwa die Tat auf einen Falschen projizierte.
Angesichts dieser Unsicherheit der Zeugenbekundung – und ich spreche jetzt nur von den Zeugen, denen das Gericht den guten Willen zur Wahrheit, zur subjektiven und objektiven Wahrheit, durchaus glaubt und abgenommen hat – mußte das Gericht die Zeugenaussagen ganz besonders prüfen. Man hat vor einigen Wochen in den Zeitungen lesen können, daß ein Mitglied des Konzentrationslagers Buchenwald verurteilt worden ist wegen Ermordung eines Häftlings, von dem heute feststeht, daß er lebt und gar nicht ermordet worden ist. Derartige Beispiele sollten doch sehr zu denken geben. Diese Fälle von Justizirrtum dienen nicht dazu, die Rechtssicherheit zu stärken und den Glauben an das Recht zu schützen. Aus diesem Grunde hat auch das Gericht alles vermieden, was irgendwie auch nur im entferntesten auf eine summarische Entscheidung hindeuten könnte. Das Gericht hat mit großer Sorgfalt und mit allem Ernst jede einzelne Aussage eines jeden Zeugen überprüft und hat infolgedessen in einer ganzen Reihe von Anklagepunkten keine Verurteilung aussprechen können, da sichere Voraussetzungen für ein solches Urteil nicht geschaffen werden konnten. Dabei waren die Möglichkeiten der Nachprüfung dieser Zeugenaussagen nur sehr beschränkt. Alle Tatspuren sind vernichtet worden. Die Urkunden, die dem Gericht wichtige Hilfsmittel hätten darstellen können, sind verbrannt worden …
Auch die Angeklagten haben keinen Anhaltspunkt für die Erforschung der Wahrheit gegeben und im wesentlichen geschwiegen und zum großen Teil die Unwahrheit gesagt. Die Angeklagten können sich nicht beschwert fühlen, wenn in dem einen oder anderen Falle das Gericht den Zeugen gefolgt ist, weil die Angeklagten es unterlassen haben, mit der wahrheitsgemäßen

Darstellung diese Zeugenaussagen zu berichtigen. Infolge der Beweisschwierigkeiten, in denen sich das Gericht befand, konnten nicht alle strafbaren Handlungen nachgewiesen werden. Das Gericht mußte vielmehr ausgehen nur von den Taten, für die ein konkreter Beweis erbracht war, da das Strafgesetzbuch Massenverbrechen nicht kennt. Das bedeutet, daß das Gericht sich auch insoweit bescheiden mußte ...
Was die Höhe der Strafen anlangt, so kann nicht etwa mit mathematischer Division errechnet werden, wie hoch die Strafe für den jeweiligen Einzelfall ausgefallen ist. Selbst wenn in allen Fällen die Angeklagten wegen Mittäterschaft zu lebenslang Zuchthaus verurteilt würden, würde eine Division dieser Strafe durch die Anzahl der Opfer niemals auch nur zu einer annähernd gerechten Sühne führen. Dazu ist das Menschenleben viel zu kurz.«

## Aus der Begründung des Urteils gegen

*Mulka*
»Der Angeklagte hat nach Auffassung des Schwurgerichts die Zustände im Lager erkannt und sie trotzdem nicht abgestellt.« Obwohl er die Gedanken der SS-Führung, insbesondere den Plan in der sogenannten Judenvernichtungsfrage, skrupellos gebilligt habe, bestünden aber gewisse Zweifel daran, daß er sie mit eigenem Eifer gefördert und mit eigenem Interesse wahrgenommen habe. Gegen die Annahme der Mittäterschaft stehe eine Aussage, nach der der Angeklagte gesagt haben soll: ›Ich will meine Hände rein halten.‹ Es sei ihm schließlich gelungen, nach einem Jahr abgelöst zu werden; auch das müsse ein Indiz dafür genannt werden, »daß er nicht restlos alle Maßnahmen billigte, die seinerzeit getroffen worden sind«. Mulka habe deshalb nur wegen Beihilfe zur Rechenschaft gezogen werden können.
»Ob der Angeklagte Mulka selbst eine Selektion vorgenommen hat, konnte nicht geklärt werden. Er hat aber bei der Beschaffung von Zyklon B mitgewirkt, das geht einwandfrei hervor aus dem Funkspruch vom 2. Oktober 1942, Nummer 13.« Es stehe auch fest, daß er Leiter der Fahrbereitschaft war, »daß er unterrichtet war von den Aufgaben, die die Fahrbereitschaft hatte, insbesondere auch, daß er Lkws für den Transport der ankommenden Häftlinge zu den Gaskammern bereitstellte.«
»Der Angeklagte hat weiterhin Fernschreiben mit der Ankündigung von Transporten erhalten und weitergeleitet; er hat auch die Fertigstellung der Krematorien betrieben.« Das Unrechtmäßige dieser Tötungen sei ihm bekannt gewesen; nach seiner eigenen Einlassung habe er sie als himmelschreiendes Unrecht

und Verbrechen bezeichnet. Mindestens dreimal habe Mulka, nach seinem eigenen Geständnis, auf der Rampe selektiert und damit das weitere Geschehen eingeleitet. »Das Gericht hat die Größe dieser Transporte auf tausend Menschen geschätzt, und ist davon ausgegangen, daß mindestens ein Viertel, nämlich 250 für das Arbeitslager selektiert wurden, so daß in jedem Fall 750 Menschen der Vernichtung entgegengegangen sind, wozu der Angeklagte Beihilfe geleistet hat.«

»Daß der Angeklagte nie im Schutzhaftlager gewesen ist, wurde ihm nicht geglaubt.« Er habe keinen Versuch gemacht, die Zustände im Lager abzustellen, den Kommandanten von allen Vorgängen zu unterrichten. Hätte er es getan, »wäre unter Umständen die Abstellung« der Bunkerentleerungen oder der Morde im Hilfskrankenhaus möglich gewesen. »Der Angeklagte war verpflichtet, auf Grund seines Amtes einzugreifen. Er hat es nicht getan. Dies ist ihm am schwersten anzulasten.«

*Höcker*

Dem Angeklagten werde der gleiche Vorwurf gemacht wie Mulka: Bei der Verwirklichung des nationalsozialistischen Vernichtungsprogramms tätig gewesen zu sein. Ihm sei jedoch nichts nachzuweisen gewesen, insbesondere habe ihn niemand auf der Rampe gesehen. Er habe jedoch »nachgewiesenermaßen« in drei Fällen Fernschreiben weitergeleitet und dadurch die Vernichtungsaktion in Gang gesetzt, und zwar in der Zeit der Ungarn-Transporte. Das Gericht sei sicher, daß diese Transporte »weit größer waren als die vorausgegangenen Transporte«. Es sei von einer Zahl von tausend Menschen ausgegangen worden, die bei dieser Aktion den Gastod erlitten hätten. »Der Angeklagte war daher wegen gemeinschaftlicher Beihilfe zum gemeinschaftlichen Mord in mindestens drei Fällen, wobei mindestens tausend Menschen getötet worden sind, zu bestrafen.«

Es sei auch nicht festgestellt worden, daß er gegen einen Häftling persönlich tätlich geworden ist. »Er hat sich auch selbst nach Beendigung des Krieges bei der Staatsanwaltschaft gestellt, und es kann deshalb davon ausgegangenen werden, daß bei seinem Eintreffen in Auschwitz die Todesmaschinerie bereits derart automatisch lief, daß seine Tätigkeit sich nicht mehr auf die Vergasung bezogen hat.«

*Stark*

Der Angeklagte sei einer der wenigen, die wenigstens zum Teil zu ihren Taten stünden. Er wolle kein Unrechtsbewußtsein gehabt haben; Höß habe ihm gedroht, ihn selbst in den Gaskammern einzusperren, wenn er nicht bereit sei, das Gas einzufüllen. Nach Auffassung des Gerichts wußte Stark jedoch genau, daß es sich um Rechtswidrigkeiten handelte. In objektiver Hinsicht sei festzustellen gewesen, daß Stark sich an Erschießungen von Juden im kleinen Krematorium beteiligte; an einer Vergasung ebenfalls im kleinen Krematorium; an einer Vergasung in den Bauernhäusern; und daß er sich der Erschießung von zwei Kindern schuldig machte. »Diese Handlungen sind zwar von dem Angeklagten sämtlich auf Befehl verübt worden, er hat aber gewußt, daß es sich um unrechtmäßige Befehle handelte ... Der Glaube des Angeklagten an die Befolgung der Befehle kann ihn nicht von Strafe freistellen ... Der Paragraph 47 des Militärstrafgesetzbuches ist niemals außer Kraft gesetzt worden. Er galt auch im Konzentrationslager Auschwitz und für die dortigen SS-Angehörigen.« Von einem Befehlsnotstand könne bei dem Angeklagten überhaupt nicht gesprochen werden, weil er sich niemals geweigert habe oder habe weigern wollen; er habe die Befehle »selbstverständlich ausgeführt mit Rücksicht auf seine Eigenschaft als Angehöriger der SS«. Bei dem Angeklagten sei aber zu bedenken, daß er im Alter von sechzehn Jahren und sechs Monaten erstmals aus dem Elternhaus herausgekommen und dem Einfluß der nationalsozialistischen Erziehung unterworfen worden sei. »Das Ergebnis dieser Erziehung des Angeklagten Stark war der Glaube an eine Macht ohne Moral. Der Befehl war entscheidend und absolut und kannte keine persönliche Gewissensentscheidung mehr, im Gegenteil, das Gewissenlose und das Unmoralische wurde zur neuen Moral und als Leistung des Herrenmenschen angepriesen.« Bis zu seinem 21. Lebensjahr sei auf den Angeklagten der Paragraph 105 des Jugendgerichtsgesetzes anzuwenden. Die nach dieser Zeit begangenen strafbaren Handlungen, insbesondere die Vergasungen in den Bauernhäusern, stellen nach Auffassung des Schwurgerichts nur eine Fortsetzung der bereits begonnenen Tat dar in der gleichen Umwelt, ohne daß ein Einschnitt in der Entwicklung Starks möglich gewesen wäre. »Die Täterpersönlichkeit hatte sich nicht geändert und die Verführung seiner früheren Jahre wirkte nach.« Das Schwurgericht sei aber der Auffassung, daß der Angeklagte sich mit dem Vernichtungsprogramm völlig identifiziert habe und unter völliger Bejahung dieses Programms tätig geworden sei. Er habe aus niedrigen Beweggründen gehandelt und sei daher wegen Mordes zu bestrafen, »jeweils begangen als Täter oder Mittäter«.

*Boger*

Der Angeklagte Boger ist nach Überzeugung des Gerichts mindestens einmal bei einer Selektion auf der Rampe aktiv zugegen gewesen und hat sich auch bei der Räumung des Theresienstädter Lagers »mit Eifer und großem Interesse« betätigt. Er habe bei

den sogenannten Bunker-Entleerungen mitgewirkt, die nicht etwa als Ausführung von Befehlen erfolgt seien, sondern auf Grund willkürlicher Entscheidungen, die unter anderem von den Mitgliedern der Politischen Abteilung gefällt worden seien. Boger habe innerhalb dieser Abteilung eine entscheidende Stimme gehabt. Nach dem eigenen Geständnis des Angeklagten habe er an Erschießungen teilgenommen.
Das Gericht glaubt, daß die von Boger begangenen Tötungen nicht nur grausam, sondern auch aus niederen Beweggründen begangen worden sind. Seine verschärften Vernehmungen auf der Boger-Schaukel, die den Opfern in mindestens fünf Fällen den Tod gebracht hätten, seien auch damals nicht erlaubt gewesen. »Er hat aber diese Torturen und Quälereien innerlich bejaht. Er wußte und war stolz darauf, der Teufel des Lagers genannt zu werden. Auch Ausdrücke bei der Bunker-Entleerung wie: ›Du bist mein‹ oder seine Bekundung, daß viel zu wenig Menschen erschossen worden sind, deuten darauf hin, daß der Angeklagte Boger diese Tötungen zu seinen eigenen Taten machen wollte und gemacht hat.«
Aus niederen Beweggründen habe Boger auch bei der Erschießung von hundert Häftlingen nach dem Krematoriumsaufstand gehandelt, und zwar aus Haß und Rache, »ohne daß ihm hierfür ein Befehl gegeben war. Und ohne, daß ein Urteil vorlag«.

*Dylewski*
Der Angeklagte habe zugegeben, als Angehöriger der Politischen Abteilung Überwachungsfunktionen auf der Rampe ausgeführt zu haben. Er habe auch zugegeben, bei Bunker-Entleerungen dabeigewesen zu sein, eine entscheidende Stellung in diesem Fall jedoch bestritten. Dem Angeklagten habe diese Darstellung nicht widerlegt werden können. Seine erwiesene Teilnahme am Überwachungsdienst auf der Rampe, bei den Bunker-Entleerungen und den nachfolgenden Erschießungen werte das Gericht als Beihilfe zum Mord. Mittäterschaft könne nicht bejaht werden, weil der Angeklagte kaum erkennbaren Eifer gezeigt und ohne eigenes Interesse mitgewirkt habe. Für einzelne, von Zeugen bekundete Erschießungen – zum Beispiel die Erschießung einer Familie mit zwei Kindern – habe Dylewski nicht zur Rechenschaft gezogen werden können, weil er dieser Verbrechen nicht angeklagt gewesen sei.

*Broad*
Der Tatbeitrag des Angeklagten Broad sei verhältnismäßig gering gewesen. Kein Zeuge habe bekundet, daß Broad besonderen Eifer bei den Vernichtungsaktionen gezeigt habe. Am Rampendienst habe er teilgenommen, seine Erklärung, er sei nur aus Neugierde

hingegangen, sehe das Gericht als Schutzbehauptung an. »Er hatte eine Funktion«, Zeugenaussagen bestätigten es. »Er selbst hielt die Vergasung für ein Verbrechen, so daß seine Einlassung, nicht getötet zu haben, ihn auch nicht entlastet.« Der Beschuldigung des Zeugen Fabian, Broad habe eine junge Frau erschossen, nachdem er zuvor gesagt habe: ›Laß mir die, die erschieße ich‹, habe das Gericht nicht mit unbedingter und jeden Zweifel ausschließender Sicherheit folgen können. Fabian habe sich auch in anderen Dingen getäuscht, und es könne nicht ausgeschlossen werden, daß er einem Irrtum zum Opfer gefallen sei.
»Der Angeklagte hat mit seiner Tätigkeit nur einen geringen Tatbeitrag geleistet. Es sind keine Anhaltspunkte für einen erheblichen verbrecherischen Willen vorhanden ... Der Angeklagte ist eine schillernde Persönlichkeit, und es steht durchaus nicht fest, daß er die Verbrechen, die er in Auschwitz begangen, gutgeheißen und gewünscht hat. Das Gericht hat infolgedessen bei der Teilnahme an den ihm zur Last gelegten Verbrechen lediglich die Form der Beihilfe bejaht.«

*Schoberth*
»Da keinerlei Beweismittel zur Verfügung stehen, um eine Schuld des Angeklagten Schoberth nachzuweisen, mußte seine Freisprechung aus Mangel an Beweisen erfolgen.«

*Breitwieser*
Die Ortsbesichtigung in Auschwitz habe ergeben, daß die Aussage des Zeugen Petzold, Breitwieser habe sich an der ersten Vergasung in Block 11 beteiligt, nicht der Wahrheit entsprechen könne. Der Zeuge Schlupper wolle gehört haben, wie im Zusammenhang mit einer anderen Vergasung gesagt worden sei: ›Mensch, wie hat der Arthur das gemacht?‹
»Andere Beweise gegen den Angeklagten liegen nicht vor. Er war deshalb wegen mangelnder Beweise freizusprechen.«

*Dr. Schatz*
Dr. Schatz, der nicht bestreitet, auf der Rampe gewesen zu sein, wehre sich gegen die Behauptung, Selektionsdienst getan und mit zu den Gaskammern gegangen zu sein. Er habe es verstanden, sich vor dem Selektionsdienst zu drücken, sich jeweils nur mit dem zahnärztlichen Material aus den ankommenden Transporten beschäftigt. »Es ist kein Zeuge vorhanden, der uns zuverlässig seine Tätigkeit auf der Rampe hätte schildern können.« Die Einlassung des Angeklagten sei nicht mit Bestimmtheit widerlegt worden. »Selbstverständlich besteht gegen Schatz ein ganz dringender Verdacht nach wie vor, daß er sich am Rampendienst beteiligt hat als auch in den Gaskammern Dienst tat.« Er

habe jedoch nicht überführt werden können. »Er war daher mangels ausreichender Beweise von den ihm zur Last gelegten Taten freizusprechen.«

*Scherpe*
Es habe dem Angeklagten Scherpe nicht nachgewiesen werden können, aktiv an Selektionen in den Krankenrevieren beteiligt gewesen zu sein. Es müsse aber als erwiesen gelten, daß Scherpe sich an der Tötung der Kinder von Zamosc beteiligt habe. Das Bewußtsein der Rechtswidrigkeit habe der Angeklagte durchaus gehabt. »Er befand sich auch nicht im Befehlsnotstand. Es war ihm keine Gefahr für Leib und Leben angedroht worden und er hätte sich in einer solchen Gefahr auch nicht befunden, wie die Tatsache ergab, daß er auf seine spätere Weigerung hin nicht bestraft, sondern kurzerhand abgelöst worden ist ... Der Angeklagte hat diese Tötungen nur schweren Herzens vorgenommen. Er hat innerlich dieser Tat nicht zugestimmt. Er hat auch schließlich die Bereitwilligkeit zu diesen Tötungen vollends aufgegeben und sich geweigert, weiterhin in dieser Weise tätig zu sein. Trotzdem ist sein Verhalten nicht etwa als geringes Verschulden im Sinne des Paragraphen 47 des Militär-Strafgesetzbuches zu bewerten.«
Das Gericht habe bei der Strafzumessung die Tatsache berücksichtigt, daß sich Scherpe von Anfang an »gegen dieses Morden gewehrt hat«. Es glaube, bei der Bestrafung an der untersten Grenze der im Gesetz erlaubten Strafe festhalten zu können.

*Hantl*
Es sei festzustellen, daß der Angeklagte mit seiner Anwesenheit den obligatorischen Ablauf der Selektion und nachträglichen Tötung sichergestellt hat. Er habe dies aber nur widerwillig getan und niemals erkennen lassen, daß er ein persönliches Interesse an diesen Dingen gehabt habe. »Das Gericht glaubt daher, daß der Angeklagte insoweit nur Beihilfe zu diesen Morden geleistet hat ... Er selbst hat keine Initiative entwickelt. Er war zu den Häftlingen stets freundlich und half, wo er konnte.« Der Angeklagte habe größere Hemmungen bewiesen, »als andere seiner Mitangeklagten sie bewiesen haben. Deshalb hat das Gericht die Strafe an der untersten Grenze gehalten.«
Damit endete die Verlesung der Urteilsbegründung dieses Tages. Vor Schluß der Sitzung werden die – allerdings schon außer Kraft gesetzten – Haftbefehle gegen die Angeklagten Schoberth und Breitwieser sowie die Haftbefehle gegen die Untersuchungshäftlinge Hantl und Scherpe aufgehoben. Die beiden letztgenannten werden am gleichen Tag aus der Untersuchungshaft entlassen.

20. August 1965, 183. Tag

Senatspräsident Hofmeyer fährt fort, das Urteil zu begründen. Die letzten neun Angeklagten hören, weshalb sie das Schwurgericht schuldig sprach.

*Schlage*

Der gesamte Umfang seiner Verbrechen habe dem Angeklagten auch nicht nur annähernd nachgewiesen werden können. Das Gericht ist jedoch überzeugt, daß es während der Zeit von acht bis zehn Wochen, die Schlage nach seiner eigenen Einlassung im Arrestblock als Aufseher Dienst tat, mindestens zu acht Bunkerentleerungen gekommen ist. Dabei seien jeweils mindestens zehn Menschen ausgesucht und erschossen worden. Diese Erschießungen seien unrechtmäßig gewesen, es habe kein Urteil gegeben, und Schlage sei das selbstverständlich bekannt gewesen. Der Angeklagte habe jeweils die Zellen aufgeschlossen und die ausgesuchten Häftlinge in den Waschraum befördert. Er habe sie vom Waschraum in den Hof getrieben und im Hof die Aufsicht darüber gehabt, »daß alles so seinen Gang ging, wie es befohlen worden war«. Er selbst habe das Gewehr mitgebracht. Das heißt, er habe sich an diesen Erschießungen beteiligt, und zwar in Form der gemeinschaftlichen Beihilfe. Er sei ein williger Befehlsempfänger mit brutaler Gesinnung gewesen.

*Hofmann*

Der frühere Schutzhaftlagerführer Franz Hofmann, so stellt das Gericht fest, hat mindestens dreimal im Rampendienst die Aufsicht geführt. Er sei mit zu den Gaskammern gekommen und habe die Opfer hineingeschoben, sogar die Einschüttung des Gases beobachtet. Er sei auch bei den sognannten Bunkerentleerungen beteiligt gewesen. In beiden Fällen sei der Angeklagte als Mittäter, nicht als Gehilfe zu bestrafen.

»Der durchaus glaubwürdige Zeuge van Felsen hat gesehen, wie der Angeklagte in der Nähe der Kantine einem Häftling die Mütze vom Kopf geworfen hat. Als der Häftling sich nach ihr bückte, um sie aufzuheben«, habe Hofmann ihm eine Flasche an den Kopf geworfen, so daß der Häftling zusammengebrochen sei. »Nach Bekundung des Zeugen ist der Häftling in den Krankenbau gekommen und von dem Arzt Dr. Epstein ist dem Zeugen bestätigt worden, daß dieser Mann an den Folgen der Verletzung durch den Flaschenwurf gestorben sei. Diese Darstellung des Zeugen van Felsen wird auch in etwa durch die Aussagen des Zeugen Brach bestätigt . . . Diese Tat des Angeklagten Hofmann stellt einen Mord dar. Denn ein gezielter Flaschenwurf aus einer Entfernung von fünf bis sechs Metern mit voller Wucht kann ohne weiteres den Tod eines Menschen zur Folge haben.

Der Angeklagte Hofmann war sich dieser Tatsache auch vollkommen bewußt und hat trotzdem geworfen. Er hatte dabei auch den Vorsatz, den Häftling tödlich zu treffen. Denn zu diesem Zweck hat er dem Häftling zunächst die Mütze vom Kopf geworfen und den Häftling in dem Augenblick getroffen, als dieser sich bückte, das heißt, als er gerade in der Position war, die für die Absicht des Angeklagten besonders vorteilhaft war. Der Angeklagte Hofmann hat diese Tat auch heimtückisch begangen, denn der Häftling, der sich nach der Mütze bückte, konnte nicht ahnen, daß er totgeschlagen werden sollte.«
Hofmann sei ein zuverlässiger KZ-Bewacher gewesen. »Er hat Befehle ausgeführt, ohne nach ihrer moralischen Berechtigung zu fragen. Er befand sich nicht in einem Befehlsnotstand, sein Wille ist nicht gebeugt worden und mußte auch nie gebeugt werden.«

*Kaduk*
In mehreren Fällen sei das Gericht den Bekundungen von Zeugen gefolgt, die Tötungen durch den Angeklagten geschildert hätten. Es stehe fest, daß Kaduk grausam gewesen sei, aus einer gefühllosen und rohen Gesinnung heraus gehandelt habe. Nicht bewiesen sei nach Auffassung des Gerichts seine Teilnahme an Erschießungen vor der »Schwarzen Wand«; es könne nicht ausgeschlossen werden, daß in diesen Fällen ein Todesurteil vorgelegen habe. Es sei aber gewiß, daß Kaduk zumindest in einem Fall Häftlinge zur Vergasung selektiert habe. Den Darstellungen des Zeugen Dr. Dürmayer sei in diesem Fall gefolgt worden.
Das Gericht ist der Auffassung, die frühere Verurteilung des Angeklagten Kaduk schließe eine neuerliche Verurteilung nicht aus. Er sei nach russischen Gesetzen verurteilt worden, der sogenannte Überleitungsvertrag beziehe sich aber nicht auf Urteile, die von der russischen Besatzungsmacht ausgesprochen worden seien. Die von der sowjetzonalen Regierung ausgesprochene Begnadigung ändere an dieser Tatsache nichts, denn der Gnadenakt basiere nicht auf einem inländischen Urteil.

*Baretzki*
Der Angeklagte wird für schuldig befunden, mehrere Häftlinge in ein Feuerlöschbecken gestoßen und verhindert zu haben, daß sie sich retten konnten. Baretzki habe ferner einen Häftling, der ihn nicht richtig gegrüßt habe, derart mit einem Stock zusammengeschlagen, daß dieser Häftling am gleichen oder nächsten Tag gestorben sei. Der Zeuge Dr. Wolken habe die Tat aus nächster Nähe gesehen. Das Gericht habe weiter festgestellt, daß der Angeklagte beim Dienst an der Rampe und bei den Lagerselektionen Beihilfe zum Mord geleistet habe. »Der Angeklagte be-

fand sich nicht in einer Notstandssituation, da sein Wille nicht gebeugt worden ist. Er hat erheblich mehr getan, als er überhaupt zu tun beauftragt worden war. ... Der Angeklagte Baretzki war wegen Mordes am Löschwasserbecken fünfmal zu lebenslangem Zuchthaus zu verurteilen.« Auch in fünf weiteren Fällen sei er schuldig befunden worden, je einen vollendeten Mord begangen zu haben.

*Dr. Lucas*

Dem Angeklagten — der zunächst immer wieder bestritten habe, auf der Rampe und an den Gaskammern Dienst gemacht zu haben — bescheinigt das Gericht, daß es der Überzeugung sei, er habe den ihm abverlangten Dienst auf der Rampe und in den Gaskammern nicht gern getan; auch habe er versucht, sich davor zu drücken. Er sei aber schließlich, »als seine Versuche zu nichts mehr führten, den Weg des geringsten Widerstandes gegangen« und habe die Selektion in vier Fällen mitgemacht. Nach Auffassung des Gerichts haben dabei mindestens tausend Menschen den Tod in den Gaskammern gefunden.

Mit seinem gesamten Verhalten im Lager Auschwitz habe Lucas jedoch gezeigt, daß er mit dem Vernichtungsplan nicht einverstanden gewesen sei, insbesondere habe er keine »Fleißaufgaben« gemacht. »Im Gegenteil wird ihm von Häftlingen bezeugt, daß er den Kranken zur Hilfe gekommen ist.« Das Gericht glaube die Einlassung des Angeklagten, daß er in diese Dinge verstrickt worden sei, aber nicht die Kraft gehabt habe, sich ihnen zu entziehen. Schließlich habe der Angeklagte auch ein Geständnis abgelegt und Einsicht gezeigt. Das Gericht glaube mit den Mindeststrafen auskommen zu können.

*Dr. Frank*

Der Angeklagte hätte sich nach Auffassung des Schwurgerichts dem Dienst bei Selektionen entziehen können. »Beispielsweise durch Vortäuschen einer Krankheit.« Das Gericht befand den ehemaligen Leiter der SS-Zahnstation in Auschwitz schuldig, auf der Rampe über Leben und Tod Tausender von Menschen entschieden und auch Dienst an den Gaskammern getan zu haben.

»Den Aussagen des Zeugen Rosenstock ist gegenüber der Einlassung des Angeklagten der unbedingte Vorrang zu geben. Der Zeuge Rosenstock konnte aus einer Entfernung von etwa sechzig Metern, wie die Ortsbesichtigung ergeben hat, die Person des Dr. Frank erkennen. Dies um so mehr als seine Beobachtungen sich über längere Zeit erstreckten und ihm die Person des Dr. Frank genau bekannt war. Er kannte Dr. Frank mit Mütze und Uniform, genauso wie er auch auf der Rampe erschienen ist. Es

bestehen auch keine Zweifel, daß dieser Zeuge seine Aussagen wider besseres Wissen gemacht haben soll. Er kannte Dr. Frank persönlich, und der Zeuge gibt zu, von Dr. Frank immer gut behandelt worden zu sein. Dieser Zeuge hat festgestellt, daß er Dr. Frank fünfmal am Tage und einmal in der Nacht auf der Rampe gesehen hat, und zwar bei Selektionen bei ankommenden Transporten.«
Das Schwurgericht lehne die Auffassung der Verteidigung ab, die Selekteure hätten das Leben der zur Arbeit ausgesonderten Häftlinge gerettet. Dr. Frank habe im Gegensatz zu dem Angeklagten Lucas nicht unter Beweis gestellt, »daß er aktiv bemüht war, das Los der Häftlinge zu mildern und daß er schließlich wie Dr. Lucas sogar den Mut gehabt hat, sich mit Gewalt diesen Dingen zu entziehen«.

*Dr. Capesius*
Heimtückisch und grausam habe der Leiter der SS-Apotheke in Auschwitz, Dr. Victor Capesius von der Rampe aus auch seine rumänischen Landsleute in den Tod geschickt. Die Zahl seiner Opfer beziffert Hofmeyer auf mindestens achttausend. »Unter diesen Getöteten befanden sich auch diejenigen, deren Tötung der Angeklagte Capesius überwachte, indem er das Einwerfen des Zyklon B als auch den eingetretenen Tod der Häftlinge feststellte. Das Gericht erkannte jedoch nicht auf Mittäterschaft, sondern auf Beihilfe zum gemeinschaftlichen Mord, »weil Capesius kein Fanatiker war« und die Taten nicht als seine eigenen gewollt habe.
Der Angeklagte sei durch Zeugen überführt, »die ihn nicht erst in Auschwitz kennengelernt haben, sondern die ihn bereits in seiner Siebenbürger Heimat kannten«. Zum Vorwurf, Capesius habe Phenol zu Zwecken der Tötung von Häftlingen verwaltet und ausgegeben, wird erklärt, es müsse zugunsten des im Februar 1944 in Auschwitz eingetroffenen Angeklagten angenommen werden, daß die Tötungen mit Phenol schon Ende 1943 eingestellt worden seien.
Das Gericht werte es als besonders verwerflich, daß der Angeklagte sich an dem Besitz der Ermordeten bereichert habe. Bei den Strafzuwendungen habe das Gericht berücksichtigt, daß auch der Angeklagte »durch eine Verstrickung in diese Morde hereingeraten ist«.

*Klehr*
Mehrere Zeugen hätten glaubwürdig bekundet, daß Klehr an den Vergasungen von Häftlingen aktiv mitgewirkt, daß er regelmäßig Zusatzverpflegung für diesen Dienst und »zwar insbesondere Rum« bekommen habe. Das Gericht hat keinen Zweifel daran,

daß der Angeklagte auf Grund eigenmächtiger Initiative Häftlinge zum Tode aussonderte, die er zeitweise auch selbst tötete. Die von Zeugen geschätzten Zahlen der von Klehr getöteten Menschen bewegten sich zwischen zehn- bis dreißigtausend. Diese Angaben seien jedoch so unbestimmt, daß sie nicht zur Grundlage des Urteils gemacht werden könnten. Insgesamt, so sei für das Gericht bewiesen, habe Klehr vierhundertfünfundsiebzig Menschen selbst ausgesucht und zu Tode gebracht. Es müsse Mord in vierhundertfünfundsiebzig Fällen festgestellt werden.

*Bednarek*
Im Fall des ehemaligen Funktionshäftlings Emil Bednarek sah das Gericht in vierzehn Einzelfällen Mord als erwiesen an. »Er hat die Menschen nicht auf Befehl getötet, sondern im Gegensatz zu dem Befehl gehandelt, wonach im Lager kein Häftling umgebracht werden sollte.« Der Angeklagte habe eifervoll und aus eigenem Antrieb gehandelt. Das Gericht könne ihm deshalb keinen Notstand zubilligen. Daß der Angeklagte im Bewußtsein der Rechtswidrigkeit gehandelt habe, daran bestehe kein Zweifel. »Im übrigen spricht auch gegen den Angeklagten, daß man ausgerechnet ihn zum Blockältesten in der Strafkompanie ausgewählt hat. In der Strafkompanie, in der ohnehin die Menschen nicht mehr wie Menschen behandelt worden sind, konnte man nur gefühllose und gefühlsrohe Blockälteste gebrauchen.«

Senatspräsident Hofmeyer kommt zum Schluß:
»Damit ist dieser Prozeß vor dem Landgericht in Frankfurt am Main beendet.
Das Gericht mußte in den zwanzig Monaten der Prozeßdauer noch einmal im Geiste all die Leiden und Qualen erleben, die die Menschen dort erlitten haben und die mit dem Namen Auschwitz auf immer verbunden sein werden. Es wird wohl mancher unter uns sein, der auf lange Zeit nicht mehr in die frohen und gläubigen Augen eines Kindes sehen kann, ohne daß im Hintergrund und im Geiste ihm die hohlen, fragenden und verständnislosen, angsterfüllten Augen der Kinder auftauchen, die dort in Auschwitz ihren letzten Weg gegangen sind.«
Der Vorsitzende verkündet nach Worten des Dankes an die Geschworenen, Hilfsgeschworenen und an die Prozeßbevollmächtigten den Beschluß, daß die Fortdauer der Untersuchungshaft für die Angeklagten Mulka, Höcker, Boger, Stark, Dylewski, Broad, Schlage, Kaduk, Baretzki, Dr. Lucas, Dr. Frank, Dr. Capesius, Klehr und Bednarek angeordnet werde. Die nächste Haftprüfung solle in sechs Monaten erfolgen.

»Ich bitte die Angeklagten, alle aufzustehen. Sie haben das Urteil gehört. Ich bin verpflichtet, Ihnen eine Rechtsmittelbelehrung zu erteilen. Sie können das Urteil, das gegen Sie ergangen ist, mit der Revision anfechten. Die Revision kann nur darauf gestützt werden, daß das Urteil auf einer Verletzung des Gesetzes beruhe, nicht aber darauf, daß der vom Gericht festgestellte Sachverhalt nicht der Wirklichkeit entspreche. Die Revision kann nur binnen einer Woche nach Verkündung dieses Urteils beim Landgericht in Frankfurt am Main zur Niederschrift der Geschäftsstelle oder schriftlich eingelegt werden.«
Der Angeklagte Klehr meldet sich zu Wort: »Ich möchte erklären, daß ich das Urteil nicht annehme.«
Hofmeyer: »Sie müssen innerhalb einer Woche die Revision einlegen, vom Verteidiger oder, wenn Sie es selbst machen wollen, sich vorführen lassen, damit das vor Gericht zu Protokoll gegeben werden kann.
Da keine weiteren Erklärungen abgegeben wurden, muß ich die Angeklagten darauf aufmerksam machen: die Anrechnung der Untersuchungshaft bezieht sich nur auf die Zeit bis zum heutigen Tag. Ob später die Untersuchungshaft auch angerechnet wird, das steht dahin. Das kann ich Ihnen nicht versprechen.
Und damit ist die Sitzung geschlossen.«

So endet vor dem Schwurgericht des Landgerichts Frankfurt, in der vierten Nachmittagsstunde des 20. August 1965, das Strafverfahren gegen Mulka und andere, genannt der Auschwitz-Prozeß.

Gegen die Urteile werden bis zum Ablauf der Einspruchsfrist am 27. August 1965, 24 Uhr, folgende Revisionen eingelegt:
von der Staatsanwaltschaft in den Fällen Mulka, Höcker, Stark, Dylewski, Broad, Schlage, Dr. Schatz und Dr. Capesius;
von den Vertretern der Nebenklage Ormond und Raabe in den Fällen Mulka, Höcker, Stark, Dylewski, Broad, Dr. Lucas, Dr. Frank, Dr. Schatz und Dr. Capesius;
von Nebenklagevertreter Dr. Kaul in den Fällen Mulka und Höcker;
von der Verteidigung gegen die Urteile für Mulka, Höcker und Boger, Stark, Dylewski, Broad, Schlage, Hofmann, Kaduk, Baretzki, Dr. Lucas, Dr. Frank, Dr. Capesius, Klehr, Scherpe und Bednarek. (Das sind alle zu Zuchthausstrafen verurteilten Angeklagten außer Hantl.)

Die freisprechenden Urteile gegen Breitwieser und Schoberth sind damit rechtskräftig geworden.

Robert Mulka wird am 6. Januar 1966 wegen Haftunfähigkeit auf freien Fuß gesetzt, nach einer weiteren Untersuchung aber am 23. März 1967 auf Beschluß des 3. Strafsenats in Frankfurt wieder in Haft genommen; am 19. Februar 1968 wird er wegen Haftunfähigkeit aus der Untersuchungshaft im Krankenhaus der Strafanstalt Kassel entlassen.
Pery Broad wird am 21. Februar 1966 aus der Untersuchungshaft entlassen. Die III. Strafkammer in Frankfurt weist eine Beschwerde der Staatsanwaltschaft zurück, der 3. Strafsenat bestätigt die Entscheidung.
Herbert Scherpe nimmt seine Revision im Herbst 1966 zurück, seine Strafe hatte er am 1. Oktober 1967 verbüßt.
Den Haftbefehl gegen den Angeklagten Dr. Victor Capesius hat die III. Strafkammer des Landgerichts Frankfurt am 17. Januar 1968 aufgehoben. Capesius saß zu diesem Zeitpunkt acht Jahre und zwei Monate in Untersuchungshaft. Die gegen ihn verhängte Strafe beträgt neun Jahre. Damit war der vom Bundesverfassungsgericht aufgestellte Grundsatz der Verhältnismäßigkeit zwischen Untersuchungshaft und Strafe nicht mehr gewahrt.
Franz Hofmann sitzt eine lebenslange Zuchthausstrafe wegen im Konzentrationslager Dachau begangener Verbrechen in der Strafanstalt Dachau ab; die zum Frankfurter Urteil eingelegte Revision ist für ihn praktisch ohne Bedeutung.
Alle übrigen Verurteilten werden in Frankfurt in Untersuchungshaft gehalten.
Die 920 Seiten umfassende Urteilsbegründung gelangt im Mai 1966 zu den Akten. Nach Vervielfältigung wird sie am 19. Oktober 1966 der Staatsanwaltschaft zugestellt, die sie umgehend an die Verteidigung weitergibt. Am 22. Mai 1967 werden alle Akten zur Entscheidung über die eingelegten Revisionen dem Bundesgerichtshof vorgelegt.

# Namenregister

Der Vorsitzende Richter Hans Hofmeyer ist in dieses Register nicht aufgenommen, da sein Name nahezu auf allen Seiten erwähnt wird. Fehlerhafte Schreibungen von Personennamen, die sich im Text finden, wurden im Namenregister korrigiert. Starke Abweichungen gibt es bei: Dienstbach, nicht Steinbach; von Hanneken, nicht von Haneggen; Lolling, nicht Nolling; Muhsfeldt, nicht Hußfeld; Szaja, nicht Scheyer; van Velsen, nicht van Felsen; Dr. Willy Frank, nicht Dr. Willi Frank.

# Anhang

# Marcel Atze

## Auf der Suche nach der ganzen Wahrheit. Bernd Naumanns Berichterstattung vom ersten Frankfurter Auschwitz-Prozess (20.12.1963-20.8.1965) im historischen Kontext

In seinem Buch Mein Jahrhundert versammelt Günter Grass neunundneunzig wichtige Ereignisse aus dem vergangenen Jahrhundert; dazu zählt auch der Auschwitz-Prozess. Er schildert das Verfahren aus der Sicht einer jungen Frau, die mit ihrem Freund im Frankfurter Römer das Standesamt sucht. Das Paar gerät ins falsche Stockwerk und erhält von einem Gerichtsdiener die Auskunft, hier laufe der Prozess. Als die Frau fragt, um welchen Prozess es sich handle, erhält sie zur Antwort: »Na, gegen die Täter von Auschwitz. Lesen Sie denn nicht Zeitung? Sind doch alle voll davon.«[1]

In der Tat berichteten viele Zeitungen umfassend aus dem Gerichtssaal. Auf die fraglos bekanntesten Reportagen zum Auschwitz-Prozess stießen die Leser der Frankfurter Allgemeinen Zeitung. Sie gelten noch heute als Musterbeispiel einer verantwortungsvollen Berichterstattung und stammen von Bernd Naumann. Er wohnte als einziger Pressevertreter, wie Peter Jochen Winters bemerkte, dem Verfahren »nicht nur vom ersten bis zum letzten Tag« bei, sondern berichtete auch »über jeden Verhandlungstag für seine Zeitung«.[2] Engagierte Journalisten wie Naumann verschafften dem Verfahren in den Jahren 1963-1965 die bitter nötige Öffentlichkeit: Der Schriftsteller Jean Améry etwa bemerkte im Vorwort zu Jenseits von Schuld und Sühne, dass er über seine Erfahrungen erst geschrieben habe als das Thema Auschwitz durch den Prozess in den Blickpunkt gerückt wurde.[3] Nun ermöglicht es die vom Fritz Bauer Institut konzipierte Ausstellung Auschwitz-Prozeß – 4 Ks 2/63 – Frankfurt/M. (27. März-23. Mai 2004), dass Naumanns Prozessberichte – als zentraler Beitrag zur Memorialkultur – im Berliner Philo-Verlag wieder vorliegen werden.

Damals freilich erfuhren diese Berichte – Grass deutet dies an – nicht immer die verdiente Aufmerksamkeit. Die Erfahrung machte auch ein Reporter, der im April 1965 in der Frankfurter City den Passanten Fragen zum Auschwitz-Prozess stellte. Einen Mann fragte er an der Hauptwache, wo das Verfahren stattfinde: »›Im Gericht natürlich‹, antwortete er, ›wo denn sonst?‹ Ich machte ihm klar, daß er sich irre, daß man im ›Haus Gallus‹ verhandele. Er entschuldigte

1 Günter Grass: Mein Jahrhundert. Göttingen 1999, S. 230.
2 Peter Jochen Winters: Auschwitz. In: Christ und Welt, Nr. 48 vom 26.11.1965, S. 50.
3 Vgl. Jean Améry: Jenseits von Schuld und Sühne. Bewältigungsversuche eines Überwältigten. Neuausg. Stuttgart 1977 [zuerst 1966], S. 15.

sich: ›Wissen Sie, ich lese die Berichte schon lange nicht mehr. Es ist an der Zeit, daß man endlich mit diesen Prozessen aufhört.‹«[4] Wer von dieser Aussage auf ein unfreundliches Rezeptionsklima für die am 20. Dezember 1963 eröffnete Strafsache gegen Mulka und andere schließt, irrt nicht. Laut einer Umfrage des Instituts für Demoskopie in Allensbach aus dem Oktober 1963 lehnte eine Mehrheit der Deutschen die NS-Prozesse ab. 54% stimmten dem Satz zu: »Ich finde, man sollte einmal aufhören, Menschen für Taten, die sie vor vielen Jahren begangen haben, jetzt vor Gericht zu stellen. Ich meine, es wäre gut, endlich einen Schlußstrich zu ziehen.« Nur ein Drittel der Befragten unterstützte hingegen die Aussage: »Ich finde, wenn heute herauskommt, daß jemand damals ein Verbrechen begangen hat, so muß er auch heute noch dafür bestraft werden. Es ist nicht einzusehen, warum jemand, der andere Menschen gequält oder getötet hat, straffrei ausgehen soll.«[5]

Für ›Strich drunter‹ zu optieren war symptomatisch für die bundesrepublikanischen Versuche, sich von den im Dritten Reich begangenen Verbrechen zu distanzieren. »Unter Anwendung dieser seelischen Abwehrtaktik, wird die Erinnerung an die zwölf Jahre nationalsozialistischer Herrschaft fahl und schemenhaft. Wo die jüngste Geschichte uns in ihrer ungeschminkten Brutalität wieder in Erinnerung gebracht wird – etwa weil ein Prozeß gegen einen Naziverbrecher stattfindet –, da wird die Vermeidung fortgesetzt und werden Berichte in den Zeitungen überschlagen. Wenn trotzdem diese Vergangenheit wieder aufleuchtet, wird sie keinesfalls als Teil der eigenen Geschichte, der eigenen Identität erkannt.«[6] Diese Meinung vertraten Alexander und Margarete Mitscherlich in ihrem 1967, also nur kurz nach den Frankfurter Geschehnissen erschienenem Buch Die Unfähigkeit zu trauern.

Die meisten Presseleute ließen sich von dieser verbreiteten Verweigerungshaltung nicht abschrecken: Sie brachten die NS-Vergangenheit in ihren Berichten vom Auschwitz-Prozess unermüdlich – um ein Wort der Mitscherlichs aufzugreifen – zum »Aufleuchten«. Und zwar in ihren fürchterlichsten Konsequenzen. Tatsächlich konnte man den großen Tageszeitungen während des gesamten Verfahrens grausame Einzelheiten entnehmen, die vor dem Frankfurter Schwurgericht zur Sprache kamen. Jeder, der nicht gerade wegsehen wollte, konnte sich aus den Zeitungen darüber informieren, wer die 22 Angeklagten waren und was ihnen vorgeworfen wurde. Aber die Reporter dokumentierten auch das, was die etwa

4 Horst Hachmann: »Kennen Sie Wilhelm Boger?« In: Die Zeit, Nr. 17 vom 23.4.1965, S. 15.

5 Vgl. Jahrbuch der öffentlichen Meinung. Hg. von Elisabeth Noelle und Erich Peter Neumann. Allensbach 1967, S. 165.

6 Alexander und Margarete Mitscherlich: Die Unfähigkeit zu trauern. Grundlagen kollektiven Verhaltens. München 1967, S. 30/31.

350 geladenen Zeugen, davon 211 Überlebende von Auschwitz, aussagten. Wegen der reichen publizistischen Landschaft vermochten sich die deutschen Leser selbst in der Provinz auf dem Laufenden zu halten. Immer noch lesenswert sind etwa die Berichte von Uwe Jens Petersen in der Augsburger Allgemeinen, von Martin Warnke in der Stuttgarter Zeitung, von Ekkhard Häussermann in der Kölnischen Rundschau und von Walter Pfuhl in der Welt. Im Wochenblatt Die Zeit nahm Dietrich Strothmann spezielle Fragen in den Blick. Auch die Nachrichtenmagazine berichteten engagiert. Im Spiegel schrieb der im August 2003 verstorbene Gerhard Mauz, der Stern bot ausführliche Porträts der Täter. Besonders erwähnenswert sind auch die zahlreichen Literaten, die nicht als Prozesstouristen anreisten, sondern um sich in essayistischer Form über ihre Erfahrungen zu äußern. Jakov Lind legte in der Welt ein bemerkenswertes Journal vor, das auch in einer englischen Version verbreitet wurde.[7] Besonderes Aufsehen erregte der weltberühmte Dramatiker Arthur Miller, der am 3. April 1964 zu Gast war. Für die amerikanischen Leser schilderte er einen Tag im Auschwitz-Prozess in dem Artikel Unanswerable question hovers over courtroom.[8]
Die Berichte in den Printmedien nahmen deshalb eine derart herausragende Rolle ein, weil sie nicht der Konkurrenz des noch recht jungen Mediums Fernsehen ausgesetzt waren: Über den Bildschirm erhielt man damals erschreckend wenig Informationen zum Prozess, was auch daran gelegen haben mag, dass Filmaufnahmen nicht gestattet waren. Nur die Radioberichte von Axel Eggebrecht, der als Korrespondent des Norddeutschen Rundfunks in Frankfurt arbeitete, boten einen vergleichbaren Informationswert wie die fast flächendeckend in der gesamten BRD erscheinenden Reportagen in der Presse. Ihnen kommt das Verdienst zu, ein enormes Wissen über das Vernichtungslager Auschwitz vermittelt zu haben. Zahlreiche Schlüsselbegriffe aus dem bis dahin nur Wenigen bekannten Vokabular der Judenvernichtung gelangten durch die Presse in die Öffentlichkeit und wurden durch ihre Medienpräsenz zu Vokabeln mit Signalwert. In der Erzählung B sagen von Grete Weil werden eine Reihe von Vokabeln genannt, die durch ihre Präsenz in den Headlines traurige Bekanntheit erlangten: »Phenolspritzen, Selektion, politische Abteilung, Bogerschaukel, Lili Tofler, Block II, Schwarze Wand.«[9]
Nicht immer jedoch war die Qualität der Berichte gut, vor allem dort, wo die individuellen Grausamkeiten, die verhandelt wurden,

7 Vgl. Jakov Lind: Nazis on trial. Pages from a journal. In: Commentary 39 (1965), 4, S. 69-72.

8 In: New York Herald Tribune vom 7./8.3.1964. In deutscher Übersetzung neuerdings auch in Arthur Miller: Widerhall der Zeit. Essays. Frankfurt/M. 2003.

9 Grete Weil: B sagen. In: dies., Erlebnis einer Reise. Drei Begegnungen. Zürich 1999 [zuerst 1968], S. 112-154, hier S. 121.

die Aufklärung über die arbeitsteilige Vernichtung überlagerten. Wegen der sensationslüsternen Schlagzeilen der Boulevardblätter dominierten die sogenannten Exzesstaten die öffentliche Wahrnehmung: Wilhelm Boger und Oswald Kaduk mutierten zu ›Stars‹, sie wurden dämonisiert und zu Bestien stilisiert. Der Philosoph Karl Jaspers kritisierte diese Art von Berichten in dem Band Wohin treibt die Bundesrepublik?: »Bei den Auschwitz-Prozessen«, heißt es da, »stand das öffentliche Bewußtsein im Vordergrund, unter welchen unvorstellbaren Qualen durch sadistische und mordlustige Kreaturen den ihnen preisgegebenen Menschen, Männern und Frauen, Greisen und Kindern, das Leben zuerst zur Hölle gemacht wurde, bis ihre Tötung vollzogen war.« Zentrale Aspekte des Prozesses seien so nicht öffentlich diskutiert worden: »Was nicht im Vordergrund war, das aber ist das Wesentliche. Denn was ungetrübt durch sadistische Züge, als reiner Vernichtungswille gegenüber Menschengruppen in Erscheinung getreten ist, das erst ist das Neue, ungeheuer Drohende unter den Merkzeichen am Gewitterhimmel der Zukunft.«[10]

Jaspers griff stets zur Frankfurter Allgemeinen Zeitung, wo er die Berichte von Bernd Naumann las. Geboren wurde Naumann am 24. September 1922 in Frankfurt am Main. Der Abiturient kam als Soldat an die Ostfront, wurde schwer verwundet und geriet 1945 in US-Kriegsgefangenschaft. Sein Sprach- und Philosophiestudium brach er ab, als der Vater starb. Naumann trat 1949 in die Redaktion der Neuen Zeitung ein und wechselte 1953 zur FAZ. Dort war er seit 1963 für das Ressort Deutschland und die Welt verantwortlich. 1970 ging Naumann als Korrespondent nach Südafrika, wo er am 22. August 1971 bei einem Autounfall in der Nähe von Kapstadt ums Leben kam.

Da sich Naumann früh über die »gesellschaftspädagogische Bedeutung«[11] des Auschwitz-Prozesses im Klaren war, stellte er als Ressortleiter den nötigen Platz zur Verfügung, damit angemessen über das Verfahren berichtet werden konnte. Aber vor allem nahm er selbst auf der Pressetribüne Platz, um die Leser ausführlich zu unterrichten. Nur in Ausnahmefällen ließ er sich von seinen Mitarbeitern Kurt Ernenputsch, Herbert Neumann oder Günther von Lojewski vertreten. Naumann wurde zum wichtigsten Chronisten des Verfahrens: Vielleicht war er sich dessen bewusst, dass bei Strafprozessen in Deutschland kein Wortprotokoll geführt wird und also nach Abschluss des Verfahrens all das, was im Saal gesprochen worden war, unwiederbringlich verloren gewesen wäre. Er wollte die Arbeit am Gedächtnis der Deutschen, die das Frankfurter

10 Karl Jaspers: Wohin treibt die Bundesrepublik? Tatsachen, Gefahren, Chancen. München 1966, S. 60.

11 Bernd Naumann: Auschwitz. Bericht über die Strafsache gegen Mulka und andere vor dem Schwurgericht Frankfurt. Frankfurt/M., Bonn 1965, S. 7.

Schwurgericht leistete, der Nachwelt wahrheitsgemäß und verlässlich überliefern, auch wenn er die Darstellung der Geschehnisse selbstverständlich raffen musste. So kann sich der Leser über den Fortgang des Prozesses, über die gesamten 183 Verhandlungstage, ein genaues Bild machen: Über Vernehmungen der Angeklagten zur Person und zur Sache (20.12.1963-6.2.1964), über die Gutachten (7.-21.2.1964), über die Zeugeneinvernahme (24.2.1964-6.5.1965), über die Plädoyers (7.5.-29.7.1965), über die Schlussworte der Angeklagten (6.-12.8.1965) sowie über das Urteil und dessen Begründung (19.-20.8.1965). Die beteiligten Personen, seien es die Juristen, die Angeklagten oder die Zeugen, stellt Naumann auf subtile Art vor; er kommentiert sie kaum, sondern er charakterisiert sie über deren Verhalten im Saal und das dort Gesagte. Naumann reiste auch mit der offiziellen Delegation des Gerichts zur »Augenscheinseinnahme« nach Auschwitz (14.-16.12.1964). Wer will, kann ihn dank dieses Nachdrucks wieder auf dem Weg vom Stammlager nach Birkenau begleiten, mit ihm das Vorgehen der Juristen bei der Besichtigung des Tatorts beobachten und Naumanns Befremden angesichts ihrer Geschäftsmäßigkeit teilen. Darüber hinaus leistete Naumann auch historiographische Pionierarbeit. Dies würdigte der spätere Direktor des Instituts für Zeitgeschichte, Martin Broszat, der selbst im Verfahren als Gutachter aufgetreten war, wenn er 1965 in einer Diskussion davon spricht, diese Artikel seien eine eigene, »geistige Leistung dieses Berichterstatters, der anderthalb Jahre bei dem Prozeß gesessen und versucht hat, die Essenz daraus zu ziehen«.[12] Naumanns Kollege Peter Jochen Winters lobte die Arbeit anlässlich des Erscheinens der Prozessberichte unter dem Titel Auschwitz. Bericht über die Strafsache gegen Mulka und andere vor dem Schwurgericht Frankfurt am Main (Athenäum-Verlag) wie folgt: »Diese Gerichtsberichte sind zwar auch eine fast stenographische Wiedergabe des Geschehens während dieses Mammut-Prozesses, sie sind darüber hinaus aber auch ein zeitgeschichtliches Dokument von unschätzbarem Wert. Nicht zuletzt deswegen, weil Naumann sich nicht damit begnügt, als unbeteiligter Zuschauer zu referieren, sondern die Aussagen der Zeugen in den größeren Zusammenhang zu stellen vermag, so daß aus diesen Protokollen eine Geschichte des Infernos der ›Endlösung‹ wird.«[13] Winters wusste wovon er sprach, denn er hatte selbst für Christ und Welt aus Frankfurt berichtet und für seine Artikel den Deutschen Journalistenpreis 1964 erhalten.

Naumanns Berichte erwiesen sich vielfach als unersetzliche Grundlage für die intellektuelle und künstlerische Beschäftigung mit dem Auschwitz-Prozess. Nicht nur im Nachlass von Karl Jaspers wird

12 Vgl. Christoph Weiß: Auschwitz in der geteilten Welt. Peter Weiss und die ›Ermittlung‹ im Kalten Krieg. Bd. 2. St. Ingbert 2000, S. 757-762, hier S. 759.

13 Peter Jochen Winters: Auschwitz. In: Christ und Welt, Nr. 48 vom 26.11.1965, S. 50.

dies durch zahlreiche annotierte Zeitungsausschnitte belegt. Der Schriftsteller Horst Bienek etwa plante ein experimentelles Hörspiel über die Strafsache gegen Mulka und andere, in dem mehrere Berichte aus der Feder Naumanns verlesen werden sollten. Dieser Text mit dem bezeichnenden Titel Prozeßbericht blieb freilich Fragment. Auch in der Hinterlassenschaft von Alfred Andersch findet sich eine Karteikarte mit der Überschrift »Auschwitz-Zitate«. Gemeint sind seine Exzerpte aus besagtem Buch, die Eingang fanden in Anderschs Roman Efraim (1967). Naumanns prominentester Leser aber war wohl Peter Weiss, der sich die FAZ wegen der gründlichen Prozessberichterstattung vom Suhrkamp-Verlag nach Stockholm schicken ließ. Da Weiss nur selten selbst nach Frankfurt reisen konnte, um den Prozess persönlich zu beobachten, bildeten Naumanns Artikel die wichtigste Grundlage für das Stück Die Ermittlung. In seinen Notizen heißt es im Oktober 1965: »Vorbildlich wurde der Prozeß von der FAZ überwacht, wo Bernd Naumann und seine Mitarbeiter ausführlich über jeden der Verhandlungstage, oft bis in die Einzelheiten des Dialogs, Rapport ablegten. Da BNs Buch in diesen Tagen erscheint, möchte ich noch einmal darauf hinweisen, welch großen Wert dessen Material für mein Stück bedeutete. Ich spreche BN meinen Dank aus und mache das Lesepublikum auf dieses wichtige Zeitdokument aufmerksam, in dem der Prozeß, der in meinem Oratorium als Konzentrat aufklingt, in der Reichhaltigkeit der alltäglichen Verhandlungen beschrieben wird.«[14]

Zu den aufmerksamen Lesern der Naumann-Berichte zählte auch Hannah Arendt, die nur wenige Jahre zuvor selbst als Korrespondentin des New Yorker den Eichmann-Prozess in Jerusalem beobachtet hatte. Für die amerikanische Übersetzung von Naumanns Buch lieferte sie ein ausführliches Vorwort.[15] »Jetzt muß ich die Einführung zum Auschwitz-Buch schreiben – auch ein kurioses Ferienvergnügen«, teilte sie am 10. August 1966 ihrem Lehrer Karl Jaspers mit.[16] Sie ließ keinen Zweifel daran, dass Naumann die »solidesten Berichte« abgeliefert habe. Von diesen Berichten fertigte Naumann selbst eine Art Destillat an, das ein Beleg für seine akribische Arbeit an der Überlieferung ist, aber auch dafür, dass er alles dafür tat, um möglichst viele Leser zu gewinnen. Der Fischer-Taschenbuchverlag brachte 1968 eine überarbeitete Fassung heraus, an der Naumann starke Kürzungen vorgenommen hatte, damit sein umfangreiches, teures und deshalb möglicherweise abschreck-

14 Peter Weiss: Notizbücher 1960-1971. 1. Bd. Frankfurt/M. 1982, S. 390/391.

15 Bernd Naumann: Auschwitz. A report on the proceedings against Robert Karl Ludwig Mulka and others before the court at Frankfurt. Transl. by Jean Steinberg. With an introduction by Hannah Arendt. New York 1966.

16 Hannah Arendt/Karl Jaspers: Briefwechsel 1926-1969. Hg. von Lotte Köhler und Hans Saner. München 1985, S. 685.

endes Standardwerk vor allem für junge Menschen zugänglich würde. Das Wissen über Auschwitz, das vom Gericht ans Tageslicht gebracht worden war, konnte dank dieses Buches in knapper Form ins kollektive Gedächtnis der Deutschen eingehen. Trotzdem blieb Naumann hinsichtlich seiner eigenen Möglichkeiten kritisch. Die Wahrheit über Auschwitz werde man in seinem Buch nicht finden, schreibt Naumann in seiner Vorbemerkung mit Blick auf das zurückliegende Verfahren: »Zwanzig Monate lang wurde in der umfangreichsten Schwurgerichtsverhandlung der deutschen Justizgeschichte nach der Wahrheit gesucht. Sie blieb Richtern und Geschworenen verschlossen, jedenfalls die ganze Wahrheit.«[17] Es war an Hannah Arendt, diese hohen Ansprüche in ihrem Vorwort zur US-amerikanischen Ausgabe zu relativieren und Naumanns Verdienste zu würdigen. Denn anstelle der ganzen Wahrheit, so meinte sie, wären in Naumanns Berichten doch immerhin »Momente der Wahrheit« zu finden.[18]

17 Bernd Naumann: Auschwitz. Bericht über die Strafsache gegen Mulka und andere vor dem Schwurgericht Frankfurt. Frankfurt/M., Bonn 1965, S. 7.

18 Hannah Arendt: Der Auschwitz-Prozeß. Vgl. den Abdruck in diesem Band, S. 330

# Hannah Arendt

## Der Auschwitz-Prozeß

I. Aus den ungefähr zweitausend SS-Männern, die zwischen 1940 und 1945 in Auschwitz Dienst taten und von denen noch viele am Leben sein müssen hat man eine »Handvoll unerträglicher Fälle« herausgefischt und des Mordes angeklagt. Diese Straftat war das einzige Delikt, das nicht unter das Gesetz über die Verjährung fiel, als im Dezember 1963 der Frankfurter Auschwitz-Prozeß begann. Die Ermittlungen hatten viele Jahre gedauert, Dokumente, die »nicht sehr ergiebig« waren, wurden gesammelt, 1300 Zeugen wurden vernommen – und weitere Auschwitz-Prozesse sollten folgen. (Nur ein einziger Folgeprozeß hat bislang stattgefunden. Dieses zweite Verfahren wurde im Dezember 1965 eröffnet; einer der Angeklagten, Gerhard Neubert, gehörte ursprünglich zu den Angeklagten im ersten Prozeß. Im Gegensatz zum ersten Prozeß wurde über den zweiten in der Presse derart wenig berichtet, daß es einiger »Nachforschungen« bedurfte, um festzustellen, ob er überhaupt stattgefunden hatte). Oder wie es die Staatsanwaltschaft in Frankfurt ausgedrückt hat: *»Die Mehrheit des deutschen Volkes will heute keine Prozesse gegen NS-Gewaltverbrecher mehr führen«.*

Die zwanzig Monate währende Konfrontation mit den ungeheuerlichen Taten und das aggressive Auftreten der Angeklagten, die so wenig Reue zeigten, daß es schon grotesk war, und die es gelegentlich fast geschafft hätten, den Prozeß zu einer Farce werden zu lassen – all dies hatte keinen Einfluß auf das öffentliche Meinungsklima, obgleich in deutschen Zeitungen und im Rundfunk ausführlich über den Prozeßverlauf berichtet wurde. (Bernd Naumanns äußerst aufmerksam geschriebene Reportagen sind die solidesten Berichte. Sie sind zuerst in der *Frankfurter Allgemeine Zeitung* erschienen.) Wie dieses Klima beschaffen war, das wurde – mitten während des Auschwitz-Prozesses – in den ersten Monaten des Jahres 1965 bei der hitzig geführten Debatte über den Vorschlag deutlich, die Verjährung für Nazi-Verbrechen zu verlängern, als sogar der Bonner Justizminister Bucher dafür plädierte, die »Mörder unter uns« in Frieden zu lassen. Doch bei diesen »unerträglichen Fällen« der »Strafsache Mulka u.a.«, wie der Auschwitz-Prozeß offiziell hieß, handelte es sich nicht um Schreibtischtäter. Von wenigen Ausnahmen abgesehen waren sie nicht einmal »Regimetäter«, die Befehle ausgeführt hatten. Sie waren eher die Parasiten und Nutznießer eines verbrecherischen Systems, das den Massenmord, die Vernichtung von Millionen Menschen, zur Gesetzespflicht erhoben hatte. Daß die öffentliche Meinung in Deutschland, was diesen Punkt angeht, die Enthüllungen des Auschwitz-Prozesses überdauern konnte, gehört verblüffenderweise zu den vielen furchtbaren Wahrheiten, mit denen uns das Buch von Naumann konfrontiert.

Denn das, was die Mehrheit denkt und wünscht, macht die öffentliche Meinung aus, selbst wenn es aus den öffentlichen Kommunikationskanälen – Presse, Radio und Fernsehen – ganz anders tönt. Es handelt sich dabei um den bekannten Unterschied von *le pays réel* und der veröffentlichten Meinung; und wenn diese Differenz sich einmal zu einer Kluft ausgeweitet hat, dann ist sie Anzeichen einer klar vorhandenen Gefährdung des politischen Gemeinwesens. Genau diese Art öffentliche Meinung, die alles durchdringen kann und doch nur selten zur Sprache gebracht wird, enthüllte der Frankfurter Prozeß in ihrer wirklichen Stärke und ganzen Tragweite. Sie kam offen zum Ausdruck im Verhalten der Angeklagten – in ihrer lachenden und grinsenden Unverschämtheit gegenüber der Staatsanwaltschaft und gegenüber den Zeugen, in ihrer mangelhaften Achtung des Gerichts, in den »verachtungsvollen und bedrohlichen« Blicken, die sie dem Publikum in den seltenen Augenblicken, in denen Laute des Entsetzens hörbar wurden, zuwarfen. Nur einmal ist eine einsame Stimme zu vernehmen, die darauf mit »Warum bringt Ihr es nicht hinter Euch und schlagt ihn tot«? reagiert. Sie manifestiert sich im Verhalten der Anwälte, welche die Richter beständig daran erinnerten, sie sollten keine Rücksicht nehmen auf das, »was man von uns im Ausland oder sonstwo denken mag« und immer wieder andeuteten, daß nicht deutsche Gerechtigkeitssehnsucht, sondern die vom Verlangen der Opfer nach »Vergeltung« und »Rache« beeinflußte Weltmeinung die wahre Ursache für die gegenwärtigen Schwierigkeiten ihrer Klienten sei. Ausländische Journalisten, jedoch kein deutscher Reporter soviel ich weiß, waren schockiert darüber, daß »diejenigen Angeklagten, die immer noch zuhause leben, von ihren Gemeinden keineswegs geächtet wurden«.[1] Naumann berichtet von einem Vorfall, bei dem zwei Angeklagte am uniformierten Wachmann außerhalb des Gebäudes vorübergingen und ihn mit einem herzlichen »Frohes Fest« grüßten, worauf dieser den Gruß mit »Frohe Ostern« erwiderte. War dies die *vox populi?*

Es lag natürlich an diesem öffentlichen Meinungsklima, daß die Angeklagten jahrelang ein normales Leben unter ihrem eigenen Namen führen konnten, ehe sie angeklagt wurden. Wie Boger, der Schlimmste unter ihnen – der Lagerexperte für »verschärfte Verhöre« mit Hilfe der »Boger-Schaukel«, seiner »Sprech-« oder »Schreibmaschine« – bemerkte, hatten diese Jahre »gezeigt, daß die

1 Sybille Bedford in *The Observer*, London, 5. Januar 1964.

Deutschen zusammenhielten, den sie kannten mich alle«. Die meisten von ihnen lebten friedlich dahin, wenn sie nicht das Pech hatten, von einem Überlebenden erkannt und entweder beim Internationalen Auschwitz-Komitee in Wien angezeigt zu werden oder bei der Zentralen Stelle zur Verfolgung nationalsozialistischer Gewaltverbrechen in der Bundesrepublik, die Ende 1958 mit der Sammlung von Material für Verfahren gegen Nazi-Verbrecher vor verschiedenen Gerichten begonnen hatte. Doch selbst dieser Umstand bedeutete kein allzu großes Risiko, denn die Landesjustizverwaltungen zeichneten sich – mit der Ausnahme von Frankfurt, wo Dr. Fritz Bauer, ein deutscher Jude, Generalstaatsanwalt war – bei der Verfolgung der Verbrechen nicht gerade durch Eifer aus, und deutsche Zeugen verweigerten hartnäckig ihre Mitwirkung.

Wer also dann waren die Zeugen in Frankfurt? Das Gericht hatte sie, Juden und Nichtjuden, aus vielen Ländern herbestellt, aus Rußland, Polen, Österreich, Ostdeutschland, Israel und aus Amerika. Nur wenige Zeugen, die in West-Deutschland wohnten, waren Juden; bei den meisten handelte es sich entweder um ehemalige SS-Angehörige, die riskierten, selbst angeklagt zu werden (das Gericht vernahm eine ganze Reihe solcher Fälle und ließ einen dieser Zeugen verhaften) oder um ehemalige politische Häftlinge, die für die in Frankfurt von einem Herrn der IG-Farben repräsentierte »Mehrheit des deutschen Volkes« ohnehin »zumeist asoziale Elemente« waren. Wie sich herausstellte, wurde diese Auffassung nun auch von einigen ehemaligen Häftlingen geteilt: »Die SS-Leute wurden ja infiziert« von den Häftlingen; nicht die Bewacher, sondern die Häftlinge »waren Bestien in Menschengestalt«. Die Brutalität der Bewacher sei verständlich, denn ihre Opfer, insbesondere »die galizischen Juden, seien sehr undiszipliniert gewesen«; und die SS sei »schlimm« geworden unter dem Einfluß der Kapos, der sogenannten Funktionshäftlinge. Doch selbst jene Deutschen, die sich mit solchen Redereien zurückhielten, waren nicht bereit, vor Gericht das zu wiederholen, was sie in den Voruntersuchungen zu Protokoll gegeben hatten: Sie widerriefen ihre Zeugenaussage, erinnerten sich nicht daran, oder behaupteten, sie seien unter Druck gesetzt worden (was sicherlich nicht stimmt); sie seien vielleicht betrunken gewesen, vielleicht hätten sie auch die Unwahrheit gesagt – so ging es in eintöniger Wiederholung fort. Die Diskrepanzen sind himmelschreiend, irritierend und peinlich, und man spürt, daß dahinter die öffentliche Meinung steht, mit welcher die Zeugen nicht konfrontiert waren, als sie *in camera*, unter Ausschluß der Öffentlichkeit, aussagten. Fast jeder einzelne von ihnen würde eher zugeben, ein Lügner zu sein, als zu riskieren, daß seine Nachbarn in der Zeitung lesen könnten, er gehöre nicht zu den Deutschen, die »zusammenhalten«.

Die Richter befanden sich wirklich in einem Dilemma bei diesem Verfahren, in dem »ausschließlich nur Zeugenaussagen zu Verfügung stehen«, die selbst im günstigsten Fall notorisch unzuverlässig sind. Das schwache Glied in der Beweiserhebung bei diesem Verfahren war jedoch kaum der Mangel an objektiven »unwiderlegbaren« Beweisen – den »kleinen Mosaiksteinchen« wie Fingerabdrücken, Fußspuren, Obduktionsberichten über die Todesursache und dergleichen – noch waren es die unvermeidlichen Gedächtnislücken der Zeugen, die über Daten und Einzelheiten von Ereignissen aussagten, die über zwanzig Jahre zurücklagen, oder gar die fast unwiderstehliche Versuchung des Zeugen, »Dinge, die ihm von anderen in diesem Milieu sehr drastisch erzählt wurden, als eigenes Erlebnis aufzufassen«. Es war eher die fantastische Diskrepanz zwischen den Aussagen bei der Voruntersuchung und den Aussagen vor Gericht, wie dies bei den meisten deutschen Zeugen der Fall war; der gerechtfertigte Verdacht, daß die Aussagen der polnischen Zeugen von einer polnischen Regierungsbehörde für die Verfolgung von Nazi-Verbrechen in Warschau präpariert worden waren; die weniger gerechtfertigte Vermutung, daß die Aussagen einiger jüdischer Zeugen vom Internationalen Auschwitz-Komitee in Wien hätten manipuliert sein können; die unvermeidliche Aufrufung von ehemaligen Kapos in den Zeugenstand, von Spitzeln und Ukrainern, die »mit der Gestapo im Lager unter einer Decke steckten«; und schließlich die betrübliche Tatsache, daß die glaubwürdigste Kategorie, nämlich die Überlebenden, aus zwei sehr verschiedenen Gruppen bestanden – aus denjenigen, die durch einen schieren Glücksfall überlebt hatten, was hieß, daß sie in der Lagerverwaltung, in der Krankenabteilung oder in der Küche tätig gewesen waren, und aus denjenigen, die, wie es einer von ihnen ausdrückte, sofort verstanden hatten, daß »nur ein paar gerettet werden konnten, und zu den wollte ich gehören«.

Das Gericht unter Vorsitz des fähigen und besonnenen Richters Hans Hofmeyer bemühte sich, alle politischen Fragen auszuklammern – »Nicht stand für das Gericht die politische Schuld, die moralische und die ethische Schuld im Mittelpunkt seiner Prüfung« – und das wirklich außergewöhnliche Verfahren wie »einen normalen Strafprozeß, mag er auch einen Hintergrund haben, wie er wolle«, zu führen. Jedoch kam der politische Hintergrund der Vergangenheit wie der Gegenwart – nämlich die legal sanktionierte verbrecherische Staatsordnung des Dritten Reiches, dessen Nachfolgerin die Bundesrepublik ist, und die gegenwärtigen Auffassungen der Mehrheit des deutschen Volkes über diese Vergangenheit – sachlich wie juristisch in jeder einzelnen Sitzung spürbar zum Ausdruck.

Noch hervorstechender als diese Diskrepanzen zwischen den Zeugenaussagen bei der Voruntersuchung und vor Gericht war die Tatsache – und diese läßt sich nicht anders erklären als durch die öffentliche Meinung außerhalb des Gerichtssaals –, daß mit den

Aussagen der Angeklagten genau dasselbe passieren sollte. Sicherlich war diesen Leuten von ihren Verteidigern jetzt gesagt worden, der sicherste Weg sei, einfach alles abzustreiten und nicht im geringsten auf Glaubwürdigkeit zu achten: »Keiner hat hier was gemacht«, sagte Richter Hofmeyer. »Der Kommandant war nicht da, der Schutzhaftlagerführer war nur so anwesend, der Beauftragte der Politischen Abteilung kam nur mit den Listen, der andere kam nur mit den Schlüsseln«. Dies erklärt, warum es eine »Mauer des Schweigens« gab, warum die Angeklagten hartnäckig, wenn auch nicht in sich stimmig logen; viele von ihnen waren einfach nicht intelligent genug, um schlüssig zu denken. (In Deutschland sagen Angeklagte nicht unter Eid aus.) Es erklärt auch, warum Kaduk – ein ehemaliger Fleischer und ein verschlagener, primitiver und brutaler Kerl, der nach seiner Identifizierung durch einen früheren Häftling von einem sowjetischen Militärtribunal zum Tode verurteilt und 1956 begnadigt worden war – sich vor Gericht nicht wie bei der Vorermittlung damit brüstete, er sei »ein scharfer Hund ... nicht der Typ, der darunter zusammenbricht« gewesen oder es bedauerte, daß er den polnischen Präsidenten Cyrankiewicz nur geschlagen, aber nicht umgebracht habe. (Unmittelbar nach dem Krieg konnte man solche Prahlereien noch vor Gericht hören. Naumann erwähnt den Sachsenhausen-Prozeß vor einem alliierten Militärgericht, bei dem ein Angeklagter stolz verkünden konnte, daß die anderen Bewacher vielleicht »außergewöhnlich brutal« gewesen seien, »aber mir konnten sie nicht das Wasser reichen«.) Wahrscheinlich auch auf Anraten ihrer Verteidiger konnten die Angeklagten, die sich vor dem Untersuchungsrichter ganz offen gegenseitig beschuldigt hatten und über die Unschuldsbeteuerungen ihrer Kollegen »nur lachen« konnten, vor Gericht »sich anscheinend an diesen Teil ihrer Aussage nicht mehr erinnern«. Dies alles ist nichts anderes, als was man von Mördern erwarten konnte, die zu allerletzt an das dachten, was Richter Hofmeyer »Sühne« nannte.

Man erfährt wenig über die gerichtliche Voruntersuchungen, doch was man erfährt scheint darauf hinzudeuten, daß die erwähnten Diskrepanzen nicht nur bei den Aussagen zu finden sind, sondern daß sie genau so in der allgemeinen Einstellung und im Verhalten auftreten. Das herausragende Beispiel für diesen eher grundsätzlichen Aspekt – und vielleicht das interessanteste psychologische Phänomen, das während des Prozesses zu Tage trat – ist der Fall Pery Broad. Er ist einer der jüngsten Angeklagten und schrieb kurz nach Kriegsende für die britischen Besatzungsbehörden einen eigenen ausgezeichneten, völlig glaubwürdigen Bericht über das Lager Auschwitz. Der Broad-Bericht, eine trockene, objektive und sachliche Schilderung, liest sich als wäre der Autor ein Engländer, der es versteht, seine Empörung hinter einer Fassade äußerster Nüchternheit zu verbergen. Es besteht kein Zweifel daran, daß Broad den Bericht allein und freiwillig verfaßt hat. Er hat beim Spiel mit der »Boger-Schaukel« mitgemacht und wurde von einem Zeugen als »klug, intelligent und raffiniert« beschrieben; bei den Häftlingen war er als der »Tod in weißen Handschuhen« bekannt und er schien sich »über alles zu amüsieren, was in Auschwitz vor sich ging«. Und noch weniger zweifelhaft ist, daß er sein Tun jetzt sehr bedauert. Während der polizeilichen Vorermittlungen war er »gesprächig« und gab zu, mindestens einen Häftling erschossen zu haben (»Mit Sicherheit weiß ich, daß die Person, die ich erschossen habe, keine Frau war«) und sagte, er fühle sich durch die Verhaftung »erleichtert«. Der Richter nannte ihn eine *schillernde* Persönlichkeit, doch das besagt wenig und könnte, wenn auch auf einer ganz anderen Ebene, genau so gut auf den brutalen Kaduk zutreffen, der von den Patienten in einem Berliner Krankenhaus, wo er als Pfleger arbeitete, Papa Kaduk gerufen wurde. Diese scheinbar unerklärlichen Verhaltensunterschiede, die am deutlichsten im Fall Pery Broad hervortreten – zuerst in Auschwitz, dann vor den britischen Besatzungsbehörden, danach vor dem Vernehmungsbeamten und schließlich wieder mitten unter seinen alten »Kameraden« vor Gericht – müssen mit dem Auftreten von Naziverbrechern vor nicht-deutschen Gerichten verglichen werden. Im Verlauf der Frankfurter Verhandlung ergab sich kaum eine Gelegenheit, aus nicht-deutschen Gerichtsverfahren zu zitieren, es sei denn, es wurden für das Protokoll Erklärungen von Verstorbenen verlesen, deren Aussagen die Angeklagten beschuldigten. Dies war der Fall mit der Aussage von Dr. Fritz Klein, einem Sanitätsoffizier in Auschwitz, der unmittelbar nach der Niederlage im Mai 1945 von britischen Untersuchungsbeamten vernommen worden war und vor seiner Hinrichtung ein Schuldgeständnis unterzeichnet hatte: »Ich sehe ein, daß ich für die Tötung Tausender, vor allem in Auschwitz, verantwortlich bin, ebenso wie alle anderen, von oben herunter«.

Der entscheidende Punkt ist der, daß die Angeklagten in Frankfurt, wie übrigens fast alle anderen Naziverbrecher auch, nicht nur aus Gründen des Selbstschutzes so auftraten, sondern auch eine bemerkenswerte Tendenz zur Anpassung an ihre jeweilige Umgebung an den Tag legten, d.h. die Eigenschaft, sich sozusagen im Nu »gleichzuschalten«. Es sieht so aus, als seien sie nicht für Autorität und Furcht empfänglich geworden, sondern als hätten sie ein feines Gespür für das jeweils vorherrschende Meinungsklima entwickelt. (Diese Atmosphäre kam in den einsamen Auseinandersetzungen mit den Vernehmungsbeamten nicht zum Tragen. In Frankfurt und in Ludwigsburg – dem Sitz der Zentralen Stelle für die Verfolgung von nationalsozialistischen Gewaltverbrechen, wo einige der Angeklagten zuerst vernommen worden waren, traten die betreffenden Beamten ganz eindeutig für die Durchführung dieser Prozesse ein.)

Daß Broad, der seinen zwanzig Jahre zurückliegenden Bericht für die britischen Besatzungsbehörden mit einer Art Loblied auf England und Amerika beschloß, zum herausragenden Beispiel für diese Einfühlsamkeit wurde, liegt weniger an seinem zweifelhaften Charakter, sondern ganz schlicht daran, daß er der intelligenteste dieses Vereins war und sich am besten auszudrücken wußte.

Nur einer der Angeklagten, der Arzt Dr. Lucas, zeigt keine offene Mißachtung des Gerichts, er lacht nicht, er beleidigt keine Zeugen, er verlangt nicht, daß die Nebenkläger sich entschuldigen und versucht nicht, mit den anderen Späße zu treiben. Man versteht eigentlich überhaupt nicht, was er hier zu suchen hat, denn er scheint das genaue Gegenteil eines »unerträglichen Falles« zu sein. Er verbrachte nur einige Monate in Auschwitz und wird von zahlreichen Zeugen seiner Güte und seiner verzweifelten Hilfsbemühungen wegen gelobt; er ist auch der einzige, der zustimmt, das Gericht zum Lokaltermin in Auschwitz zu begleiten, und es klingt völlig überzeugend, wenn er in seinem Schlußwort erwähnt, daß er über seine Erlebnisse in Konzentrations- und Vernichtungslagern »niemals hinwegkommen werde«, daß er gedacht habe, wie viele Zeugen bestätigen, »möglichst vielen jüdischen Häftlingen das Leben zu erhalten. Aber heute wie damals bewegt ihn die Frage: Und die anderen?« Seine Mitangeklagten bringen durch ihr Verhalten zum Ausdruck, was Baretzki, der hauptsächlich dadurch im Lager berüchtigt war, daß er Häftlinge mit einem einzigen Handkantenschlag tötete, dumm wie er war ganz offen aussprach: »*Wenn ich heute etwas sagen würde, wer weiß, wenn morgen alles anders wird, dann könnte man mich erschießen*«.

Es ist nämlich so, daß keiner der Angeklagten, mit Ausnahme von Dr. Lucas, die Verhandlungen vor dem Schwurgericht Frankfurt sehr ernst nimmt. Der Urteilsspruch wird nicht für das letzte Wort der Geschichte oder der Gerechtigkeit gehalten. Und angesichts der deutschen Rechtssprechung und des öffentlichen Meinungsklimas fällt es schwer zu behaupten, daß sie damit gänzlich unrecht hätten. Das letzte Wort in Frankfurt war ein Urteilsspruch, mit dem siebzehn der Angeklagten zu langjährigen – sieben zu lebenslänglichen – Zuchthausstrafen verurteilt und drei freigesprochen wurden. Aber nur zwei Urteile, zwei Freisprüche, sind wirksam geworden. In Deutschland muß der Angeklagte das Urteil entweder akzeptieren oder bei einer höheren Instanz Revision einlegen; natürlich hat die Verteidigung letzteres in all den Fällen getan, die nicht mit einem Freispruch endeten. Der Weg der Berufung steht auch der Staatsanwaltschaft offen und sie hat in zehn Fällen Revision eingelegt, zu denen auch der Freispruch von Dr. Schatz gehört. Wenn die Berufung eingelegt ist, wird der Verurteilte auf freien Fuß gesetzt bis die Revisionsinstanz entschieden hat, es sei denn, der Richter erwirkt eine neuerliche Vollzugsanordnung, was in allen Fällen für die nächsten sechs Monate geschah. Seither ist jedoch ein ganzes Jahr verstrichen, und bislang haben noch keine Revisionsverhandlungen stattgefunden, nicht einmal ein Termin wurde dafür angesetzt. Ich weiß nicht, ob neue Vollzugsanordnungen ausgestellt worden sind, oder ob die Angeklagten, mit Ausnahme derer, die wegen anderer Vergehen im Gefängnis sitzen, nach Hause gegangen sind. Jedenfalls ist der Fall nicht abgeschlossen.

Boger lächelte als er hörte, daß die Staatsanwaltschaft lebenslänglich beantragt hatte. Was ging in seinem Kopf vor? Dachte er an die Berufung oder an eine mögliche Amnestie für alle Naziverbrecher, an sein Alter (er ist erst sechzig und augenscheinlich bei guter Gesundheit), oder vielleicht daran, daß »morgen alles anders wird?«

II. Es wäre ziemlich unfair, der »Mehrheit des deutschen Volkes« mangelnde Begeisterung für Gerichtsverfahren gegen Naziverbrecher vorzuwerfen, ohne über die Verhältnisse der Adenauer-Ära zu sprechen. Es ist ein offenes Geheimnis, daß die westdeutschen Verwaltungsbehörden auf allen Ebenen mit ehemaligen Nazis durchsetzt sind. Hans Globke wurde zuerst durch seinen infamen Kommentar zu den Nürnberger Gesetzen und dann als enger Berater Adenauers bekannt; sein Name ist zum Symbol für einen Zustand geworden, welcher dem Ansehen und der Stellung der Bundesrepublik mehr geschadet hat als alles andere. Die Tatsachen in dieser Situation – nicht offizielle Erklärungen oder Verlautbarungen der Medien – haben das Meinungsklima im pays réel geschaffen, und es verwundert unter diesen Umständen nicht, daß die öffentliche Meinung lautet: *Die kleinen Fische fängt man, die großen machen weiter Karriere.*

Denn es stimmt allerdings, daß die Angeklagten in Frankfurt, wenn man die Nazi-Hierarchie zugrundelegt, kleine Fische waren. Der höchste SS-Offiziersrang, den Mulka, Adjutant des Lagerkommandanten Höss, den Höcker, Adjutant von Höss‹ Nachfolger Richard Baer, und den der ehemalige Schutzhaftlagerführer Hofmann innehatten, war der eines Hauptsturmführers. Auch innerhalb der deutschen Gesellschaft waren sie kleine Fische. Die Hälfte von ihnen kam aus der Arbeiterklasse, hatte acht Jahre eine Volksschule durchlaufen und dann als Lohnarbeiter gearbeitet; von den zehn anderen gehörten nur fünf zur Mittelschicht – der Arzt, die zwei Zahnärzte und die beiden Geschäftsleute Mulka und Capesius –, während die anderen fünf eher zur unteren Mittelschicht zählten. Außerdem haben vier von ihnen anscheinend Vorstrafen aufzuweisen: Mulka 1920, weil er Geld unterschlagen hatte; Boger 1940, als er bei der Kriminalpolizei arbeitete, wegen Abtreibung; Bischoff (der während des Prozesses verstarb) und Dr. Schatz wurden 1934 beziehungsweise 1937 aus unbekannten, aber sicher nicht aus politischen Gründen aus der Nazipartei ausgeschlossen. Sie waren in jeder Hinsicht, selbst im Hinblick auf das Strafregister, kleine Fische. Und soweit es den Prozeß betrifft, muß man sich vor Augen halten, daß sich keiner von ihnen freiwillig für den Dienst in Auschwitz zur Verfügung gestellt hat oder gar in der Lage dazu gewesen war. Sie können im wesentlichen auch nicht für das im Lager verübte Hauptverbrechen, für die Vernichtung von Millionen Menschen durch Gas, verantwortlich gemacht werden; denn die Entscheidung, das Verbrechen des Völkermords zu begehen, war in der Tat, wie die Verteidigung sagte, »unwiderruflich durch einen Befehl Hitlers getroffen worden« und wurde mit peinlicher Sorgfalt von Schreibtischmördern in höheren Positionen ausgeführt, die sich dabei nicht die Hände schmutzig machen mußten.

Von der »hohlen Rhetorik« abgesehen, plädierte die Verteidigung seltsam widersprüchlich und gründete ihre Theorie des kleinen Mannes auf zwei Argumente: erstens seien die Angeklagten zu ihren Taten *gezwungen* worden und keinesfalls in der Lage gewesen zu erkennen, daß es sich dabei um kriminelle Vergehen gehandelt habe. Doch wenn sie ihr Handeln nicht für falsch gehalten hatten (und es stellte sich heraus, daß die meisten nie einen Gedanken an diese Frage verschwendet hatten), warum war es dann notwendig gewesen, sie dazu zu zwingen? Das zweite Argument der Verteidigung besagte, daß die Selektion von gesunden Menschen auf der Rampe in Wirklichkeit eine Rettungsoperation gewesen sei, denn andernfalls »wären alle Ankommenden vernichtet worden«. Doch wenn man diesen unhaltbaren Einwand beiseite läßt, erhebt sich die Frage, ob denn nicht auch die Selektionen auf Befehl von oben durchgeführt wurden? Und wie kann man den Angeklagten *zugute halten*, daß sie Befehlen gehorcht haben, wenn eben dieser Gehorsam den wichtigsten und einzig möglichen Entlastungsgrund für die Angeklagten darstellen soll?

Indes ist die Theorie des kleinen Mannes nicht ganz ohne Aussagewert, wenn man sie auf dem Hintergrund des öffentlichen Lebens in der Bundesrepublik betrachtet. Der brutale Kaduk faßt es folgendermaßen zusammen: »Es geht nicht um die Tat, die wir begangen haben, sondern um die Herren, die uns ins Unglück gestürzt haben. Die meisten gehen noch frei herum, wie der Globke. Das tut einem weh«. Und bei einer anderen Gelegenheit sagt er: »Nun müssen wir alles ausbaden. Den letzten beißen die Hunde, nicht wahr«. Der gleiche Ton wurde von Hofmann angeschlagen, der zwei Jahre vor dem Auschwitz-Prozeß wegen zweier in Dachau begangener Morde (zu zweimal lebenslänglich Zuchthaus) verurteilt worden war und der, wie Höss sagte, »wirklich Macht im Lager ausübte«, obgleich er seiner eigenen Aussage zufolge nichts anderes getan hatte als »einen Kinderspielplatz ... mit Sand für die Kleinen zum Spielen« einzurichten. Hofmann ruft: »Aber wo sind die Herren, die da oben standen. Die waren die Schuldigen, die am Schreibtisch

saßen und telefonierten«. Und er erwähnt Namen – nicht Hitler, Himmler, Heydrich oder Eichmann, sondern die höheren Tiere in Auschwitz wie Höss, Schwarz und Aumeier, der sein Vorgesetzter war. Die Antwort auf seine Frage fällt leicht: Sie sind alle tot, und dies bedeutet für einen Menschen seiner Geisteshaltung, daß sie den »kleinen Mann« im Stich gelassen haben, daß sie sich wie Feiglinge ihrer Verantwortung für ihn entzogen haben, indem sie sich hängen ließen oder Selbstmord begingen.
Diese Frage ist jedoch nicht so einfach zu klären, insbesondere nicht in Frankfurt, wo das Gericht ehemalige Abteilungsleiter des *Reichssicherheitshauptamtes* als Zeugen geladen hatte, Mitarbeiter einer Behörde, die unter anderem für die Organisierung der in Auschwitz durchgeführten »Endlösung der Judenfrage« zuständig war. Wenn man die militärischen Vergleichsränge dieser ehemaligen SS-Leute heranzieht, dann rangierten diese Herren weit über den Angeklagten; sie besaßen eher den Rang eines Obersten und Generals als den eines Hauptmanns, Leutnants oder Unteroffiziers. Bernd Naumann, der klugerweise sich fast völlig jeder Analyse und jeden Kommentars enthält und den Leser damit umso direkter mit den Originaldialogen des großen Verhandlungsdramas konfrontiert, hielt das Thema des kleinen Mannes doch für wichtig genug, um eine seiner seltenen Anmerkungen hinzuzufügen. Angesichts dieser Aussagen fand er, daß die Angeklagten »genug Anlaß haben, darüber nachzudenken, wie glatt doch manchen der ›hohen Herren‹, denen sie willfährig, aber auch unter erpresserischem Zwang dienten, wie ohne alle Seelenskrupel solchen Männern die Rückkehr aus der fernen Welt des braunen germanischen Heldenlebens in die heutigen Niederungen biederer Bürgerlichkeit gelang« und wie »der Herrenmensch von damals, für das niedere Auschwitz-Personal einst im SS-Olymp residierend, gemessen und erhobenen Hauptes den Saal verläßt«. Und was soll eigentlich ein Angeklagter – oder in diesem Zusammenhang irgend jemand – davon denken, wenn er in der *Süddeutschen Zeitung*, einer der besten deutschen Tageszeitungen, liest, daß ein ehemaliger Ankläger an einem der »Sondergerichte« der Nazis, ein Mann, der 1941 einen jener Zeitung zufolge offen »totalitären und antisemitischen« Gesetzeskommentar verfaßt hatte, heute »seinen Lebensunterhalt als Richter am Bundesverfassungsgericht in Karlsruhe verdient«?[2]
Und wenn jemand glauben sollte, daß diese »Herrenmenschen« Manns genug gewesen wären, einen Gesinnungswandel vorzunehmen, während die »kleinen Leute« eben auch kleine Geister und zu einer so heroischen Umstülpung ihres Innenlebens nicht fähig gewesen wären, der sollte dies Buch lesen, dann weiß er es besser. Sicherlich gab es einige – zum Beispiel Erwin Schulz, den ehemaligen

2 Vgl. *The Economist*, London, 23. Juli 1966.

Leiter eines *Einsatzkommandos*, der ehrlich und mit einem Anflug des Bedauerns bezeugte, daß er damals »nicht das Gefühl (hatte), daß es sich um ein ausgesprochenes Unrecht handelte«, wenn Frauen und Kinder erschossen wurden, »damit dem deutschen Volk keine Rächer entstünden«, und der sich erfolgreich um seine Entbindung von solchen Aufgaben bemüht hatte, nachdem er in Berlin eine Abänderung des Befehls zu erreichen versucht hatte. Sehr viel typischer hingegen ist der Rechtsanwalt Emil Finnberg (ein ehemaliger Gerichtsoffizier hinter der Ostfront), der Himmler immer noch zustimmend zitiert und nicht ganz ohne Stolz verkündet: »Führerbefehle waren für mich Gesetz«. Ein weiteres Beispiel ist der ehemalige Professor und Leiter der Anatomie an der Universität Münster (ihm wurden die akademischen Titel aberkannt), der ohne ein einziges Wort des Bedauerns aussagte, wie er die Opfer für den Angeklagten Klehr selektierte, der sie dann mit Phenoleinspritzungen ins Herz tötete. Er fand es »menschlich verständlich«, daß die Mörder Sonderrationen an Schnaps und Zigaretten benötigten, und zweifellos hätte er mit seinem ehemaligen »Assistenten« übereingestimmt, der zugab, Häftlinge »abgespritzt« zu haben und dies im selben Atemzug rechtfertigte: »Auf deutsch gesagt waren es ja keine Kranken mehr, sondern schon halbe Tote«! (Selbst diese schreckliche Bemerkung stellte sich als Untertreibung, ja eigentlich als Lüge heraus, denn zahlreiche völlig gesunde Kinder wurden auf diese Weise getötet). Schließlich (doch der Leser kann leicht mehr Beispiele in diesem Buch finden) gibt es noch den Verteidiger von Wilhelm Boger, der sich in seinem Schlußplädoyer, »darüber wundert, daß ›ernsthafte Menschen *(sic!)* über die Boger-Schaukel schreiben‹, die er ... für das ›einzig wirksame Mittel der körperlichen Einwirkung, das einzige worauf Menschen reagieren‹ (hält)«. So also sieht der Standpunkt der Angeklagten und ihrer Verteidiger aus. Nachdem ihr anfänglicher Versuch, »aus Auschwitz eine Idylle zu machen ... soweit es das Personal und dessen Verhalten betrifft« fehlgeschlagen war und ein Zeuge nach dem anderen, ein Dokument nach dem anderen den Beweis erbrachte, daß sie nicht im Lager gewesen sein konnten, ohne etwas zu tun, ohne etwas zu bemerken, ohne zu wissen, was da vor sich ging (Höcker, der Adjutant des Lagerkommandanten Baer hatte »von den Gaskammern überhaupt nichts gewußt«, bis er viel später gerüchteweise davon hörte), erklären sie dem Gericht, weshalb sie »hier sitzen«: Erstens, weil »die Zeugen nur aus Rache (aussagen)« (»Warum können die Juden nicht so anständig sein und die Wahrheit sagen? Aber offensichtlich wollen sie das nicht«); zweitens, weil sie als »Soldaten« Befehle ausgeführt und »nicht nach Recht und Unrecht gefragt« hätten; und drittens, weil man die kleinen Leute als Sündenböcke für die hohen Tiere bräuchte (weshalb sie »heute so verbittert« sind).

Alle Nachkriegsprozesse gegen Naziverbrecher, angefangen vom Nürnberger Prozeß gegen die Hauptkriegsverbrecher über den Eichmann-Prozeß in Jerusalem bis zum Frankfurter Auschwitzprozeß taten sich juristisch und moralisch sehr schwer bei der Festsetzung der Verantwortung und bei der Bestimmung des Schuldumfangs. Die öffentliche Meinung wie die Ansicht von Juristen tendierten von Anfang an dazu, die Schreibtischtäter – deren wichtigste Werkzeuge Schreibmaschinen, Telefone und Fernschreiber waren – für schuldiger zu halten als jene, die tatsächlich die Vernichtungsmaschinerie bedienten, die Gaskügelchen in die Kammern geworfen, die Maschinengewehre bei den Massakern an Zivilisten abgefeuert haben oder mit der Verbrennung der Leichenberge beschäftigt waren. Beim Prozeß gegen Adolf Eichmann, den Schreibtischtäter *par excellence,* erklärte das Gericht, daß der »Grad der Verantwortung in dem Maße zunimmt, wie man sich von der Person entfernt, welche die tödliche Waffe eigenhändig benutzt«. Wenn man das Verfahren in Jerusalem verfolgt hat, dann ist man mehr als geneigt, dieser Ansicht zuzustimmen. Der Frankfurter Prozeß, der sich in vieler Hinsicht wie eine Ergänzung zum Prozeß in Jerusalem liest, wird bei vielen Zweifel an Dingen hervorrufen, die sie für beinahe selbstverständlich gehalten hatten. Was diese Prozesse enthüllt haben, das ist nicht nur die komplizierte Frage der persönlichen Verantwortung, sondern die offen zutage liegende kriminelle Schuld; und die Gesichter derjenigen, die ihr Bestes, oder eher das Schlimmste taten, um verbrecherischen Befehlen zu gehorchen, unterscheiden sich immer noch von jenen, die in einem gesetzlich abgesicherten Verbrechersystem weniger gehorchten als mit ihren dem Tod geweihten Opfern nach eigenem Belieben verfuhren. Die Angeklagten räumten dies gelegentlich auf ihre primitive Art ein – »Aber die da oben (haben) es leicht gehabt, Befehle herauszugeben, daß keine Häftlinge geschlagen werden dürften« –, doch die Verteidiger eines Mannes behandelten den Fall als hätten sie es auch hier mit Schreibtischtätern oder mit »Soldaten« zu tun, die ihren Vorgesetzten gehorcht hatten. Darin bestand die große Lüge bei ihrer Darlegung der Fälle. Die Anklage der Staatsanwaltschaft lautete auf »Mord und Beihilfe zum Mord in *Einzelfällen*« in Verbindung mit »Massenmord und Beihilfe zum Massenmord« – das war eine Anklage wegen zweier völlig verschiedener Verbrechen.

III. Wieviel Schaden die Gerechtigkeit unvermeidlich nahm, weil die Trennungslinie zwischen diesen beiden unterschiedlichen Verbrechen verwischt wurde, begreift man erst am Ende dieses Buchs, wenn Richter Hofmeyer am 182. Verhandlungstag die Urteile verkündet und die Urteilsbegründung verliest. Das Gericht, so hieß es darin, sei nicht mit der Institution Auschwitz befaßt gewesen, sondern nur mit der »Strafsache gegen Mulka und andere«, mit der Schuld oder Unschuld der Angeklagten. »Allein die Erforschung der Wahrheit (hat) im Mittelpunkt dieses Verfahrens gestanden«, hieß es in der Urteilsbegründung, doch da die Erwägungen des Gerichts ihre Grenze an den im deutschen Strafgesetzbuch von 1871 festgelegten Begriffen für kriminelle Schuld hatten, war es, wie Bernd Naumann sagt, fast selbstverständlich, daß die »Wahrheit ... Richtern und Geschworenen verschlossen (blieb), jedenfalls die ganze Wahrheit«. Denn in dem nahezu hundert Jahre alten Strafgesetzbuch gab es keinen Artikel, der den organisierten, vom Staat angeordneten Mord abdeckte, keinen Paragraphen, der sich auf die Vernichtung ganzer Völker als Teil demographischer Politik bezog, keinen Artikel, der auf den »Regimetäter« zutraf oder die Alltagsverhältnisse unter einer kriminellen Regierung, einem *Verbrecherstaat,* wie Karl Jaspers es genannt hat – ganz abgesehen von den Umständen in einem Vernichtungslager, wo jeder Ankömmling dem Tod geweiht war, indem er entweder sofort vergast oder ein paar Monate später durch Arbeit umgebracht wurde. Im Broad-Bericht heißt es: »Höchstens 10-15 Prozent eines jeden Transportes blieben durchschnittlich als Arbeitsfähige am Leben«, und die Lebenserwartung dieser selektierten Männer und Frauen betrug ungefähr drei Monate. Was man sich rückblickend nur äußerst schwer vorstellen kann, ist diese ständig gegenwärtige Atmosphäre des gewaltsamen Todes; nicht einmal auf dem Schlachtfeld ist der Tod so gewiß und das Leben so von einem Wunder abhängig. (Und selbst die unteren Ränge der Wachmannschaften waren nie frei von Furcht; sie hielten es, wie Broad sagte, durchaus für möglich, daß sie, »um das Geheimnis zu wahren ... wohl als letzte in die Gaskammern marschieren ... Es ist bezeichnend, daß jeder es als eine Selbstverständlichkeit ansah, daß Himmler die zu einem solchen Schritt notwendige Charakterlosigkeit und Brutalität aufbrachte«. Broad vergaß allerdings zu erwähnen, daß sie diese Gefahr immer noch für weniger bedrohlich als die Situation an der Ostfront hielten, denn es besteht kaum ein Zweifel daran, daß sich viele von ihnen freiwillig vom Lager zum Fronteinsatz hätten versetzen lassen können.)

Woran das alte Strafgesetzbuch also völlig vorbei ging, war nichts geringeres als die Alltagswirklichkeit von Nazi-Deutschland im allgemeinen und von Auschwitz im besonderen. Insofern die Anklage auf Massenmord lautete, stimmte die Annahme des Gerichts, daß es sich »um einen normalen Strafprozeß (handelt), mag er auch einen Hintergrund haben, wie er wolle«, einfach nicht mit den Tatsachen überein. Verglichen mit normalen Verfahren, konnte hier nur alles auf den Kopf gestellt werden: So konnte beispielsweise ein Mann, der den Tod von tausenden verursacht hatte, weil seine Arbeit darin bestand, die Gaskügelchen in die Kammern zu werfen, eines geringeren Verbrechens schuldig sein als ein anderer, der »nur« hunderte getötet, dies aber aus eigenem Antrieb und mit niedrigen Beweggründen getan hatte. Der Hintergrund war der Verwaltungsmassenmord, der in einem gigantischen Ausmaß mit den Mitteln der Massenproduktion durchgeführt wurde – nämlich als Massenherstellung von Leichen. »Massenmord und Beihilfe zum Massenmord« war eine Anklage, die gegen jeden einzelnen SS-Mann, der irgendwann in einem der Vernichtungslager Dienst getan hatte, erhoben werden könnte und sollte, und genau so gegen viele andere, die niemals ein Lager betreten hatten. Von diesem Standpunkt aus, der von der Anklage geteilt wurde, hatte der Zeuge Dr. Heinrich Dürrmayer, ein Anwalt und Hofrat aus Wien, ganz recht, als er auf die Notwendigkeit einer Umkehr des normalen Gerichtsverfahrens hinwies – nämlich daß die Angeklagten unter diesen Umständen solange als schuldig gelten sollten, bis sie das Gegenteil bewiesen: »*Ich war der festen Überzeugung, diese Menschen müßten ihre Unschuld nachweisen*«. Ebenso konnten Personen, die »nur« bei den Routinearbeiten der Vernichtung teilgenommen hatten, unmöglich den »wenigen unerträglichen Fällen« zugerechnet werden. Im Milieu von Auschwitz gab es tatsächlich »keinen, der dort nicht schuldig war«, wie der Zeuge aussagte; und dies hieß für den Zweck des Verfahrens ganz eindeutig, daß »unerträgliche« Schuld mit ziemlich ungewöhnlichen und in keinem Strafgesetzbuch vorhandenen Maßstäben gemessen werden mußte. Gegen alle derartigen Argumente kam vom Gericht folgender Einwand: »(Dem) Kernbereich des Rechts war auch der Nationalsozialismus unterworfen«. Man könnte meinen, das Gericht wollte uns daran erinnern, daß die Nazis nie irgendwelche Anstalten unternahmen, das Strafgesetzbuch umzuschreiben, wie sie es auch unterließen, die Weimarer Verfassung abzuschaffen. Doch dies war nur eine scheinbare Nachlässigkeit; denn der totalitäre Herrscher begreift rasch, daß alle Gesetze, einschließlich derer, die er selbst erläßt, seiner ansonsten schrankenlosen Macht, gewisse Grenzen setzen würden. Deshalb war in Deutschland der *Wille* des Führers *Quelle* des Rechts und der Befehl, der nur durch ein »Ich will« gerechtfertigt war? In Frankfurt jedenfalls liefen die unrealistischen Annahmen des Gerichts auf das unerquickliche Ergebnis hinaus, daß das Hauptargument der Verteidigung – »Ein Staat könne unmöglich bestrafen, was er in einer anderen Geschichtsphase befohlen habe« – beträchtlich an Plausibilität gewann, insbesondere als auch das Gericht der diesem Argument zugrunde liegenden These einer »Kontinuität in der Identität« des deutschen Staates vom Bismarck-Reich bis zur Bonner Regierung zustimmte. Wenn es allerdings diese Kontinuität der staatlichen Institution wirklich gibt – und tatsächlich trifft dies ja auf den Hauptteil der Beamtenschaft zu, welcher von den Nazis »gleichgeschaltet« werden konnte und welchen Adenauer ohne viel Federlesens erneut wieder einsetzte –, wie verhält es sich dann mit den Justizbehörden? Wie Dr. Laternser, der bei weitem intelligenteste Anwalt der Verteidigung, ausführte: Wäre es nicht die Pflicht der Staatsanwalte gewesen, »gegen flagrante Rechtsbrüche, wie gegen die Zerstörung jüdischer Geschäfte und Wohnungen im November 1938, die Tötung der Geisteskranken (1939 und 1940 – H.A.) und schließlich die Ermordung der Juden (einzuschreiten)? Sie wußte doch damals schon – oder nicht? –, daß es sich dabei um Verbrechen handelte! Welcher Richter oder Staatsanwalt hat damals protestiert oder gar seinen Dienst verlassen?« Diese Fragen blieben unbeantwortet, was darauf hinweist, wie prekär die rechtlichen Grundlagen des Verfahrens waren. In krassem Gegensatz zu den juristischen Annahmen und Theorien hat jeder einzelne Nachkriegsprozeß gegen Nazis das totale Zusammenwirken – und von daher, so müßte man hoffen, doch das Nichtvorhandensein einer »kontinuierlichen Identität« – aller Staatsorgane bei den Verbrechen des Naziregimes bewiesen, die Mitwirkung des gesamten öffentlichen Dienstes und aller in der Öffentlichkeit bekannten hochrangigen Personen aus der Welt der Wirtschaft. Dr. Laternser klagte auch die Alliierten an, »daß sie die Chance, nach dem Krieg einen endgültigen Maßstab für das Recht der Zukunft zu setzen, vertan und damit der Verwilderung der Rechtsverhältnisse Vorschub geleistet hätten«. Niemand, der mit dem Nürnberger Prozeß vertraut ist, wird dies bestreiten. Aber warum erhebt Dr. Laternser dieselbe Anklage nicht gegen die Bundesrepublik, die doch offenkundig ein sehr viel unmittelbareres Interesse daran hätte, die Sachlage zu korrigieren? Liegt es nicht auf der Hand, daß das ganze Gerede über »Vergangenheitsbewältigung« nur hohle Rhetorik bleibt, solange die Regierung nicht vollständig anerkennt, daß ihre Vorgängerin in jeder Hinsicht verbrecherisch war. Stattdessen, so stellte sich in Frankfurt heraus, war eine Entscheidung über die Rechtswidrigkeit des infamen Kommissar-Befehls – auf dessen Grundlage unzählige russische Gefangene bei der Ankunft in Auschwitz umgebracht wurden – »vom Bundesgerichtshof noch nicht ergangen«, obwohl dasselbe Gericht die Rechtswidrigkeit der Judenvernichtung »unter Berufung auf das Naturrecht« festgestellt hat, eine Lösung, die, unabhängig von den hier angestellten Überlegungen, auch nicht befriedigend ist. (Das Problem des Kommissar-Befehls scheint darin zu bestehen, daß er nicht eindeutig genug auf Hitler zurückzuführen ist, sondern direkt vom *Oberkommando der Wehrmacht* erging; die Häftlinge »brachten eine Karteikarte mit, die den Vermerkt trug ›Gemäß OKW-Befehl...‹«. Wurde deshalb der Angeklagte Breitwieser vom Gericht mit der Begründung freigesprochen, der Zeuge Petzold habe nicht die Wahrheit gesagt? Dabei wurde nicht erwähnt, daß ein anderer Zeuge, Eugenius Motz, Breitwieser beschuldigt hatte,

Zyklon B bei den ersten Vergasungsversuchen an sowjetischen Offizieren und Kommissaren ausprobiert zu haben.) Für die Verteidigung stellt die Entscheidung des höchsten deutschen Gerichts jedenfalls nichts anderes als »*gegenwärtige* Rechtsauffassung« dar, und es besteht kaum ein Zweifel daran, daß sich diese Anwälte damit in Übereinstimmung befinden mit »der Mehrheit des deutschen Volkes« – und vielleicht auch mit ihren Kollegen in der Juristenschaft.

Vom Verfahrensverlauf her gesehen war die Anklage wegen »Massenmordes und Beihilfe zum Massenmord«, welche den problematischen »Hintergrund« ungelöster Rechtsfragen und das Fehlen »gültiger Maßstäbe« bei der Aburteilung ins Blickfeld rücken lassen mußte und somit verhinderte, daß das Verfahren, wie Generalstaatsanwalt Bauer gehofft hatte, ein »ganz einfacher Fall« wurde. Denn was die Persönlichkeit der Angeklagten und ihre Taten betraf, handelte es sich in der Tat um einen »ganz einfachen Fall«, denn nahezu alle Grausamkeiten, derer sie durch die Zeugen beschuldigt wurden, waren nicht durch Befehle von oben, d.h. durch Befehle der Schreibtischmörder gedeckt oder durch Befehle des eigentlichen Initiators der »Endlösung« oder andere, die sie eingeleitet haben. Keine hochrangige Person hat sich je mit Anweisungen für solche »Einzelheiten« wie die »Hasenjagd«, die »Boger-Schaukel«, die Bunker, die »Stehzellen«, die »Schwarze Wand« oder das »Mützenschießen« abgegeben. Niemand hatte den Befehl erlassen, daß Kinder als Zielscheiben in die Luft geworfen oder lebendig ins Feuer geschmissen oder mit dem Kopf gegen die Wand geschleudert werden sollten; es hatte keinen Befehl gegeben, demzufolge Menschen zu Tode getrampelt oder zum Gegenstand mörderischen »Sports« werden sollten, wozu die Tötungen mit einem einzigen Handkantenschlag gehörte. Niemand hatte sie angewiesen, die Selektionen auf der Rampe »wie in einem gemütlichen Familienbetrieb« durchzuführen und sich danach damit zu brüsten, »was sie diesem abgenommen hätten und was jenem«. – »Wie eine Jagdgesellschaft, die von der Jagd zurückkommt und sich Details erzählt«. Sie waren nicht nach Auschwitz geschickt worden, um reich zu werden oder ihren »Spaß« zu haben. So wurde die bei allen Verfahren gegen Nazi-Verbrechen getroffene zweifelhafte juristische Entscheidung, daß es sich dabei um »normale Strafprozesse« gehandelt habe und daß die Angeklagten sich nicht von anderen Kriminellen unterschieden auf einmal wahr – und vielleicht wahrer als irgend jemand gern wissen wollte. Zahllose Einzelverbrechen, von denen eines schrecklicher war als das andere, schufen und umgaben die Atmosphäre, in der das gigantische Verbrechen der Vernichtung stattfand. Und genau diese »Umstände« – wenn das, was in keiner Sprache ausgedrückt werden kann, so heißen soll –, sowie die »kleinen Leute«, die dafür verantwortlich und daran schuld sind, wurden im Auschwitz-Prozeß voll ausgeleuchtet, nicht das Staatsverbrechen und nicht die Herren in »gehobenen« Positionen. Im Unterschied zum Prozeß in Jerusalem, wo Eichmann aufgrund von unwiderlegbaren dokumentarischen Beweisen und eigener Eingeständnisse verurteilt werden konnte, kam es hier auf die Aussage jedes einzelnen Zeugen an, da diese Männer – und nicht die Schreibtischtäter – die einzigen waren, mit denen die Opfer konfrontiert waren und die sie kannten, die einzigen, die für sie zählten.

Selbst das ansonsten ziemlich haltlose Argument der »Kontinuität in der Identität« des deutschen Staates konnte man, wenn auch mit einigem Vorbehalt, bei diesen Fällen ins Feld führen. Denn es stimmte, daß die Angeklagten, wie das Gericht im Falle des Funktionshäftlings Bednarek ausführte, nicht nur »die Menschen auf Befehl getötet, sondern im *Gegensatz zu dem Befehl gehandelt (haben)*, wonach im Lager kein Häftling umgebracht werden sollte« – die Vergasung natürlich ausgenommen; Tatsache war, daß die meisten dieser Fälle selbst von einem Nazi- oder einem SS-Gericht hätten verfolgt werden können, auch wenn dies nicht oft vorkam. So war etwa der ehemalige Leiter der Politischen Abteilung in Auschwitz, ein gewisser Grabner, 1944 vor einem SS-Gericht angeklagt worden, »willkürlich 2000 Häftlinge zur Exekution aussortiert zu haben«, und zwei ehemalige SS-Richter, Konrad Morgen und Gerhard Wiebeck, die beide heute als Anwälte praktizieren, sagten als Zeugen aus, die SS habe »Korruptionsdelikte und außerhalb der Generallinie liegende Handlungen der SS, zum Beispiel eigenmächtige Tötungen« untersucht, was dann zu Mordanklagen vor SS-Gerichten geführt habe. Staatsanwalt Vogel machte darauf aufmerksam, »daß Himmler auch angeordnet habe, ohne seinen ausdrücklichen Befehl seien Häftlinge weder zu schlagen noch zu liquidieren«, was ihn jedoch nicht davon abhielt, »einige Male die Lager zu besuchen und dem Vollzug der Prügelstrafe an Frauen beizuwohnen«.

Daß ein definitiver Maßstab zur Beurteilung der in diesen außergewöhnlichen und schrecklichen Verhältnissen verübten Verbrechen fehlt, wird auf schmerzliche Weise deutlich am Urteil, welches das Gericht gegen Dr. Franz Lucas fällte. Drei Jahre und drei Monate Zuchthaus – die Mindeststrafe – für einen Mann, der immer »von seinen Kameraden gemieden wurde« und nun ganz offen von den Angeklagten angegriffen wird, die ansonsten ganz geflissentlich wechselseitige Anschuldigungen vermeiden (nur einmal widersprechen sie sich, und vor Gericht ziehen sie die beschuldigenden Aussagen aus ihren Voruntersuchungen zurück): »Wenn er hier sagt, daß er Leuten geholfen hat, das war vielleicht 1945, da hat er sich eine Rückfahrkarte besorgt«. Der springende Punkt ist, daß dies doppelt falsch ist: Dr. Lucas hatte vom Anfang bis zum Ende Menschen geholfen; und er spielte sich nicht nur nicht als »Retter«

auf – ganz im Gegensatz zu den meisten anderen Angeklagten –, sondern weigerte sich auch beständig, die Zeugen zu erkennen, die zu seinen Gunsten aussagten, und sich an die von ihnen berichteten Vorfälle zu erinnern. Mit seinen Kollegen aus den Reihen der Häftlinge, die er mit ihrem richtigen Titel ansprach, hatte er über die sanitären Verhältnisse diskutiert; er hatte sogar aus der SS-Apotheke gestohlen, für »die Häftlinge ... von seinem eigenem Geld Lebensmittel gekauft« und seine Rationen mit ihnen geteilt; »er war der einzige Arzt, der uns als Menschen behandelt hat«; »er hat uns nicht als unwürdige Menschen betrachtet«; er gab den Ärzten unter den Häftlingen den Rat »einige Kameradinnen vor der Gaskammer zu retten«. Und als Resümee: »Wir waren ganz verzweifelt, als Dr. Lucas weg war. Als Dr. Lucas bei uns war, da waren wir so fröhlich. Wirklich, wir haben wieder das Lachen gelernt«. Und Dr. Lucas sagt: »Ich habe den Namen der Zeugin bisher nicht gekannt«. Ganz bestimmt könnte keiner der Freigesprochenen, keiner der Verteidiger und keiner der »hohen Herren«, die ungeschoren davonkamen und hier als Zeugen aussagten, Dr. Lucas das Wasser reichen. Das Gericht, das an seine gesetzlichen Voraussetzungen gebunden war, konnte nicht anders, als die Mindeststrafe über diesen Mann zu verhängen, obwohl der Richter genau wußte, daß Dr. Lucas, wie es ein Zeuge formulierte, »dort überhaupt nicht hingehörte. Er war zu gut«. Selbst die Staatsanwaltschaft will ihn nicht »mit den anderen in einen Topf werfen«. Es stimmt, daß Dr. Lucas auf der Rampe war und die Arbeitsfähigen selektiert hat, aber man hatte ihn dorthin beordert, weil er im Verdacht der »Häftlingsbegünstigung« stand und weil man ihm gesagt hatte, er würde »auf der Stelle verhaftet«, wenn er sich weigerte, dem Befehl zu gehorchen. Von daher lautete die Anklage auf »Massenmord oder Beihilfe zum Massenmord«. Als Dr. Lucas zum ersten Mal mit seinen Lageraufgaben konfrontiert gewesen war, hatte er um Rat nachgesucht: Sein Bischof sagte ihm, »unmoralische Befehle dürften nicht befolgt werden, doch gehe dies nicht so weit, daß man sein eigenes Leben gefährden müßte«; ein hoher Jurist rechtfertigte die Schrecklichkeiten mit dem Krieg. Keiner dieser beiden Ratschläge war sehr hilfreich. Aber wir wollen einmal annehmen, er hätte die Häftlinge gefragt, was er tun sollte. Hätten diese ihn nicht gebeten zu bleiben und den Preis der Teilnahme an den Selektionen auf der Rampe zu zahlen – sie waren ein alltägliches Ereignis, sozusagen ein Routineschrecken –, um sie vor dem schwachsinnigen, teuflischen Einfallsreichtum all der anderen zu schützen?

IV. Wenn man den Prozeßverlauf nachliest, muß man immer im Auge behalten, daß Auschwitz für einen *Verwaltungs*-Massenmord errichtet worden ist, der dort nach den strengsten Vorschriften und Anweisungen durchgeführt wurde. Diese Vorschriften und Anweisungen wurden von den Schreibtischtätern festgelegt und schienen – so waren sie wahrscheinlich gedacht – Einzelinitiativen jeder Art, ob zum Guten oder zum Schlechten, auszuschließen. Der Vernichtungsprozeß von Millionen sollte planmäßig wie eine Maschine funktionieren: die Ankunft der Häftlinge aus ganz Europa; die Selektionen auf der Rampe, und anschließend die Selektion der arbeitsfähigen Ankömmlinge; die Einteilung in Häftlingskategorien (alle Alten, Kinder und Mütter mit Kindern wurden sofort vergast); die Menschenexperimente; das System der »Funktionshäftlinge«, der Kapos, die Häftlingskommandos, die die Vernichtungseinrichtungen bedienten und privilegierte Positionen einnahmen. Alles schien vorausgesehen und deshalb vorhersagbar – Tag für Tag, Monat für Monat, Jahr für Jahr. Was allerdings bei den bürokratischen Berechnungen herauskam war das genaue Gegenteil von Vorhersagbarkeit. Es war die totale Willkür. Dr. Wolken, ein ehemaliger Häftling, heute Arzt in Wien und einer der ersten sowie einer der besten Zeugen, brachte diesen Sachverhalt folgendermaßen zum Ausdruck: »*... die Atmosphäre im Lager ... änderte sich beinahe von Tag zu Tag.* Sie war abhängig vom Lagerführer, vom Rapportführer, vom Blockführer und deren Launen« – vor allem, so zeigte es sich, von deren Launen. »Es gab Dinge, die waren heute möglich und zwei Tage danach waren sie wieder unmöglich ... Ein Arbeitskommando, und zwar ein und dasselbe, war einmal ein Todeskommando ... oder eine ganz gemütliche Angelegenheit.« So war der Sanitätsoffizier eines Tages gut aufgelegt und hatte die Idee, einen Schonungsblock für kranke Häftlinge einzurichten; zwei Monate später wurden alle zusammengetrieben und ins Gas geschickt. Was die Schreibtischtäter übersehen haben, war – *horribile dictu* – der menschliche Faktor. Und was dies so schrecklich macht ist eben die Tatsache, daß diese Scheusale keineswegs Sadisten in einem klinischen Sinn waren, was zu Genüge durch ihr Verhalten unter normalen Umständen bewiesen wird; bei der Auswahl für ihren gräßlichen Dienst in Auschwitz spielte derlei überhaupt keine Rolle. Daß sie nach Auschwitz oder ähnlichen Lagern kamen lag einfach daran, daß sie aus irgendeinem Grund nicht militärtauglich waren.

Bei einer ersten und sorglosen Lektüre dieses Buches kommt man leicht in Versuchung, sich pauschal über die böse Natur des Menschengeschlechts im allgemeinen, über die Erbsünde, über die angeborene »Aggressivität« des Menschen usw. – oder über den deutschen »Nationalcharakter« im besonderen auszulassen. Man läuft leicht Gefahr, die allerdings nicht sehr zahlreichen Beispiele zu übersehen, in denen Zeugen dem Gericht schilderten, daß »gelegentlich ›ein Mensch‹ ins Lager gekommen (sei)« und es nach einem ersten Eindruck schleunigst wieder verlassen habe: »Nein, das ist kein Geschäft für meiner Mutter Kind«. Im Gegensatz zu

der Ansicht, die im allgemeinen in der Zeit vor diesen Prozessen vertreten wurde, war es für SS-Angehörige ziemlich einfach, sich unter irgendeinem Vorwand wieder davonzumachen, vorausgesetzt, man hatte nicht das Pech, in die Finger einer Person wie Dr. Emil Finnberg zu geraten, der es selbst noch heute für vollkommen in Ordnung hält, für das »Verbrechen«, daß jemand unfähig war, Frauen und Kinder zu erschießen, Strafen »zwischen Gefängnis und Todesstrafe liegend« verlangt zu haben. Es war weit weniger gefährlich, sich auf »schwache Nerven« zu berufen als im Lager zu bleiben, den Häftlingen zu helfen und das Risiko des ungleich schwereren Vorwurfs der »Häftlingsbegünstigung« einzugehen. Von daher repräsentierten jene, die jahrelang dort blieben und nicht zu den wenigen Auserwählten zählten, die im Prozeß zu Helden wurden, eine Art Selbstauswahl der schlimmsten Elemente der Bevölkerung. Wir kennen den Prozentsatz dabei nicht und werden ihn wahrscheinlich nie erfahren, doch wenn wir im Auge behalten, daß diese unverhohlen sadistischen Akte von vollkommen normalen Menschen begangen wurden, die in ihrem Alltag mit dem Gesetz wegen derartiger Punkte nie in Konflikt geraten sind, dann fangen wir an, uns Gedanken über die Traumwelt einer ganzen Menge durchschnittlicher Bürger zu machen, denen wahrscheinlich nicht viel mehr als eine passende Gelegenheit fehlt.
Jedenfalls eins steht fest, und dieses hatte man schon gar nicht mehr zu glauben gewagt, – nämlich, »daß jeder durchaus für sich selbst entscheiden konnte, ob er in Auschwitz gut oder böse war«. (Ist es nicht grotesk, daß deutsche Gerichte heute nicht in der Lage sein sollen, den Guten wie den Bösen Gerechtigkeit widerfahren zu lassen?) Und diese Entscheidung hing überhaupt nicht davon ab, ob man ein Jude, ein Pole oder ein Deutscher war; sie hing nicht einmal von der Zugehörigkeit zur SS ab. Denn inmitten dieses Schreckens gab es einen Oberscharführer Flacke, der eine »Insel des Friedens« errichtet hatte und nicht glauben wollte als ein Häftling ihm sagte, daß man am Ende »uns doch alle umbringen (wird). Man läßt doch keine Zeugen überleben«. »Ich hoffe«, antwortete er, »es werden genügend unter uns sein, die das verhindern werden«.
Trotz der nachweisbaren Normalität der Angeklagten war in Auschwitz Sadismus die treibende menschliche Kraft – und Sadismus ist im wesentlichen sexuell bestimmt. Daß die Angeklagten erinnerungsseelig lächeln, daß sie mit Wohlgefallen der Wiedergabe ihrer Taten lauschen, was gelegentlich nicht nur die Zeugen, sondern auch die Geschworenen zum Weinen bringt und ihnen den Atem verschlägt; daß sie sich auf unglaubliche Art vor den Zeugen verbeugen, die gegen sie aussagen und die doch einst ihre hilflosen Opfer gewesen waren; daß sie sich offen darüber freuen, erkannt (wenn auch beschuldigt) und also erinnert zu werden, und daß sie eigentlich durchweg guter Laune sind – dies alles spiegelt die süße

Erinnerung an große sexuelle Vergnügen wider und ist andererseits Ausdruck ihrer unverhohlenen Schamlosigkeit. Hatte sich Boger nicht mit der Zeile aus dem mittelalterlichen Liebesgedicht »Du bist mein« (*»Du bist mein/Ich bin dein/des solt du gewiss sein«*) an ein Opfer herangemacht – eine gewissermaßen kultivierte Geste, zu welcher so ganz ungebildete Kerle wie Kaduk, Schlage, Baretzki und Bednarek kaum fähig gewesen wären? Doch im Gerichtssaal hier verhalten sie sich alle gleich. Aus den Beschreibungen der Zeugen geht hervor, daß dort eine Atmosphäre schwarzer Magie und gräßlicher Orgien geherrscht haben mußte, wenn das Ritual des »verschärften Verhörs« vollzogen wurde oder wenn sie die »weißen Handschuhe« überstreiften, um in den Bunker zu gehen, oder wenn sie dümmlich damit prahlten, sie seien der Leibhaftige, was eine Spezialität Bogers und des rumänischen Apothekers Capesius war. Letzterer – er wurde von einem rumänischen Gericht in Abwesenheit zum Tode und nun zu neun Jahren in Frankfurt verurteilt – ist der makaberste von allen. Mit der Beute aus Auschwitz ließ er sich in Deutschland nieder, machte ein Geschäft auf und hat nun einen »Freund« der eigennützigen Zeugenbeeinflussung beschuldigt. Sein Mißgeschick in Frankfurt hat seinem Geschäft nicht geschadet; sein Laden in Göppingen »floriert besser den je« wie Sybille Bedford im *Observer* berichtete.
Was den menschlichen Faktor in Auschwitz betrifft, so muß gleich hinter dem Sadismus die reine Launenhaftigkeit rangiert haben. Was ändert sich öfter und rascher als Stimmungen, und was bleibt von der Menschlichkeit einer Person übrig, die sich völlig von ihnen treiben läßt? Die SS-Leute waren von einem nie versiegenden Strom von Menschen umgeben, die in jedem Fall zum Tod verdammt waren, und konnten deshalb tun und lassen, was sie wollten. Bei ihnen handelte es sich, um noch einmal darauf hinzuweisen, nicht um die »Hauptkriegsverbrecher«, wie man die Angeklagten im Nürnberger Prozeß nannte. Sie waren die Parasiten der »großen« Verbrecher, und wenn man sie betrachtete, dann fragt man sich, ob sie nicht doch schlimmer waren als jene, denen sie ihr heutiges Mißgeschick anlasten. Die Nazis haben zwar durch ihre Lügen den Abschaum der Erde zur Elite des Volkes erhoben, doch diejenigen, die nach dem Nazi-Ideal der »Zähigkeit« lebten und immer noch stolz darauf sind (wirklich »scharfe Hunde«), sind tatsächlich butterweich. Es ist als ob ihre sprunghaften Launen damals ihre ganze Substanz verschlungen hätte – das feste Gerüst ihrer persönlichen Identität, die klare Wahl, entweder gut oder böse, sanft oder brutal, ein »idealistischer« Schwachkopf oder ein zynischer, sexuell perverser Mensch zu sein. Derselbe Mann, der zu recht eine der härtesten Strafen, nämlich lebenslänglich plus acht Jahre, erhielt, verteilte gelegentlich Würstchen an Kinder; Bednarek ging, wenn er seine Spezialität, Häftlinge zu Tode zu trampeln,

absolviert hatte, in sein Zimmer zurück und betete, denn dafür war er nun in der richtigen Stimmung; derselbe Sanitätsoffizier, der Tausende dem Tod überantwortete, konnte auch eine Frau retten, die an seiner alten alma mater studiert hatte und ihn deshalb an seine Jugend erinnerte; Blumen und Schokolade wurden einer Wöchnerin gesandt, obgleich sie am nächsten Morgen vergast werden sollte. Der Angeklagte Hans Stark, damals ein ganz junger Mann, griff sich einmal zwei Juden heraus, befahl dem Kapo sie zu töten und ging dann dazu über, ihm zu zeigen, wie man so etwas macht; und als er dies demonstrierte, tötete er zwei weitere Juden. Doch bei einer anderen Gelegenheit zeigte er auf ein Dorf und meinte gedankenvoll zu einem Häftling: »Sehen Sie, wie schön das Dorf gebaut wurde. So viele Ziegelsteine sind darin. Wenn der Krieg vorbei ist, werden die *Ziegelsteine die Namen derer tragen, die getötet wurden. Vielleicht werden nicht genug Ziegelsteine vorhanden sein*«.

Es stimmt sicherlich, daß »es kaum einen SS-Mann (gibt), der nicht sagen könnte, er habe nicht einem das Leben gerettet«, wenn er in der richtigen Stimmung dafür war; und die meisten Überlebenden – ungefähr ein Prozent der selektierten Arbeitskräfte – verdanken ich Leben diesen »Rettern«. Der Tod war der oberste Herrscher in Auschwitz, aber direkt an seiner Seite regierte eine unerhörte und in die wechselnden Launen der Todesdiener eingebettete absolute Willkür, die das Schicksal der Häftlinge bestimmte.

V. Wäre der Richter so weise wie Salomon gewesen und hätte das Gericht über den »definitiven Maßstab« verfügt, welcher das beispiellose Verbrechen unseres Jahrhunderts in Kategorien einteilen und unter Paragraphen subsumieren und damit helfen könnte, wenigstens ein Stück menschenmöglicher Gerechtigkeit herbeizuführen, dann wäre es immer noch mehr als zweifelhaft, ob »die Wahrheit, die ganze Wahrheit«, wie Bernd Naumann gefordert hat, ans Licht gekommen wäre. Keine Verallgemeinerung – und was ist Wahrheit denn anderes – ist bisher in der Lage, die chaotische Flut sinnloser Greuel einzudämmen, in die man hinabtauchen muß, um zu verstehen, was passiert, wenn Menschen sagen, daß »alles möglich ist« und nicht bloß, daß alles erlaubt sei.

Anstelle der *ganzen* Wahrheit wird der Leser jedoch *Momente der Wahrheit* finden, und einzig vermittels dieser Augenblicke kann man dieses Chaos aus Grauen und Bosheit artikulieren. Diese Augenblicke tauchen unerwartet auf, wie Oasen in der Wüste. Es handelt sich dabei um Anekdoten, und diese erzählen in äußerster Kürze, worum es eigentlich ging.

Da gibt es einen Jungen, der weiß, daß er sterben wird, und der deshalb mit seinem Blut auf die Barackenwände schreibt: »Andreas Rapaport – lebte sechzehn Jahre«.

Es gibt einen Neunjährigen, der weiß, daß er »eine Menge« weiß, doch »nichts mehr lernen wird«.

Dann gibt es den Angeklagten Boger, der ein Kind trifft, das einen Apfel ißt, es an den Füßen packt, seinen Kopf an der Wand zerschmettert und dann ruhig den Apfel aufhebt, um ihn eine Stunde später zu verzehren.

Es gibt den kleinen Sohn eines SS-Mannes, der ins Lager kommt, um seinen Vater zu besuchen. Doch ein Kind ist ein Kind, und an diesem besonderen Ort gilt die Regel, daß alle Kinder sterben müssen. Deshalb muß dieses Kind ein Schild um seinen Hals tragen, »damit sie es nicht schnappen und weg in die Gaskammer damit!« Es gibt den Gefangenen, der die Selektierten festhält, die vom »Sanitätsdienstgrad« Klehr mit Phenoleinspritzungen getötet werden sollen. Die Tür öffnet sich und herein kommt der Vater des Häftlings. Als alles vorbei ist: »Dann weinte ich und mußte meinen Vater selbst hinaustragen«. Am darauffolgenden Tag fragt ihn Klehr, warum er geweint habe, und als Klehr den Grund erfährt, sagt er: Ich hätte ihn leben lassen«. Warum er es denn nicht gesagt habe? Ob er etwa Angst vor ihm, Klehr, gehabt habe? Was für ein Fehler. Klehr war in so guter Stimmung. Schließlich ist da die Zeugin, die aus Miami nach Frankfurt gekommen war, weil sie in der Zeitung den Namen von Dr. Lucas gelesen hatte: »Mich interessierte ... der Mann, der meine Mutter und Geschwister umgebracht hat!« Sie schilderte, wie es geschah. Im Mai 1944 war sie von Ungarn angekommen. »Ich hatte ein Baby auf dem Arm. Es hieß, Mütter können bei ihren Kindern bleiben, deshalb gab mir meine Mutter damals das Baby und zog mich an, daß ich etwas älter aussah. (Ihre Mutter hielt ein drittes Kind an der Hand -H.A.) Als mich Dr. Lucas sah, merkte er wohl, daß es mir nicht gehörte. Er nahm mir das Baby weg und warf es meiner Mutter zu.« Das Gericht weiß sofort die Wahrheit. »ob Sie vielleicht den Mut hatten, die Zeugin zu retten?« Es entsteht eine Pause. Lucas streitet alles ab. Die Frau, die anscheinend die Regeln von Auschwitz noch nicht kennt – wo alle Mütter mit Kindern unmittelbar nach der Ankunft vergast wurden –, verläßt den Gerichtssaal, ohne zu begreifen, daß sie, die auf der Suche nach dem Mörder ihrer Familie war, dem Retter ihres eigenen Lebens gegenübergetreten war. So etwas geschieht, wenn Menschen beschließen, die Welt auf den Kopf zu stellen.

Begriffskorrekturen der Übersetzung von 1965: „Voruntersuchung" müsste heißen „Vorverfahren"; „Vorermittlung" müsste heißen „Ermittlungsverfahren"; „Sanitätsoffizier" müsste heißen „SS-Lagerarzt".